¡CÓMO SALIR DEL POZO!

LAS NUEVAS ESTRATEGIAS DE LOS PAÍSES, LAS EMPRESAS Y LAS PERSONAS EN BUSCA DE LA FELICIDAD

ANDRÉS OPPENHEIMER

¡CÓMO SALIR DEL POZO!

LAS NUEVAS ESTRATEGIAS DE LOS PAÍSES, LAS EMPRESAS Y LAS PERSONAS EN BUSCA DE LA FELICIDAD

El papel utilizado para la impresión de este libro ha sido fabricado a partir de madera procedente de bosques y plantaciones gestionadas con los más altos estándares ambientales, garantizando una explotación de los recursos sostenible con el medio ambiente y beneficiosa para las personas.

¡Cómo salir del pozo!
Las nuevas estrategias de los países, las empresas y las personas en busca de la felicidad

Primera edición: septiembre, 2023

D. R. © 2023, Andrés Oppenheimer

D. R. © 2023, derechos de edición mundiales en lengua castellana:
Penguin Random House Grupo Editorial, S. A. de C. V.
Blvd. Miguel de Cervantes Saavedra núm. 301, 1er piso,
colonia Granada, alcaldía Miguel Hidalgo, C. P. 11520,
Ciudad de México

penguinlibros.com

Penguin Random House Grupo Editorial apoya la protección del *copyright*.
El *copyright* estimula la creatividad, defiende la diversidad en el ámbito de las ideas y el conocimiento, promueve la libre expresión y favorece una cultura viva. Gracias por comprar una edición autorizada de este libro y por respetar las leyes del Derecho de Autor y *copyright*. Al hacerlo está respaldando a los autores y permitiendo que PRHGE continúe publicando libros para todos los lectores.

Queda prohibido bajo las sanciones establecidas por las leyes escanear, reproducir total o parcialmente esta obra por cualquier medio o procedimiento así como la distribución de ejemplares mediante alquiler o préstamo público sin previa autorización.
Si necesita fotocopiar o escanear algún fragmento de esta obra diríjase a CemPro
(Centro Mexicano de Protección y Fomento de los Derechos de Autor, https://cempro.com.mx).

ISBN: 978-607-383-463-6

Impreso en México – *Printed in Mexico*

*Para Sandra, que me acompañó
—literalmente— hasta las cumbres
del Himalaya para escribir este libro*

ÍNDICE

Prólogo 11

1. La nueva ciencia de la felicidad 23
2. Dinamarca: el éxito y fracaso de los países escandinavos 61
3. La felicidad de Finlandia, Noruega y Suecia 105
4. Las recetas del Reino Unido 133
5. Bután: ¿el país más feliz del mundo? 167
6. La educación positiva 197
7. La felicidad en las empresas 239
8. América Latina: el continente pesimista 283
9. Diez recetas para salir del pozo 325

Notas 375
Agradecimientos 387

PRÓLOGO

Una ola de descontento recorre el mundo. Paradójicamente, a pesar de que vivimos muchos más años y tenemos un nivel de vida mucho mejor que el de nuestros ancestros (que no gozaban de privilegios como viajar en auto, tener aire acondicionado o recibir anestesia cuando les sacaban una muela) cada vez menos gente se siente feliz. Según una encuesta mundial de Gallup, hecha anualmente a unas 150 000 personas en unos 137 países, el promedio mundial de gente que dice no ser feliz es cada vez mayor. El porcentaje de encuestados que se sienten más enojados y estresados creció de 24% en 2006 a 33% actualmente.[1] Según me señaló Jon Clifton, el CEO mundial de Gallup, en una entrevista: "Hay un aumento global de la infelicidad. Las emociones negativas, o sea, el agregado del estrés, la tristeza, el enojo, la preocupación y el dolor físico, han llegado a niveles récords".

El aumento de la infelicidad no es, como muchos podrían suponer, el resultado de la pandemia de covid-19 o de la recesión económica en muchos países. La gente ya se sentía insatisfecha desde varios años antes de la pandemia. El triunfo de los populismos en todas partes, incluyendo la victoria de Donald Trump en Estados Unidos y el voto del Brexit en Reino Unido para separase de la Unión Europea en 2016, ya era síntoma de un creciente malestar social mundial. Y esa ola de insatisfacción y deseo de cambios drásticos también se hizo evidente en América Latina con el triunfo de varios líderes populistas que prometían cambiarlo todo. En México, el presidente Andrés Manuel López Obrador ganó las elecciones en 2018 prometiendo una "transformación histórica" del país. En Brasil, un hasta entonces oscuro diputado de derecha y exmilitar llamado Jair Bolsonaro fue electo ese mismo año tras proponer un giro radical hacia la apertura económica y el conservadurismo social. En Chile, los votantes eligieron por mayoría abrumadora en 2021 a Gabriel Boric, un joven político que venía de la extrema izquierda y buscaba alterar radicalmente el "modelo chileno". En Perú, los votantes les dieron la espalda a los políticos tradicionales y eligieron en 2021 a Pedro Castillo, un maestro de escuela rural casi desconocido, cuyo partido, Perú Libre, se autoproclamaba "marxista" y pretendía una ruptura absoluta con el pasado. En Colombia, ganó en 2022 el exguerrillero y exalcalde de Bogotá Gustavo Petro, que se convirtió en el primer presidente de izquierda de su país. En todas partes, y como confirmando el fenómeno de la ola de insatisfacción global, parecen estar ganando las elecciones los candidatos que prometen arrasar con el *statu quo*.

¿Qué está pasando? ¿Cómo se explica el caso de Trump, el Brexit, la Primavera Árabe, las victorias de partidos críticos del sistema imperante en Chile, Perú, Colombia y otros países? Si el bienestar económico nos hace más felices, ¿cómo se explica que nunca haya habido tanta gente con automóviles, televisores de pantallas gigantes y teléfonos inteligentes, y que a la par estén aumentando tanto los niveles de infelicidad? ¿Y cómo se explica que estos cambios políticos recién mencionados hayan ocurrido en muchos países cuyas economías venían creciendo sostenidamente?

Hasta la explosión social de 2019, Chile era el país latinoamericano de mayor crecimiento económico y reducción de la pobreza en las últimas décadas. Había logrado bajar la pobreza de 36% de la población en 2010 a 8.6% en 2017, según el Banco Mundial. Perú venía creciendo y reduciendo la pobreza desde hacía dos décadas antes de la elección de Castillo. Colombia crecía a un 6.3% anual en 2022, uno de los niveles más altos de América Latina y del mundo, cuando los colombianos eligieron al exguerrillero Petro. En el Reino Unido, la economía había crecido sostenidamente desde la crisis financiera de 2008, el desempleo había bajado y el producto interno bruto (PIB) había sido superior al normal en 2016, el año en que los británicos votaron por salirse de la Unión Europea. Y, a pesar de todo eso, la gente estaba descontenta.

Ya antes del Brexit, en la Primavera Árabe de 2010, Túnez —el país donde se iniciaron las protestas masivas que derrocaron a varios gobiernos del norte de África y el Medio Oriente— era uno de los más prósperos de su región. La revista británica *The Economist* decía con admiración, en enero de 2011: "[La economía de Túnez es] un imán para las inversiones manufactureras, servicios internacionales de atención al cliente y turismo, y ha crecido un promedio de 5% anual en las últimas dos décadas". Y en Egipto, las multitudinarias manifestaciones que tumbaron al gobierno de Hosni Mubarak en 2011 se produjeron tras un crecimiento económico de 80% en las dos décadas previas, según el Fondo Monetario Internacional (FMI).

¿Por qué la gente está cada vez más insatisfecha, incluso cuando la economía de sus países crece? Obviamente, el crecimiento del producto interno bruto —la vara que usamos para medir el progreso de nuestros países— no garantiza por sí solo el aumento de la felicidad. Los países venían creciendo, y, sin embargo, la gente era —y sigue siendo— cada vez más infeliz. Las explicaciones más frecuentes de los economistas son que en América Latina la disminución de la pobreza se frenó bastante después de la bonanza de los altos precios de las materias primas en la década del 2000, y que la brecha entre los ricos y los pobres es cada vez más extensa. Pero lo cierto es que en Chile, Perú y en varias otras partes la pobreza y la inequidad se redujeron en comparación con sus niveles de hace 20 o 30 años (aunque quizás no tanto como muchos quisiéramos). Hay, pues, otros factores que también inciden, y cada vez más.

Tal como lo descubrí en mi investigación para este libro, el crecimiento económico es indispensable, pero no suficiente para aumentar la felicidad. Hay mucha gente que no es pobre, pero es infeliz. El derrumbe de las ideologías tras la disolución de la Unión Soviética a fines del siglo XX y el gradual desplome de las religiones tradicionales (que en muchos casos han permanecido encajonadas en los rituales y alejadas de la modernidad) han dejado a cientos de millones de personas sin una brújula moral, una comunidad y un sentido de propósito. Simultáneamente, la revolución tecnológica ha hecho que muchos trabajos se hayan automatizado y desaparecido. El trabajo mental vale cada vez más, y el manual, cada vez menos, lo que ha dejado sin sustento o con empleos mal pagados a muchos trabajadores poco calificados. Y las frustraciones de todos ellos están siendo amplificadas por las redes sociales. Hay que empezar a ver el mundo con un lente más amplio del que han venido usando los economistas tradicionales. La agenda de nuestros gobiernos y medios de comunicación debe seguir centrada en la lucha contra la pobreza y la desigualdad, pero hay que ampliarla con nuevas estrategias para combatir la infelicidad.

La ola mundial de descontento también se ha hecho evidente dentro de las empresas, las escuelas y en nuestras propias vidas personales. Las grandes compañías en Estados Unidos están sufriendo una fuga de talentos (llamada *the great resignation* o "la gran renuncia") porque cada vez más jóvenes profesionales experimentan agotamiento laboral, lo que los ha llevado a abandonar sus empleos. Prefieren ahora trabajar por su cuenta o buscar trabajos *freelance* en internet antes que someterse al estrés cotidiano de la vida corporativa. Más de 47 millones de estadounidenses renunciaron a sus trabajos tan sólo en 2021 para buscar mejores alternativas, según datos oficiales.[2] Asimismo, en las escuelas, hay una epidemia de depresión entre los adolescentes. Y los niveles de soledad y ansiedad entre los adultos crecen exponencialmente en todas partes.

Este libro es el resultado de una investigación periodística de seis años por la cual viajé a varios países para dar cuenta de qué hacen sus gobiernos, empresas, escuelas y habitantes para ser más felices. Hay una nueva ciencia de la felicidad, y algunas naciones están empezando a tomar medidas novedosas para promover no sólo el crecimiento económico, sino la satisfacción de vida de sus ciudadanos. Hace poco, Finlandia, Nueva Zelanda, Islandia, Escocia, Gales y Canadá crearon una asociación de "Gobiernos para la Economía del Bienestar" para compartir sus experiencias en la búsqueda de un aumento en la felicidad. El Reino Unido mide la felicidad de su gente desde hace varios años y usa estos datos para focalizar sus políticas asistenciales en los sectores de la población más infelices, que no siempre son los más pobres. Tanto Reino Unido como Japón han creado "ministerios de la soledad", que están dedicados a combatir la soledad e incrementar la felicidad. En el remoto reino budista de Bután, enclavado en las montañas del Himalaya, entre India y China, el gobierno ha reemplazado la tradicional medición del producto interno bruto por un "producto bruto de la felicidad". En Nueva Delhi, India, las escuelas públicas han instituido "clases de felicidad" diarias para todos los alumnos de primaria.

En el ámbito corporativo, algunas de las empresas más grandes del mundo, como la consultora Deloitte, han creado el puesto de *chief happiness officer* o "jefe del departamento de felicidad". Cada vez más escuelas en diversos países están dando clases de "educación positiva" para ayudar a los niños a ser más felices. Y universidades como Harvard y Yale están impartiendo cursos y diplomados de felicidad o satisfacción de vida. En la era del estrés laboral y la sobrecarga informativa, hay un creciente movimiento global explorando formas de aumentar la felicidad de la gente basadas en esta nueva ciencia de la felicidad.

Por supuesto, hay muchos farsantes que se han montado en esta nueva ciencia de la felicidad para sacarle provecho político y disimular sus fracasos económicos. Los presidentes populistas de Venezuela, México y Argentina, entre otros, han relativizado la importancia del crecimiento del producto interno bruto para tratar de tapar la falta de crecimiento de sus países. El presidente de México, Andrés Manuel López Obrador, al ser cuestionado por la falta de crecimiento económico durante su mandato, respondió: "Hay que cambiar los parámetros y no estar pensando en el producto interno bruto ni en el crecimiento, sino que hay que estar pensando en el bienestar y en la felicidad del pueblo".[3] Irónicamente, durante varios años, López Obrador había basado sus campañas presidenciales en el argumento de que México no había crecido lo suficiente, y aseguró que él lograría tasas de crecimiento de 4% anuales. El presidente argentino Alberto Fernández y el dictador venezolano Nicolás Maduro han hecho declaraciones muy parecidas luego de que sus economías cayeran en picada. Maduro incluso llegó a crear, en 2013, un "Viceministerio para la Suprema Felicidad Social del Pueblo", mientras los supermercados estaban vacíos y millones de venezolanos huían del país.

Tal como me lo corroboró en una entrevista Bill Gates, el fundador de Microsoft, los países no pueden ser felices si sus economías no prosperan. Cuando le pregunté si un país puede hacer feliz a su gente sin crecimiento económico, Gates me dijo: "Lo dudo mucho". El progreso, entonces, seguirá ligado al aumento del PIB de los países, me dijo Gates.[4] La mayoría de los gurús del bienestar que entrevisté para este libro coincidieron en que, en efecto, el crecimiento económico debe seguir siendo el principal parámetro del progreso, ya que, si los países no crecen, la pobreza seguirá igual o aumentará. Sin embargo, casi todos agregaron que el crecimiento económico no debe ser la única vara para evaluar el progreso de nuestros países. Hay que empezar a medir también la felicidad.

Entrevista con Bill Gates. CNN en Español.

Las revueltas sociales en Chile, Perú, Ecuador, Colombia, Túnez y otros países, junto con la nueva encuesta de Gallup sobre el aumento mundial del descontento, me llevaron a indagar más sobre el tema de la búsqueda de la felicidad. Para mis libros anteriores, había dado la vuelta al mundo entrevistando a las autoridades máximas de varias disciplinas para tratar de entender por qué algunos países prosperan más que otros. Cada una de mis investigaciones me dejó muchas enseñanzas, pero también algunas asignaturas pendientes.

Para escribir *Cuentos chinos* (2005), viajé a China, India y varios otros países que han sacado a millones de personas de la pobreza tras abrir sus economías y exportar al mundo, y entrevisté a grandes expertos mundiales en competitividad. El libro concluía que una de las principales claves del crecimiento es la educación de calidad porque, en la economía del conocimiento del siglo XXI, los países que venden los productos más sofisticados son los más exitosos, y los que venden materias primas y manufacturas básicas son los más rezagados.

Las exportaciones sofisticadas como los programas de computación —que requieren una fuerza laboral mucho más educada— valdrán cada vez más. No es casualidad que los hombres más ricos del planeta, como Bill Gates, Elon Musk, Carlos Slim o Warren Buffett, no vendan petróleo ni alimentos ni otras materias primas. Y tampoco es casualidad que 9 de las 10 empresas de mayor valor en el mundo —incluyendo Apple, Alphabet (Google), Amazon, Microsoft, Facebook y Alibaba— sean compañías tecnológicas que producen cosas que no se pueden tocar con las manos. Venden productos de la economía del conocimiento. En el mundo de hoy el trabajo manual vale cada vez menos y el mental cada vez más, afirmaba en aquel libro.

Esto me llevó a escribir un libro sobre educación: *¡Basta de historias!* (2010). El título se basaba en mi conclusión, tras viajar a varios países del Lejano Oriente, de que mientras los países latinoamericanos estamos obsesionados con la historia y guiados por la ideología, los países asiáticos están obsesionados con el futuro y guiados por el pragmatismo. Para redactar esa obra, entrevisté a los principales expertos mundiales en educación y visité las escuelas más exitosas de Finlandia, Estados Unidos, China, India y otros países. Señalé que los países anteriormente pobres que más lograron crecer y reducir la pobreza, como China, India y Corea del Sur, son los que tienen una obsesión nacional y familiar con la educación de calidad: son meritocracias educativas. Para lograr esa excelencia educativa, hace falta exigir mayores niveles de calidad educativa a los docentes, un mayor rendimiento académico a los alumnos y una obsesión con la educación, decía en ese libro. Los maestros tienen que ganar más, pero conforme a sus resultados en el aula, que hoy en día se pueden medir fácilmente mediante pruebas internacionales estandarizadas como el test PISA. Y la educación también debe formar parte de la cultura familiar, como lo vi en los institutos privados nocturnos de China, donde los padres y abuelos acompañan a los niños a tomar clases particulares de matemáticas o inglés hasta las 9 o 10 de la noche. *¡Basta de historias!* terminaba diciendo que la educación de calidad tiene que complementarse con una cultura de la innovación, porque de otra manera tendremos países repletos de taxistas con diplomas universitarios, pero que no crean mucha riqueza productiva. En la era de la economía del conocimiento, los países que no innovan se quedan estancados o retroceden.

Esta última consideración me llevó a escribir mi siguiente libro, *¡Crear o morir!* (2014), en el que me dediqué a tratar de contestar la pregunta de qué pueden hacer los países latinoamericanos para convertirse en centros tecnológicos o creativos. Viajé varias veces a Silicon Valley, así como a Israel, Corea del Sur, Singapur y otras capitales mundiales de la innovación, y entrevisté a algunos de los emprendedores más exitosos del mundo. ¿Se trata sólo de invertir más dinero en innovación o hay otros factores tanto o más importantes?, les pregunté. Llegué a varias conclusiones, incluyendo la necesidad de crear una cultura nacional de veneración de los innovadores, porque, sin una gran masa de jóvenes que quieran ser innovadores y emprendedores, no habrá centros de innovación.

Una de las cosas que más me llamó la atención en Silicon Valley fue que todos los jóvenes sentados en los cafés con sus laptops quieren ser el próximo Steve Jobs o Elon Musk. En nuestros países, la mayoría de los jóvenes quieren ser el siguiente Lionel Messi o la próxima Shakira. Demasiados pocos niños latinoamericanos sueñan con ser el creador del algoritmo que revolucione la economía mundial o la nueva medicina que cure el cáncer. Y si nuestros jóvenes no sueñan con ser grandes innovadores, pues lo más probable es que no los produzcamos. *¡Crear o morir!* sugería varias claves para la innovación a nivel nacional y personal. Decía que los países que sigan produciendo los mismos bienes con los mismos procesos, y no le apuesten a la innovación, están condenados al fracaso, sobre todo en el futuro próximo, cuando más trabajos tradicionales sean sustituidos por computadoras inteligentes y robots.

Siguiendo con el hilo de mis investigaciones periodísticas, mi libro más reciente, *¡Sálvese quien pueda!* (2018), se propuso averiguar cuáles serán los empleos que desaparecerán por la creciente automatización del trabajo y cuáles serán los trabajos del futuro. El libro comenzaba citando un estudio de la Universidad de Oxford que pronosticaba que 47% de los trabajos actuales desaparecerían en los próximos 15 años por los robots y la inteligencia artificial. Viajé a Oxford, Gran Bretaña, para entrevistar a los autores de ese estudio, y a varias ciudades de Estados Unidos y Japón para indagar cuál será el futuro de los vendedores, abogados, contadores, médicos, ejecutivos de empresas, programadores de computación, artistas, deportistas y muchos otros. Y al final de *¡Sálvese quien pueda!* compilé una lista de los trabajos del futuro o los que recomendaría a cualquier joven a punto de empezar una carrera o ingresar en el mercado laboral. Esa lista ha cobrado nueva vigencia en 2023 tras la aparición de ChatGPT y otros programas impulsados por inteligencia artificial que revolucionarán el trabajo.

Todos estos reportajes me dejaron con algunas ideas bastante claras sobre por qué algunos países progresan y otros no, y por qué naciones como Corea del Sur, que hasta hace pocas décadas eran más pobres que la mayoría de los países latinoamericanos, hoy en día están entre las de mayores ingresos per cápita del mundo. Entre las muchas cosas que aprendí es que en Latinoamérica hacen falta acuerdos nacionales para trazar políticas de largo plazo, crear una obsesión nacional y familiar por la educación, fomentar una cultura de glorificación de los innovadores y adoptar una mayor tolerancia social hacia el fracaso individual (porque, como me lo corroboraron algunos de los empresarios más exitosos, no hay innovación que no sea el resultado de una larga cadena de fracasos). Sin embargo, ninguna de estas recetas centradas en el crecimiento económico me explicaba por qué las poblaciones de algunos países que avanzan en todos estos campos, desde China hasta Chile, se sienten cada vez más descontentas. Si el crecimiento económico no alcanza para hacer a la gente más feliz, ¿qué hay que hacer? Era la gran pregunta pendiente.

Así pues, para escribir este libro, seguí el mismo método de mis obras anteriores: viajé a varios países y entrevisté a algunos de los máximos gurús de la felicidad. No es un método muy original, pero creo que es el más efectivo, porque hay que tener una visión periférica. Siempre he creído que hay gente sumamente inteligente en diversas partes del mundo, y que podemos aprender mucho de sus aciertos y errores. Y sólo hablando con ellos —personalmente, si es posible— se puede entender mejor lo que hacen. Entonces, así como en mis libros anteriores me propuse buscar las claves de la competitividad, la educación, la innovación y los trabajos del futuro, esta vez me propuse la mucho más ambiciosa tarea de buscar las claves de la felicidad.

Para iniciar este recorrido, usé uno de los rankings más conocidos: el *Reporte mundial de la felicidad*, nacido como un proyecto de colaboración con las Naciones Unidas de la Universidad de Columbia Británica, la Universidad de Columbia, la London School of Economics y la Universidad de Oxford, entre otras instituciones. El reporte anual contempla 137 países y se basa en la encuesta mundial de Gallup, en la que los entrevistados responden cuán felices son en una escala del 0 al 10. Los países más felices del mundo en este ranking casi todos los años son los mismos: Finlandia, Dinamarca e Islandia. La mayoría de los países latinoamericanos aparecen al final de la primera mitad de la lista, y España, en el puesto 32. Ningún país de América Latina está entre los primeros 10. Costa Rica se ubica en el puesto 23; Uruguay, en el 28; Chile, en el 35; México, en el 36; Brasil, en el 49; Argentina, en el 52; Bolivia, en el 69; Colombia, en el 72; Perú, en el 75; y Venezuela, en el 88.[5]

Hay otro ranking parecido, basado en otra encuesta anual de Gallup que mide únicamente la *alegría* de la gente, donde los países latinoamericanos suelen salir en los primeros lugares. En ésta se le pregunta a la gente cuántas veces sonrió o se sintió alegre en las últimas 24 horas. Los países más felices (o alegres) del mundo suelen ser El Salvador, Paraguay, Panamá y Costa Rica. Sin embargo, la misma encuesta muestra que los latinoamericanos también estamos entre quienes mostramos los mayores niveles de depresión, ansiedad, enojo o descontento, lo que los expertos agrupan bajo el rótulo de "sentimientos negativos". Cuando le pregunté medio en broma a Clifton, el presidente mundial de Gallup, si estos resultados significaban que los latinoamericanos somos bipolares, sonrió y me respondió que somos "los más expresivos" tanto para manifestar los sentimientos positivos como los negativos. Lo cierto es que la alegría de los latinoamericanos no es un sustituto para la satisfacción de vida que muestran los escandinavos, porque la *alegría* es un sentimiento pasajero, mientras que la *satisfacción de vida* es un estado mucho más permanente. Como veremos más adelante en este libro, la alegría es uno de varios componentes de la felicidad. Yo puedo estar muy contento si me como un kilo de helado de chocolate, pero esa alegría me va a durar poco si tengo que regresar a una choza sin agua potable o si no tengo con qué pagar un seguro médico. Y, a la larga, el consumo exagerado de helados de chocolate dañará mi salud y reducirá mi bienestar. Por eso el *Reporte mundial de la felicidad* y la mayoría de los expertos valoran mucho más las encuestas de satisfacción de vida, en las que los países escandinavos llevan la delantera.

La clave para el progreso será, entonces, complementar el crecimiento económico y la alegría de vivir con políticas públicas que aumenten la satisfacción de vida de la gente. Lo que hice, entonces, fue visitar Dinamarca y otros países escandinavos que figuran en los primeros puestos del ranking del *Reporte mundial de la felicidad*, así como otros que están midiendo la felicidad para guiar sus políticas públicas o adoptando programas para aumentar la satisfacción de vida, como Reino Unido, Israel, India y Bután. Además, para escribir los capítulos sobre las empresas y las escuelas, entrevisté a varios de los expertos en materia de felicidad laboral y educativa más importantes del mundo. Descubrí que hay muchas cosas que están haciendo los países, las empresas y las escuelas para aumentar la felicidad que sería bueno emular, porque funcionan. Fue un viaje periodístico fascinante que me llevó a algunas conclusiones nuevas que ojalá sirvan para enriquecer el debate político y económico de nuestros países. ¡Espero que lo disfruten!

ANDRÉS OPPENHEIMER

Capítulo 1

LA NUEVA CIENCIA DE LA FELICIDAD

EL ÉXITO NO CONDUCE A LA FELICIDAD, SINO LA FELICIDAD CONDUCE AL ÉXITO

MIAMI, Florida.- Confieso que cuando fui a la Cumbre de la Felicidad en Miami, el 18 de marzo de 2022, en el Día Mundial de la Felicidad de las Naciones Unidas, lo hice con una gran dosis de escepticismo. En mi calidad de periodista, desconfiado por naturaleza, y especializado en temas políticos y económicos, nunca me había interesado demasiado —por lo menos profesionalmente— en temas tan abstractos como la felicidad. De manera que, cuando decidí asistir al evento, después de que varias personas me señalaron que estarían presentes algunos de los pioneros mundiales en la "ciencia de la felicidad", me picó la curiosidad de ver si se trataba de algo serio o si era una industria de charlatanes. Mientras conducía desde mi apartamento en Miami Beach hasta la Universidad de Miami, en la otra punta de la ciudad, temí encontrar una sala llena de humo de incienso, donde varios oradores motivacionales con pulseras de hilo y sandalias intentarían convencerme —en vano, como tantos otros antes— de que tenía que meditar y hacer yoga. Siempre he admirado a quienes logran sentirse mejor con estas prácticas (tengo una hermana que es fanática de la meditación y da cursos de *mindfulness*), pero mis esfuerzos en ese ámbito nunca han logrado durar más de unos pocos segundos e invariablemente terminan en fracasos.

Mis temores aumentaron cuando llegué al auditorio Donna E. Shalala de la Universidad de Miami, una sala moderna con capacidad para 400 personas, y vi que, entre el podio y la primera fila de sillas, había almohadones y acolchados para quienes quisieran sentarse en el piso, cruzarse de piernas y meditar. Lo que era más: el programa del día comenzaba con una sesión de yoga y meditación. La cosa pintaba mal. Sin embargo, cuando empezó la conferencia y pude escuchar lo que decían algunos de los expositores —como Martin Seligman, uno de los fundadores de la psicología positiva, y Tal Ben-Shahar, el profesor de educación positiva que había dictado uno de los cursos más populares de la Universidad de Harvard—, empecé a tomarme el tema un poco más en serio.

Todos ellos sostenían, con leves variaciones, que en los últimos 30 años la felicidad ha dejado de ser un concepto vago cultivado por filósofos, sacerdotes y poetas, y se ha convertido en una ciencia. Hoy en día, decían, hay más de un centenar de estudios de las universidades más prestigiosas del mundo que muestran que la gente optimista y feliz vive varios años más que la gente pesimista. Además,

Karen Guggenheim, la presidenta de la Cumbre Mundial de la Felicidad (derecha), entrevistando a Jennifer Fisher, jefa del Departamento de Bienestar de Deloitte, en 2022. Cortesía: WOHASU.

ésos y otros estudios muestran que la gente con mayor satisfacción de vida es mucho más creativa y productiva. Lo que antes era una suposición ahora está científicamente comprobado, aseguraban los oradores.

LOS OPTIMISTAS VIVEN ENTRE 6 Y 10 AÑOS MÁS QUE LOS PESIMISTAS

En efecto, un famoso estudio publicado por la revista *Proceedings of the National Academy of Sciences*, la publicación oficial de la Academia Nacional de Ciencias de Estados Unidos, basado en dos estudios científicos que observaron a más de 71 400 personas a lo largo de los años, concluyó que los optimistas tienen más posibilidades de vivir más allá de los 85 años que los pesimistas.[1] El estudio, encabezado por la profesora Lewina O. Lee de la Universidad de Boston, comprobó que mientras el promedio de vida en Estados Unidos es de unos 79 años, los optimistas tienen más posibilidades de vivir seis años extra que quienes ven el vaso medio vacío. Otros estudios —un ejemplo es el de las monjas de la Orden de Notre Dame que se detallará a continuación— concluyeron que la expectativa de vida de los optimistas es aún mayor. La explicación es que la felicidad —o la satisfacción de vida— reduce el peligro de ataques cardiacos, embolias cerebrales, cánceres e infecciones, dicen los autores.

Mucho antes del estudio masivo publicado por la Academia Nacional de Ciencias de Estados Unidos, se llevó a cabo una famosa investigación sobre la expectativa de vida de 678 monjas de la Orden de Notre Dame en Estados Unidos. El estudio se basó en los breves ensayos que escribían las monjas nacidas antes de 1917 al ingresar en sus conventos, como exigencia para ser admitidas, donde debían hablar sobre su vida y sobre cómo veían su futuro. Setenta años después, un grupo de psicólogos leyó estas reseñas autobiográficas, separó y clasificó las que contenían pensamientos positivos y las que tenían pensamientos negativos, y descubrió que las monjas que veían la vida con optimismo vivían un promedio de 10 años más que las pesimistas. Un 54% de las monjas que habían escrito 25% de las notas autobiográficas más optimistas seguían vivas a la edad de 94 años, mientras que sólo 11% de las que habían escrito 25% de las notas más negativas seguían con vida a esa edad.[2] El estudio de las monjas es uno de los más citados en los ensayos sobre longevidad porque, a diferencia de otros que comparan la expectativa de vida entre distintos países o provincias de un mismo país, donde las diferencias se pueden deber a diversos factores como los hábitos alimenticios o el estrés, todas las monjas incluidas en el estudio tuvieron vidas similares. Comían los mismos alimentos, no fumaban ni bebían alcohol, se acostaban a la misma hora y llevaban la misma rutina diaria. El único factor que diferenciaba a las monjas más viejas es que desde hacía mucho tiempo habían sido las más felices.

Pero lo que es más interesante aún, decían los expositores en la conferencia, es que hay formas cada vez más probadas científicamente de aumentar la felicidad de la gente. Según los oradores, la felicidad es algo que se puede aprender individualmente, enseñar en las escuelas, fomentar en las empresas y promover mediante políticas públicas en los países. En el estudio de la Academia Nacional de Ciencias de Estados Unidos se afirma que hay varias técnicas para ayudar a la gente a ser más optimista y a vivir más y mejor. Por ejemplo, los autores recomiendan hacer todas las noches una lista de las cosas positivas que le pasaron a uno durante el día, mejorar la calidad de las relaciones con nuestras parejas o amigos e incluso practicar la "media sonrisa", una práctica para reducir la tristeza que consiste en tratar de sonreír durante unos minutos todos los días, aunque se trate de una sonrisa forzada. Parecen boberías, pero, así como uno puede fortalecer los músculos del brazo levantando pesas todos los días, uno puede acostumbrar al cerebro a tener pensamientos positivos y enfrentar la vida con optimismo, señalaron los oradores.

Varios de los ponentes de la Cumbre de la Felicidad enfatizaron que, hoy en día, hay varios países en los que ya se están usando técnicas eficaces para enseñarles a los niños en las escuelas a aumentar su satisfacción de vida. Uno tras otro, los conferencistas insistían en que todo esto ya no se trata de creencias o suposiciones, sino de una nueva ciencia de la felicidad que puede ayudarle a la gente a ser más feliz, tener mayor capacidad de afrontar momentos difíciles, tener más energía y ser más productiva. Entonces, es hora de usar estas herramientas probadas científicamente para que todas las personas del mundo experimenten felicidad, desde la cuna hasta la tumba, decían los conferencistas.

Seligman: la felicidad se puede enseñar

La gran estrella de la Cumbre de la Felicidad en Miami fue Martin Seligman, considerado por muchos como el padre de la psicología positiva. Seligman, de 79 años, fue director del Departamento de Psicología Positiva de la Universidad de Pensilvania, presidente de la Asociación Estadounidense de Psicología (APA, por sus siglas en inglés) y es autor de varios bestsellers sobre la felicidad. Solía iniciar sus conferencias parándose en medio de dos pizarras, con un ritual muy impactante que consistía en hacerle dos preguntas a su audiencia y anotar las respuestas en los respectivos pizarrones. Primero: "¿Qué es lo que más quisieran para sus hijos?". Invariablemente, los padres respondían: "Que sean felices", "Que gocen de buena salud", "Que puedan sobreponerse a los fracasos" y "Que tengan muchos amigos". Seligman anotaba todos estos conceptos en la pizarra que tenía a su izquierda, de manera que uno podía leer en orden descendiente las palabras "felicidad", "tolerancia al fracaso", "salud", "relaciones". Acto seguido, Seligman les hacía la segunda pregunta: "¿Qué cosas les enseñan a sus hijos en la escuela?". Las respuestas del público eran, por lo general, "historia", "geografía", "matemáticas" y "gramática", y Seligman las anotaba con la misma prolijidad en la pizarra que estaba a su derecha. Entonces, mostrando las dos pizarras, y tras un silencio prolongado, como esperando que el público fuera adivinando su mensaje, Seligman llegaba a su conclusión: no había ninguna palabra que se repitiera en ambas pizarras. O sea, no hay ninguna relación entre las cosas que los padres quieren para sus hijos y las que les enseñan a sus hijos en las escuelas. El corolario de este ritual era decirle a la audiencia que, además de instruir a los niños en historia y geografía, hay que enseñarles habilidades como aprender a lidiar con el fracaso, apreciar las cosas buenas de la vida y cultivar las relaciones humanas. Todo eso se puede aprender gracias a las nuevas técnicas desarrolladas en los últimos 30 años, decía Seligman.

La fama de Seligman como el fundador de la psicología positiva se disparó en 1998 cuando, en su discurso inaugural como presidente de la Asociación Estadounidense de Psicología, puso a la psicología tradicional patas arriba, argumentando que los psicólogos suelen ocuparse de sólo la mitad de lo que ocurre en nuestras mentes: las cosas malas. La psicología tradicional se concentra en las cosas que nos hacen infelices, y no en aquellas que nos hacen felices. En ese momento, el número de las investigaciones en el campo de la psicología que trataban sobre enfermedades mentales como la depresión o la ansiedad superaba al de las que trataban sobre los pensamientos positivos y la felicidad por un margen de 17 a 1. O sea, había 17 estudios sobre cómo aliviar problemas mentales por cada estudio sobre cómo aumentar la felicidad.[3] Era hora de dejar de estudiar sólo lo que andaba mal, y empezar a investigar cómo potenciar lo que andaba bien, dijo Seligman. Aunque había otros psicólogos que habían escrito sobre el tema antes que él (el concepto de "psicología positiva" se atribuye a Abraham Maslow), Seligman diseñó métodos científicos para hacer terapias enfocadas en lograr que la gente sea más feliz.[4]

A diferencia de los psicólogos tradicionales, que inician sus terapias preguntándoles a sus pacientes qué problema tienen o con qué parte de su vida están insatisfechos, Seligman inicia las terapias exactamente al revés, preguntándoles qué parte de su vida funciona bien y qué cosas les producen satisfacción. Luego, construye sobre las partes positivas, sin dejar de abordar los problemas en algún momento de la terapia. Si se trata de una terapia de pareja, por ejemplo, la escuela de Seligman empieza las sesiones preguntándoles a los pacientes qué partes de su relación van bien. Si se trata de una terapia organizacional, comienzan preguntando cuáles son los mayores méritos de los gerentes de la empresa. La idea central de las terapias positivas es que, si uno empieza a apreciar lo bueno, entonces lo bueno se empieza a apreciar en general. En otras palabras, si uno construye sobre las cosas buenas, éstas se potencian aún más.

Tras la conferencia de Seligman, a la hora del almuerzo, me senté junto a él en la mesa en la sala de expositores. Los organizadores del evento me habían advertido que, a pesar de ser un gurú de la felicidad, Seligman era un hombre poco sociable, que no ganaría ningún concurso de simpatía. El profesor tenía su rutina (jugaba al bridge varias horas por día y competía en torneos internacionales), pero tenía la mecha corta, me habían prevenido. Además, no le gustaban los periodistas. En su libro autobiográfico, *El circuito de la esperanza*, había confesado que en su juventud había sido un acérrimo pesimista, que fantaseaba con "escribir sobre morirse y la muerte, y vestía de negro todo el tiempo". Su padre había quedado paralizado y deprimido después de varios infartos, y él mismo la había pasado muy mal en la academia militar a donde lo habían mandado a terminar la escuela secundaria. Poco después de cumplir 18 años, cuando entró a la Universidad de Princeton, y luego cuando hizo sus estudios de posgrado en Psicología en la Universidad de Pensilvania, empezó a encontrar su lugar en el mundo y a investigar las características de la gente optimista y pesimista. Sus estudios demostraron la importancia de ser optimista para vivir más y mejor, y así nació la psicología positiva.

Alertado sobre la personalidad de Seligman, inicié la conversación con él tratando de ganarme su confianza. Le dije, sin faltar a la verdad, que me había encantado su presentación, especialmente la manera de comenzar sus conferencias, con las dos pizarras y las dos preguntas

Con Martin Seligman. Foto del autor.

a la audiencia. "¡Estuvo buenísimo!", le dije. "¿Cómo se le ocurrió esa idea?" Seligman volteó hacia mí y, con picardía, me respondió que la idea no había sido suya. "¡Me la robé!", me confesó. La había escuchado por primera vez hacía varias décadas de un filósofo inglés, y funcionaba muy bien con las audiencias, agregó. Acto seguido, volvió la cara a su plato y siguió comiendo en silencio.

Los cursos de felicidad de Harvard, Columbia y Yale

Corroborando lo que lo había escuchado en la Cumbre de la Felicidad de Miami, los cursos de felicidad, empoderamiento personal o satisfacción de vida se han convertido en los más concurridos de las universidades de Yale, Harvard y Columbia. Cuando la científica cognitiva Laurie Santos comenzó a dictar su curso "La psicología y la buena vida", en 2018, casi un tercio de los estudiantes de licenciatura se anotaron para tomarlo. La versión en podcast del curso, llamado *The Happiness Lab*, llevaba más de 64 millones de descargas cuatro años más tarde. El curso "La ciencia del bienestar", dictado por Santos en la plataforma educativa Coursera, tiene más de 3.8 millones de alumnos matriculados.

Las recetas de Santos, como las de muchos de sus colegas, son muy prácticas y están basadas en estadísticas sobre qué cosas hacen que la gente sea más feliz. La profesora estudió, por ejemplo, el impacto de las religiones en la felicidad de la gente, y descubrió que no sólo las religiones, sino la mayoría de las estructuras sociales o actividades comunitarias —desde un grupo de coleccionistas de estampillas hasta una clase de *crossfit*—, aumentan la satisfacción de vida. Y no lo hacen tanto por las ideas que transmiten, sino por el contacto personal de quienes las practican y por el sentido de pertenencia que reciben al formar parte de un grupo. Según Santos:

> Ahora sabemos estadísticamente que hay varias cosas que podemos hacer para mejorar nuestra satisfacción de vida. Hay montones de evidencia de que la gente religiosa es más feliz, en el sentido de la satisfacción de vida y las emociones positivas. Pero ¿es el cristiano que realmente cree en Jesús y lee la Biblia el más feliz? ¿O el cristiano que va a la iglesia, asiste a las cenas comunitarias, dona para caridad y participa en

actividades filantrópicas? Lo que hemos descubierto es que, en la medida en que podemos separar ambos factores, parece que no son las creencias, sino las acciones de la gente religiosa, lo que la hace más feliz. Eso es un hallazgo crítico porque nos enseña que, si uno se esfuerza por llevar a cabo ciertas actividades (meditar, hacer trabajo voluntario, relacionarse con otros), va a ser más feliz. Todo esto es mucho más fácil de lograr si uno pertenece a una estructura religiosa, cultural o incluso deportiva.[5]

En la Universidad de Harvard, uno de los cursos a los que más estudiantes quieren entrar es "Liderazgo y felicidad", impartido por el profesor Arthur Brooks de la Escuela de Negocios. El curso tiene lugar para sólo 180 estudiantes, y otros tantos se quedan sin poder entrar. Según un artículo sobre éste en el *Wall Street Journal*, "los cursos de felicidad, relaciones y el balance de vida y trabajo están entre los más populares en los principales programas de Administración de Empresas. La popularidad de estos cursos refleja tanto la demanda (corporativa) de *soft skills* como el deseo de los estudiantes de encontrar un mejor balance en su vida y la intención de las escuelas de graduar mejores ejecutivos".[6] Según el periódico, uno de los mensajes principales del curso es que la felicidad no es producto del azar, ni de los genes, ni de las circunstancias, sino el resultado de una conjunción de cuatro factores: la familia, los amigos, un trabajo con sentido y un credo o filosofía de vida. Una diapositiva que muestra el profesor Brooks en el primer día del curso insta a los alumnos a pensar detenidamente en cuáles de esos cuatro son los factores en los que están sobreinvirtiendo, y en cuáles están invirtiendo demasiado poco. Y la conclusión general del curso es que, también en el mundo corporativo, la felicidad es una clave del éxito.

Los certificados en felicidad de Berkeley

Además de los cursos de felicidad y superación personal, cada vez más universidades están ofreciendo "certificados en felicidad" o "certificados en bienestar". La Universidad de Berkeley da un certificado profesional en "La ciencia de la felicidad en el trabajo". Según la página de internet de esa casa de estudios, "cada vez más hay estudios que demuestran que la felicidad no debería ser un tema marginal en los lugares de trabajo, sino una meta esencial". Agrega que "la gente que está más feliz con su trabajo es la que está más comprometida con su empresa, asciende rápidamente a cargos de liderazgo, es más productiva y creativa, y sufre menos problemas de salud".[7]

La Universidad Internacional de Florida, en Miami, otorga el certificado de "Chief Happiness Officer" o "Director de Felicidad", de su Escuela de Hospitalidad, a raíz de la creciente cantidad de grandes empresas que ya han creado ese cargo para tratar de aumentar el bienestar de sus empleados. El número de compañías que han creado "directores de felicidad" o "directores de bienestar" se disparó después de la pandemia de covid-19, cuando millones de trabajadores en Estados Unidos decidieron no regresar a sus empleos anteriores después de descubrir, durante las cuarentenas, que eran más felices trabajando remotamente y que podían ganarse la vida vendiendo cosas por internet o trabajando por cuenta propia sin tener que lidiar con el tráfico o con un jefe insoportable.

Ya empezaron las "maestrías en felicidad", y se vienen los doctorados

Ben-Shahar, el discípulo de Seligman y exprofesor de psicología positiva que había dictado uno de los cursos más populares de la Universidad de Harvard, anunció en la Cumbre de la Felicidad en Miami la creación de una maestría en Estudios de la Felicidad, por internet, en conjunto con la Universidad Centenary de Nueva Jersey. Según me dijo en una extensa entrevista,[8] será la primera maestría de su tipo porque integrará estudios de psicología, filosofía, historia, medicina, derecho, ciencias económicas y educación. "Hay muchas maestrías en psicología positiva, y yo mismo me he dedicado a ese campo de estudios en los últimos 20 años, pero sólo abarcan lo que dicen los psicólogos sobre la felicidad. ¿Por qué no integrar lo que tienen que decir al respecto los filósofos, ya se trate de Aristóteles, Confucio o Lao-Tse? ¿Por qué no integrar lo que dicen los teólogos, los economistas y los neurocientíficos? Era hora de que hubiera un estudio interdisciplinario de la felicidad, y eso es lo que estamos creando", me dijo Ben-Shahar. "Y nuestro próximo objetivo será crear el primer doctorado en Estudios de la Felicidad."

Cuando le pregunté qué tipo de personas invertirían tiempo y dinero en una maestría o un doctorado de este tipo, y qué salida laboral podrían tener, Ben-Shahar me aseguró que habrá una demanda cada vez mayor para esta carrera de posgrado. Entre otros, la seguirán docentes, empresarios y ejecutivos de recursos humanos, señaló. "Habrá un mercado muy amplio para esta carrera entre todos los educadores, porque hoy sabemos que cuando aumentas los niveles de felicidad, aumentas el rendimiento en las escuelas, reduces la agresión y el *bullying*, y mejoras la salud física. Y habrá una demanda muy amplia en las empresas, porque hoy sabemos que, si aumentas los niveles de felicidad, les va mejor en el trabajo a ti y a tus empleados. La gente se vuelve más creativa, más innovadora y más comprometida con su trabajo." De manera que la idea de la maestría o un doctorado en felicidad, que hoy parece extravagante, muy pronto se convertirá en un campo de estudio muy común en todas las universidades, me aseguró.

Ben-Shahar agregó que lo curioso es que actualmente existan maestrías y doctorados en literatura, filosofía e historia, pero no en felicidad. Eso es asombroso, considerando que siempre hubo una especie de consenso universal de que la felicidad es un tema central en nuestras vidas. Aristóteles dijo hace más de 2 000 años que "lo más deseable es la felicidad".[9] El Dalai Lama, en su libro *El arte de la felicidad*, decía: "No importa si uno cree en una religión o no, o si uno cree en esta religión u otra, el propósito principal de nuestra vida es la felicidad".[10]

Cómo enseñar la felicidad en las escuelas

Pero, concretamente, ¿cómo se puede enseñar la felicidad en las escuelas?, le pregunté a Ben-Shahar durante su visita a Miami. Yo sabía que él había fundado la Academia de Estudios de la Felicidad, con cursos para docentes, pero me preguntaba cómo se puede comunicar a los niños un tema tan complejo. Ben-Shahar me explicó que no es muy complicado: su academia les enseña a los maestros, entre otras cosas, a contar historias ejemplares que ayuden a aumentar la satisfacción de vida de sus alumnos. "Las historias son fundamentales, porque no hay dato que transmita mejor una idea que una buena historia", señaló.

Una de las principales cosas que Ben-Shahar recomienda enseñar en las escuelas es la tolerancia al fracaso. Para enseñarles a los niños a lidiar con los reveses de la vida, Ben-Shahar les sugiere a los maestros contar, por ejemplo, la historia de Thomas Alva Edison, el inventor de la lámpara eléctrica comercial. En una clase como ésta, la maestra les cuenta a los niños, ya sea verbalmente o a través de un texto o video, que Edison era un gran inventor, que durante su vida patentó 1 093 inventos y que pasó al museo de la fama como uno de los inventores más grandes del mundo. Pero lo importante de la clase es resaltar que Edison fracasó en más de 1 000 de sus invenciones, me explicó. "Contamos la historia de Edison, y les dejamos a los niños el mensaje de que los fracasos son una parte natural del aprendizaje y de la vida. El mensaje es que o aprendes a fracasar, o fracasas en aprender." La clase sobre Edison no es un simple sermón del maestro, sino un tema en el cual los alumnos deben ahondar, por ejemplo, escribiendo una lista de sus propios fracasos y más tarde tratando de explicar qué cosas pueden aprender de cada uno de ellos. De esta manera, los niños aprenden desde muy pequeños a no ahogarse en un vaso de agua por sus fracasos, y a sacarles el mayor provecho, detalló Ben-Shahar.

En otra de las clases de la Academia de Estudios de la Felicidad se les enseña a los docentes a contar la historia del gran basquetbolista de la NBA Michael Jordan. El propio campeón de la NBA ha dicho que suele ser admirado por los campeonatos que ganó, pero recuerda: "He errado más de 9 000 tiros a la canasta en mi carrera. He perdido 300 partidos. Veintiséis veces confiaron en mí para hacer el tiro ganador de un partido, y no lo emboqué al aro. He fracasado una y otra vez en mi vida, y por eso precisamente es por lo que he triunfado".[11] En esta lección, al igual que con la historia de Edison, los alumnos deben hacer la tarea de listar sus propias derrotas y lo que aprendieron de ellas.

Otra propuesta de clase para docentes de la Academia de Estudios de la Felicidad consiste en enseñarles a los niños a aumentar su gratitud a través de la historia de Helen Keller, la niña que se sobrepuso a su ceguera y sordera para aprender a comunicarse y estudiar, y cuya biografía, *La historia de mi vida*, publicada en 1903, asombró al mundo por su gratitud hacia la vida. Después de ver o escuchar la historia de Helen Keller, los docentes les deben pedir a sus alumnos que hablen con sus padres y enumeren las cosas de la vida por las cuales podrían sentirse agradecidos. "Mediante historias reales y tareas, se puede enseñar la tolerancia al fracaso, la gratitud, la caridad y muchas otras habilidades que nos hacen más felices", me dijo Ben-Shahar. "Estas técnicas ya están siendo utilizadas en muchas escuelas de todo el mundo, y dan resultado", aseguró.

Todo esto me sonaba convincente, pero muy teórico, hasta que en 2023 fui a la India y pude ver con mis propios ojos las "clases de felicidad" que todos los días imparten las escuelas públicas de Nueva Delhi a sus estudiantes. Como lo contaré en detalle en el capítulo 6 de este libro, cada vez más estados de India —y de todo el mundo— están incorporando en sus escuelas públicas "clases de felicidad", aunque muchas veces las llamen de otra forma, como cursos de "educación positiva", "habilidades socioemocionales" o *soft skills*. En varias regiones de este país, estas clases se dan de forma obligatoria, todos los días, a veces al comienzo de la jornada escolar. Y verlas en acción me hizo tomarlas mucho más en serio de lo que anticipaba.

El éxito no conduce a la felicidad, sino al revés

Hay un consenso cada vez mayor entre los expertos de que el éxito no conduce a la felicidad, sino que la felicidad conduce al éxito. Esto podría parecer ridículo, sobre todo cuando estamos acostumbrados a ver todos los días en los medios a gente famosa (deportistas, artistas, políticos ganadores de elecciones), sonriente y llena de bríos, que parece ser la personificación del éxito. Muchos piensan que, si trabajamos duro y postergamos las cosas que nos satisfacen para cuando consigamos un ascenso, alcancemos cierto nivel de ahorros o nos jubilemos, llegaremos a un punto en el que finalmente podremos ser felices. Sin embargo, los estudios muestran que la gente no llega a la felicidad gracias al éxito profesional, sino al revés.

Uno de los estudios más conocidos sobre el tema fue encabezado por Sonja Lyubomirsky, de la Universidad de California en Riverside. Junto con otros investigadores, Lyubomirsky revisó 225 estudios estadísticos sobre la felicidad, y descubrió que el éxito profesional no genera automáticamente la felicidad, sino que la felicidad le permite a mucha gente tener más energía, más creatividad, más tolerancia al fracaso y más empatía, cualidades que las llevan a ser más exitosas.

"Esto se puede deber a que la gente feliz frecuentemente tiene un estado de ánimo positivo, y ese estado de ánimo positivo las lleva a trabajar más activamente en la búsqueda de nuevas metas y a sumar nuevos recursos. Cuando la gente se siente feliz, tiende a sentir mayor confianza en sí misma, a ser más optimista y a tener más energía", dice Lyubomirsky. Asimismo, la gente más feliz es vista por otros como más simpática y sociable. Todo eso hace que las personas más felices, positivas u optimistas tengan mayores posibilidades de éxito que otras, señaló. Una persona desanimada que se encuentra en la calle con el exrector de su universidad probablemente no crea que podría tratarse de una excelente oportunidad para contarle de sus ambiciones, y quizás enterarse de una gran oportunidad laboral. Otra persona más feliz, en cambio, inmediatamente vería el mismo encuentro fortuito con alegría y la esperanza tácita de algún beneficio que podría materializarse en el futuro. "La evidencia sigue sugiriendo convincentemente que la felicidad está correlacionada, y frecuentemente antecede al éxito profesional. Y que promover las emociones positivas conduce a mejores resultados en el ámbito laboral", afirmaba Lyubomirsky en 2018, 10 años después de su primer estudio en que fundamentaba su teoría.[12]

El cuento de los dos vendedores de zapatos en África

En el mundo corporativo, la mayoría de las empresas ya aceptan la premisa de que el optimismo de los empleados los hace más productivos. Muchos hemos escuchado la historia de los dos vendedores de zapatos que fueron enviados a África alrededor del año 1900 para explorar oportunidades de negocios; se cuenta frecuentemente en muchos programas de Administración de Empresas. Según esta historia, uno de los dos vendedores llegó a África y a la semana le mandó un telegrama a su jefe diciendo: "¡Malas noticias! La gente acá no usa zapatos". El otro vendedor le mandó un telegrama a su jefe el mismo día diciendo: "¡Buenísimas noticias! Acá tenemos una oportunidad enorme: la gente todavía no usa zapatos". Ambos enviados habían visto lo mismo, pero sacado diferentes conclusiones. Numerosos estudios han demostrado que la gente que tiene pensamientos positivos —los optimistas— ve muchas más oportunidades y obtiene mejores resultados que la que tiene pensamientos negativos.

Un estudio encabezado por Andrew J. Oswald, de la Universidad de Warwick en el Reino Unido, concluyó que los empleados a quienes se les muestra un video cómico o se les da un chocolate, una bebida o una fruta en horas de trabajo están más contentos, y son 12% más productivos que quienes no reciben estos estímulos para hacerlos más felices.[13] No es casualidad que Google adoptó como política empresarial darles comida gratis y en algunos casos hasta bebidas alcohólicas a los empleados en sus oficinas.

Las investigaciones de la neurociencia demuestran que el pensamiento positivo, ya sea propio o inducido por otros, lleva a que nuestra mente dispare dopamina y serotonina, las cuales nos hacen sentir mejor y estimulan los centros de aprendizaje y productividad del cerebro. Y varios estudios, usando placebos u observando grupos paralelos, han concluido que el pensamiento positivo puede ser inducido o contagiado por otros. Cuando se observan dos grupos de personas encomendadas a ejecutar una misma tarea, pero predisponiéndolas a encararlas con actitudes optimistas y pesimistas, respectivamente, aquellas inducidas a pensar positivamente suelen obtener mucho mejores resultados que las pesimistas.

El experimento de las limpiadoras de cuartos de hoteles

Los pensamientos positivos no sólo aumentan la expectativa de vida y la productividad, sino que incluso —esto les va a interesar a muchos— ayudan a bajar de peso. Todos sabemos que hacer ejercicio es importante para nuestro bienestar físico, pero lo que se ha descubierto en experimentos recientes es que hay un efecto placebo por el cual el mero hecho de pensar que uno está haciendo ejercicio ayuda a quemar calorías. Alia J. Crum, una investigadora de la Universidad de Stanford especializada en el estudio del impacto de la predisposición mental en la conducta humana, descubrió este fenómeno haciendo un experimento fascinante con limpiadoras de cuartos de hoteles.

Crum estudió a 84 limpiadoras de siete hoteles, y las dividió en dos grupos de aproximadamente las mismas edades y grupos étnicos.

A las de la primera mitad les dijo que sus trabajos eran un excelente ejercicio físico, y que la cantidad de calorías que estaban quemando a diario, incluyendo un promedio de 200 cada vez que cambiaban las sábanas de una cama, sumaban el total que había recomendado el cirujano general de Estados Unidos. A las de la otra mitad Crum no les dijo nada. Luego de que las limpiadoras fueran observadas durante 30 días haciendo sus labores habituales, Crum descubrió que el grupo que había sido precondicionado a pensar que estaba haciendo ejercicios que mejoraban su salud no sólo terminó creyendo que se sentía mejor, sino que perdió peso, mejoró su presión sanguínea y redujo sus niveles de colesterol. El estudio se aseguró de que las empleadas del primer grupo —el que pensaba positivamente— no hubieran ido al gimnasio ni hecho ningún otro cambio en sus hábitos diarios. La única diferencia era que habían cambiado la forma en que pensaban sobre su trabajo. El pensamiento positivo, aunque sea un placebo, suele producir resultados sorprendentemente efectivos.[14]

Al igual que Seligman en el campo de la educación, estos nuevos experimentos en el campo laboral ayudan a fundamentar la creencia cada vez más expandida de que la felicidad ha dejado de ser un arte para convertirse en una disciplina que se puede enseñar, aprender, inducir y ejercitar.

Los economistas empiezan a tomar en serio la felicidad

La búsqueda de la felicidad ha sido objetivo de los países y aún más, desde hace muchísimos años, de las religiones. Pero fue hace relativamente poco que empezó a ser tomada en serio por los economistas. La Declaración de Independencia de Estados Unidos de 1776 ya proclamaba en su primer artículo que "la vida, la libertad y la búsqueda de la felicidad" eran derechos inalienables. El candidato presidencial Robert F. Kennedy propuso en 1968 cambiar la medición del producto bruto de los países "porque no permite medir la salud de nuestros niños, la calidad de su educación, o la alegría de sus juegos".[15] Hacia fines del siglo pasado, cada vez más jefes de Estado y economistas empezaron a expresar dudas sobre la conveniencia de medir el progreso de los países exclusivamente con base en su producto interno bruto (PIB), indicador creado en la década de 1940 tras la fundación del Fondo Monetario Internacional y el Banco Mundial.

La nueva corriente de pensamiento señalaba que —aunque imprescindible— el PIB no era suficiente para fijar las metas de los países. El crecimiento económico por sí solo no garantiza una mayor satisfacción de vida. Hay que medir el progreso de las naciones no sólo tomando en cuenta el crecimiento del PIB, sino también otras variables, como la satisfacción de vida, afirmaban los economistas del bienestar. En 1990, inspirado en el ganador del Premio Nobel de Economía Amartya Sen y el exministro pakistaní Mahbub ul Haq, el Programa de las Naciones Unidas para el Desarrollo (PNUD) comenzó a publicar anualmente el *Informe sobre desarrollo humano*, que, hasta el día de hoy, mide tanto el PIB como la salud, la educación y otros factores que determinan el desarrollo de las naciones. Pero, si bien el nuevo ranking llamó la atención de académicos y periodistas, no logró ser tomado muy en serio por muchos gobiernos. Fue recién en la primera década del siglo XXI, quizás a raíz de la crisis financiera de 2008, cuando se produjo un movimiento mundial para convertir la felicidad en un objetivo medible y —junto con el PIB— prioritario para muchos países.

BUTÁN, EL PRIMER PAÍS EN CREAR "EL PRODUCTO BRUTO DE LA FELICIDAD"

Bután, un remoto reino budista enclavado entre China e India en la cordillera del Himalaya, fue el primer país en adoptar oficialmente el índice de la felicidad nacional bruta (FNB). En 1972, el entonces rey de Bután, Jigme Singye Wangchuck (que tenía apenas 16 años de edad y era el monarca más joven del mundo) declaró que la felicidad nacional bruta era más importante que el producto interno bruto. Su concepto fue incluido formalmente como una meta nacional en la Constitución de Bután de 2008. Muy pronto se le dieron mayores poderes a la Comisión Nacional del Producto Bruto de la Felicidad, integrada, entre otros, por el primer ministro y todos los integrantes del gabinete. La misión de este grupo de funcionarios consistía en diseñar las metas del gobierno cada cinco años e implementarlas. Bután comenzó a hacer encuestas periódicas para medir el estado de salud espiritual y mental de su población, y orientar con ellas sus políticas públicas. Cuando entrevisté en mi programa de CNN al monje budista Saamdu Chetri, director del Centro de Estudios e Investigaciones de la Felicidad Nacional Bruta de Bután, y le pregunté si lo del producto bruto de la felicidad no era más bien un invento político de un gobierno, el cual podría ser fácilmente desmantelado por el siguiente, me respondió categóricamente que no. El monje, vestido con su larga túnica de color naranja, me dijo: "El concepto de la felicidad nacional bruta o producto bruto de la felicidad está incluido en nuestra Constitución, y ningún partido político que llegue al poder puede hacer nada. No puede ser desafiado por nadie".[16]

Muchos viajeros han hablado maravillas del reino de Bután, pintándolo como un oasis mundial de serenidad y espiritualidad. Por otro lado, varios académicos con los que he hablado, incluyendo Carol Graham, de la Brookings Institution, se han mostrado bastante escépticos respecto al experimento de Bután. Graham me dijo que la adopción del producto bruto de la felicidad en Bután fue "un error que ha llevado a muchos malentendidos", porque se ha creado una idea falsa de que la nueva medición de la felicidad de Bután podría sustituir al producto interno bruto de los países. Según Graham, la medición de la felicidad debe considerarse tan sólo como un añadido. De lo contrario, se presta a que los gobiernos no pongan todo su empeño en hacer crecer sus economías y sigan viviendo en la pobreza.

Aunque la economía de Bután ha crecido desde que el país inició su apertura política en 2008, se trata de una nación aislada del mundo, cuyo producto bruto per cápita es de apenas unos 3 000 dólares anuales. Comparativamente, el producto bruto per cápita de México es de casi 10 000 dólares anuales y el de Bolivia es de 3 400 dólares anuales, según el Banco Mundial.[17] Definitivamente, Bután es un país pobre. Además, el ranking del *Reporte mundial de la felicidad*, basado en la encuesta de Gallup, colocó a Bután en 2015 en el lejano puesto número 77 entre los 149 países más felices del mundo. Y, en 2019, el mismo ranking puso al país en el aún más distante puesto 95 de 156 países. Bután objetó estos rankings y dejó de participar en la encuesta mundial de Gallup. Como lo contaré en detalle más adelante, Gallup y Bután tienen hasta el día de hoy serias diferencias sobre cuán felices son los butaneses.

Curioso por confirmar si Bután es un ejemplo a seguir para el resto del mundo debido a su búsqueda de la felicidad, y un país tan deslumbrante como lo describen muchos visitantes, decidí emprender un viaje hasta el Himalaya. No fue nada fácil. Escribí varios emails a la embajada de Bután ante las Naciones Unidas, al Ministerio de Relaciones Exteriores de Bután y a la oficina del primer ministro de Bután para solicitar una visa (especificando que yo pagaría todos mis gastos de viaje y estadía), pero no recibí respuesta alguna. Bután es un reino budista que hasta hace pocas décadas no permitía la entrada de visitantes extranjeros por miedo a contagiarse del consumismo occidental, y que hasta el día de hoy no permite el turismo individual. Para ir de visita a Bután, hay que formar parte de un grupo organizado por una agencia de turismo autorizada por el gobierno, pagar un impuesto de 250 dólares diarios por persona y hacer las excursiones programadas con los guías oficiales.

Me propuse viajar allí sea como fuere, porque, más allá de lo que digan muchos expertos, Bután merece el crédito de haber sido un pionero en las políticas públicas para aumentar la felicidad. "A diferencia de lo que ocurre en otros países, en Bután la felicidad no es sólo un objetivo personal, sino una aspiración nacional. El concepto del producto bruto de la felicidad ha sido el principio rector del desarrollo nacional por varias décadas, priorizando el bienestar de nuestra gente sobre el crecimiento económico y enfatizando la importancia de la sostenibilidad social y ambiental", según señaló un reciente editorial del diario oficialista butanés *Kuensel*.[18] No podía escribir un libro sobre la felicidad sin ir a este lejano país oriental, entrevistar a su gente y sacar mis propias conclusiones. De manera que, frustrado por la falta de respuesta de las autoridades de Bután a mi solicitud de entrevistas y una visa de periodista, decidí anotarme en uno de esos pequeños grupos de turismo organizado y escaparme a entrevistar gente una vez que lograra entrar en el país. Como detallaré en el capítulo 5, fue una experiencia fascinante que nunca olvidaré.

LAS NACIONES UNIDAS EMPIEZAN A MEDIR LA FELICIDAD

Las propuestas para aumentar la felicidad de la gente se dispararon después de que en 2011 la Asamblea General de las Naciones Unidas, a iniciativa de Bután, aprobó una resolución llamada "La felicidad: hacia una definición holística del desarrollo". La resolución instaba a los países a medir la felicidad y a usar esos datos para guiar sus políticas públicas. Poco antes, en 2008, el entonces presidente francés Nicolas Sarkozy ya les había pedido a varios economistas ganadores del Premio Nobel, incluido Amartya Sen, un estudio sobre "alternativas al producto bruto" que incluyeran la felicidad. En Reino Unido, asimismo, se empezaron a hacer encuestas de satisfacción de vida en 2011 para detectar las regiones en las que la infelicidad fuera mayor y focalizar sus políticas públicas en éstas.

La resolución de la Asamblea General de la ONU de 2011 les dio munición a los estudiosos de la felicidad y a los funcionarios de todo el mundo que insistían en aplicar políticas que aumentaran el bienestar. La resolución decía que "la búsqueda de la felicidad es una meta fundamental" de la humanidad y pedía a los países que elaboraran "medidas adicionales" para promover la felicidad. En 2012, el secretario general de las Naciones Unidas, Ban Ki-moon, convocó la primera reunión de alto nivel sobre el tema, donde se dio a conocer el primer *Reporte mundial de la felicidad*, que incluía un ranking mundial de la felicidad basado en encuestas hechas en cada país por Gallup. Hasta el día de hoy, la encuesta anual le pregunta a la gente de cada país cuán feliz es, en una escala ascendente del 0 al 10, en la que 10 es el máximo nivel de felicidad. Los resultados suelen aparecer en los titulares y son seguidos con interés en todo el mudo.

El gobierno del Reino Unido ya mide la felicidad

El primer ministro británico David Cameron fue uno de los primeros en medir la felicidad, por medio del censo nacional. La idea era —y sigue siendo— detectar las regiones con mayor cantidad de gente infeliz y enfocar las políticas públicas en éstas. En lugar de crear una enorme burocracia para promover la felicidad, Cameron hizo algo mucho más inteligente: instruyó a su Oficina Nacional de Estadística (ONS, por sus siglas en inglés) para que agregara cuatro preguntas en sus censos a la población, algo que se podía hacer de una manera rápida y prácticamente gratis, ya que la encuesta de hogares se hacía de todas formas. Las cuatro preguntas —que el Reino Unido sigue haciendo a sus ciudadanos hasta el día de hoy varias veces al año— pueden ser respondidas en apenas 30 segundos. Los ciudadanos deben responder, en una escala del 0 al 10:

1. ¿Qué tan satisfecho/a estás con tu vida actualmente?
2. ¿Qué tan feliz te sentiste ayer?
3. ¿Qué tan ansioso/a te sentiste ayer?
4. ¿Hasta qué punto sientes que las cosas que haces en tu vida diaria valen la pena?

Los datos obtenidos de estas preguntas le permiten al Estado detectar las áreas geográficas (vecindarios, ciudades o provincias) de alta infelicidad, pero que no necesariamente muestran un menor crecimiento económico. Por ejemplo, se encontraron con que había zonas de las ciudades en que había una mayor proporción de gente mayor sola y deprimida, y donde había muchos más problemas de salud mental y hospitalizaciones, a pesar de que las pensiones de los jubilados eran las mismas que en el resto del país. Eso ocurría, por ejemplo, cuando una fábrica cerraba y los jóvenes se mudaban a otras ciudades, por lo que dejaban a sus padres solos. Esos datos no aparecen en las estadísticas económicas. La nueva medición de la felicidad le permitió al gobierno localizar esos focos de infelicidad o depresión, y redirigir sus programas de asistencia social hacia ellos, por ejemplo, por medio de clubes de ajedrez, bridge o clases de arte. Muy pronto se descubrió que focalizar los recursos del Estado en las zonas de mayor infelicidad también es una excelente forma de ahorrar en hospitalizaciones y otros gastos médicos.

En 2018, años después de empezar a medir la felicidad, el Reino Unido creó el Ministerio de la Soledad, destinado específicamente a usar los nuevos datos del censo para reducir la soledad y aumentar la felicidad de la gente. Por primera vez, las políticas para aumentar la felicidad se sistematizaron y —lo que es más importante— fueron tomadas en cuenta por el ministerio de finanzas, que es el que firma los cheques del gasto público y tiene la última palabra en las políticas públicas. En el Reino Unido, la felicidad ya no es un sueño de poetas y políticos altruistas, o una burocracia creada por un gobierno populista, sino que es considerada una de las bases de la política económica. En el capítulo 4 de este libro les contaré sobre mi entrevista con la ministra de la Soledad del Reino Unido y sobre algunas ideas muy originales —y dignas de ser aplicadas en otros países— que está poniendo en práctica esta nación para combatir la soledad, la depresión y la ansiedad de la gente. Tres años más tarde, en 2021,

Japón creó también un Ministerio de la Soledad para hacer frente a la creciente crisis de desesperación, drogadicción y suicidios que se había exacerbado con la pandemia del covid-19. El entonces primer ministro de Japón, Yoshihide Suga, dijo que hacía falta un esfuerzo nacional para combatir el aumento de los suicidios. Casi 21 000 personas se habían suicidado en Japón en 2020, en lo que había sido el primer aumento anual de suicidios en 11 años, según informó el diario *The Japan Times*.[19] El trabajo remoto y la cancelación de reuniones sociales durante la pandemia habían empeorado los problemas mentales causados por la soledad en la sociedad japonesa. Aunque este fenómeno en realidad fue visible en todo el mundo.

Estados Unidos declara una "epidemia de soledad"

Estados Unidos se sumó a los países que anunciaron políticas públicas para combatir la soledad y aumentar la felicidad en 2023, con un informe del cirujano general Vivek H. Murthy dramáticamente titulado *Nuestra epidemia de soledad y aislamiento*.[20] Dos años antes, un estudio de la Brookings Institution había alertado sobre una "crisis de la desesperanza" en el país. Las así llamadas "muertes por desesperación" por sobredosis de drogas y suicidios se habían disparado desde antes de la pandemia, y se estimaban ya en casi 130 000 casos anuales por una creciente ola de depresión masiva. Haciendo eco de ése y otros estudios, el cirujano general anunció en su informe de 81 páginas una "estrategia nacional para reducir la soledad" y "aumentar la conexión social".

Según el informe gubernamental, era la primera iniciativa oficial de su tipo en la historia estadounidense. "Nuestra epidemia de soledad y aislamiento ha sido una crisis de salud pública de la que se ha hablado demasiado poco, y que ha hecho daño tanto a los individuos como a la sociedad", dijo Murthy al presentar el plan. "Debemos convertir la construcción de conexiones sociales en una prioridad."[21] Alrededor de 50% de los adultos estadounidenses han sufrido de soledad en años recientes, señaló. El ciudadano promedio pasa sólo unos 20 minutos diarios interactuando personalmente con amigos, mientras que hace 20 años lo hacía durante 60. Entre los jóvenes de entre 15 y 24 años, el tiempo de interacción personal con amigos cayó aún más, en buena parte porque transcurren gran parte de su tiempo en las redes sociales, afirmó.

Todo esto produce terribles problemas de salud y enormes gastos hospitalarios para el Estado, advirtió el documento oficial. La soledad aumenta en 30% el peligro de muertes prematuras, incluyendo un alza de 29% del riesgo de ataques al corazón. "El impacto sobre la mortalidad de estar socialmente desconectado es similar al de fumar 15 cigarrillos diarios, e incluso mayor que el asociado a la obesidad y a la inactividad física", afirmó.[22]

Según el informe, el remedio clave contra la epidemia de la soledad es crear una "infraestructura para aumentar las conexiones sociales". Éstas son una necesidad humana fundamental, tan esencial para la supervivencia como la comida, el agua o tener un techo. Y para aumentar las conexiones sociales, el gobierno estadounidense proponía un plan de acción que incluye, entre otras cosas, la construcción de espacios que faciliten los contactos personales (como parques, bibliotecas y lugares de juegos para los niños), estímulos gubernamentales a grupos comunitarios (como asociaciones de voluntarios, grupos religiosos o deportivos) y políticas locales que estimulen las actividades sociales (como el transporte público para que la gente pueda reunirse). "Para fortalecer la infraestructura social, las comunidades deben crear ambientes que promuevan la conexión" e "invertir en instituciones que junten a la gente".

Y para promocionar la nueva guerra de Estados Unidos contra la soledad —y dar un primer paso para que la gente hable más abiertamente del tema— Murthy comenzó a decir en cuanta entrevista concedía, incluyendo la que me dio a mí algún tiempo antes, que él mismo había sufrido de soledad. Según relató, en su primer mandato como cirujano general, entre 2014 y 2017, había descuidado a sus amigos, porque pensaba que tenía que dedicarle todo su tiempo y energías a su alto cargo gubernamental. "Cuando terminó mi mandato, me sentí avergonzado de llamar a los amigos a quienes había ignorado. Me sentí cada vez más solo y aislado", dijo. "La soledad, como la depresión, con la que puede estar asociada, puede minar tu autoestima e incluso erosionar tu sentido de quién eres. Eso es lo que me ocurrió a mí."[23] Hacia el final de su informe, el cirujano general recomendaba crear un cargo nacional para coordinar políticas públicas que estimulen el contacto social. Aunque sin usar la palabra "felicidad",

Estados Unidos estaba empezando a crear una ambiciosa estrategia nacional para aumentar la satisfacción de vida.

El nuevo bloque de los "gobiernos para el bienestar"

Durante una reunión de la Organización para la Cooperación y Desarrollo Económicos (OCDE) llevada a cabo en Corea del Sur en 2018, Escocia, Islandia y Nueva Zelanda formaron el grupo Gobiernos para la Economía del Bienestar (WEGo, por sus siglas en inglés), al que posteriormente se unieron Finlandia, Gales y Canadá. El objetivo del bloque es intercambiar experiencias sobre políticas públicas que aumenten la felicidad de la gente.

WEGo organizó su primera reunión en 2019 en Edimburgo, con la presencia de la entonces primera ministra de Escocia, Nicola Sturgeon, y su par de Islandia, la primera ministra Katrín Jakobsdóttir. Para darle mayor dramatismo, la reunión tuvo lugar en la casa que había pertenecido al legendario economista y filósofo escocés Adam Smith, considerado el padre de la economía moderna. Smith, autor del famoso libro *La riqueza de las naciones*, también es reconocido como el creador del concepto del producto interno bruto (PIB), que es la medida del progreso de las naciones que usamos hasta nuestros días y que se calcula con base en la suma de todas las actividades económicas anuales en cada país. Sin embargo, Sturgeon dijo en su discurso de apertura del evento que Smith debería ser recordado no sólo como el creador del PIB, sino también por haber dicho que el progreso de los países debía ser medido, asimismo, por la felicidad que producen. Efectivamente, en su ensayo *La teoría de los sentimientos morales*, Smith escribió que el éxito de las naciones también debe ser determinado por "la proporción y medida en que hacen feliz a su población".[24]

Si Adam Smith estuviera vivo, no aprobaría la forma en que su concepto del PIB está siendo usado actualmente, dijo Sturgeon en una charla TED posterior.[25] "El PIB mide la producción, pero no dice nada sobre el contenido de esa producción, no dice nada sobre si ese trabajo es valioso o si es satisfactorio... o si esa actividad es enormemente dañina para la sostenibilidad de nuestro planeta a largo plazo", señaló la primera ministra escocesa. "Entonces, creo que necesitamos crear urgentemente una definición mucho más amplia de lo que significa ser exitosos como países y como sociedades."

Sturgeon dijo que el recién creado grupo WEGo pretendía desafiar ese concepto limitado del PIB. Para estos gobiernos, el crecimiento económico es importante, pero no lo único, y el incremento del PIB no debería buscarse a cualquier costo. La primera ministra escocesa agregó, con una sonrisa picarona: "Voy a dejar que ustedes decidan si esto es relevante o no, pero tengo que señalar que los tres países aquí presentes están siendo actualmente gobernados por mujeres", lo cual generó un aplauso de todos en la sala. Para Sturgeon quizás no era casual que los gobiernos allí reunidos hicieran un gran énfasis en las políticas de igualdad de género, salud mental y cuidado infantil: "No son temas que nos vienen a la mente de inmediato cuando pensamos en crear una economía de riqueza, pero son fundamentales para una economía sana y una sociedad feliz".

"Ninguna de nosotras tiene todas las respuestas, ni siquiera Escocia, la cuna de Adam Smith", concluyó Sturgeon. "Pero, en el mundo en que vivimos hoy, con cada vez más división y desigualdad, con cada vez más desesperanza y alienación, es más importante que nunca que nos hagamos estas preguntas, encontremos las respuestas y promovamos una visión de sociedad que tenga el bienestar, y no sólo la riqueza, en su centro."[26]

Nueva Zelanda aprueba el "presupuesto del bienestar"

En 2019, los miembros de WEGo empezaron a implementar medidas concretas para aumentar la felicidad. Nueva Zelanda se convirtió en el primer país occidental en colocar el bienestar de la gente como una meta presupuestaria, por encima del crecimiento macroeconómico. La joven y progresista primera ministra de entonces, Jacinda Ardern, siguiendo los pasos de Bután, adoptó un índice de la felicidad y ordenó que el presupuesto de su país se guiara por esa medición para establecer sus prioridades. Como parte de ese presupuesto, que se llamó "el presupuesto del bienestar", se aumentaron enormemente los fondos para combatir las enfermedades mentales, la violencia doméstica, el abuso infantil y la lucha contra el cambio climático.

Fue un gran paso en la historia de la nueva "ciencia" de la felicidad, porque fue la primera vez que un país occidental no sólo contemplaba la satisfacción de vida como una de sus principales metas económicas, sino que ponía al ministerio de finanzas —el que tiene la última palabra en la asignación de fondos— al frente del proyecto. Otros países han dejado sus proyectos y políticas para aumentar la felicidad en manos de sus ministros de educación, de salud o de bienestar social; éstos suelen tener las mejores intenciones, pero pocas posibilidades de hacer algo concreto. En Nueva Zelanda, el encargado de aumentar el bienestar es el que firma los cheques.

El ranking de los países más felices del mundo

En 2022 se cumplieron 10 años del primer *Reporte mundial de la felicidad*, dado a conocer en la primera reunión de alto nivel de la ONU sobre el tema. El reporte, que luego comenzó a publicarse anualmente, es elaborado por un consorcio de expertos mundiales en felicidad, liderados por John F. Helliwell, de la Universidad de Columbia Británica en Canadá; Richard Layard, de la London School of Economics en Reino Unido; y Jeffrey D. Sachs, de la Universidad de Columbia en Estados Unidos. El principal atractivo del reporte es su ranking de los países más felices, que la prensa mundial sigue con atención todos los años.

En el ranking de 2023, al igual que en años anteriores, las naciones escandinavas aparecieron en los primeros lugares de la lista de 137 países. Finlandia salió en el primer puesto, seguida por Dinamarca e Islandia. Los siguientes siete puestos fueron para Israel, Países Bajos, Suecia, Noruega, Suiza, Luxemburgo y Nueva Zelanda. Más abajo, como señalábamos en el prólogo, estaban Estados Unidos (15), Francia (21) y España (32). Los países latinoamericanos mejor situados fueron Costa Rica (23), Uruguay (28), Chile (35), México (36), Brasil (49), El Salvador (50), Argentina (52), Paraguay (66), Bolivia (69), Colombia (72), Ecuador (74) y Venezuela (88).

El ranking mide lo que los estudiosos llaman la "satisfacción de vida". La pregunta concreta que hace Gallup en todo el mundo es la siguiente: "Imagínate una escalera con escalones ascendentes que van del 0 al 10. El escalón más alto representa la mejor vida posible para ti, y el escalón más bajo representa la peor vida posible para ti. ¿En qué escalón de esta escalera dirías que estás en este momento?". Este planteamiento no mide la "felicidad momentánea" como sí lo hacen otras encuestas. En ellas se les pregunta a los entrevistados cuántos momentos de alegría han experimentado en las últimas 24 horas, y los países latinoamericanos como Costa Rica o Paraguay suelen salir en los primeros lugares. El consenso entre los expertos en la nueva ciencia de la felicidad es que las encuestas de "satisfacción de vida" son más confiables que las de la "felicidad momentánea", porque la primera es más estable, y la segunda suele cambiar drásticamente de un día a otro. Y en materia de satisfacción de vida duradera, los escandinavos ganan por mucho.

Los escandinavos: muertos de frío pero felices

¿Cómo puede ser que los países del norte de Europa, donde la gente sonríe tan poco y se congela del frío, sean los más felices del mundo?, le pregunté a Helliwell, el editor principal del *Reporte mundial de la felicidad*. Me respondió: "Desde que comenzamos a hacer el ranking hace 10 años, los países escandinavos siempre han salido primeros". Los altos ingresos y el Estado de bienestar en estos países es un elemento importante, pero se les suman la buena salud de la gente, los bajos niveles de corrupción y —lo que me pareció más interesante— la intensa vida comunitaria y el trabajo voluntario que hacen las personas. Todo esto les da a los nórdicos un sentido de propósito y una mayor satisfacción de vida, me explicó el experto canadiense. Y con respecto al frío, Helliwell se rio y me recordó que él vive en Canadá, uno de los países más fríos del mundo. "Como te podrás imaginar, la gente en países de climas fríos sabe apreciar mucho más los días de calor. Nos ponemos contentos cuando sale el sol. Y hay varios estudios que muestran que, durante los meses de frío, el clima inhóspito produce una mucho mayor cooperación entre la gente, porque o nos ayudamos y sobrevivimos juntos, o nos morimos separados."

Notando mi cara de asombro a través de Zoom, Helliwell agregó que incluso hay estudios sobre los nativos inuits del Ártico canadiense que muestran el alto nivel de cooperación y la escasa conflictividad que existe entre ellos. "La explicación es que sólo pueden sobrevivir si se ayudan unos a otros. Por eso, muchos estudios han concluido que el frío extremo ayuda a desarrollar altos niveles de confianza entre la gente", señaló.

La tranquilidad económica, uno de los pilares de la felicidad

Al igual de lo que me había dicho Bill Gates cuando le pregunté sobre la felicidad, Helliwell me señaló que los altos niveles de ingreso no garantizan la felicidad de los países, pero son un factor muy importante. No es casual que los países con altos niveles de ingresos, y donde la gente tiene los servicios de salud y educación asegurados, encabecen la tabla de los más felices del mundo. Un rápido vistazo a los primeros y a los últimos países del ranking del *Reporte mundial de la felicidad*, y a sus respectivos ingresos per cápita anuales, habla por sí solo. El promedio del producto bruto per cápita anual de estos países en los últimos tres años fue el siguiente:

1. Finlandia, PIB per cápita: 48 631 dólares
2. Dinamarca, PIB per cápita: 57 651 dólares
3. Islandia, PIB per cápita: 53 935 dólares
4. Israel, PIB per cápita: 41 719 dólares
5. Países Bajos, PIB per cápita: 56 516 dólares
6. Suecia, PIB per cápita: 53 254 dólares
7. Noruega, PIB per cápita: 65 364 dólares
8. Suiza, PIB per cápita: 70 546 dólares
9. Luxemburgo, PIB per cápita: 115 838 dólares
10. Nueva Zelanda, PIB per cápita: 42 696 dólares
...
128. Zambia, PIB per cápita: 3 209 dólares
129. Tanzania, PIB per cápita: 2 585 dólares
130. Comoras, PIB per cápita: 3 212 dólares
131. Malaui, PIB per cápita: 1 483 dólares
132. Botsuana, PIB per cápita: 6 805 dólares
133. República del Congo, PIB per cápita: 1 104 dólares
134. Zimbabue, PIB per cápita: 2 082 dólares
135. Sierra Leona, PIB per cápita: 1 626 dólares

136. Líbano, PIB per cápita: 4 136 dólares
137. Afganistán, PIB per cápita: 1 516 dólares[27]

Tal como lo demuestran estos datos, los países más felices tienen altos niveles de ingresos, pero no hay una relación automática según la cual cuanto más rico es un país, más feliz es su gente. Si así fuera, Emiratos Árabes Unidos o Kuwait tendrían que estar entre los países más felices del mundo, pero no lo están. Y Estados Unidos tendría que estar en los primeros 10 lugares del ranking de felicidad, y está en el número 15. "Tener dinero importa, pero no tanto como muchos piensan", me dijo Helliwell, el coeditor del *Reporte mundial de la felicidad*. "Si miras a los 10 países mejor ubicados en el ranking, y los comparas con los 10 últimos, el ingreso per cápita es 40 veces más alto en los de arriba. Pero eso no quiere decir que, si aumentas tu ingreso, automáticamente aumentas tu felicidad. Hemos visto que hay países que duplican su ingreso sin mejorar sus niveles de felicidad." La explicación es que hay otros factores, además de la riqueza, que inciden en la felicidad, como las relaciones humanas, los niveles de confianza mutua, el contacto con la naturaleza, la vida social, las actividades comunitarias y el sentido de propósito. Y todos ellos se pueden mejorar con políticas públicas y educación encaminadas a mejorar la calidad de vida, agregó Helliwell.

El Premio Nobel Daniel Kahneman: el dinero ayuda a ser feliz, hasta cierto punto

Hace algunos años tuve el privilegio de hacerle una larga entrevista al Premio Nobel de Economía Daniel Kahneman, el padre de la "economía del comportamiento" o "economía conductual".[28] Kahneman es el único ganador del Premio Nobel de Economía que no es economista, sino profesor de psicología. Sus estudios empíricos sobre la falta de racionalidad y el impacto de los prejuicios en la toma de decisiones, así como sobre la felicidad, han sacudido las ciencias económicas. El Premio Nobel estudió como pocos la relación entre el dinero y la felicidad, y comprobó que el dinero produce felicidad hasta que la gente alcanza un nivel mínimo de ingresos para tener una vida digna (que calculó, en su momento, en 75 000 dólares anuales), y que de allí en más la incidencia de la riqueza en la satisfacción de vida es cada vez menor. En otras palabras, una vez satisfechas las necesidades básicas, el aumento de los ingresos no produce un alza proporcional de felicidad.

Kahneman nació en 1934 en lo que es hoy el Estado de Israel, pero fue criado en Francia. Regresó a Israel y finalmente se convirtió en una estrella académica en Estados Unidos. Kahneman desarrolló desde muy joven la teoría de que en psicología, y también en economía, las cosas muchas veces no son lo que parecen. Según me contó, fue un recuerdo de la infancia lo que lo llevó a estudiar psicología, y luego la racionalidad en la toma de decisiones:

> Cuando tenía siete u ocho años, estando en París durante la ocupación nazi, los judíos debíamos portar una estrella de David amarilla en el suéter y cumplir con un toque de queda a las seis de la tarde. Yo me había olvidado del toque de queda, y estaba jugando en casa de otro niño no judío cuando me di cuenta de la hora, de manera que me puse el suéter al revés para que no se viera la estrella de David y me regresé a casa. Estaba caminando por una calle vacía cuando, de pronto, vi que me llamaba un soldado alemán con uniforme negro, que eran los más temidos porque se sabía que pertenecían a las SS, la división más cruel de las fuerzas de seguridad alemanas. Yo me acerqué a él con un miedo enorme. Pero resulta que el soldado me alzó en brazos, me abrazó, y luego sacó una billetera del bolsillo y me mostró una foto de un niño de mi edad, que era su hijo. Luego me dio un poco de dinero. Eso me dejó una profunda impresión y me hizo pensar mucho sobre la complejidad de la naturaleza humana.

Kahneman, junto con su colega Amos Tversky, se hizo famoso por sus estudios sobre los prejuicios inconscientes que suelen influenciar erróneamente nuestras decisiones. Siendo estudiante de psicología en Israel, había trabajado en el departamento de reclutamiento de tropas de élite del ejército. Allí se percató de que los entrevistadores solían escoger a los jóvenes más atléticos, más sociables y más elocuentes, o sea, el prototipo de los soldados héroes de las películas de Hollywood. Pero Kahneman encontró que los soldados que estaban eligiendo no siempre cumplían con las habilidades que se esperaban de ellos. Años después, Kahneman aplicó exitosamente su teoría como asesor de equipos de básquetbol de

En entrevista con el Premio Nobel Daniel Kahneman. CNN en Español.

la NBA de Estados Unidos, donde descubrió que los directores técnicos escogían a los jugadores por su físico y agilidad mental, en lugar de evaluarlos según sus estadísticas, como cuántos tiros al aro habían embocado en su carrera o cuántas veces le habían robado la pelota a un rival. Muchas veces, decía Kahneman, los directores técnicos eligen a sus jugadores equivocadamente, guiados por sus prejuicios inconscientes, en lugar de hacerlo con base en datos concretos.

Sin embargo, el trabajo de Kahneman que lo hizo más famoso fue el que mostró que, contrario a lo que muchos piensan, el aumento de la riqueza no conduce a un aumento proporcional de la felicidad. Según sus estudios publicados en 2010, el dinero ayuda a ser feliz, pero, después de los 75 000 dólares anuales, quienes ganan el doble o el triple de esa cifra no son mucho más felices. "El dinero te compra satisfacción de vida. Pero no es que ser rico sea tan bueno, sino que ser pobre puede ser muy malo", me dijo cuando lo entrevisté en Miami en 2014. "O para decirlo en otras palabras, el dinero no te compra felicidad, pero la falta de dinero te compra miseria." Sin tranquilidad económica —como la que existe en los países más desarrollados— es difícil estar entre los países con mayor satisfacción de vida del mundo.

El caso de los relojes de lujo: el estatus social vale más que el dinero

Andrew Oswald, un conocido profesor de economía del comportamiento de la Universidad de Warwick en el Reino Unido, ahondó en los estudios de Kahneman sobre la relación entre el ingreso personal y la felicidad. Usando datos de encuestas y experimentos con escaneos del cerebro, Oswald descubrió un detalle interesante: lo que hace más feliz a la gente no es su ingreso nominal, sino su ingreso relativo al de los demás, lo que conocemos como estatus social. Dos millonarios que tienen el mismo ingreso no son igualmente felices: el más feliz es aquel que se siente más rico que el otro. Los seres humanos somos competitivos por naturaleza y queremos sentirnos superiores a nuestros semejantes, dice Oswald. "Hay mucha evidencia de que el ingreso relativo a otros tiene un gran impacto en la felicidad. Nos sentimos más realizados cuando comparamos nuestros éxitos con los de los demás y ganamos", afirma.[29]

Como ejemplo de la importancia del estatus en nuestras vidas, Oswald cita el fenómeno poco conocido del mercado de relojes de lujo para hombres, que está en su apogeo. Navegando la página de internet de la empresa Watches of Switzerland, que vende relojes de lujo en aeropuertos y tiendas exclusivas en todo el mundo, y factura unos 1 000 millones de dólares por año, Oswald encontró que sus ventas se dispararon durante la pandemia, a pesar de la crisis económica y a pesar de que sólo vende relojes carísimos. Oswald cuenta que cuando hizo una búsqueda por orden de precios en la página de internet de la empresa, encontró que el reloj más caro valía 550 000 dólares, y tenía tantos medidores que era difícil ver la hora. Los siguientes relojes más caros costaban entre 300 000 y 500 000 dólares. El décimo reloj más caro, que valía 270 000 dólares —"una verdadera ganga", según lo describió Oswald con sorna— tenía, al igual que los demás, varias agujas que giraban midiendo quién sabe qué cosas, pero que no eran la hora del día. A pesar de no tener ninguna utilidad práctica, ese reloj valía lo mismo que un apartamento, señaló Oswald.

"Para mí, éstos son datos muy interesantes, sobre todo teniendo en cuenta que todos los compradores de estos relojes tienen teléfonos celulares que dan la hora en todo momento", dijo Oswald, encogiéndose de hombros con una sonrisa de incredulidad. "Un economista diría que estos relojes de lujo no tienen ningún sentido, especialmente para los hombres, que por lo general no usan joyas. Y, sin embargo, estos relojes se venden por precios que algunos de nosotros consideramos asombrosos. Entonces ¿cómo diablos entender este fenómeno? La única manera de explicarlo es que la gente está dispuesta a pagar grandes sumas de dinero por cosas que no tienen ninguna utilidad... porque los seres humanos estamos muy preocupados por nuestra posición social en relación con otros." Es un fenómeno subconsciente pero generalizado, agregó. "La envidia a lo que tienen otros es un fenómeno real."

Todo esto tiene una relación directa con la felicidad, dice Oswald. Citando el libro *La conquista de la felicidad*, escrito en 1930 por el filósofo británico Bertrand Russell, Oswald concluyó que "para aumentar la felicidad, hay que disminuir los niveles de envidia". Por más natural que sea el sentimiento de la envidia, es una conducta social que puede ser atenuada mediante la educación, campañas mediáticas y políticas públicas. O sea, es algo que se puede corregir, y todas nuestras sociedades deberían hacerlo para aumentar nuestros niveles de felicidad, empezando por los hogares y las escuelas.

EL EXPERIMENTO DE LAS BILLETERAS DEJADAS EN LAS CALLES

No es casual que en los países escandinavos la gente pague los impuestos más altos del mundo y al mismo tiempo sea la más feliz. Según me dijeron varios de los entrevistados para este libro, los nórdicos, por lo general, confían en el gobierno, en los políticos y en los expertos. Los escandinavos están dispuestos a pagar impuestos altísimos sin chistar porque reciben buenos servicios de sus gobernantes. No en vano, Dinamarca es —junto con Nueva Zelanda— el país menos corrupto del mundo, según el ranking de percepción de corrupción de 88 países hecho anualmente por Transparencia Internacional.[30] Los países más felices tienden a ser aquellos en que la gente no teme ser timada constantemente por su gobierno o por sus conciudadanos.

Un experimento masivo —hecho por académicos de la Universidad de Míchigan, en Estados Unidos, y la Universidad de Zúrich, en Suiza, y publicado por la prestigiosa revista *Science*— consistió en dejar más de 17 000 billeteras en lugares públicos de 355 ciudades en 40 países para ver cuáles naciones tenían más gente honesta que las devolviera. Y el país más honesto resultó ser Dinamarca.[31]

El estudio, titulado "La honestidad cívica en el mundo", confirmó lo que había descubierto la revista *Reader's Digest* a fines de la década de 1990, cuando también dejó billeteras en las calles de varias ciudades de 33 países. Entonces —como ahora— Dinamarca y Noruega habían resultado ser los países en donde más gente había devuelto las billeteras con su contenido intacto.

El estudio publicado por *Science* reveló que 82% de las billeteras con dinero abandonadas fueron devueltas a sus dueños en Dinamarca, y que los países más honestos que le siguieron fueron Suecia, con 81% de billeteras devueltas; Suiza, con 79%; y Noruega, con 78%. Cuando les pedí a los encargados del estudio que me dieran la tabla completa de países (no apareció en la revista), me enteré de que, en España, 58% de las billeteras con dinero fueron devueltas a sus dueños; en Estados Unidos, 53%; en Italia, 47.5%; y en América Latina los porcentajes de honestidad fueron mucho menores. Salvo en Argentina y en Brasil, donde 49% de las billeteras con dinero fueron devueltas, y Chile, 37%, la honestidad cívica de los demás países latinoamericanos incluidos en el experimento fue patética. En México, sólo 18% de las billeteras con dinero fueron devueltas; y en Perú, el porcentaje fue de sólo 13 puntos. Sin duda, los mejores países para perder una billetera en la calle son los escandinavos.*

En México y Perú devolvieron las billeteras....
pero vacías

Alain Cohn, profesor de la Universidad de Míchigan y autor principal del estudio, me dijo que la honestidad cívica es esencial para

---

* En China, sólo 21% de las billeteras con dinero fueron devueltas a sus dueños, casi tan pocas como en México y Perú. El autor principal del estudio, el profesor de la Universidad de Míchigan, Alain Cohn, me contó: "Recibí muchos ataques, incluso amenazas de muerte, de chinos que estaban furiosos con los resultados de nuestro estudio".

el desarrollo económico y la felicidad de los países. "Sin honestidad, se quiebran las promesas, se incumplen los contratos, se dejan de pagar los impuestos, y los gobiernos se corrompen. Estos quiebres de confianza son muy costosos para los individuos, las organizaciones y las sociedades en su conjunto", reconoce su estudio. Por ejemplo, la deshonestidad da como resultado enormes fugas de capitales de países en desarrollo, porque la gente no confía en sus gobiernos, y eso frena el crecimiento económico y la lucha contra la pobreza.

Cohn me contó que en varios de los países incluidos en el experimento se dejaron 400 billeteras, la mitad de ellas sin dinero y la otra mitad con dinero. Las billeteras fueron dejadas por estudiantes, cuyas universidades les pagaron los viajes —en muchos casos a sus países de origen— para que las dejaran en lugares públicos y registraran qué pasaba después.

Y, según Cohn, lo que más le sorprendió de los resultados del estudio fue que, en muchos países, hubo más gente que devolvió billeteras con dinero que sin dinero. Eso se debe, probablemente, a que cuanto más dinero hay dentro de la billetera, más culpable se siente la gente de no devolverla, por temor a que quizás le pertenezca a una anciana que pudiera quedarse sin comer por falta de dinero. Sin embargo, México y Perú fueron la excepción a la regla, porque en ambos casos hubo más devoluciones de billeteras sin dinero que con dinero. "Lo que descubrimos es que, en tiempos de crisis, la gente es aún más egoísta", señaló.[32]

Las relaciones personales, el sentido de propósito y el trabajo voluntario

Hay varios otros factores que llevan a la felicidad, como las relaciones personales, el sentido de propósito en la vida, el trabajo voluntario y el contacto con la naturaleza. Una de las investigaciones sobre la felicidad más conocidas a nivel mundial, el Estudio del Desarrollo de Adultos de la Universidad de Harvard, corroboró que lo más importante para vivir más y mejor no es el dinero, ni el éxito, ni bajar de peso, sino tener relaciones cercanas. El estudio de Harvard es considerado un referente porque empezó a observar a 268 estudiantes de esa universidad en 1938, entre ellos al futuro presidente estadounidense John F. Kennedy; y luego se amplió a varios centenares más de distintos estratos sociales para seguir analizando sus vidas y las de sus descendientes hasta el día de hoy. El profesor de psiquiatría de Harvard Robert Waldinger, quien dirige el estudio actualmente, expuso que a lo largo de las décadas siguieron los pasos de quienes se convirtieron en médicos, abogados y políticos exitosos, y quienes terminaron sumidos en la depresión o en la pobreza absoluta. Y la conclusión fue que quienes tienen lazos afectivos más sólidos, especialmente con una pareja, son quienes son más felices y viven más años.

"No es necesario que esas buenas relaciones sean pacíficas todo el tiempo. Algunas de nuestras parejas octogenarias se peleaban todos los días. Pero mientras creyeran que podían contar con su pareja en momentos difíciles, esas peleas no figuraban prominentemente en su memoria", afirmó Waldinger. Y agregó que, entrevistando a los mismos individuos periódicamente durante varias décadas, el estudio "demostró que la gente a la que le fue mejor era la que tenía más lazos con su familia, con amigos y con la comunidad".[33]

Otro tema recurrente en mi investigación sobre la felicidad fue el sentido de propósito y el trabajo voluntario. El voluntariado es un tema al que nunca le presté mucha atención en mis libros anteriores sobre el desarrollo de los países, pero cuya importancia comprobada ha terminado por sorprenderme. Después de ver el impacto del voluntariado en países como Finlandia, Reino Unido, Bután e Israel, llegué a la conclusión de que todos nuestros países deberían impulsar el altruismo en todas sus formas, no sólo como una cuestión moral, sino como una herramienta de crecimiento nacional y personal.

El trabajo voluntario estimula las áreas del cerebro que producen satisfacción, reducen la presión arterial, alargan la expectativa de vida y aumentan la felicidad, de acuerdo con muchos neurocientíficos. Un estudio de 70 000 personas que se llevó a cabo a lo largo de casi dos décadas en Gran Bretaña, y publicado en el *Journal of Happiness*, concluyó que la gente que ha hecho trabajo voluntario durante el último año se siente más satisfecha con su vida y reporta estar en mejor estado de salud que aquellos que no lo han hecho. El estudio descubrió, asimismo, que la gente que hace trabajo voluntario por lo menos una vez al mes se siente mucho mejor que quienes lo hacen con menos frecuencia.[34]

Hay tres motivos principales por los que el trabajo voluntario aumenta la felicidad, dice el investigador británico Ricky Lawton, el autor principal del estudio del *Journal of Happiness*. En primer lugar, cuando uno hace trabajo voluntario o realiza un acto altruista, tiende a experimentar una satisfacción inmediata, independientemente de si esa labor tiene algún impacto o no. En segundo lugar, el voluntariado aumenta la conexión social. Éste es el caso de los jubilados que conocí en Copenhague, quienes, como contaré en el siguiente capítulo, trabajan como voluntarios en un bar, lo que les permite seguir sintiéndose conectados con otros después de haberse jubilado. Y en tercer lugar, el trabajo voluntario les permite a los jóvenes adquirir nuevas habilidades que probablemente usarán en sus futuras carreras o para mejorar sus currículums. Como lo veremos más adelante en este libro, hacer el bien hace bien.

La fórmula de la felicidad: ¿tener sexo en un bosque, después de hacer trabajo voluntario, con ahorros en el banco?

Otra sorprendente fuente de la felicidad con la que me topé durante mi investigación es el acceso a espacios verdes. Cuando me contaron que en la mayoría de los países más felices, como los escandinavos, la gente siente una gran pasión por las caminatas en los bosques y el contacto con la naturaleza, me pareció un dato anecdótico, difícil de comprobar científicamente. Sin embargo, la tecnología está corroborando que es cierto: la gente que vive o frecuenta espacios verdes es más feliz que la que se pasa la vida en junglas de cemento.

Una aplicación de iPhone lanzada en Gran Bretaña en 2010 ha medido la relación entre el contacto con la naturaleza y la felicidad usando la geolocalización (GPS) de los teléfonos inteligentes. Mappiness, como la nombraron, les pide a sus 65 000 usuarios que respondan a varias preguntas sobre cuál es su nivel de felicidad en una escala del 1 al 100, y capta el lugar geográfico en que se encuentran en ese momento. El ejercicio dura menos de un minuto, porque uno puede responder las preguntas empujando con el dedo una flecha movediza en la pantalla. "Las respuestas son enviadas, con total confidencialidad y seguridad, a nuestra base de datos, junto con tu ubicación geográfica aproximada del GPS de tu iPhone y una medida del nivel de ruido que te rodea", dice la página de internet de Mappiness. "¿Qué ganas tú ingresando tus datos? Información interesante sobre tu propia felicidad, que puedes ver en un gráfico en nuestra aplicación, incluyendo en qué momentos, en qué lugares y con qué personas eres más feliz. ¿Y qué ganamos nosotros? Estamos interesados particularmente en estudiar de qué manera la felicidad de la gente está influida por el medio ambiente, la polución, los espacios verdes, etcétera", indica el portal.

Como lo contaré en el capítulo 4, fui a Londres y entrevisté extensamente al creador de Mappiness, George MacKerron, un economista del comportamiento de la London School of Economics y la Universidad de Sussex. Los resultados de sus estudios muestran que cuando uno se encuentra en espacios verdes de las ciudades, y aún más cuando está frente al mar o en las montañas, es más feliz. Y, lo que quizás sea más importante, "la belleza natural no parece estar exclusivamente limitada a la naturaleza", sino que puede ser replicada en ambientes urbanos. En otras palabras, los países y las ciudades pueden elevar los niveles de felicidad de su población con políticas públicas que hagan más lindos, y más verdes, los espacios urbanos.[35]

MacKerron me señaló que las claves de la felicidad más frecuentemente citadas por los expertos son la seguridad económica, las relaciones personales, el sentido de propósito, la libertad individual y el acceso a espacios verdes.[36] Sin embargo, agregó otra que pocos mencionan: una vida sexual satisfactoria. Todo lo cual me llevó a bromear con él hacia el final de nuestra entrevista y plantearle que quizás la fórmula de la felicidad sea juntar todos los factores que acababa de mencionar. O sea, tener seguridad económica, buenos amigos y, después de una jornada de trabajo voluntario, ir a un bosque y hacer el amor.

No obstante, no satisfecho con leer los principales estudios científicos sobre la felicidad y hablar con sus autores, decidí viajar a los países más felices del mundo para ver las cosas con mis propios ojos. Mi primera escala fueron los países escandinavos, empezando por Dinamarca, que salió varios años seguidos en el primer lugar del ranking de la felicidad, antes de ser relegada al segundo puesto por Finlandia. Y lo primero que hice tras llegar a Copenhague fue visitar el Museo de la Felicidad.

Capítulo 2

DINAMARCA: EL ÉXITO Y FRACASO DE LOS PAÍSES ESCANDINAVOS

EL DINERO NO HACE A LA FELICIDAD (PERO AYUDA MUCHO)

COPENHAGUE, Dinamarca.- Mi primera conclusión cuando llegué a Copenhague para investigar por qué Dinamarca es el país más feliz del mundo —o por lo menos el que junto con Finlandia encabeza más frecuentemente los rankings internacionales de la felicidad— fue que los daneses son felices porque trabajan muy poco. Estoy exagerando un poco, claro, pero lo cierto es los daneses y los finlandeses no se matan trabajando. Ya me había percatado de eso antes de mi visita a Dinamarca, por el tiempo que se tardaban los daneses en contestar mis correos electrónicos solicitando entrevistas. Mientras que en otras partes del mundo la gente suele responder los emails a las pocas horas, me encontré con que en Dinamarca muchos tardaban una semana o a veces más en contestar. Y no era porque estuvieran abrumados de trabajo. Con el correr del tiempo, me quedó claro que los daneses no suelen revisar sus correos electrónicos después de las cuatro de la tarde, ni los fines de semana, ni durante las vacaciones. Y sus vacaciones son larguísimas: un promedio de seis semanas por año, sin contar los días feriados nacionales, los días de licencia por enfermedad, ni las licencias de maternidad o paternidad, que, en el caso de las mujeres danesas, son de 12 meses. En varios casos, recibí respuestas automáticas a mis emails informando "estoy de vacaciones" o "estoy de licencia de paternidad", con fechas de regreso sorprendentemente lejanas.

Esa primera impresión de que los daneses no se matan trabajando resultó ser acertada. Según un estudio de la Organización para la Cooperación y el Desarrollo Económicos (OCDE), el centro de estudios oficial de los países más ricos del mundo, en Dinamarca se trabaja menos que en la mayoría de los países del mundo. Mientras que en México y en Colombia se trabaja un promedio de 41 horas semanales, y en Estados Unidos, un promedio de 34 horas, en Dinamarca se trabaja apenas 26 horas por semana.[1] Y, sin embargo, eso no parece ser un obstáculo para que Dinamarca tenga uno de los niveles de vida más altos del mundo.

¿Cómo se explica la felicidad de los daneses? ¿Cómo explicar que un país donde llueve un promedio de 170 días al año, donde los inviernos son despiadamente fríos, oscuros e interminables, y donde la gente paga más de 50% de sus ingresos en impuestos, salga en los primeros puestos de los rankings mundiales de felicidad? ¿Cómo se explica que no sólo los daneses, sino todos los habitantes de países escandinavos, que suelen ser vistos —y verse a sí mismos— como fríos, taciturnos y distantes, consideren que sus vidas son tan satisfactorias?

Cuando les hice estas preguntas a varios amigos nórdicos, muchos se rieron y respondieron con algún chiste, pero sin contradecir la premisa de la pregunta. Uno de ellos me dijo: "Los escandinavos salimos primeros en las encuestas de la felicidad porque tomamos mucho alcohol, y, cuando los encuestadores nos preguntan cuán felices somos, estamos totalmente borrachos". En rigor, es cierto que los nórdicos toman mucho, pero no son los campeones mundiales en consumo de alcohol. Según la Organización Mundial de la Salud, los daneses, por ejemplo, toman 9.1 litros de alcohol puro por año, o el equivalente a 101 botellas de vino anuales, lo que es bastante más que lo que beben los estadounidenses o latinoamericanos, pero menos que las 126 botellas de vino anuales que consumen los franceses.[2]

Otros me dijeron, también en son de broma, que son felices porque viven "empastillados", ya que en Escandinavia la gente toma más antidepresivos que en los otros países. Esto es tan sólo medianamente cierto: Islandia es el país donde la gente toma más antidepresivos, y le siguen en los primeros lugares Canadá, Reino Unido, Suecia y España.

Dinamarca está en noveno lugar, según la OCDE.³ Obviamente, estas respuestas me resultaron simpáticas, pero no convincentes. Lo cierto es que, como decíamos en las primeras páginas de este libro, los más conocidos rankings mundiales de la felicidad —el *Reporte mundial de la felicidad* compilado anualmente para las Naciones Unidas por expertos independientes de las universidades de Columbia Británica, Oxford y Columbia; el ranking de satisfacción de vida de la OCDE; y la Encuesta Mundial de Valores (WVS, por sus siglas en inglés), proyecto fundado por el investigador de la felicidad Ronald Inglehart, de la Universidad de Míchigan— suelen concluir que Dinamarca, Finlandia y los demás países escandinavos son los más felices.

De manera que, curioso por develar el secreto de la felicidad de aquella región, decidí investigar en el lugar de los hechos, y viajé por una semana a Dinamarca para entrevistar a figuras políticas, académicos, empresarios, estudiantes y gente de varias otras ocupaciones. Una vez instalado en Copenhague, hice lo que hacen casi todos los daneses: me moví en bicicleta. Alquilé una mediante una aplicación llamada Donkey Republic, que te permite tomar las bicicletas anaranjadas disponibles en la calle y dejarlas en cualquier parte de la ciudad por unos 10 dólares al día. Y así, pedaleando, fui a mis entrevistas.

El Museo de la Felicidad de Dinamarca

Comencé mi búsqueda del secreto de la felicidad de los daneses dirigiendo mi bicicleta hacia el lugar más apropiado: el Museo de la Felicidad. Guiado por mi mujer, que pedaleaba unos 10 metros delante de mí con un GPS en una mano y sosteniendo el manubrio con la otra, llegamos en pocos minutos, después de provocar el enojo de varios ciclistas daneses que venían detrás de nosotros debido a los zigzags que hacíamos al arrancar después de cada luz verde. En Copenhague, desde los ministros hasta prácticamente todos los 179 miembros del Parlamento van a trabajar en bicicleta. Y, según me enteré después, no lo hacen tanto para hacer ejercicio ni porque sean muy respetuosos del medio ambiente, sino porque es la forma más eficiente de moverse de un lado a otro en la ciudad. Copenhague está diseñada para las bicicletas y los tranvías más que para los automóviles. Los carriles para bicicletas son tan amplios y están tan bien marcados que un viaje de un punto a otro de la ciudad que tarda 30 o 40 minutos en auto se puede hacer en apenas 10 minutos en bicicleta. Lo comprobé personalmente, aunque, por falta de costumbre, llegué al Museo de la Felicidad y varias citas posteriores cojeando por el dolor muscular. Hacía años que no andaba en bicicleta.

El museo está en una calle empedrada de la zona vieja del centro de Copenhague, a media cuadra de la antigua iglesia de San Nicolás, ahora convertida en un museo de arte. La mayoría de los edificios de la zona son casonas de tres o cuatro pisos que datan del siglo XVIII, pero están impecablemente restauradas. No es fácil encontrar el Museo de la Felicidad: se trata de un espacio pequeño situado en el subsuelo de una de estas casonas, bajando varios escalones y con una puertita subrepticia. Un pequeño letrero en la pared, imposible de ver desde lejos, indica su ubicación. El museo fue inaugurado en 2020, en plena pandemia del covid-19, por el Instituto de Investigaciones de la Felicidad, un centro de estudios privado dedicado a buscar nuevas fórmulas para aumentar el bienestar de la gente.

Su fundador es Meik Wiking, entonces de 43 años, un graduado en Ciencias Políticas que había trabajado en la cancillería danesa y en un centro de estudios antes de reinventarse como experto en políticas públicas para aumentar la felicidad. En 2013, Wiking llevaba siete años en una organización no gubernamental dedicada a la ecología, y fue ahí donde comenzó a interesarse por la incipiente ciencia de la felicidad.

Todo esto motivó a Wiking a preguntarse por qué no había en Dinamarca un centro de estudios dedicado exclusivamente a la búsqueda de la felicidad, y más tarde, a plantearse: ¿por qué no crearlo él mismo? Al poco tiempo, tras la muerte de su jefe a la temprana edad de 49 años, poco después de la de su propia madre, también a los 49 años, Wiking comenzó a pensar que quizás no le quedaría mucho tiempo de vida para materializar su proyecto, y fundó el Instituto de Investigaciones de la Felicidad. "Tenía 33 años en ese momento, no estaba muy motivado con mi trabajo de entonces, y si me quedaban sólo 15 años de vida, si sólo iba a llegar a los 49, ¿por qué no empezar a hacer algo realmente emocionante ahora?", recuerda.[4] Poco después, en 2016, Wiking escribió un libro llamado *Hygge: La felicidad en las pequeñas cosas*, que se convirtió en un éxito editorial en Gran Bretaña y Estados Unidos, y fue traducido a 35 idiomas. Era el libro adecuado en el momento preciso, justo después de que Dinamarca encabezara el ranking mundial de la felicidad por varios años. El *New York Times* señaló que ya estaban saliendo al mercado más de 20 libros sobre *hygge*, la palabra que usan los daneses para describir el placer que dan las cosas simples y no pretensiosas —como prender una vela, tomar un café o platicar con un amigo— y que se ha convertido en una de las principales características de su cultura. En 2020, ante la cantidad de pedidos de información que recibía del público, Wiking decidió finalmente abrir el museo como espacio de divulgación. Era un proyecto humilde (cuando lo visité no figuraba en las principales guías de turismo) pero original y simpático.

Cuando entré al museo por primera vez, un domingo por la tarde, estaba vacío. Había ocho salitas, con paredes de estuco blanco y paneles colgantes con mapas y diagramas explicativos. Cada una de las pequeñas salas estaba dedicada a un tema. La primera se titulaba "La geografía de la felicidad", y mostraba un mapa con los países más felices del mundo, según el *Reporte mundial de la felicidad*. La segunda se llamaba "La política de la felicidad", y, por medio de ilustraciones, intentaba explicar por qué las democracias logran niveles más altos de felicidad que las dictaduras. La tercera, "La historia de la felicidad", exhibía carteles con frases de los grandes pensadores desde Aristóteles hasta los de nuestros días sobre cómo lograr la felicidad. Y había otra sala dedicada a la relación entre el matrimonio y la felicidad, que confirmaba que los casados son más felices que los solteros, pero también advertía que la curva de la felicidad de los casados cae un poco después de dos años de matrimonio.

Una de las salitas más divertidas es la que tiene un letrero que les pide a los visitantes que peguen en la pared un *sticker* diciendo qué es lo que los hace más felices. Las respuestas, que cubren todas las paredes, van desde "Dios" hasta "un buen porro de marihuana". La cuidadora, Sarah El-Abd, una joven politóloga e investigadora del Instituto de Investigaciones de la Felicidad nacida en Líbano, me dijo que también hay otros cartelitos con definiciones más cochinas de la felicidad. "Pero los escondemos en lugares que no están muy a la vista, como cerca del piso, porque recibimos a muchos grupos escolares", me explicó.

Los países más felices tienen un buen colchón económico

Es difícil sacar una conclusión sobre el secreto de la felicidad tras visitar el Museo de la Felicidad porque tiene tantos carteles explicativos que uno sale mareado. Pero, en líneas generales, la idea que uno se lleva es que, tal como lo indican casi todos los estudios, y tal como me lo había anticipado Bill Gates, los países más felices son los que tienen un mayor desarrollo económico y donde —en general— la población vive con menos estrés. La gente en Dinamarca o Noruega es más feliz que en Venezuela o Uganda, entre otras cosas, porque vive con menos ansiedad, dicen los expertos. Sin embargo, la riqueza por sí misma no garantiza la felicidad: potencias petroleras como Arabia Saudita y los Emiratos Árabes Unidos tienen ingresos per cápita que están entre los más altos del mundo, y, sin embargo, no figuran entre los 20 países más felices. Igualmente, aunque Estados Unidos tiene un producto bruto per cápita más alto que Dinamarca, Finlandia, Suecia e Islandia, no está entre los 10 países más felices del mundo.

"Los países ricos en general son más felices", resume un cartel en una de las salas del museo, junto a una pancarta que muestra, en orden descendiente, las banderas de los países más felices listados en el *Reporte mundial de la felicidad*. "Sin embargo, algunos países son más exitosos que otros en crear condiciones que permiten que sus ciudadanos prosperen social, física y mentalmente."

Hay otros argumentos adicionales que demuestran por qué unos son más felices que otros, como la cantidad de gente que no sufre de soledad y el porcentaje de gente que pertenece a clubes o que hace trabajo voluntario, lo que le da un sentido de propósito en la vida, indican las explicaciones del museo.

Otro cartel colgado de la pared afirma que el bienestar económico de los países nórdicos viene de la mano con "uno de los mejores balances entre el trabajo y la vida familiar. Días laborales cortos, vacaciones pagadas, cuidado infantil subsidiado y licencias de maternidad y paternidad que hacen más fácil formar una familia". En efecto, varios estudios y encuestas mundiales recientes han corroborado la tesis del sociólogo y psicólogo social holandés Ruut Veenhoven, que ya en la década de 1990 concluyó que la gente más rica está más satisfecha con su vida que la gente más pobre, y que la población en los países ricos suele ser más feliz que en los países más pobres.

Eso no significa que cuanto más rico sea un país, más feliz será su gente. Tal como lo demostró el ganador del Premio Nobel de Economía israelí-estadounidense Daniel Kahneman, el dinero produce felicidad hasta llegar a cierto nivel en que uno puede vivir medianamente tranquilo, pues sabe que no va a quedarse sin techo ni sin comida. Pero después de este punto no hay mucha diferencia entre ganar bien y ganar una fortuna en lo que hace al aumento de la felicidad.

La seguridad económica elimina el estrés

Mi primer entrevistado tras salir del Museo de la Felicidad en Copenhague fue Pelle Dragsted, de 46 años, el exparlamentario e ideólogo de la Alianza Rojiverde, conocido como uno de los más izquierdistas de la legislatura durante su gestión. Dragsted acababa de escribir un libro titulado *El socialismo nórdico*, donde exalta el modelo del Estado de bienestar social de los países escandinavos como un ejemplo para el mundo. Tenía gran curiosidad por hablar con él para averiguar qué significa ser un "socialista" en Dinamarca, y preguntarle qué pensaba sobre la felicidad de los daneses. Dragsted se acababa de retirar provisoriamente del Parlamento: "No es bueno que los legisladores nos quedemos en nuestros puestos por más de dos ciclos electorales, de manera que decidí tomarme un sabático antes de regresar", me dijo. Como muchos daneses, es un hombre delgado, atlético, con la cabeza rapada, vestido con jeans, camisa y saco negros. Habíamos quedado en comer un sándwich en la cafetería del Parlamento a las 12:30, y me dio una rápida visita guiada por el edificio antes de sentarnos. Uno de los detalles en que se detuvo fue un fresco pintado en una de las paredes, en que el artista se había divertido escondiendo dibujos de pequeños caracoles en medio de figuras geométricas para simbolizar la lentitud con que suelen moverse los legisladores para ponerse de acuerdo y aprobar leyes.

Cuando le pregunté qué significaba ser un abanderado de la izquierda en Dinamarca, sonrió un poco y me admitió que las diferencias entre la izquierda y la derecha en el país son mínimas. Por lo general se reducen a temas como la migración y a casos específicos relacionados con los derechos laborales, como dejar entrar a Amazon o a Uber al país. En ambos casos, el voto por el "No" había ganado en el Parlamento porque estas empresas no se habían comprometido a cumplir las leyes laborales exigidas por los poderosos sindicatos daneses. Dragsted había apoyado entusiastamente la decisión, argumentando que en Dinamarca hay empresas locales muy buenas que hacen lo mismo que Amazon y Uber, y cumplen con los convenios sindicales en lugar de tratar de evitarlos, pretendiendo que sus trabajadores no son fijos, sino independientes o contratistas. Dragsted determinó que, si una empresa no es competitiva, tiene que cerrar, pero todas tienen que competir bajo las mismas reglas. En general, aunque ha habido varias privatizaciones de empresas estatales ineficientes en años recientes, hay un consenso en la sociedad a favor de mantener el llamado "Estado de bienestar", señaló.

En Dinamarca la gente paga una de las tasas de impuestos más altas del mundo —un promedio de más de 50% del salario—, pero lo hace gustosamente porque recibe servicios estatales de primera. A cambio de sus impuestos, cada danés recibe un subsidio estatal por dos años con 90% de su sueldo si llega a ser despedido, salud y educación gratuitas, seis semanas de vacaciones más feriados y licencias por enfermedad y de maternidad o paternidad de un año.

Ni siquiera hay grandes diferencias entre la izquierda y la derecha en materia de política exterior. Cuando le pregunté a Dragsted si su partido apoyaba los regímenes de Cuba, Venezuela y Nicaragua, sonrió y me dijo que "por supuesto que no". Agregó, con la mayor naturalidad: "Hemos sido oficialmente críticos de Cuba por ser una autocracia, aunque también criticamos el embargo de Estados Unidos. Lo mismo criticamos en Venezuela. Y en Nicaragua apoyamos oficialmente a la oposición".

Contrariamente a lo que sostienen muchos economistas ortodoxos, Dragsted afirma que el modelo de Estado de bienestar de los países escandinavos no está colgado de un alfiler ni es insostenible. Todo lo contrario, me aseguró. "La realidad contradice la idea de la derecha en otras partes del mundo de que los países escandinavos no vamos a poder mantener nuestros subsidios sociales", me dijo Dragsted. "Por el contrario, la economía de los países nórdicos es muy competitiva, y tenemos las mayores tasas de empleo de Europa y la mayor equidad social."

Aunque la población de Dinamarca no llega a los seis millones de habitantes, tiene la compañía de carga naviera más grande del mundo, Maersk. La empresa tiene oficinas en 130 países y más de 83 000 empleados a nivel mundial. Otras empresas danesas, como la farmacéutica Novo Nordisk y la cervecera Carlsberg, también tienen operaciones en varios países, y Dinamarca es uno de los líderes mundiales en productos porcinos y pescados envasados. Suecia tiene a IKEA y Spotify, entre muchas otras. Noruega tiene a Telenor. "Es cierto que tenemos algunos de los subsidios sociales más altos del mundo, pero también es cierto que estamos entre los países más competitivos", reiteró.

Yendo al tema de la felicidad, cuando le pregunté a Dragsted si cree que los daneses son realmente más felices que otros, respondió que muy probablemente así sea. El motivo es relativamente sencillo: "Tenemos seguridad económica", me dijo, encogiéndose levemente los hombros. "No vives preocupado de cómo vas a pagar tu cuenta hospitalaria si te enfermas, no vives preocupado de cómo vas a pagar la renta de tu casa si te despiden, no vives preocupado de cómo vas a pagar la educación de tus hijos, no vives preocupado de que alguien te asalte en la calle. Todo eso te permite vivir más relajado y, supongo, más feliz."

Todo eso era cierto, incluso el hecho de que Dinamarca tiene muy bajas tasas de criminalidad. Durante mi estadía en el país, vi gran cantidad de mujeres caminando solas por calles semidesiertas hasta altas horas de la noche, ensimismadas, escuchando los audífonos de sus celulares, sin prestar la menor atención a lo que pasaba su alrededor. Hay pocos asaltos callejeros. Tanto es así que un ex primer ministro de Dinamarca, Poul Nyrup Rasmussen, había bromeado que "es muy raro ver a un danés con un cuchillo en una mano sin que tenga un tenedor en la otra".[5]

Mientras terminábamos de comer un exquisito sándwich de salmón sobre pan negro tostado, le comenté a Dragsted sobre mi sorpresa de las pocas horas que trabajan los daneses. ¿Cómo puede ser que le vaya tan bien a un país donde la gente trabaja tan poco?, le pregunté. Dragsted me respondió que las cifras de la OCDE sobre el promedio de horas de trabajo en cada país son engañosas porque no tienen en cuenta que en Dinamarca, por ejemplo, hay muchas más mujeres que trabajan que en otros países. De manera que, si uno calculara horas de trabajo por núcleo familiar, el promedio de Dinamarca sería superior al de muchos otros países, me aseguró. En realidad, en la mayoría de las profesiones, los daneses trabajan 37 horas por semana, tal como lo estipulan sus convenios laborales negociados por sus sindicatos, agregó.

Acto seguido, pocos minutos antes de las dos de la tarde, Dragsted me dijo, con una sonrisa traviesa, que lo perdonara, pero tenía que irse... a su clase de karate. Resulta que dos veces por semana en el Parlamento había clases de karate, en las que él y otros legisladores y exlegisladores practicaban por dos horas, junto con sus asistentes y otros empleados de la legislatura —hombres y mujeres— aficionados a ese deporte.

—¿Cómo? ¿Me está diciendo que usted, el ideólogo del partido más izquierdista del Parlamento, practica karate con los legisladores de la derecha? —le pregunté, asombrado.

—Sí, desde hace varios años —sonrió, y sacó su iPhone para mostrarme con orgullo una fotografía de él al lado de dos legisladores de derecha, posando para la cámara tras finalizar una sesión de karate.

—¿Y no se matan entre ustedes? —le pregunté.

—No —respondió, un tanto divertido—. Somos compañeros de karate, y así lo tomamos.

A las dos menos cinco, Dragsted tomó su bolso de gimnasio, nos despedimos prometiendo quedar en contacto, y salió corriendo a su clase de karate. Al partir, me quedé pensando si no sería buena idea también organizar clases de karate en los parlamentos de nuestros países para crear relaciones personales entre adversarios políticos y empezar a reducir la polarización. Probablemente, al principio habría muchas costillas rotas y patadas en los genitales, pero quizás valdría la pena hacer el experimento.

La confianza social es una clave de la felicidad nórdica

Una de las salitas del Museo de la Felicidad que me llamó especialmente la atención fue la dedicada a la confianza: sus materiales explicativos argumentaban que la confianza en los demás —incluyendo los desconocidos— es uno de los principales secretos del éxito del modelo escandinavo. En efecto, según me dijeron después varios de mis entrevistados, los daneses, por lo general, confían en el gobierno, en los políticos y en los expertos, y por eso no se quejan demasiado de pagar los impuestos más altos del mundo.

Curioso por entender mejor este fenómeno, contacté a Gert Tinggaard Svendsen, profesor de la Universidad de Aarhus y autor del libro *Trust (Confianza)*. Como Aarhus, la ciudad donde vive, queda a tres horas en auto desde Copenhague, quedamos en vernos a medio camino, en la biblioteca pública de la ciudad de Middelfart, a dos horas de Copenhague. De manera que alquilé un auto por el día y fui a verlo allí.

Sentados en la cafetería de la biblioteca, Svendsen me contó como ejemplo de la confianza social de Dinamarca una anécdota de lo que le había pasado a él mismo hacía poco: había perdido su billetera con 400 euros y sus tarjetas de crédito en el aeropuerto de Billund, en el centro del país, de regreso de un viaje de trabajo. "Yo ni había notado que había perdido la billetera, hasta que escuché mi nombre en el sistema de altavoces del aeropuerto pidiendo que me acercara a la caseta de información. Cuando llegué allí y pregunté qué estaba pasando, me preguntaron si había perdido mi billetera, y recién ahí me di cuenta. El empleado me pidió mi nombre para asegurarse de que era mía, y me la entregó, con todo el dinero y las tarjetas dentro." Svendsen le preguntó al funcionario de la caseta de información si podía darle el nombre de la persona que había devuelto la billetera para agradecerle, pero el empleado dijo que la persona se había marchado sin dejar su nombre. Era un acto de civilidad natural que no requería agradecimientos, me explicó el profesor.

"La confianza social es la mina de oro que podría explicar nuestros inusualmente altos niveles de riqueza y felicidad", me dijo Svendsen, citando estudios que muestran que en Dinamarca la gente confía en los desconocidos más que en ningún otro país. Noruega, Finlandia y Suecia también figuran en los primeros lugares de confianza social, agregó. En muchos lugares del interior de Dinamarca —aunque no en la capital— la gente deja sus bicicletas en las aceras sin candado y no cierra con llave las puertas de su casa. También hay puestos de frutas y verduras a la vera de los caminos donde no está presente ningún vendedor. Durante los meses de verano, los vendedores dejan frutos rojos, miel y otros productos con sus respectivos precios a un costado de la ruta, y la gente simplemente paga dejando su dinero en un recipiente o transfiriéndolo electrónicamente con su teléfono celular. "Si quisieras, podrías llevarte toda la comida sin pagar", me dijo Svendsen. Asimismo, los jóvenes aprenden desde niños a no copiarse en los exámenes ni en sus tareas escolares. "Yo enseño en la universidad desde hace casi 30 años, y nunca he tenido un solo caso de un estudiante que haya copiado en un examen o que haya plagiado un texto para un trabajo escrito. Son cosas que sencillamente no pasan aquí", me aseguró.

Pero ¿cómo se traduce la confianza social en desarrollo económico o en felicidad?, le pregunté. Svendsen respondió que quizás el mejor ejemplo de eso era lo que estaba pasando en ese preciso instante en el mundo, y en Dinamarca, con la pandemia del covid-19. Estábamos a fines de agosto de 2021 y Dinamarca era uno de los países con mayor vacunación y menos muertes por coronavirus en el mundo. En efecto, una de las cosas que más me había sorprendido al llegar a Dinamarca era que los daneses no usaban cubrebocas en las calles, ni dentro de los restaurantes. El taxista que nos había llevado a la ciudad del aeropuerto no llevaba cubrebocas, y, viendo que yo lo tenía puesto, me dijo que podía quitármelo porque el gobierno ya no lo estaba requiriendo. Dinamarca ya había llegado a la inmunidad colectiva: 72% de los daneses ya habían recibido dos dosis de vacunas contra el covid-19, frente a 51% de los estadounidenses, 31% de los argentinos y 25% de los mexicanos en ese momento.[6] A diferencia de lo que pasaba en Estados Unidos y otros países, donde había muchos grupos antivacunas y la gente desconfiaba de los políticos y los expertos, los daneses habían confiado en lo dicho por su gobierno y se vacunaron.

"El secreto del éxito del combate al coronavirus en nuestros países ha sido la confianza", aseveró Svendsen. Como para reforzar su argumento, añadió que Dinamarca había logrado comprar 1.5 millones de vacunas Pfizer —suficiente para más de un tercio de su población adulta— que le correspondían a Rumania, pero que los rumanos no habían usado porque la gente no confiaba en su gobierno. De manera que la administración danesa adquirió ese lote y los ciudadanos se las aplicaron de inmediato. Prácticamente todos los académicos y políticos con quienes hablé en Dinamarca coincidieron en que la confianza social es la piedra fundamental del "modelo nórdico" y la felicidad de los escandinavos.

LAS BIBLIOTECAS PÚBLICAS CONFÍAN EN QUE NO TE VAS A ROBAR UN LIBRO

Cuando ya se estaba poniendo el sol y era hora de regresar a nuestras respectivas ciudades, decidí poner a prueba la premisa de que los daneses confían en los desconocidos, y le pedí a Svendsen si podíamos subir a la biblioteca y averiguar si podía sacar un libro para llevarlo sin dejar un documento de identidad o una tarjeta de crédito. El profesor aceptó el desafío, aunque por la seriedad de su rostro no parecía del todo convencido de que el experimento le saldría bien. Subimos un piso y después de mucho buscar —casi todos los empleados ya se habían ido— encontramos a un funcionario que estaba juntando sus cosas para irse a casa. Cuando Svendsen le preguntó cuál era el requerimiento para poder llevarse un libro de la biblioteca, el bibliotecario respondió que había que llenar un formulario con el nombre, fecha de nacimiento y número de documento de identidad. ¿Y si uno no tenía una identificación a mano para mostrar? No importaba, bastaba con poner el número de ésta en el papel, respondió el empleado. Svendsen se despidió del bibliotecario y me dijo, con una sonrisa triunfal, saboreando su victoria: "Si quisieras, podrías poner cualquier número de documento y llevarte un libro a tu casa. La biblioteca confía en que no te vas a robar un libro".

Antes de despedirnos, le hice la pregunta del millón: ¿Cómo se construye la confianza social? ¿Cómo hacer que la gente confíe en los políticos, y en los gobiernos, cuando en muchos de nuestros países no han hecho más que robar o mentir? Svendsen respondió, no muy sorprendentemente, que la clave es eliminar la corrupción, porque cuando hay corrupción se rompe el contrato social entre el pueblo y sus gobernantes. Y la mejor manera de combatir la corrupción es creando agencias supervisoras independientes del gobierno que vigilen el comportamiento de los funcionarios públicos. "Sin confianza social que incluya a los gobernantes y a los expertos, no hay país que pueda funcionar", señaló. La propia Dinamarca había sido un país muy corrupto, hasta que el rey Frederick III en el siglo XVII, que era luterano, empezó a luchar contra este vicio para poder crear un ejército más fuerte que pudiera reconquistar lo que hoy es el sur de Suecia. Y esa cruzada contra la corrupción continúa hasta el día de hoy, de acuerdo con Svendsen. Aunque la prosperidad económica es un factor importante para explicar la confianza social, "el mejor consejo para cualquier país que quiera aumentar su reserva de confianza social es mejorar la calidad de sus instituciones para combatir eficientemente la corrupción", concluyó.

¿Cuál es el secreto de la confianza entre los daneses?

Para entender más sobre el alto grado de confianza que se tienen entre sí los daneses, fui a ver a uno de los políticos más conocidos del país, el parlamentario de centroderecha, exministro de Educación, exministro de Cultura y exministro de Asuntos Europeos, Bertel Haarder. A los 76 años, delgado y en excelente estado físico (nada todos los días a las seis de la mañana en el océano), Haarder va diariamente al Parlamento en bicicleta, en traje y corbata bajo su abrigo impermeable para protegerse de la lluvia. Haarder es una institución en la política danesa, entre otras cosas, porque encabezó sus diversos ministerios durante un total de 22 años y porque, en 2021, además de ser miembro del Parlamento, ocupó el cargo de presidente del Consejo Nórdico. Haarder me recibió en su casa, una vivienda relativamente pequeña pero moderna. Cuando entré, ya bien adentrado en la sala de estar, una mujer me dijo en un inglés entrecortado y con un gesto de mano que no había problema, que podía quedarme con los zapatos puestos. Me quedé un tanto paralizado y sin saber qué hacer, porque me había olvidado de que en varios países escandinavos es costumbre quitarse los zapatos cuando uno entra a la casa. Pero el daño estaba hecho, de manera que le agradecí lo mejor que pude y subí las escaleras hacia un segundo piso donde me esperaba el legislador. En la pequeña sala donde lo encontré había plantas por todas partes, paredes llenas de cuadros y amplios ventanales que daban a un jardín arbolado.

DINAMARCA: EL ÉXITO Y FRACASO DE LOS PAÍSES ESCANDINAVOS 75

Bertel Haarder en Copenhague. Foto del autor.

—¿Está de acuerdo en que la confianza es uno de los principales factores de la felicidad de los daneses o ésa es una especulación académica? —le pregunté.

—Por supuesto que estoy de acuerdo con eso. Los daneses creemos en nuestros políticos y creemos en nuestros expertos. Por eso tenemos uno de los niveles de vacunación contra el covid-19 más altos del mundo. Y la confianza es un buen indicador del nivel de felicidad de un país, porque, cuando hay confianza en los demás, la gente se siente más segura.

Haarder me recordó un hecho ocurrido en 1997, pero que me fue mencionado por muchos daneses y sigue siendo un motivo de conversación nacional varias décadas después. Ese año, una actriz de Dinamarca que estaba estudiando teatro en Nueva York, llamada Anette Sorensen, que entonces tenía 30 años, había dejado a su bebé de 14 meses en su cochecito en la acera mientras ella cenaba con el padre de la niña dentro de un restaurante, como suelen hacerlo las mujeres en Copenhague. Para su enorme sorpresa, al poco rato llegó la policía, arrestaron a Sorensen y al padre de la niña, y se llevaron a la bebé bajo custodia del servicio de protección de menores. Sorensen argumentó —sin éxito— que ella estaba en la ventana observando a la niña, y que eso era una costumbre en Dinamarca, pero los policías no le creyeron. El caso generó titulares en el *New York Times* y el *New York Post* en ese momento, y derivó en una batalla judicial tras la que Sorensen finalmente logró salir de prisión después de 36 horas y recuperó a su hija después de cuatro días de separación. Posteriormente, Sorensen contrademandó a la ciudad de Nueva York, argumentando que había actuado de buena fe de acuerdo con las costumbres de su país. Luego de un debate internacional sobre la mejor forma de criar a los hijos, un jurado neoyorquino le adjudicó 66 000 dólares. El caso, que volvió a las primeras planas cuando Sorensen escribió un libro sobre su dramática experiencia varios años después, ilustra la confianza nata que tienen los daneses en las personas, aunque no las conozcan, me dijo Haarder.

Hay varios motivos para explicar el alto grado de confianza entre los daneses, y entre los nórdicos en general, continuó explicando Haarder. El más obvio es el clima, que hace que la gente tenga que ayudarse entre sí para poder enfrentar los largos inviernos. Si tu carro se queda varado en la ruta durante una nevada y el próximo auto en pasar no se detiene para ayudarte, estás acabado. Sabiendo eso, lo más probable es que, si ves un auto detenido en la ruta, te detengas y le preguntes en qué puedes ayudar. Esa necesidad de ayuda mutua crea una confianza social natural y espontánea.

En el caso específico de Dinamarca, otros factores que ayudaron a crear un clima de confianza fueron el luteranismo —que enfatiza la ética del trabajo, el estilo de vida austero y la lucha contra la corrupción— y la cohesión social. "Somos un país muy homogéneo, somos una sola tribu", me dijo Haarder, tratando de explicar la escasa diversidad étnica del país, que muchos atribuyen a sus cerradas políticas migratorias. Pero quizás el factor histórico más decisivo para explicar la confianza entre los daneses sean los sucesivos fracasos militares del país, que hicieron que los daneses perdieran parte de su territorio contra Suecia y Alemania y tuvieran que reinventarse como un país pequeño repleto de desafíos. "Nosotros fuimos una vez los gobernantes de Escandinavia, y con el tiempo fuimos perdiendo gran parte de nuestras tierras. Después de la última gran derrota contra Alemania en 1864, empezamos a concentrarnos en lo que hoy llamamos la economía del conocimiento. O sea, en nuestras mentes.

Las derrotas nos llevaron a buscar una mayor cohesión social, porque sabíamos que la próxima derrota sería la última. Entonces, en vez de tratar de reconquistar el oeste de Suecia o la parte que quedó en Alemania, decidimos concentrarnos en nosotros y producir más y mejores productos", explicó. De ahí que las empresas navieras, farmacéuticas y financieras danesas estén hoy entre las más avanzadas del mundo, añadió.

Hacia la mitad de nuestra entrevista, le pregunté si estaba de acuerdo con Dragsted, el ideólogo del partido más izquierdista del Parlamento, en que el modelo de bienestar social de los países nórdicos será sostenible en el tiempo. Yo esperaba que Haarder, por ser más de centroderecha, me dijera que el poder excesivo de los sindicatos y el aumento del gasto público tarde o temprano terminarían con el modelo escandinavo. Sin embargo, su respuesta fue que por supuesto seguiría siendo sostenible. "Los países nórdicos somos muy atractivos para la inversión extranjera. Tenemos niveles muy altos de productividad, no tanto en el sector público, pero sí en el sector privado. Y es muy fácil abrir una empresa aquí", argumentó.

Haarder citó los casos de éxito de innovación tecnológica de Maersk, Novo Nordisk y otras empresas danesas, y de otros países escandinavos. Pero ¿puede un puñado de empresas eficientes sostener las finanzas de un país que da tantos subsidios a la población?, le pregunté. "Sí, porque estamos creando nuevas fuentes de alta tecnología. Los países nórdicos somos líderes en energías verdes, porque llevamos varias décadas en ese sector. Y ésa va a ser una de las grandes industrias del futuro, ya que habrá una demanda cada vez mayor de energías limpias." Efectivamente, pocas semanas antes, Estados Unidos y la Unión Europea habían anunciado grandes planes para reducir su consumo de combustibles fósiles para el año 2030. Para las empresas de los países escandinavos, era una oportunidad de oro para exportar tecnologías verdes. "El modelo nórdico es sustentable, y lo será cada vez más en el futuro", me dijo Haarder. "Todo se trata de encontrar nichos y explotarlos."

Volviendo a la carga, le hice notar que el sector de la población laboral danesa que trabaja en alta tecnología es relativamente pequeño, y que existen dudas sobre si podrá mantener al resto de la población indefinidamente. Haarder, a diferencia de sus colegas socialistas, admite que eso puede llegar a ocurrir. El 60% de la población de Dinamarca recibe dinero del gobierno, ya sea porque son empleados públicos, pensionados, o porque reciben subsidios sociales, señaló. "Yo espero que el sector tecnológico, aunque pequeño, pueda seguir pagando por nuestro Estado de bienestar", agregó, no del todo convencido. "Pero es algo que me preocupa."

Los grupos comunitarios que ayudan a combatir la soledad

Una de las principales atracciones del pequeño Museo de la Felicidad en Copenhague es un juego interactivo en el que los visitantes pueden descubrir cuáles son los factores claves que hacen o deshacen la felicidad. Sobre una repisa hay siete latitas rectangulares amarillas, cada una con una etiqueta distinta y conteniendo diferentes cantidades de arena. Las etiquetas identifican los varios factores que intervienen en la felicidad: "relaciones personales", "salud mental", "estado físico", "desempleo", "salud", "ingreso" y "educación". Los visitantes deben adivinar cuáles son las latas más pesadas, y luego levantar cada una de ellas para comprobar si acertaron. Cuanto más pesada es la lata, más impacto tiene lo que representa en la felicidad. Como muchos, yo supuse —teniendo en mente que los países escandinavos están entre los más prósperos del mundo— que las más pesadas serían las del "ingreso" y las "relaciones personales", en ese orden. Pero me equivoqué. Las latitas más pesadas eran las de las "relaciones personales" y la "salud mental". Según me explicó Sarah, la investigadora que me mostró el museo, ésos son los factores que más definen —para bien o para mal— la felicidad de la gente, por lo menos en los países más ricos.

Un estudio del Instituto de Investigaciones de la Felicidad hecho con 5700 adultos en Europa reveló que la soledad, o la ausencia de relaciones personales significativas, es el mayor factor que atenta contra la felicidad, porque produce las mayores tasas de depresión, ansiedad y enfermedades cardiacas. O sea, la soledad reduce la calidad de vida entre los adultos mayores más que ninguna otra cosa.[7]

El principal analista de datos del instituto, Alejandro C. Rubio, es un joven español que se radicó en Dinamarca en 2013 y empezó a trabajar en el área estadística en el sector privado tras obtener su maestría en Ciencias Físicas de la Universidad Complutense de Madrid. Cuando lo entrevisté para mi programa de CNN, me contó que se había sorprendido enormemente al descubrir que uno de los principales secretos de la relativa felicidad de los daneses era su éxito en combatir la soledad. A él, como español, le había costado hacer amigos en Dinamarca. Su percepción, como la de muchos extranjeros, era que los escandinavos eran gente fría, o por lo menos distante. Este estereotipo está muy difundido incluso en los propios países nórdicos. Según un chiste muy popular entre los escandinavos, si te cruzas con una persona en la calle que te sonríe, hay tres posibilidades: que sea un loco, que sea un borracho o que sea un turista de Estados Unidos. Es una exageración, claro, pero algo de eso hay, especialmente en los meses de invierno. Sin embargo, Rubio me dijo que sus investigaciones lo convencieron de que los daneses se sienten mucho menos solos de lo que uno podría suponer. O no se sienten solos para nada.

"Mi opinión, como español, es que aquí es mucho más difícil hacer amigos", me dijo Rubio. "Por ejemplo, en el trabajo cuesta mucho ir a tomarse un café con un compañero después de horas. Entonces, tengo una sensación extraña respecto a eso. Los daneses estructuran mucho su tiempo. Si quieres encontrarte con un danés, tienes que coger la agenda y ver cuándo puedes quedar con ellos porque tienen un montón de actividades planeadas. Entonces, cuando hemos investigado el tema de la soledad, yo esperaba encontrar que los países nórdicos estuvieran en el top de países en los que más gente se siente sola. Y, sin embargo, es justo al revés. Los países nórdicos son donde la gente se siente menos sola."[8]

Pero el hecho de que los daneses no se sientan solos —o tan solos como los imaginamos— también se puede deber a que tienen expectativas más bajas sobre las relaciones sociales que los españoles, los italianos o los latinoamericanos, me explicó Rubio. No esperan que cada contacto social se convierta en una amistad profunda para toda la vida. Y lo mismo ocurre con las relaciones familiares. "A base de investigar, de preguntar a expertos sobre el tema, me he dado cuenta de que, en el caso de los países nórdicos, la gente en realidad espera mucho menos de sus relaciones sociales. Por ejemplo, entre la gente mayor en España, se espera que tus hijos te cuiden o te visiten cada fin de semana. Entonces, si tú esperas eso, si no te visitan un fin de semana, pues te sientes solo. Sin embargo, aquí es mucho más relajado. Y al final eso cuenta", explicó.

El hecho es que las encuestas del Instituto de Investigaciones de la Felicidad sugieren que la soledad le quita a la gente —al menos en los países desarrollados— mucha más satisfacción de vida que el desempleo, o la depresión, o el párkinson, o los problemas económicos. En adultos mayores de 50 años en Europa, la soledad incide dos veces más que el desempleo, por ejemplo, en el nivel de felicidad de la gente. Cuando le señalé a Rubio que me costaba creer ese dato, respondió: "Sí, a ver, el desempleo es muy negativo, y parte de la razón por la que es muy negativo es que la gente que está desempleada se siente fuera de la comunidad que es el trabajo. Pero la soledad supera al desempleo y prácticamente nosotros hemos comparado la soledad con muchas enfermedades distintas como el párkinson, la diabetes o el alzhéimer, y la soledad siempre aparece como el factor que más afecta la satisfacción con la vida. Por lo tanto, hay que tomar la soledad en serio. Las empresas, los gobiernos, los colegios, todas las instituciones tienen que empezar a verla como si fuera realmente una enfermedad que afecta la salud, porque de hecho ése es el caso".

Pero ¿la soledad no es un tema muy subjetivo?, le pregunté. El propio Rubio me acababa de confesar que, como español, le costaba hacerse de amigos en Dinamarca, pero que lo mismo no le ocurre a los daneses. "Por supuesto que la soledad es un tema totalmente subjetivo, pero lo importante no es que sea subjetivo, sino que es real para quienes la sufren", me respondió.

En otras palabras, un español y un danés pueden sentirse solos por diferentes motivos, pero, si se sienten solos en sus respectivos entornos, probablemente se depriman por igual. Aunque las causas sean relativas, las consecuencias son reales, concluyó Rubio.

Los grupos de natación en agua helada, coleccionistas de estampillas y observadores de pajaritos

En Dinamarca hay una enorme cantidad de grupos culturales, sociales y deportivos donde la gente se reúne ya sea para hacer cosas que le gustan o —a veces sin saberlo— para combatir la soledad. Y eso hace que las personas se sientan menos solas y más felices que en otros países altamente desarrollados, como Estados Unidos o Japón. Así como Dragsted —el ideólogo del partido más izquierdista del Parlamento danés— salió de nuestro almuerzo-entrevista para no perderse su clase de karate, un enorme porcentaje de los daneses son miembros de clubes creados por sus vecinos o compañeros de trabajo para llevar a cabo actividades recreativas o para no sentirse solos. Y el gobierno respalda estas agrupaciones, ya sea con pequeñas asignaciones de dinero u ofreciendo espacios en edificios públicos para que la gente se pueda reunir.

Según la página de internet oficial del gobierno de Dinamarca, hay más de 101 000 asociaciones activas en el país, una cifra enorme en una nación de apenas 5.7 millones de habitantes, y estos grupos "son una parte vital de la sociedad danesa". Mandag Morgen, un conocido centro de estudios danés, concluyó hace algunos años que hay más asociaciones civiles en Dinamarca que en ningún otro país del mundo en relación con su población.[9] Cada adulto danés pertenece a por lo menos tres grupos o asociaciones, incluyendo sindicatos y clubes deportivos, además de otros de todo tipo, como grupos de natación en agua helada —cada vez más populares—, conjuntos de danza, clubes de coleccionistas de estampillas o asociaciones de avistamiento de aves. Por eso, cuando les preguntan en las encuestas cuántas personas componen su círculo de amistades más cercanas, los daneses en promedio cuentan 11.8 personas, mucho más que otros países.[10]

¿Será que pertenecer a un grupo de observadores de pajaritos tiene una relación directa con la felicidad? Según la página de internet del gobierno danés, la respuesta es que sí. Bajo el título "¿Por qué son felices los daneses?", el blog oficial del gobierno dice que la felicidad está muy vinculada al "espíritu comunitario".[11] El gobierno danés no tiene un ministerio a cargo de aumentar la felicidad o combatir la soledad como Reino Unido o Japón. Sin embargo, el Estado danés estimula económicamente la creación y desarrollo de los grupos civiles. Y casi todos estos grupos reciben alguna ayuda del gobierno, incluyendo los observadores de pajaritos, me aseguraron funcionarios oficiales.

En Dinamarca hay una "ley de actividades ociosas" (su nombre oficial es Ley de Distribución de Asistencia Financiera para la Educación No Formal de Adultos y Actividades Juveniles) que, entre otras cosas, obliga a las 98 municipalidades del país a prestar sus instalaciones gratuitamente o a un costo simbólico a cualquier grupo. La ley también establece que las municipalidades deben apoyar económicamente a los grupos sociales, culturales y deportivos. La mayoría de los municipios tienen un comité ciudadano encargado de distribuir fondos a este tipo de grupos o a las así llamadas "clases nocturnas", donde la gente puede reunirse a estudiar temas de su interés sin exámenes. Asimismo, gracias a otra ley destinada a las actividades deportivas y recreativas para menores de 25 años, las municipalidades les dan entre 4 y 15 euros —según qué tan generosa sea la ciudad— por cada miembro en cada agrupación social o deportiva.

Todo esto parece trivial, pero el "espíritu comunitario" es lo que les permite a los daneses combatir eficientemente la soledad. Entre los miles de agrupaciones de esparcimiento que existen en Dinamarca, hay unos 90 grupos de natación invernal, que juntos tienen más de 20 000 miembros, según la BBC. En un artículo el medio inglés informó que muchos daneses aseguran que nadar en aguas heladas "sirve para levantar el espíritu durante los largos y oscuros meses de invierno". "Aunque hay pocos datos científicos para sostenerlo, los entusiastas dicen que nadar en agua fría no sólo aumenta la felicidad, sino que promueve el espíritu comunitario."[12] Mientras que muchos de nosotros consideramos que el agua está demasiado fría para nadar cuando tiene una temperatura de 15 °C, y salimos corriendo, los daneses se sumergen en el agua a temperaturas tan bajas como 2 °C, e inmediatamente después se meten a saunas calientes. Los médicos aconsejan no nadar en agua helada sin estar acompañado, para tener ayuda en caso de un infarto o un calambre, por lo cual los daneses en invierno suelen nadar en grupos. Además de ser más seguro, es más divertido, aseguran, entre otras cosas porque los gritos de muchos al entrar en el agua helada producen risas contagiosas que vuelven la experiencia mucho más memorable.

Mikkel Falk Moller, de 43 años, uno de los tantos daneses que nada en el océano todo el año, dice que estar en Dinamarca en los meses de invierno, entre noviembre y abril, produce mucha depresión. "Pero cuando te tiras al agua fría y después te metes en un sauna con agua hirviendo, te da una energía y un golpe de endorfinas enormes."[13] Kira Marie Froda, una empleada de 23 años de CopenHot, uno de los muchos clubes de piletones con agua caliente o saunas donde los daneses se introducen tras nadar en el océano helado, asegura que la temporada de invierno es la más ajetreada.[14] Confieso que, aunque visité Dinamarca a fines del verano, no me animé a meterme en el agua fría. El tiempo ya estaba demasiado fresco para mí. El solo pensar que los daneses nadan en el océano en los meses de invierno me dejó con la duda de si tienen un espíritu masoquista o si están hechos de otro material.

En Dinamarca hay casi tres veces más grupos de filatelistas que en México

En Dinamarca hay 96 clubes activos de coleccionistas de estampillas, según la Asociación Filatélica Danesa.[15] Comparativamente, en México, que tiene una población de 128 millones de habitantes —21 veces mayor que la de Dinamarca— hay sólo 33 sociedades filatélicas, según la Federación Mexicana de Filatelia.[16] El sitio de internet de la asociación danesa es impresionante: no sólo está magníficamente diseñado, sino que tiene enlaces a cada uno de los clubes de estampillas en todo el país, con información sobre cuándo y dónde se reúnen, y los nombres de sus directivos, incluyendo sus teléfonos celulares para que cualquiera pueda contactarlos.

Uno de los tantos clubes de coleccionistas de estampillas daneses es el Club Filatélico de Hjørring, una ciudad al norte de Dinamarca. Según el sitio de internet, sus 65 miembros se reúnen de manera bimensual (el primer lunes y el tercer jueves de cada mes) en la sala de trabajos manuales de una escuela. "Además de intercambiar estampillas, nos ayudamos e inspiramos mutuamente", dicen, y los asistentes reciben cerveza y agua. El Club Filatélico de Odense, en la ciudad del mismo nombre, se reúne todos los martes a las siete de la tarde, y los asistentes pueden traer invitados, dice otro de los enlaces. En casi todas las filiales, los coleccionistas se unen para escuchar conferencias sobre filatelia, intercambiar estampillas u organizar exhibiciones.

Curioso por saber qué tipo de apoyo económico les da el gobierno a los coleccionistas de estampillas de Dinamarca, llamé a Ib Krarup Rasmussen, el administrador de la asociación, cuyo nombre, correo electrónico y teléfono también aparecen en el sitio de internet. Rasmussen me dijo que el Estado contribuye con unos 10 000 euros anuales a su institución a través de la lotería nacional, que tiene fondos destinados a apoyar actividades culturales. Y, además, las municipalidades donan salones de sus edificios, por lo general bibliotecas o escuelas, para las reuniones de los amantes de las estampillas, me señaló. Además, la asociación recibe fondos de fundaciones y el pago de una cuota anual de sus miembros. Con todo eso se pagan los gastos y el salario de Rasmussen, que, según me dijo, es el único funcionario de tiempo completo de la institución.

¿Qué sentido tiene que el gobierno ayude económicamente a los coleccionistas de estampillas? ¿Cómo se justifica ese gasto?, le pregunté lo más cortésmente que pude. Rasmussen respondió, con la mayor naturalidad, que la asociación necesitaba esos recursos para llevar a cabo sus actividades, y que fomentar los grupos culturales forma parte de la labor del gobierno y de los municipios. "Uno participa de estos grupos para hacer nuevos amigos que tengan los mismos intereses que nosotros, y eso ayuda a crear relaciones sociales y confianza entre la gente", me explicó.

Cuando le hice estas mismas preguntas a Bjarne Ibsen, director del Centro de Estudios de Deportes, Salud y Sociedad Civil de la Universidad del Sur de Dinamarca (SDU) y un experto en temas de la sociedad civil danesa, me dio una respuesta similar. En el caso de los coleccionistas de estampillas, el Estado tiene un interés en el desarrollo de estos grupos "porque unen a la gente y ayudan a crear un espíritu comunitario", además de darle "un sentido de identidad que la hace sentir más feliz", me señaló. Aunque Dinamarca no tiene un ministerio ni una oficina gubernamental destinada específicamente a combatir la soledad, su sistema de apoyo estatal a las actividades sociales de todo tipo persigue tácitamente el mismo fin: que la gente se sienta más acompañada, menos sola y con más ganas de vivir.

El edificio "sólo para dueños de perros"

Hay formas muy originales, y relativamente sencillas, de combatir la soledad y aumentar la felicidad de la gente. En Frederikssund, una municipalidad a unos 40 minutos en automóvil de Copenhague, hay un edificio de 18 apartamentos donde sólo puedes alquilar una unidad si tienes un perro. Niels Viuff, un desarrollador local, construyó el edificio con esa finalidad en 2018, después de que la mujer que hacía la limpieza en el gimnasio al que iba le comentó que tenía muchas dificultades para rentar un apartamento porque nadie quería inquilinos con perros. Viuff me contó: "Se me ocurrió que un edificio 'sólo para gente con perros' sería una solución para los dueños de mascotas, y que haría que tuvieran mucho más contacto social y se ayudaran entre ellos". Viuff acudió al Kennel Club de Copenhague para pedir asesoramiento sobre qué detalles específicos podría ofrecer un edificio "sólo para gente con perros", y lo construyó al año siguiente.

Muchos de los inquilinos de Viuff son jóvenes solteros que sacan a pasear a sus perros juntos o se encuentran en un lavadero de perros construido con ese propósito en el jardín. Vivir en un edificio exclusivo para dueños de perros tiene ventajas muy prácticas, me aseguró Viuff. "Cuando tienes que hacer un viaje de trabajo o te vas por el fin de semana, le puedes pedir a tu vecino que te cuide al perro, y no hay problema. Todos se ayudan entre sí y se dan consejos sobre cómo alimentar o cuidar a sus animales", agregó.

El proyecto fue tan exitoso que hay 50 personas en lista de espera para rentar una unidad en el edificio, me aseguró el constructor. "Estamos pidiendo una licencia a la ciudad para construir un nuevo edificio, más grande, de 35 apartamentos de alquiler, que también será sólo para gente con perros", me contó. Al igual que el edificio actual, el nuevo edificio tendrá pisos y paredes con insulación especial para que no se escuchen los ladridos de al lado, pisos de cemento cubierto con un material muy fácil de lavar y áreas comunes en el jardín para duchar a las mascotas.

—¿Y se puede traer un gato al edificio o alquilar un apartamento con un perro y un gato? —le pregunté.

—Los gatos están terminantemente prohibidos —me respondió Viuff, tajante, y como ofendido por la pregunta—. Yo siempre he sido una persona de perros, y, por lo general, a la gente de perros no nos gustan los gatos. Y a los perros tampoco.

El otro secreto de la felicidad de los daneses: el trabajo voluntario

Quizás uno de los mayores secretos de la aparente felicidad de los daneses sea la gran cantidad de trabajo voluntario que realizan. Helle Hygum Espersen, analista en jefe del Centro Danés de Investigaciones en Ciencias Sociales VIVE, me dijo que 69% de los daneses han hecho algún trabajo voluntario en los últimos cinco años, 40% lo está haciendo ahora, y sólo una pequeña parte de la población, 31%, nunca en su vida ha hecho algún trabajo voluntario. Típicamente, los daneses realizan 15 horas de trabajo voluntario por mes, y quienes más lo hacen son los jóvenes y los adultos de más de 70 años, me dijo la investigadora. Por supuesto, muchos jóvenes lo hacen para mejorar su currículum, pero la principal motivación siguen siendo los tradicionales valores altruistas, añadió.

El voluntariado es una tradición nacional en los países nórdicos, en parte por la solidaridad natural de la gente para ayudarse a hacer frente a los desafíos del clima. Sin embargo, el voluntarismo en los países escandinavos probablemente tenga mucho que ver también con el alto desarrollo económico, que da como resultado que los ciudadanos tengan más educación y más conciencia social. "La principal motivación de la gente es ayudar a mejorar el mundo y sentirse parte de la comunidad. Nuestros estudios muestran que cuanto más alto es el nivel educativo de una persona, más trabajo social hace", me dijo Espersen.

Y en Dinamarca, el Estado promueve activamente el voluntariado a través de distintas subvenciones. La organización gubernamental Centro para el Voluntariado en el Área Social (CFSR, por sus siglas en danés) se dedica a apoyar a grupos de voluntarios con asesoramiento técnico y económico. "Tienen unos 30 empleados que informan sobre cómo crear un grupo de voluntarios, cómo hacer los trámites para recibir ayuda del gobierno y cómo reclutar voluntarios. Todo eso es 100% pagado por el Estado", me explicó Espersen.

Finalmente, otro motivo por el que el voluntariado está tan expandido en los países nórdicos es que la gente tiene más tiempo disponible, agregó. Cuando salí de su oficina y me monté en mi bicicleta para regresar al hotel, no puede evitar pensar que, claro, un danés que baja la persiana de su oficina a las cuatro de la tarde tiene mucho más tiempo para hacer trabajo voluntario que un estadounidense o un latinoamericano que trabaja hasta tarde, incluso hasta la noche. No hay mucho misterio en eso.

Hasta las meseras de algunos cafés son voluntarias

Durante mi estadía en Dinamarca conocí a muchos daneses que hacen trabajo voluntario. Entre ellos estaban Elleby Skov Iafdrup y Erik Vita, un hombre y una mujer retirados de unos 70 años, que trabajaban en un café de Copenhague llamado Sonja. Me contaron que el café, así como los demás negocios de esa cuadra, eran parte de un proyecto filantrópico llamado Settlementet, dedicado a revitalizar esa parte de la ciudad, que en las últimas décadas se había pauperizado. Erik me contó que toda su vida fue trabajador social con gente con problemas mentales, y que tras su jubilación quería hacer algo diferente. "Me cansé de estar sentado en casa, y mi mujer ya no me aguantaba, de manera que me anoté para venir aquí", me dijo, con una sonrisa. Erik trabajaba en el café tres veces por semana, sirviendo comida o atendiendo la caja siete horas por día. Elleby, la mujer, tenía una historia parecida. Había trabajado hasta su jubilación en un laboratorio científico, y ahora trabajaba un día por semana en el café. Al mismo tiempo donaba su tiempo a la Cruz Roja y estaba ayudando a una refugiada de Eritrea. Esta última tarea le daba mucha satisfacción, porque la inmigrante africana necesitaba ayuda con el idioma y, muchas veces, apoyo para cuidar a sus dos hijos o ir por ellos a la escuela cuando tenía que trabajar horas extras. "Nos hemos hecho buenas amigas. La veo dos veces por semana y chateamos por teléfono todos los días", me dijo Elleby. Parecía sincera y feliz de poder ser de utilidad.

¿Cómo funciona la fundación Settlementet, el grupo filantrópico a cargo de la revitalización de esa zona de la ciudad? Maria Pagels, la administradora de los ocho negocios pertenecientes a esta institución en esa cuadra (incluían, además del café, un mercadito y un negocio de baratijas), me contó que Settlementet se dedica principalmente a darle entrenamiento y trabajo a gente marginada o con problemas de drogadicción o mentales de ese barrio. Algunos de los proyectos de la fundación, como la revitalización de esa cuadra, reciben fondos de otras instituciones filantrópicas mucho más grandes, como Realdania, dedicada a mejorar espacios públicos para aumentar la satisfacción de vida de la gente. Pero Settlementet también organiza un grupo de ayuda para mujeres refugiadas de Pakistán, otro para adultos mayores que están solos y otro para inmigrantes latinoamericanos. Settlementet tiene 50 empleados que reciben un salario, incluyendo a Pagels, y unos 100 voluntarios, como Erik y Elleby. Cuando le pregunté a Pagels si tenía dificultad en conseguir voluntarios, me dijo que no. "La gente viene porque sabe que tenemos un propósito noble. Y también porque quiere ser parte de una comunidad", me dijo, mientras Erik, el asistente social jubilado, nos servía un café.

¿LA EQUIDAD AUMENTA LA FELICIDAD?

La mayoría de los daneses que entrevisté mencionaron la equidad social como una de las claves de la felicidad de su país. "Dinamarca registra uno de los niveles más bajos de desigualdad de ingresos del mundo", se ufana la página de internet del gobierno de Dinamarca. En efecto, el hecho de que todos pagan altos impuestos progresivos, y de que los ingresos de quienes ganan más no sean exorbitantemente más altos que los de quienes ganan menos, hace que el estatus económico sea menos importante y la gente tenga menos estrés por no ganar tanto como el de al lado. Hay menos ansiedad si el vecino tiene un automóvil más nuevo o de lujo. Por el contrario, en los países escandinavos está mal visto ostentar el dinero o la posición social. Eso le quita una enorme carga emocional negativa a la gente.

¿Por qué se estresarían los daneses en su trabajo cuando saben que, si los despiden, van a recibir hasta 90% de su salario por dos años pagado por el gobierno, y, aún más, no van a tener mucha dificultad en encontrar otro? ¿Por qué sufrirían ansiedad cuando saben que, si se enferman, van a contar con un buen cuidado médico, porque los hospitales son gratuitos y relativamente buenos en el país? ¿Por qué se preocuparían por la educación de sus hijos cuando saben que podrán mandarlos a buenas escuelas públicas pagadas por el Estado? ¿Y por qué sentirían frustración si no les importa mucho que el vecino pertenezca a un club más exclusivo? En suma, ¿cómo no van a estar satisfechos con su vida los escandinavos si prácticamente no tienen problemas económicos ni aspiran a ser millonarios?, replicaban los defensores del modelo nórdico cuando les preguntaba cuál era la relación entre la igualdad social y la felicidad.

En Dinamarca, el 20% más rico de la población gana casi cuatro veces más que el 20% más pobre, lo que es una de las brechas de ingresos más pequeñas del mundo, según la OCDE. Comparativamente, en Estados Unidos, el 20% más rico de la población gana casi nueve veces más que el 20% más pobre, y en América Latina la brecha es mucho mayor.[17]

Y la competencia por el estatus social es casi imperceptible. En Dinamarca, es raro ver automóviles de lujo como en Miami o gente ostentando relojes de miles de dólares. Por el contrario, así como Dragsted —el exlegislador y autor de *El socialismo nórdico*— convive en su clase de karate con todo tipo de gente, desde legisladores hasta empleados de limpieza del Parlamento, la mayoría de los grupos sociales y deportivos a los que pertenecen los daneses incluyen a personas de todas las clases sociales, sin que a nadie le importe mucho quién tiene más dinero. Eso, que viene de muy atrás en la historia de los países nórdicos, ayuda a que la gente confíe más en los desconocidos, sobre todo en aquellos con quienes no interactuaría en su trabajo o en su círculo familiar. Tal como me lo dijeron varios daneses, participar en un grupo de observadores de aves o en un coro es como entrar en un *pub* inglés: en el momento en que entras, a nadie le interesa qué posición social tienes o cuán importante es tu cargo.

El "economista de la felicidad": la prosperidad importa más que la equidad

Christian Bjørnskov, de 51 años, profesor de economía de la Universidad de Aarhus y autor del libro *Happiness in the Nordic World*, es considerado por muchos "el economista de la felicidad". Suele ser el primer experto que consultan los periodistas y académicos extranjeros que visitan Dinamarca para descubrir el secreto de la felicidad de los daneses, porque lleva varias décadas dedicado exclusivamente a estudiar este fenómeno. Yo decidí hablar con él sólo al final de mis entrevistas, para no dejarme influenciar de entrada por sus estudios. Bjørnskov no coincide con muchos de sus colegas en cuanto a los principales motivos de la alta satisfacción de vida de los países nórdicos. Por ejemplo, es escéptico de que la equidad social de los escandinavos influya en sus niveles de felicidad. Si los países con mayor desigualdad social fueran los más infelices, los latinoamericanos deberían ser los menos felices, y, sin embargo, hay varios países como Costa Rica o Chile que, aunque no están en los primeros lugares, figuran en puestos relativamente altos en los rankings de la felicidad, argumenta el economista. Y hay otros países desarrollados, como Suiza y Luxemburgo, en que el Estado benefactor juega un rol mucho menor que en los países escandinavos, y aparecen también en los primeros puestos de los rankings de felicidad. Entonces, es la prosperidad económica, más que el modelo de Estado benefactor, lo que coloca a los países nórdicos en los primeros lugares de las tablas de felicidad, aduce Bjørnskov.

Según él, hay varios estudios recientes que confirman, en el siglo XXI, la conclusión del investigador holandés Ruut Veenhoven de que los países escandinavos eran felices desde mucho antes de que adoptaran sus modelos de Estados benefactores en la década de 1930. Y la experiencia muestra que cuando Dinamarca y Suecia redujeron parcialmente algunos subsidios sociales en épocas de emergencias económicas e introdujeron reformas de libre mercado para enderezar sus economías, no hubo un descenso en los niveles de felicidad reportados por los ciudadanos de esos países. Y, por el contrario, un estudio de los investigadores alemanes Bodo Knoll y Hans Pitlik en 2016 concluyó que cuando un país aumenta sus beneficios sociales no necesariamente aumenta la felicidad de los sectores más postergados, entre otras cosas porque estos subsidios se convierten rápidamente en la nueva normalidad. "Veinticinco años de investigación no nos dan ninguna pauta para pensar que la redistribución del ingreso podría aumentar la felicidad o satisfacción de vida de la gente", afirma Bjørnskov.

Ya en 1850, más de un siglo antes de lo que hoy conocemos como el modelo nórdico, Dinamarca era el cuarto país más rico de los 44 incluidos en lo que se conoce como "la base de datos Maddison" del ingreso histórico de los países, y Noruega era el quinto. En 1990, Noruega estaba en sexto lugar, y Dinamarca en el décimo. Hoy en día, Noruega sigue estando entre los países más ricos del mundo, mientras que Dinamarca está en el número 30 de casi 200 países, señala Bjørnskov. O sea, varios países nórdicos eran felices mucho antes de instaurar gobiernos socialdemócratas con un Estado benefactor, asegura.

Entonces ¿a qué atribuye la felicidad de los escandinavos? Bjørnskov señala varios factores, incluyendo el hecho de que los países nórdicos "tienen una historia de varios siglos de sistemas judiciales que funcionan bien, e instituciones y burocracias que han contribuido a crear una población satisfecha. Es muy probable que las excelentes instituciones en estos países ya estuvieran haciendo que la gente fuera más feliz que en muchos otros lugares" desde hace por lo menos un siglo, afirma. No es casual que los países nórdicos figuren como los más democráticos y menos corruptos del mundo desde que centros de estudio como Transparencia Internacional comenzaron a medir la calidad de las instituciones por todo el mundo, agregó.

LA OTRA CARA DEL MILAGRO NÓRDICO

Otros tienen una visión mucho más escéptica del modelo escandinavo. Uno de ellos es el periodista británico Michael Booth, autor de *Gente casi perfecta*, y cuyo subtítulo reza: *El mito de la utopía escandinava*. Booth, que está casado con una danesa y vive desde hace varios años en Dinamarca, escribió su libro en respuesta a los rankings mundiales de la felicidad que colocan a los países escandinavos en los primeros puestos. Ya viviendo en dicho país, Booth había quedado intrigado por la admiración por todo lo escandinavo que traslucían los artículos periodísticos, reportajes televisivos, libros y películas en los últimos años. Según la visión generalizada, popularizadas entre otras por la serie danesa *Borgen*, que Netflix ha llevado a todo el mundo, "éstas eran las tierras prometidas de la igualdad, la vida tranquila, la calidad de vida y las tartas caseras". "Sin embargo, yo había visto la otra cara de la moneda viviendo aquí en este norte frío y gris", dice Booth en las primeras páginas de su libro. Aunque hay cosas que el resto del mundo podría aprender de los países escandinavos, Booth se sentía frustrado por la falta de matices en la visión idealizada de Dinamarca que prevalece en el exterior.

En el prólogo de su libro, Booth afirma:

> Había un detalle que me llamaba particularmente la atención sobre este enamoramiento mundial con todo lo escandinavo, ya fuera su sistema escolar, sus decoraciones interiores, sus sistemas políticos basados en el consenso o sus suéteres supergruesos: considerando todas estas ventajas de relaciones públicas, y que el así llamado "modelo nórdico" estaba más de moda que nunca, ¿por qué no había más gente mudándose a los países escandinavos? ¿Por qué la gente en el resto del mundo sigue soñando con una casita en España o Francia? ¿Por qué no están cargando sus pertenencias para mudarse a Aalborg o a Trondheim?

Continuando con su argumento, Booth se pregunta: si estos países son tan fantásticos, "¿cómo se explica que no tengas idea de dónde quedan Aalborg o Trondheim? ¿Por qué nadie habla sueco o está estudiando para hacerse entender en noruego? ¡Nómbrenme al ministro de Relaciones Exteriores danés! O al comediante más famoso de Noruega. O una persona de Finlandia. ¡Cualquier persona!".[18]

La respuesta a estas preguntas, además del hecho de que los países nórdicos no atraen a tantos turistas como España o Italia por su clima inhóspito la mayor parte del año, es que cuando uno estudia más a fondo a los países escandinavos "empieza a surgir una imagen más compleja, a menudo más oscura, y ocasionalmente más preocupante", dice Booth en su libro. Algunos de los aspectos negativos son relativamente triviales, como que cuando uno vive en un país donde todos habitan el mismo tipo de casas, se visten de la misma forma, manejan los mismos autos, leen los mismos libros, van a los mismos lugares de vacaciones y tienen ideas políticas y creencias religiosas muy parecidas, la vida puede llegar a ser un poco aburrida. Pero hay otros problemas más graves en las sociedades nórdicas, como el racismo y la islamofobia, el gradual deterioro de la equidad social, el alcoholismo y un sector estatal excesivamente grande que requiere el pago de impuestos cada vez más altos, elementos "que avanzan anualmente como una marea, estrangulando toda esperanza, energía y ambición", agrega.

Cuando lo entrevisté en 2021, cinco años después de la publicación de su libro,[19] le pregunté a Booth si, a pesar de todo esto, creía que los escandinavos son los pueblos más felices del mundo. Se rio y me respondió categóricamente: "No, no son felices. Definitivamente, no son felices". Booth me contó que cada vez que visita su país natal, Reino Unido, se sorprende por la amabilidad, alegría y buena onda de la gente, comparadas con las de los países nórdicos.

"Siempre que regreso me sorprendo de lo conversadores que son los ingleses, al punto de que a veces sospecho que tienen algún motivo ulterior. Te hablan de todo un poco. Incluso el tipo que te revisa el pasaporte cuando entras en el aeropuerto. Yo pensaba, ¿por qué me está hablando? ¿Sospecha que soy un narcotraficante o algo así? Pero me pasa lo mismo con la mujer que está detrás de la caja en el supermercado o el vendedor del puesto de diarios. Una vez incluso conté la cantidad de veces que nos habíamos dicho 'por favor' y 'gracias' cuando compré un periódico. ¡Doce veces! Yo sé que esto puede sonar ridículo, pero los ingleses parecen bastante felices comparados con los escandinavos", me dijo Booth.

"Y eso sin contar a España o Italia, o —aunque no he viajado mucho a Sudamérica o Centroamérica— a los latinoamericanos, que dan la impresión de ser muy sociables y bastante felices. Casi te diría que en todos los demás lugares del mundo a los que vas, la gente parece ser más feliz que en los países nórdicos", agregó, riéndose de su propio atrevimiento.

Cuando le pregunté cómo explicaba el *Reporte mundial de la felicidad* y otros rankings que colocan a los países escandinavos en los primeros puestos de la felicidad en el mundo, Booth arguyó que una cosa es la satisfacción de vida y otra la felicidad. "Los escandinavos están satisfechos, complacidos con su elevado nivel de vida. Sienten que sus expectativas han sido satisfechas, que tienen sus problemas económicos resueltos. Pero yo no diría que son más felices."

—Entonces ¿por qué dicen que son felices y salen en los primeros lugares de las encuestas de felicidad? —objeté.

—Porque les responden a los encuestadores así, porque son complacientes. No quieren hacer olas yendo en contra de la corriente. Y la idea instalada en la sociedad de los países escandinavos es que estos rankings son ciertos, y que ellos supuestamente son felices.

Booth agregó que muchos escandinavos se autodefinen como pueblos satisfechos pero aburridos. Y me recordó un párrafo de su libro que dice: "Los escandinavos se ven a sí mismos como los vemos nosotros: eficientes y valiosos, pero invadidos por un constante aburrimiento... Industriosos, confiables y políticamente correctos, los escandinavos son como el contador que está en la fiesta: cinco países repletos de funcionarios públicos locales, trabajadores sociales que dan lecciones con el dedo índice, y gente desprovista de humor que arruina las celebraciones".

Sin embargo, los daneses, por lo menos, habían tenido suficiente humor como para no excomulgar a Booth tras la publicación de su libro. Cuando le pregunté cómo había reaccionado su familia extendida, y su propia mujer, ante sus críticas, Booth me dijo con una sonrisa que todavía no lo habían echado de su casa. "Los daneses son supertolerantes, muy relajados, y tienen un buen sentido del humor", respondió. Pero en otros países nórdicos, como Suecia y Noruega, la recepción del libro no había sido tan amigable. "Los suecos ya están como medio acostumbrados a que otros países los critiquen, de manera que se molestaron por algunos datos y fueron un poco pedantes con eso. Pero los noruegos son los que realmente se ofenden cuando los criticas, y me dijeron todo tipo de cosas", me contó.

¿Es sostenible el modelo escandinavo?

Hacia el final de mis entrevistas sobre en Dinamarca, le comenté al miembro del Parlamento y sociólogo danés Henrik Dahl que prácticamente todos con quienes había hablado durante mi estadía en Dinamarca me habían dicho que el modelo nórdico no estaba en riesgo y que, de hecho, la economía estaba mejor que nunca en tiempos recientes. En 2021, el ingreso per cápita del país de 61 000 dólares al año era uno de los más altos del mundo; la economía estaba creciendo 3.2% anual, y el desempleo era de apenas 4%. Me interesaba la opinión de Dahl porque —a diferencia de Dragsted y otros políticos con quienes me había encontrado— él pertenece a la Alianza Liberal, el partido de centroderecha que es uno de los más escépticos sobre las bonanzas del Estado benefactor (o socialismo democrático, o capitalismo con sentido social) de los países escandinavos. Dahl, de 61 años, había sido electo al Parlamento en 2015, reelecto en 2019, y había sido profesor universitario de sociología en la Escuela de Negocios de Copenhague.

"Desde un punto de vista económico, no creo que el Estado de bienestar de los países nórdicos pueda ser mantenido para siempre", me dijo Dahl. Según sus cálculos, el hecho de que 60% de los daneses viven del Estado, ya sea porque son empleados públicos, pensionados, o porque reciben subsidios de desempleo, no es sostenible. Y no será viable por mucho tiempo porque la productividad en la mayoría de los sectores de la economía danesa no está creciendo y los servicios públicos cada vez son más caros, entre otras cosas, debido a que la edad promedio está subiendo y habrá que subsidiar a cada vez más jubilados. El Estado no va a poder seguir pagando todo eso, explicó.

Además, las expectativas de la gente nunca dejan de subir, y lo harán más rápidamente de lo que el Estado podrá aumentar los impuestos. "Va a llegar un punto en que el Estado no va a poder seguir aumentando los impuestos porque la gente va a decir: '¿Para qué voy a seguir trabajando? Mejor renuncio y vivo de mi subsidio de desempleo'", arguyó Dahl. Cuando le comenté que la primera cosa que me había impresionado de Dinamarca eran las pocas horas que trabajaba la gente, Dahl se rio y asintió: "¡La gente no trabaja nada!". Recordó que cuando estudiaba en Estados Unidos, en la década de 1980, "estaba en shock" por la cantidad de horas que trabajaban y estudiaban sus compañeros. Dahl me dijo que su país debería contagiarse un poco de la cultura del trabajo de los estadounidenses para hacer crecer su economía. Su partido político de centroderecha estaba proponiendo precisamente eso. "Nosotros quisiéramos hacer que el trabajo se convierta en algo más atractivo aquí, que la gente trabaje un poco más. Quisiéramos achicar un poco el sector público y desregular varios sectores de la economía para eliminar los monopolios estatales, que a veces son ineficientes e impiden que surjan empresas privadas competitivas."

Pero quizás la mayor amenaza para el futuro económico de los países nórdicos va a ser la falta de innovación y la cada vez menor cantidad de emprendedores que crean nuevas empresas, me dijo Dahl. El porcentaje de daneses que crean una nueva empresa —de cualquier tamaño— es menos de 9%; hace algunos años aún era de 16%, me aseguró. "Tenemos un sistema regulatorio que desalienta los nuevos emprendimientos", continuó. "Tenemos tantas regulaciones que es muy difícil crear una nueva empresa. Hace algunos años yo mismo abrí una empresa y el papeleo burocrático es pesadísimo. De manera que, si no tienes dinero para contratar a un contador y a un abogado para lidiar con las leyes de impuestos y regulaciones de todo tipo, es realmente muy complicado crear una nueva empresa", explicó.

—Pero ¿qué le responde a quienes no están preocupados por eso, porque Dinamarca tiene empresas como Maersk, Novo Nordisk y Carlsberg, que innovan constantemente y mantienen su liderazgo?

—Les diría que tendrían que estar más preocupados, porque tenemos cada vez menos *startups* que crecen hasta alcanzar un tamaño significativo. Algunas como Novo Nordisk son bastante viejas, fueron creadas hace casi 100 años, en la era de oro de las compañías farmacéuticas. ¿Podrán mantenerse en su posición actual? Nosotros creemos que hace falta bajar los impuestos para crear más incentivos para la innovación y la creación de nuevas empresas.

—Sin embargo, algunos de sus colegas de izquierda y centroizquierda en el Parlamento me dijeron que Dinamarca y otros países escandinavos tienen un gran futuro económico porque el mundo está yendo hacia las energías renovables, y ustedes en los países nórdicos les llevan décadas de ventaja a Estados Unidos, China y el resto de Europa en temas de energías sustentables.

—Es cierto, tienen razón en que estamos en una transición hacia economías verdes. Y es cierto que nosotros hemos desarrollado exitosamente las turbinas de viento, la energía eólica. Pero creo que ya no somos tan competitivos en todo eso como antes, porque Siemens y los alemanes están empezando a meterse en esa industria y a producir a gran escala. Y una vez que los alemanes se ponen a producir turbinas de viento a gran escala... bueno, los alemanes son muy pero muy buenos en eso. De manera que no estoy tan convencido de que nuestro futuro económico esté asegurado.

El lado negativo de la equidad de ingresos

Dahl también es bastante escéptico sobre las bondades de lo que considera la excesiva equidad de ingresos en Dinamarca. Si con la palabra *equidad* uno se refiere a la falta de discriminación y a la igualdad de oportunidades, todos estamos a favor, me dijo. Pero, si nos estamos refiriendo a la igualdad de ingresos, Dahl teme que esté produciendo un achatamiento del dinamismo económico, una nivelación que produce una creciente mediocridad en el mundo laboral. "Cuando llegas a una situación en que nadie es verdaderamente excelente, y nadie es verdaderamente malo, eso es lamentable desde el punto de vista de la psicología social", opinó. "¿Para qué me voy a quedar en el trabajo aunque sea unos minutos más después de las cuatro de la tarde si un ascenso no cambiaría mucho mi vida? ¿Para qué esforzarme si no ganaría mucho más que ahora?", esto es lo que piensan muchos beneficiarios del modelo de bienestar escandinavo, me señaló.

Lo que es peor, el actual sistema incentiva que cada vez más gente trate de vivir a costa del Estado, lo que Dahl llama una tendencia a buscar "triunfar mediante el fracaso" o "prosperar fracasando". Según me explicó: "Si quieres sacarle dinero al gobierno o al sistema de subsidios, tienes que probar que por algún motivo no eres capaz de sostenerte a ti mismo o de obtener un ingreso que cubra tus necesidades. Entonces, hay una tendencia a que la gente trate de triunfar fracasando. Te las rebuscas para mostrar que no puedes pagar la renta de tu apartamento o que no te alcanza para darles de comer a tus hijos, porque sabes que de esa manera el Estado te va a subvencionar". Y eso es pésimo para un país. "La idea es que en una sociedad moderna, posaristocrática, la gente sea recompensada por hacer cosas, no que sea recompensada por no hacer nada", concluyó, riéndose, como para enfatizar que la premisa de una paridad de ingresos exagerada es un disparate total.

Los suicidios, la drogadicción y el alcoholismo

Una de las primeras reacciones de muchos extranjeros cuando se habla de las bondades del modelo nórdico es decir: "Bueno, pero ¿qué pasa con los suicidios y el alcoholismo? ¿Acaso estos países no tienen las más altas tasas de suicidios del mundo?". Para responder estas preguntas, concerté una entrevista con la decana del Departamento de Psicología de la Universidad de Copenhague, la doctora Vibeke Jenny Koushede, y enfilé mi bicicleta hacia su oficina, un edificio de dos pisos en el campus de la universidad. Koushede, una mujer delgada y elegante, es una experta en políticas públicas sobre salud mental que había hecho varios estudios sobre la depresión y las adicciones en Dinamarca antes de asumir su cargo actual en 2021.

Para mi sorpresa, me dijo que la tasa de suicidios en Dinamarca ha caído significativamente en las últimas décadas. Efectivamente, Dinamarca tenía una de las tasas de suicidios más altas del mundo en la década de 1980, pero ha disminuido: de 38 suicidios por 100 000 habitantes en 1980 a 11.4 suicidios por 100 000 habitantes en 2007, y permanece en ese nivel hasta el día de hoy.[20] Actualmente, Dinamarca tiene una de las tasas de suicidios más bajas del mundo desarrollado: comparativamente, Francia tiene una tasa de 13.2 suicidios por 100 000 habitantes; Japón, de 15.3 por 100 000 habitantes; y Corea del Sur, de 28.8 por 100 000 habitantes.

La tasa de suicidios en Dinamarca y otros países escandinavos era altísima en el siglo pasado debido a lo que los escandinavos llaman "depresión invernal", producto de vivir gran parte del año sin ver el sol. Sin embargo, gracias a los suplementos de vitamina D y a las pastillas antidepresivas, los nórdicos han logrado bajar significativamente sus tasas de suicidios en las últimas décadas. La estrategia de Dinamarca consistió, entre otras medidas, en medicar menos sedativos y opioides contra la "depresión invernal", y reemplazarlos con los antidepresivos con menos efectos adversos. En otros países nórdicos, ha ocurrido lo mismo: la tasa de suicidios de Noruega cayó a 11.8 por 100 000 habitantes; la de Suecia, a 14.7 por 100 000 habitantes; y la de Finlandia, a 15.3 por 100 000 habitantes, lo que los pone muy por debajo de Rusia, por ejemplo, que tiene una tasa de suicidios de 25.1 personas por 100 000 habitantes.[21]

Sin embargo, Koushede me dijo que hay una creciente preocupación por los problemas de salud mental que están aumentando en forma alarmante entre los jóvenes daneses, como está ocurriendo en Estados Unidos y casi toda Europa. Según un reciente estudio gubernamental, el número de jóvenes de entre 10 y 24 años que sufre de ansiedad, depresión, desórdenes alimenticios, déficit de atención o autismo ha crecido mucho en las últimas dos décadas, me señaló la académica. Un 15% de los niños y adolescentes daneses son diagnosticados con alguna enfermedad mental antes de cumplir los 18 años. Y la soledad está haciendo que aumente el número de jóvenes que consumen calmantes y otras drogas.

"Igual que en otros países, los jóvenes daneses están bajo cada vez más presión para mejorar sus calificaciones en los tests, y están compitiendo las 24 horas del día en las redes sociales. Además, los jóvenes están durmiendo menos por estar en las redes sociales, y ése es un problema adicional", me dijo Koushede. "Los jóvenes están cada vez más preocupados de no ser lo suficientemente buenos, y tienen miedo de decepcionar a sus padres. Eso les causa un nivel de ansiedad terrible."

—¿Y cómo se puede resolver este problema? —le pregunté.

—Estamos tratando de incentivar a nuestros maestros para que enseñen más educación mental, así como enseñan educación física. Si tenemos educación física en las escuelas, ¿por qué no podemos tener educación mental? —respondió.

—¿Y cómo sería eso?

—Por ejemplo, enseñarles a los niños sobre la importancia de estar activos físicamente, de tomarse tiempo para descansar y relajarse, de dormir, de no estar todo el día pegado a las pantallas de sus celulares, de pedir ayuda cuando se sienten con mucha ansiedad o depresión, de aprender a aceptar que la vida tiene altos y bajos. Y una de las cosas más importantes: que incluyan a más gente en su círculo de relaciones personales, porque todos nosotros necesitamos un sentido de pertenencia, y un sentido de propósito en la vida.

Koushede me contó que la Universidad de Copenhague está iniciando un programa de cursos relacionados con "el arte y la ciencia del bienestar emocional", con miras a extenderlos a las escuelas de todo el país. "La mayoría de la gente sabe lo que tiene que hacer para mantener su salud física: no fumar, no tomar demasiado, hacer ejercicios, etcétera. Pero no sabe cómo mantener su salud mental. Necesitamos políticas públicas para prevenir los problemas de salud mental, que son cada vez mayores, y le cuestan a nuestro país cada vez más."

Tras despedirme de Koushede, mientras bajaba las escaleras de su edificio de dos pisos, me preguntaba si no es hora de alternar las clases de educación física con clases de educación mental en todos nuestros países. Cuanto más lo pienso, más convencido estoy de que hacer una cosa y no la otra, considerando la subida de enfermedades mentales en todo el mundo, es absurdo.

El alcoholismo es un problema que no disminuye

A diferencia de lo que ocurría cuando preguntaba sobre los suicidios, casi todas las personas con las que hablé en Dinamarca me dijeron que el alcoholismo sigue siendo un gran problema en el país. Esto puede deberse al frío o al hecho de que el alcohol ayuda a los nórdicos a desinhibirse en reuniones sociales, o simplemente es un hábito que viene desde la era de los vikingos. Pero el hecho es que, según Eurostat, la agencia de estadística de la Unión Europea, Dinamarca es el país con más casos de "consumo desmedido de alcohol" de los 27 países de la comunidad europea. El 38% de los adultos daneses reportan haber tomado en exceso en el último mes, comparado con 21% de los franceses o 4% de los italianos.[22]

Los portugueses, los españoles y los italianos toman más alcohol por día que los daneses, pero lo hacen más espaciadamente. En Dinamarca, en cambio, se lo toman todo junto, generalmente los fines de semana, aumentando así los casos de borracheras descomunales, dice el estudio de Eurostat.[23]

Y el problema es aún mayor entre los jóvenes daneses. Un estudio de la Organización Mundial de la Salud de 2020 sobre los europeos de 15 años reveló que 42% de los quinceañeros de ambos sexos en Dinamarca admitieron haber estado ebrios por lo menos dos veces en los últimos 30 días, lo que es el doble del promedio en todos los países del continente.[24] Cuando el diario *The Copenhagen Post* dio la noticia bajo el título "Los adolescentes daneses siguen siendo los campeones europeos de la bebida", el "siguen siendo" se refería a que había reportado el mismo resultado en varios estudios anteriores.

Kay Xander Mellish, una escritora estadounidense que vive en Dinamarca desde hace más de una década y escribió varios libros sobre la cultura danesa, cuenta en su blog *How To Live in Denmark* que tras su llegada al país se sorprendió por lo extendida —y socialmente aceptada— que es la costumbre de beber alcohol entre los adolescentes daneses.

Mellish dice que cuando llevó a su hija a varias escuelas secundarias en Dinamarca para escoger una, no podía dar crédito a sus ojos al encontrarse con bares que sirven bebidas alcohólicas dentro de las escuelas, muchas veces al lado del gimnasio. "La mayoría de las escuelas que visitamos tenían un bar, o por lo menos un café, donde los estudiantes pueden tomarse una cerveza en jarra o una sidra cuando quieren relajarse después de clase", señala. "La edad mínima para comprar vino o cerveza en Dinamarca es de 16 años, de manera que eso es totalmente legal."

Mellish agrega: "Tomar alcohol juega un rol importante en la vida de la gente joven en Dinamarca: cuando mi hija tenía 14 años, su clase ya comenzaba a dividirse entre los que se emborrachaban durante los fines de semana y los que no lo hacían. Y los padres daneses no parecían preocuparse. Uno de los padres me dijo que 'es sólo una forma de divertirse cuando son jóvenes', y otro me dijo que 'yo tomaba mucho más cuando yo era joven'".

La cultura de las borracheras en Dinamarca está estupendamente ilustrada en la película danesa *Otra ronda*, que ganó el Óscar a la mejor película extranjera de 2021. El film comienza con la escena de una carrera en la que un grupo de adolescentes compiten por ver quién puede tomar más cervezas mientras corren alrededor de un lago. Ésta es una tradición entre los adolescentes daneses. Pero lo más interesante de la escena es que la policía contempla el espectáculo con una mezcla de indiferencia y complicidad, como si fuera algo de lo más natural.

Más tarde, empieza la verdadera trama de la película: cuatro profesores de escuela secundaria, aburridos con sus vidas y en crisis de mediana edad, deciden experimentar y poner a prueba ellos mismos la presunta teoría de un psiquiatra noruego (que existe en la vida real, pero cuya hipótesis se representa de forma exagerada en el filme) de que los seres humanos podemos funcionar mucho mejor aumentando un poco nuestro consumo alcohólico. Según esta teoría, los seres humanos nacemos con un nivel de alcohol en la sangre demasiado bajo, y podemos lograr más energía física y dinamismo mental si lo aumentamos tan sólo 0.05%. Y, en efecto, los cuatro profesores que deciden participar en el experimento al principio mejoran enormemente su satisfacción de vida, sus relaciones de pareja y su capacidad de hacer sus clases más entretenidas. Pero después, claro, empiezan a tomar un poquito más, y las cosas se complican, aunque no tanto como si la película hubiera sido de un director estadounidense. Si fuera una película de Hollywood, el aumento progresivo de copas diarias probablemente habría terminado en una tragedia. En la película danesa —no quiero arruinarles el final— el experimento termina mal, pero no tanto.

"Los daneses tomamos como vikingos, nos ayuda a desinhibirnos", le dijo el director de la película, Thomas Vinterberg, al diario *The New York Times*. Según él, la película había sido concebida originalmente como una especie de homenaje a la gente famosa que tomaba mucho, como Ernest Hemingway y Winston Churchill. Durante el proceso de producción, tras la muerte de la hija del director al ser atropellada por un conductor que iba texteando, el guion pasó a ser un poco más equilibrado, mostrando también la cara oscura del alcoholismo.

Ya antes de ganar el Óscar, la película había sido un éxito total en Dinamarca. Los daneses de todos los colores políticos la alabaron como una de las mejores que habían visto en sus vidas, y como una llamada de atención sobre el problema del alcoholismo en Dinamarca. Sin embargo, la película no produjo ningún cambio en la legislación ni en los hábitos de consumo alcohólico del país. Por el contrario, en el aeropuerto de Copenhague me encontré con gigantescas pantallas que mostraban un comercial de Carlsberg, la gigantesca empresa cervecera danesa, con el protagonista de la película, Mads Mikkelsen.

Yo pensé, como quizás habría ocurrido en otros países, que el famoso actor aconsejaría en el aviso beber con mesura. Pero el comercial no decía nada de eso. Comenzaba con una imagen del astro de la película manejando su bicicleta por las calles de Copenhague diciendo, mientras miraba a la cámara: "Muchos afirman que nosotros los daneses somos la gente más feliz del mundo. ¿Por qué será?". Acto seguido, Mikkelsen pasa con su bicicleta por varios escenarios que muestran los logros de Dinamarca en diferentes ámbitos, como el diseño, los deportes invernales y el perfecto balance entre la vida y el trabajo. Y hacia el final del aviso, Mikkelsen llega a una destilería de cerveza, se lleva una jarra de cerveza a la boca y concluye, con una sonrisa triunfal: "¿O será que el secreto de nuestra felicidad es que tenemos la mejor cerveza del mundo? ¡Probablemente!". O sea, la película más famosa de los últimos tiempos en Dinamarca, que había encendido las alarmas sobre el consumo desmedido de alcohol en el país, dio lugar a un comercial de Carlsberg con el protagonista del filme recomendando a los daneses tomar aún más cerveza. Por el momento, Dinamarca no parecía tener la menor intención de dejar de ser el campeón europeo de las borracheras.

La felicidad es mucho más que un buen ingreso

Mi principal conclusión tras visitar Dinamarca fue que, tal como me lo habían señalado Bill Gates, Daniel Kahneman y prácticamente todos los gurús de la felicidad que entrevisté en Copenhague, no puede haber países felices cuando la gente no tiene ingresos satisfactorios. Pero, al mismo tiempo, los altos ingresos no alcanzan para que las personas sean felices. Tal como lo descubrí en Dinamarca, también hacen falta instituciones que generen confianza y castiguen la corrupción; gozar de tranquilidad y vivir sin miedo a la delincuencia; cultivar buenas relaciones con familiares, amigos y grupos comunitarios que nos estimulen y hagan sentir menos solos, y una cultura del trabajo voluntario que nos dé un mayor sentido de propósito en la vida.

¿Significa todo esto que los daneses y sus vecinos nórdicos son los pueblos más "felices" del mundo, como lo afirman los rankings de la felicidad? Puede que, como lo decíamos en las páginas iniciales de este libro, sea mucho más acertado catalogarlos como los más "satisfechos" o "conformes" del mundo, o quizás los "menos infelices" del planeta. Definitivamente, como puede confirmarlo cualquier visitante que trate de encontrar a mucha gente sonriendo durante el invierno en Copenhague, Helsinki o Estocolmo, no son necesariamente los más alegres. Más que países que han encontrado la fórmula de la felicidad, son naciones que han dado con un remedio para la infelicidad. Para comprobar esta hipótesis en los demás países escandinavos y ver qué más podríamos aprender de ellos, me despedí de mi bicicleta en Copenhague y seguí mi investigación en Finlandia, el país vecino que suele compartir con Dinamarca el título del más feliz del mundo.

Capítulo 3

LA FELICIDAD DE FINLANDIA, NORUEGA Y SUECIA

LA FELICIDAD NO ES LA RIQUEZA DE COSAS, SINO LA RIQUEZA DE EXPERIENCIAS

En los últimos años, Finlandia se ha puesto a la par de Dinamarca en salir en primer lugar en el ranking de los países más felices del mundo del *Reporte mundial de la felicidad*. Para muchos de nosotros, el ascenso de Finlandia no fue ninguna sorpresa, porque desde hace varios años sale en los primeros lugares de los rankings mundiales de educación, competitividad, honestidad y de ausencia de corrupción. Y el ingreso per cápita de Finlandia en 2023 era de unos 53 600 dólares anuales, comparable al de otros países ricos de Europa como Alemania o Gran Bretaña. Sin embargo, para muchos finlandeses, que suelen definirse a sí mismos como un pueblo de gente introvertida y de poco roce social (salvo cuando toman mucho), salir en el primer lugar en el ranking mundial de la felicidad fue causa de asombro y de muchos chistes.

La broma que circuló en Finlandia tras la publicación del *Reporte mundial de la felicidad* de 2021 era que su posición se debía a que el país había logrado vencer la pandemia de covid-19 gracias a que venía practicando la distancia social desde tiempos inmemoriales. Otro chiste decía que cuando la Organización Mundial de la Salud recomendó a todos los países que la gente mantuviera una distancia social de dos metros, los finlandeses se preguntaron con asombro: "¿Por qué no podemos seguir manteniendo nuestra distancia social habitual de cuatro metros?". Yo había escuchado varios chistes parecidos sobre el carácter introvertido de los finlandeses durante un viaje a Finlandia algunos años antes de la pandemia. Uno de ellos decía: "¿Cómo se puede detectar a un finlandés extrovertido? Cuando al hablar contigo, en lugar de estar mirando la punta de sus zapatos, está mirando la punta de los tuyos". Otra broma que escuché en Finlandia decía que uno puede detectar a un finlandés extrovertido (o enamorado, según la versión del chiste) "cuando quiere tanto a su mujer que ¡casi se lo dice!".

El periodista finlandés Heikki Aittokoski, corresponsal extranjero del *Helsingin Sanomat*, el diario más grande del país, escribió un artículo satirizando la vida de los finlandeses que me pareció muy divertido. El artículo estaba escrito en "finglish", una mezcla improvisada de finlandés e inglés, como el que hablan muchos extranjeros en Finlandia, y se titula "Hombre finlandés ser así". En sus tramos principales dice lo siguiente:

Hombre finlandés ser así.

Cuando se levanta por la mañana, hombre finlandés piensa en producto interno bruto. Tiene que trabajar mucho. Antes de su muerte, tiene que pagar a banco hipoteca de su casa, y banco retiene 50% de su salario. Oficina de impuestos del gobierno se queda con 60% restante de su sueldo. Hombre finlandés tiene que trabajar más.

Hombre finlandés ser así.

Tras levantarse a la mañana, hombre finlandés va a cocina. Toma café. Checa sus emails. Come ciervo. Si tiene tiempo, le dice hola a mujer de la casa. No muestra emociones. Después, hombre finlandés va a su trabajo.

Hombre finlandés ser así.

Cuando sale con el carro de su casa, hombre finlandés mira carro de vecino. Si carro de vecino es más chico, hombre finlandés sonríe. Si carro de vecino es más grande, hombre finlandés no muestra emoción alguna.

Hombre finlandés ser así.

A mediodía, hombre finlandés almuerza. Comer ciervo. Comer solo. No habla con nadie. Si mesero sonríe, hombre finlandés piensa para sus adentros: "¿Será que tengo algo raro?". No muestra emociones. Checa sus emails.

Hombre finlandés ser así.

Cuando llega el viernes, hombre finlandés va a tomar cerveza con otro hombre finlandés. No hablan. Cuando toman demasiada cerveza

y vodka, le dice al otro hombre finlandés: "¡Tú eres mi mejor amigo!".
Después van al karaoke. Cantan canciones tristes. Ése es un momento de felicidad.

Hombre finlandés ser así.

Cuando joven, hombre finlandés fue a una fiesta. Allí habló con una mujer. Tuvo suerte, y la mujer habló también. Entonces construyeron un hogar. Comen ciervos juntos.

Hombre finlandés ser así.

Cuando mujer de la casa pregunta sobre el amor, hombre finlandés no contesta. Hombre finlandés dice: "Ya hablamos de eso en el altar". No muestra emociones.

Hombre finlandés ser así.

Cuando casi llega a su jubilación, hombre finlandés tiene ataque al corazón. No se lo cuenta a nadie, porque es una vergüenza. Checa sus emails. Después se muere.

Hombre finlandés ser así.

Cuando hablé con Aittokoski tras leer su artículo satírico, me contó que lo había escrito para un grupo de extranjeros que estaban de visita en Finlandia, y a quienes debía darles una conferencia sobre el carácter de los finlandeses. Estaba basado en los estereotipos sobre los finlandeses, me explicó. Pero ¿no es muy exagerado ese estereotipo?, le pregunté. Aittokoski se rio y me respondió: "Bueno, en realidad, no mucho".

FINLANDIA: EL PAÍS MÁS FELIZ, ¿Y EL MÁS ABURRIDO?

En un artículo sobre el primer puesto de Finlandia en el *Reporte mundial de la felicidad*, la revista británica *The Economist* concluyó que "el secreto de la felicidad de Finlandia podría ser lo aburrido que es".[1] Lejos de ofenderse, muchos finlandeses concordaron con esa explicación. Casi nadie disputa que los finlandeses son uno de los pueblos de menos palabras del mundo. "Los extranjeros en Finlandia se asombran por el carácter taciturno de los hombres", escribió el académico estadounidense Richard D. Lewis en su libro sobre Finlandia. Según Lewis, la parquedad de los finlandeses se explica en buena medida por el clima: "Las bajas temperaturas requieren pocas palabras en la intemperie. Uno no se pone a hablar nimiedades cuando la temperatura es de 20 grados bajo cero… Una sonrisa amplia como la de los estadounidenses en medio de un ventarrón en Helsinki te hace doler los dientes delanteros".[2]

Mi amigo finlandés Teivo Teivainen, un profesor de ciencias políticas de la Universidad de Helsinki a quien había conocido en un viaje a la capital finlandesa hacía más de 10 años, se rio cuando le cité la conclusión de *The Economist* de que los finlandeses son felices porque son aburridos.

—Tú conoces el chiste de los dos finlandeses que se encuentran a tomar una cerveza, ¿no? —me preguntó.

—No —le respondí, algo sorprendido porque pensaba que ya había escuchado todos los chistes que hacen los finlandeses sobre sí mismos.

—Resulta que dos finlandeses se encuentran a tomar una cerveza en un bar. Después de media hora de beber sin cruzar una palabra, uno le dice al otro: "¿Cómo estás?". Después de otra media hora de beber sin cruzar una palabra, el otro le contesta: "¿Tú has venido aquí a tomar o a hablar de boberías?".

Hablando más en serio, Teivainen me dijo que uno de los factores claves de la felicidad —o, más precisamente, de la satisfacción de vida— de los finlandeses es la previsibilidad. "Hasta cierto punto, cuando las cosas son previsibles, pueden ser más aburridas. Cuando tienes un buen seguro de desempleo, un buen acceso a servicios de salud, no hay muchos sobresaltos. Tu vida es menos agitada, más tranquila", me explicó. "En los índices de satisfacción de vida, los países previsibles salen mejor parados que los imprevisibles."[3]

La modestia de los finlandeses

A diferencia de Dinamarca, que alardea de su posición en los rankings de felicidad y lo promociona en su marketing turístico y en videos publicitarios en el aeropuerto de Copenhague, en Finlandia se toman su rol de campeón mundial de la felicidad con una mezcla de modestia, humor y escepticismo. Por ejemplo, cuando Finlandia salió en el primer lugar en el *Reporte mundial de la felicidad* de 2021, muchos diarios finlandeses publicaron la noticia en sus páginas interiores. El diario *Ilta-Sanomat* publicó un artículo escueto en su página 19, que comenzaba diciendo: "Finlandia sigue siendo el país más feliz del mundo". Años antes, cuando el Foro Económico Mundial designó a

Finlandia como la economía más competitiva del mundo en 2014, el presidente de la Cámara de Comercio de Finlandia, Risto Penttilä, había escrito un artículo en el *Financial Times* tratando de demostrar que semejante distinción no estaba justificada en los hechos. El artículo se titulaba "Si Finlandia es lo mejor que puede mostrar Europa, estamos en problemas".[4]

Teivainen me explicó que la modestia es uno de los principales rasgos del carácter finlandés. Incluso hay un dicho muy conocido en Finlandia al respecto: "Quien tiene felicidad ¡que la esconda!". La explicación tiene que ver, en parte, con el hecho de que, a diferencia de Dinamarca, Suecia o Rusia, Finlandia nunca ha sido una gran potencia. Por el contrario, fue invadida y colonizada por Suecia en los siglos XII y XIII, y varias veces ocupada por Rusia en los siglos siguientes. Entonces, como un "país sándwich", enclavado entre varios otros más poderosos, los finlandeses siempre trataron de pasar desapercibidos. Cuando uno está rodeado de potenciales invasores, lo mejor es no levantar demasiado la cabeza. "Por su historia, Finlandia siempre tuvo una mentalidad de país colonizado, y hasta cierto punto la sigue teniendo", me dijo Teivainen.

Asimismo, aunque Finlandia es la sede de la conocida empresa telefónica Nokia, nunca ha tenido tantas multinacionales gigantescas como su vecina Suecia, que puede ufanarse de ser la sede de IKEA, Volvo y Spotify, entre otras. Finlandia tiene grandes empresas madereras que producen celulosa y otros productos derivados en países tan lejanos como Uruguay, pero que no son tan conocidas como las compañías de diseño o automóviles suecas. Aunque la autoestima de los finlandeses había subido algo gracias a su mejor manejo de la pandemia de covid-19 que sus vecinos, seguían siendo un pueblo poco presumido. "La historia de Finlandia ha hecho que seamos más humildes", me resumió el profesor de la Universidad de Helsinki.

El desdén de los finlandeses por el lujo y la ostentación

Los finlandeses suelen decir que uno de los secretos de su satisfacción de vida es no ser esclavos del estatus económico, y rehuirle al lujo y a la ostentación. Cuando entrevisté al filósofo y gurú de la felicidad finlandés Frank Martela y le pregunté sobre los altos niveles de satisfacción de vida en Finlandia, lo primero que me mencionó fue que en su país la gente no vive obsesionada por el estatus. Por el contrario, ostentar una casa imponente, un auto de lujo o un reloj costoso es algo mal visto. Martela cuenta que él mismo se topó una vez con uno de los hombres más ricos de Finlandia, que estaba esperando un tranvía, llevando a su bebé en un cochecito. El acaudalado empresario podría estar manejando el auto más lujoso o tener un chofer, pero usaba el transporte público. La imagen del éxito en Finlandia es aparentar ser uno más. Y la moraleja para el resto del mundo, dice Martela, es que hay que tratar de hacer las cosas que lo hacen feliz a uno por encima de intentar parecerles exitoso a los demás.

Los finlandeses hacen un culto de la modestia, y eso se ve en la forma en que viven, en cómo visten y hasta en los productos que fabrican. No es casual que el diseño de los productos escandinavos como los muebles de las tiendas suecas IKEA o la ropa de marcas nórdicas como H&M sea elegante pero simple.

Casi todos los gurús de la felicidad que entrevisté en los países nórdicos me citaron la así llamada "Ley de Jante", una especie de código de modestia escandinava que apareció por primera en una novela satírica del autor danés-noruego Aksel Sandemose en 1933. En esa novela, que describía con ironía la vida en el pueblo ficticio de Jante, la gente debía cumplir con 10 reglas, las cuales empezaban con "No te creerás nada especial", y exigían vivir con suma modestia. En la novela, los habitantes de Jante que transgredían estas reglas eran considerados enemigos del pueblo, porque atentaban contra el deseo comunitario de mantener la uniformidad y la armonía social. La novela de Sandemose era una sátira sobre las costumbres luteranas de la época, pero casi un siglo después sigue siendo citada en todos los países nórdicos como una de las mejores descripciones del carácter escandinavo. Según me señaló Martela, no estar tan obsesionados con el estatus les permite a los nórdicos quitarse de encima un enorme bagaje de ansiedad. Y eso aumenta sus niveles de felicidad.

Martela, que enseña en la Universidad Aalto en Finlandia y es autor del libro *Una vida maravillosa* y varios estudios sobre el sentido de la vida, me recordó que el consenso generalizado entre los estudiosos de la felicidad es que, una vez que la gente tiene cubiertas sus necesidades básicas, comprar cosas caras no la hace más feliz. El profesor, cuya marca personal es usar constantemente sombreros de todo tipo, señala: "La gente muchas veces comete el error de equiparar la felicidad con el éxito económico. Esta forma de pensar sólo ayuda a las agencias de publicidad y a las corporaciones que quieren vender los productos que tú crees son esenciales para alcanzar tu felicidad personal. Las investigaciones académicas muestran que eso es únicamente cierto en los estratos de menores ingresos, donde el dinero tiene un impacto significativo sobre la felicidad. La gente que no puede pagar la renta de su casa, comprar comida o cubrir otras necesidades básicas reporta tener mucha menos satisfacción de vida que quienes pueden cubrir esos gastos. Pero una vez que tienes esas necesidades básicas cubiertas, una mayor riqueza tiene un impacto directo cada vez menor en la felicidad".[5]

Frank Martela en su charla TEDx, "The Meaning of Life".
Fuente: frankmartela.com.

"La felicidad de comprar cosas dura tanto como el olor de auto nuevo"

En Finlandia, gracias a que la gente de menores ingresos tiene sus necesidades básicas cubiertas y a que por los altos impuestos progresivos no hay tantas diferencias de ingresos, existe una cierta "apatía" sobre el estatus social de otros, me dijo Martela. "Puede ser que yo no pueda ir de vacaciones a lugares tan exóticos como los más ricos, pero nuestras necesidades básicas como la salud y la educación de buena calidad están igualmente cubiertas. Entonces, hay menos ansiedad por tener lo mismo que otros", me dijo el gurú de la felicidad finlandés.[6]

Todo eso suena muy bonito, pero ¿acaso no produce más felicidad poder comprar cosas mejores, que suelen ser más caras?, le pregunté. Según Martela, no es así, porque el ser humano se acostumbra muy rápido a las nuevas adquisiciones, y éstas pierden su efecto estimulante muy pronto. Cuando uno compra algo nuevo, está feliz, pero a los pocos días o semanas esa felicidad se evapora. Los estudiosos de la felicidad dicen que la felicidad que produce comprar algo nuevo dura "tanto como el olor de auto nuevo". Como veremos en las páginas siguientes, los finlandeses tienen esto bien incorporado en su estilo de vida. El consenso entre los gurús de la felicidad nórdicos es que la "riqueza de experiencias" (participar de un grupo de natación en agua helada, bailar en un conjunto de danzas típicas o hacer trabajo voluntario) da como resultado una felicidad más duradera que la "riqueza de cosas", que sólo dura lo que "el olor de auto nuevo".

Martela dice, palabras más palabras menos, que para ser feliz hay que pertenecer a algún club social, deportivo o cultural. "Si sabemos algo sobre la naturaleza humana, es que somos animales sociales", recuerda. "Hemos evolucionado para vivir en grupos y cuidarnos unos a otros". En América Latina, las estrechas conexiones familiares hacen que la gente sea más feliz de lo que podrían sugerir las estadísticas económicas de sus países, señala Martela. Sin embargo, "en el mundo moderno, por fortuna, hay una gran variedad de opciones para tener relaciones y conexiones sólidas con otros sin necesidad de tener a la familia cerca", agrega. "Un grupo de mis amigos, por ejemplo, ha decidido no tener hijos y vive en una comunidad con gente que piensa como ellos. Asimismo, algunos compañeros de nuestro equipo de futbol están tan compenetrados con esta actividad que recientemente se tatuaron el logo del equipo. Otros colegas míos se dedican a actividades vecinales y hacen trabajo voluntario. Lo bueno de la vida moderna es que tenemos la libertad de elegir las fuentes de motivación que nos conectan con otros."[7] Ya lo decía el filósofo británico Francis Bacon, cuando hablaba sobre la necesidad de cultivar amistades: "La amistad duplica la alegría y reduce el dolor a la mitad". Y otros filósofos y psicólogos, citando estudios posteriores, le han añadido a la máxima de Bacon que "el sexo aumenta la alegría todavía más".

La gran ventaja de Finlandia: la educación

Cuando entrevisté a la entonces presidenta de Finlandia, Tarja Halonen, en el Palacio Presidencial de Helsinki hace varios años y le pregunté cuál era la fórmula de Finlandia para estar en el primer puesto de tantos rankings mundiales que miden el éxito económico, social y político de los países, me respondió que su país tiene tres secretos: "La educación, la educación y la educación". En efecto, Finlandia suele salir en los primeros lugares del test PISA de estudiantes de 15 años en matemáticas, ciencias y comprensión de lectura. Finlandia ha invertido más que otros países en crear un sistema escolar y universitario de alta calidad y gratuito, lo que le ayudó a dejar de ser una economía agraria y maderera, y convertirse en un país exportador de productos de alta tecnología.

Sin embargo, tal como le señalé a Halonen, muchos países han aumentado su inversión en educación, sin por ello mejorar su calidad educativa. Me respondió que el secreto de Finlandia fue mejorar la capacitación de sus maestros y darles un elevado estatus social como el que les dan en pocas partes del mundo. "Tenemos una larga fila de expertos internacionales que están haciendo cola frente a las puertas de nuestro Ministerio de Educación para ver qué pueden aprender de nuestro sistema. Lo que les cuesta creer es que la respuesta es tan simple como tener buenos maestros."[8] En Finlandia, hasta los maestros de primer grado de la escuela primaria necesitan tener una maestría de una universidad con una carrera en educación acreditada, y las maestras de jardín de infantes necesitan tener por lo menos una licenciatura. Y no es nada fácil estudiar para ser maestro: apenas 1 de cada 10 aspirantes logra entrar en la Escuela de Educación de la Universidad de Helsinki o en alguna otra universidad acreditada para enseñar la carrera.

Todo esto ha dado como resultado que los maestros en Finlandia gocen de un prestigio social impresionante como sólo he visto en Corea del Sur. Las maestras de primaria en Finlandia ganan un promedio de 3600 euros por mes, pero pueden llegar a ganar 5600 euros mensuales con base en su experiencia y títulos académicos, lo que es casi tanto como lo que ganan los abogados o contadores. Y las escuelas públicas finlandesas tienen, por lo general, hasta tres maestras por clase, lo que le asegura a cada estudiante una atención privilegiada. Tal como lo relaté en mi libro *¡Basta de historias!*, lo que más me impresionó durante una visita a una escuela en Helsinki fue ver que cada clase tenía unos 20 estudiantes, y una maestra titular, una suplente y una maestra "auxiliar". La titular enseñaba la clase, la asistente recorría los pupitres para ayudar a los niños que tenían alguna duda, y la auxiliar estaba en un cuarto contiguo dando clases de apoyo —gratuitas también— a los alumnos que se habían quedado atrás en alguna asignatura.

Algo parecido pasa en la educación superior de Finlandia, donde existe una meritocracia educativa como pocas en el mundo. Menos de 20% de los postulantes logra entrar en la Universidad de Helsinki y las demás universidades púbicas finlandesas, y en algunas carreras como abogacía y medicina, el promedio de admisión es más cercano a 5%. Bajo la lógica de que si el Estado paga por la educación tiene que invertir en los mejores estudiantes, el proceso de selección es riguroso: sólo los que tienen los mejores promedios de calificaciones en la escuela secundaria y en los exámenes de ingreso a la universidad logran hacerse de un lugar.

La entrada a las universidades finlandesas se ha hecho tan difícil que cada vez más estudiantes están postergando sus exámenes de ingreso por algunos años para poder prepararse mejor. En 2021, mientras 90% de los estudiantes que ingresaban en las universidades de Estados Unidos lo hacían al año siguiente de terminar la escuela secundaria, en Finlandia la cifra era de apenas 20%.[9] El gobierno, alarmado por la posibilidad de un déficit de profesionales calificados en el país nórdico de mayor tasa de natalidad, comenzó a cambiar el sistema de ingreso ese año para que 50% de los estudiantes pudieran ingresar a la universidad con base en sus calificaciones de la escuela secundaria, sin tener que hacer un examen de ingreso. Pero eso no cambiaría mucho la premisa del sistema de educación terciaria finlandés: sólo los mejores estudiantes seguirían logrando entrar en la universidad.

¿Cómo se explica la obsesión finlandesa por la educación de calidad? Parte de la explicación es histórica y —esto no es chiste— sexual. Probablemente la meritocracia educativa finlandesa haya comenzado con el edicto del arzobispo luterano del siglo XVII Johannes Gezelius, que ordenó que ningún hombre podía casarse a menos que supiera leer. El obispo quería difundir la reforma de Martín Lutero, quien abogaba por una Iglesia católica menos atada a los rituales y más concentrada en la relación de los fieles con Dios, y para eso era necesario que la gente aprendiera a leer la Biblia. De manera que, cuando el obispo emitió su edicto, los finlandeses que ardían de pasión por sus prometidas, urgidos por sus hormonas, no tuvieron más remedio que aprender a leer para poder consumar sus deseos. A partir de entonces, la excelencia educativa se convirtió en una parte importante de la cultura finlandesa, hasta el día de hoy.[10]

La equidad social de los finlandeses

¿Cómo logran la equidad social los finlandeses? Al igual que en otros países nórdicos, los más ricos en Finlandia deben pagar impuestos altísimos, lo que hace que las diferencias entre la gente que gana mucho, la clase media y los pobres no sean tan grandes. Pero, además de eso, hay políticas de Estado destinadas a promover la equidad social que serían impensables en Estados Unidos, por ejemplo, y que están destinadas a incentivar la interacción entre la gente de todos los niveles de ingresos. Por ejemplo, según me hizo notar Aittokoski, el corresponsal extranjero del principal diario finlandés, en Finlandia las ciudades deben reservar un porcentaje de sus vecindarios a viviendas de bajo costo. O sea, no se permiten barrios enteros de casas de lujo. "Si una ciudad decide construir apartamentos de lujo en un vecindario, puede hacerlo en algo así como 70% de su espacio disponible, pero tiene que usar el 30% restante para viviendas de bajo costo para que la gente de bajos recursos pueda rentarlas con subsidios del Estado", me explicó. "De esa manera, se crean vecindarios donde conviven los ricos y los pobres, y los hijos de todos van a las mismas escuelas públicas".[11]

Aittokoski también me hizo notar que en Finlandia no hay barrios cerrados o de ingreso exclusivo para sus residentes como aquellos que existen en los suburbios de casi todas las ciudades del mundo. "Los barrios cerrados simplemente no existen en Finlandia. Y si alguien quisiera construir uno, probablemente no obtendría un permiso municipal para hacerlo", me explicó. Dado que la seguridad no es un problema (los niños de siete años ya van a la escuela caminando solos por la calle en las ciudades finlandesas), no hay justificación alguna para construir barrios cerrados, agregó.

Y, como resultado de todo esto, los finlandeses de todas las clases sociales mandan a sus niños a las mismas escuelas públicas. En Finlandia no existen las escuelas privadas, me aseguró Aittokoski. "Si tú eres rico y quieres mandar a tus hijos a una escuela privada, básicamente tienes que mandarlos a Suiza o a algún otro país", me explicó. Aittokoski agregó que algunas personas ricas se mudan a vecindarios más caros para poder mandar a sus hijos a escuelas públicas más exigentes. "Eso sí está ocurriendo hasta cierto punto, pero no mucho. La regla general sigue siendo que los hijos de los ricos y los hijos de los pobres estudian en las mismas escuelas públicas", concluyó.

Finlandia es un país gobernado por mujeres

Finlandia es uno de los países con más mujeres en el gobierno. Cuando Finlandia eligió en 2019 a la primera ministra más joven de su historia, Sanna Marin, de apenas 34 años, la nueva jefa de Estado nombró un gabinete integrado por 12 mujeres y siete hombres. Los cinco partidos políticos de la coalición de izquierda de Marin estaban presididos por mujeres. Tres de ellas tenían menos de 35 años.

Marin fue derrotada por un estrechísimo margen en las elecciones de abril de 2023, pero su partido ganó escaños en el Parlamento, y sigue siendo una de las figuras políticas más populares del país. En el Parlamento, 47% de los legisladores son mujeres.[12] A tanto llegó la equidad de género en Finlandia que el ministro encargado del tema, en el momento en que escribo estas líneas, es un hombre: Thomas Blomqvist.

Marin tiene una historia singular. Sus padres se divorciaron cuando era niña por el problema de alcoholismo de su padre, y fue criada por su madre y su nueva pareja, una mujer. Vivían en un apartamento rentado en Pirkkala, al norte de Helsinki, sin mucho dinero, pero en un hogar "con mucho amor", según contaría después. De adolescente, Marin trabajó en una pastelería y distribuyendo periódicos, y, después de graduarse de la secundaria, consiguió empleo como cajera. Años después, cuando un ministro de extrema derecha de Estonia la llamó peyorativamente "una empleada de ventas", Marin le respondió que estaba profundamente orgullosa de Finlandia, por ser un país en que una cajera podía llegar a ser primera ministra.[13] Tras obtener una licenciatura y maestría en Ciencias de Administración de la Universidad de Tampere, fue electa miembro del Parlamento en 2015. En 2019, fue nombrada ministra de Transportes y Comunicaciones, y tras sólo seis meses en el cargo fue electa primera ministra debido a una crisis de gobierno. Al año, se casó con un futbolista, con quien ya tenía una niña de dos años y medio llamada Emma.

Aunque originalmente los temas que impulsaron la carrera política de Marin eran la defensa del medio ambiente y la preservación del Estado de bienestar de Finlandia contra los embates de quienes buscan restringirlo, tras asumir la jefatura de Estado se volcó cada vez más a liderar la causa de la equidad de género. Cuando hablan de equidad de género, los finlandeses suelen recordar a los extranjeros que su país fue el primero de Europa en legalizar el voto femenino en 1906, cuando todavía no se había independizado y era un ducado del Imperio ruso. Y, al mismo tiempo, Finlandia fue el primer país europeo en aceptar mujeres y elegir a 19 legisladoras para el Parlamento en 1907.

Una de las primeras medidas del gobierno de Marin fue extender la ya de por sí generosa ley de paternidad de Finlandia, de 11.5 a 14 meses por pareja, y hacerla más equitativa para las parejas del mismo sexo, como las dos mujeres que habían criado a la primera ministra. Asimismo, como ocurre en otros países nórdicos, los meses de licencia son intercambiables entre los miembros de cada pareja, pero la ley finlandesa trata de incentivar que los hombres tomen el mismo tiempo de licencia que las mujeres. De esa manera, Finlandia busca evitar que los hombres, que en promedio aún ganan más que las mujeres, se tomen menos tiempo que las mujeres y que eso desincentive a las mujeres a tener hijos. Según explicó la ministra de Salud y Asuntos Sociales Aino-Kaisa Pekonen, el objetivo de la nueva ley era hacer más equitativa la paternidad y revertir la caída de la tasa de natalidad, que está afectando a este país nórdico como a toda Europa.[14] La idea de tener que quedarse en su casa cambiando pañales estaba haciendo que cada vez más mujeres optaran por no tener hijos, y había que hacer algo para desarraigar esta concepción.

Según me contaron varios expertos, el feminismo de los países escandinavos no es nada nuevo: viene de la era de los vikingos. Manuel Velasco Laguna, el autor español de *Breve historia de los vikingos*, me contó que las mujeres vikingas "tenían unos derechos increíbles". Aunque las series de televisión han exagerado el rol de las guerreras vikingas para atraer a un público más amplio, sí había mujeres soldados, me explicó. Asimismo, aunque los matrimonios eran arreglados por los padres, al igual que en el resto de Europa, las mujeres vikingas que enviudaban podían heredar propiedades y escoger a sus segundos maridos, algo nada común en la época. "Y cuando el jefe de una granja vikinga se iba de expedición de saqueo o de comercio, la esposa se quedaba a cargo como jefa, y llevaba la llave colgando en el broche de su vestido, como señal de autoridad. Todo eso, en el contexto de la Europa de aquellos tiempos, era increíble e inimaginable", agregó.[15]

El "escándalo" de corrupción en Finlandia

Finlandia, junto con Dinamarca y Nueva Zelanda, son los países menos corruptos del mundo, según el ranking de percepción de la corrupción de 180 países de Transparencia Internacional, la organización no gubernamental anticorrupción con sede en Berlín.[16] El "escándalo" de corrupción que sacudió a Finlandia en mayo de 2021 sería la envidia de muchos países latinoamericanos. El caso, que se conoció como el *Breakfastgate* (o "desayuno-gate"), explotó cuando el tabloide *Iltalehti* reveló que la primera ministra Marin y su familia destinaban 850 dólares mensuales de fondos públicos para pagar los desayunos de su familia. La noticia pronto cubrió las primeras planas de todos los periódicos, y, aunque la cifra no era estratosférica en un país en que un café cuesta unos tres euros y un Uber para traer el desayuno a casa mucho más, dio lugar a investigaciones separadas de la policía y las autoridades impositivas. Marin se defendió diciendo que el presupuesto para los desayunos con su familia en su casa estaba asignado desde el comienzo de su mandato, pero que de todos modos devolvería el dinero.

Al poco tiempo, las investigaciones sobre el *Breakfastgate* absolvieron a Marin, y el país volvió a la normalidad. Comparados con los casos de corrupción en México, Brasil o Argentina, donde las malversaciones de fondos públicos muchas veces suman cientos de millones de dólares, el "desayuno-gate" de Finlandia fue una bicoca.

La teoría de la "felicidad postsauna"

Otro comentario jocoso que escuché en Finlandia dice que el motivo por el que el país suele salir primero en los rankings de felicidad no tiene nada que ver con la equidad social, ni con la paridad de género, ni con la educación, ni con la modestia. El motivo es mucho más simple: los encuestadores les preguntan a los finlandeses qué tan felices son en el momento en que salen de su sauna cotidiano y están bajo los efectos de la "felicidad postsauna".

El sauna ocupa un lugar central en la vida de los finlandeses, y hay un convencimiento generalizado en el país de que, al menos en lo inmediato, produce un efecto exhilarante. Finlandia, con una población de apenas 5.5 millones de personas, tiene unos 3.3 millones de saunas, según reportó la cadena BBC. Un 99% de los finlandeses usan el sauna por lo menos una vez a la semana y mucho más cuando van a sus casas de verano en los bosques.[17] Típicamente, se meten en el sauna caliente —a unos 80 grados— durante un buen rato con sus familias o amigos, y luego se tiran al agua helada de un lago o en el mar. Y salen de allí con nuevas energías y con una sensación de haber depurado su mente y cuerpo. "Me hace sentir bien tanto física como psíquicamente. Después de ir al sauna y nadar en el mar congelado, me siento valiente, limpia, fresca y serena. Todo lo demás se olvida. La circulación de la sangre se acelera y me calienta. Me siento calmada, contenta y despierta", explicó Riika Haahti, una bañista de 61 años.[18]

Algo parecido pasa con la afición de los finlandeses por nadar en sus lagos o hacer *trekking* en los bosques. Finlandia tiene 40 parques nacionales y 188 000 lagos, y sus habitantes se escapan de las ciudades apenas pueden para disfrutar de ellos. "Apreciamos las pequeñas cosas de nuestra vida cotidiana, como sentarnos tranquilamente en un banco y contemplar un lago después de una relajante sesión de sauna, o tomar un baño matutino en el mar antes de comenzar la jornada laboral", dijo Heli Jiménez, un funcionario de Business Finland, una agencia de promoción comercial del país.[19] Obviamente, sería muy tirado de los pelos pensar que los encuestadores esperan a la gente afuera de los saunas. Pero, tal como lo demostró el estudio de Mappiness sobre la felicidad en los espacios verdes en el Reino Unido, es probable que la conexión de los finlandeses con sus bosques y sus saunas seguidos por zambullidas en lagos helados sean ingredientes importantes de su satisfacción de vida.

La piedra en el zapato del modelo finlandés: el racismo

Paradójicamente, Finlandia, además de encabezar varios rankings mundiales de felicidad, educación, equidad de género y crecimiento sustentable, ha sido clasificada como el país más racista de Europa. Un estudio de la Agencia de los Derechos Fundamentales de la Unión Europea, que investigó las experiencias de casi 6 000 personas de ascendencia africana en 12 países de la Unión Europea, encontró que Finlandia es el país donde los negros reportan sufrir los mayores niveles de hostigamiento racial. El estudio, que incluyó a Alemania, Dinamarca, Suecia, Francia, Italia, Reino Unido, Portugal e Irlanda, reveló que 63% de los entrevistados en Finlandia dijeron que habían sido víctimas de acoso racial. Y los demás países nórdicos no se quedaron muy atrás: 41% de los encuestados negros en Suecia y Dinamarca dijeron que habían sufrido hostigamiento por su color de piel, comparado con 32% en Francia y 23% en Portugal.[20]

Aunque sólo 7.3% de la población finlandesa es inmigrante, los partidos de derecha antiinmigrantes —y a menudo racistas— han ganado poder político en años recientes.

En las elecciones de 2023, el partido populista de derecha Partido de los Finlandeses estuvo a punto de salir primero: ganó un sorprendente 20.2% del voto, apenas por debajo del 20.8% de la agrupación ganadora, la Coalición Nacional, de centro-derecha.

Según expertos finlandeses, los negros en Finlandia no tienen muchas oportunidades de ascender socialmente, entre otras razones, porque el sistema educativo tradicionalmente no les ha dado ventajas para entrar en la universidad. En Finlandia, a diferencia de Estados Unidos, el ingreso a las universidades se basa casi exclusivamente en las calificaciones, sin tomar en cuenta el contexto social del que provienen los estudiantes. "El sistema de admisión a la universidad de los países nórdicos no incluye intentos de nivelar las inequidades", dice Vesa Puuronen, una socióloga experta en racismo de la Universidad de Oulu.[21]

Aún peor, muchos inmigrantes, no sólo los negros, sufren discriminación a la hora de buscar empleo. Un experimento hecho por el profesor Akhlaq Agmad, de la Universidad de Helsinki, puso en evidencia que muchos empleadores finlandeses no quieren contratar a gente con apellidos foráneos. Agmad envió 5 000 currículums de personas ficticias con apellidos de cinco nacionalidades —finlandeses, ingleses, rusos, iraquíes y somalíes— con los mismos antecedentes profesionales y fluidez en finlandés. Los empleadores contactaron a muchos más aspirantes con apellidos finlandeses que a aquellos cuyos nombres sonaban extranjeros.[22]

Teivainen, mi amigo de la Universidad de Helsinki, me dijo que el racismo en Finlandia está mucho más dirigido hacia los inmigrantes africanos que hacia los latinoamericanos o asiáticos. "Los críticos de la inmigración suelen decir que no son racistas, porque no tienen nada en contra de los refugiados chilenos o vietnamitas, que son emprendedores y buenos trabajadores, pero que los somalíes, el grupo más visible de inmigrantes africanos en Finlandia, tienen mayores niveles de desempleo porque no quieren trabajar. Ésa es la excusa que te dan para las posturas antiinmigrantes", me señaló. "Pero el hecho es que, si eres africano, tienes muchísima más dificultad para encontrar trabajo que si eres finlandés."

La paradoja de Noruega

Si exceptuamos a Luxemburgo —una ciudad Estado, más que un país— Noruega es el país con mayor ingreso per cápita del mundo. Gracias a su exitoso fondo de inversiones de su industria petrolera, Noruega tiene hoy en día un ingreso per cápita de 71 000 dólares por año, por encima de los demás países europeos y de Estados Unidos. Sin embargo, Noruega tiene un problema existencial: vive del petróleo y, al mismo tiempo, tiene una de las ciudadanías más defensoras del medio ambiente y críticas de las energías fósiles del mundo.

La paradoja de los noruegos se hizo evidente en las elecciones de 2021, en que los socialdemócratas relevaron del gobierno a los conservadores con una campaña que se centró en la lucha contra el calentamiento global. Es cierto que el triunfo de la centroizquierda se vio influenciado por un reporte de las Naciones Unidas alertando sobre la gravedad del problema climático global poco antes de las elecciones, y por las inundaciones en Alemania que dejaron boquiabiertos a los europeos, pero Noruega ya venía luchando desde hacía años con su contradicción interna de ser el mayor país petrolero de Europa occidental y campeón de la lucha contra el cambio climático. Los autos eléctricos ya representan 70% de todos los carros vendidos en Noruega, y el centro de Oslo prácticamente ha reducido a cero el tránsito de automóviles, eliminando aparcamientos y creando ciclovías para alentar el uso de bicicletas. La ex primera ministra conservadora, Erna Solberg, incluso había iniciado una campaña para reducir el uso de bolsas de plástico en todo el mundo.

Simultáneamente, el petróleo y el gas natural del mar del Norte siguen siendo la mayor fuente de ingresos del país. Juntos representan 40% de las exportaciones y alimentan el fondo de inversiones de 1.4 trillones de dólares, que es el más grande del mundo y constituye la columna vertebral de la economía noruega. El gran éxito de Noruega ha sido crear este fondo petrolero autónomo, conocido por sus siglas NBIM, en 1990, y usar sus ingresos del petróleo para invertir en industrias de todo tipo en el resto del mundo, sin que los gobiernos en turno puedan retirar más de 3% de las ganancias por año. Con el tiempo, las buenas inversiones del fondo, y su independencia del gobierno, le han permitido acumular 248 000 dólares por habitante de Noruega. Y el hecho de que el fondo tenga invertido su dinero en más de 8 000 compañías alrededor del mundo es una fuente de estabilidad y tranquilidad para el futuro del país. Si otros países productores de petróleo como Venezuela, México, Ecuador o Colombia hubieran seguido el ejemplo de Noruega y creado fondos de inversión semejantes, prohibiendo a sus gobiernos sacar más de 3% anual de sus utilidades, otra hubiera sido la historia de América Latina.

Pero la gran pregunta es cómo podrá Noruega mantener su Estado de bienestar si su población sigue exigiendo cada vez más restricciones a la producción petrolera. El partido ecologista MDG pide detener de inmediato toda la exploración petrolífera y poner fin a la extracción del combustible en 2035. Los socialdemócratas y conservadores, en cambio, proponen una retirada más gradual. Pero Noruega se ha quedado atrás de sus vecinas Suecia y Finlandia en educación e innovación, y no está claro cómo va a sustituir el petróleo por otras fuentes de ingreso. La inversión del país en investigación y desarrollo es más baja que la de sus vecinos, y las calificaciones de los estudiantes noruegos en las pruebas PISA de matemáticas, ciencias y comprensión de lectura de jóvenes de 15 años está por debajo del promedio de Europa. La pesca y la agricultura siguen siendo industrias importantes, pero no alcanzarían para llenar el hueco de la industria petrolera y gasífera. Y lo más preocupante es que casi un tercio de la población en edad laboral de Noruega no trabaja, ya sea porque vive del seguro de desempleo o tiene una licencia por enfermedad. Casi 10% de todos los trabajos son realizados por extranjeros, especialmente cuando se trata de los manuales o servicios mal remunerados.[23] El economista noruego Knut Anton Mork es uno de los muchos que advierte que Noruega se ha dormido en sus laureles. "Hemos sido complacientes. Cada vez estamos construyendo más casas de vacaciones. Tenemos más feriados que la mayoría de los países y tenemos beneficios sociales y licencias por enfermedad extremadamente generosos. Algún día, este sueño se va a acabar."[24] Quizás la ansiedad sobre el futuro incida en el hecho de que Noruega, a pesar de ser más rica que Dinamarca o Finlandia, haya caído al octavo lugar en los más recientes rankings mundiales de la felicidad. Si los noruegos no se ponen las pilas para diversificar sus exportaciones, los recientes anuncios de Estados Unidos y la Unión Europea de que reducirán drásticamente su consumo de petróleo amenazarán aún más el futuro de Noruega.

SUECIA, POTENCIA INDUSTRIAL BENDECIDA POR EL *LAGOM*

Suecia, la potencia industrial de Escandinavia, figura un poco más abajo de Dinamarca, Finlandia y Noruega en los rankings de los países con mayor satisfacción de vida. Por lo general, está en el sexto o séptimo puesto en el *Reporte mundial de la felicidad*. Sin embargo, los suecos tienen una palabra (también existe en noruego) que quizás sea la que mejor explique el fenómeno de por qué los nórdicos están más satisfechos con la vida que otros pueblos, incluso aquellos que tienen un mayor ingreso per cápita: *lagom*. Se trata de una palabra difícil de traducir, pero que significa algo así como "balance", "prudencia" o "moderación". Los suecos y los noruegos la usan constantemente para definir su cultura de hacer las cosas con tal mesura que produzcan un efecto de armonía y serenidad. *Lagom* explica el carácter nórdico: desde la sencillez de sus diseños de muebles hasta su rechazo social a la ostentación y a los lujos desmedidos. Cuando uno les pregunta a los suecos por qué se ven tan pocos autos de lujo en su país o por qué no se ve a sus ejecutivos usando relojes de marcas exclusivas, la respuesta es siempre la misma: *lagom*.

Y no es cuento. La historia del fundador de IKEA —una de las empresas emblemáticas de Suecia, como Volvo, Spotify o la gigantesca compañía de moda H&M— es un buen ejemplo del culto de los suecos, y de todos los escandinavos, por la mesura. El fundador de IKEA se llamaba Ingvar Kamprad; el nombre de su empresa viene de sus iniciales, IK, junto con las del nombre de la granja donde nació, Elmtaryd, y la ciudad más cercana, Agunnaryd. Antes de morir a los 91 años en 2018, Kamprad había llegado a ser uno de los 10 hombres más ricos del mundo, y tenía una fortuna de 58 700 millones de dólares, según el Índice Bloomberg de Millonarios. Sin embargo, Kamprad manejaba un Volvo 240 que había comprado en 1993, siempre viajaba en clase económica, se alojaba en hoteles modestos y les pedía a sus ejecutivos que hicieran lo mismo. Su frugalidad llegaba a tal punto que les pedía a sus empleados que escribieran sus memos usando ambas caras de las hojas de papel, iba a almorzar a sus tiendas para comer más barato, compraba regalos en las liquidaciones del día después de Navidad y —según el diario británico *The Telegraph*— compraba su ropa en mercados de pulgas. En su libro de memorias *Testamento de un vendedor de muebles*, Kamprad explicó: "[La cultura corporativa de IKEA] no consiste en evitar ir a hoteles de lujo por razones de costo. Porque no necesitamos autos ostentosos, títulos grandiosos, uniformes ni otros símbolos de estatus. Nos basamos en nuestra fuerza y en nuestra voluntad".

Kamprad había convertido la modestia nórdica en un producto de exportación al mundo. Su gran innovación fue empezar a vender muebles desarmados y en paquetes chatos fáciles de transportar.

"Yo veo mi rol como el de servir a la mayoría de la gente... Mi respuesta es estar cerca de la gente común, porque en el fondo yo soy uno de ellos", le diría Kamprad a la revista *Forbes* en el 2000. El fundador de IKEA también tenía un lado oscuro que no figura en su biografía en el sitio de internet de la empresa: a los 17 años se había afiliado al movimiento fascista sueco, aliado de los nazis. Años después, Kamprad diría que ése había sido el mayor error de su vida. Pero el fundador de IKEA es recordado hoy no sólo como un empresario exitoso, sino como uno de los prototipos de la mentalidad nórdica. El *lagom* personificado.

Menos suicidios, pero más violencia y racismo

Al igual que sus vecinos nórdicos, Suecia tiene un elevado ingreso per cápita —en 2023 era de 61 000 dólares al año— y un Estado de bienestar que ofrece seguridad laboral y enormes beneficios a cambio de impuestos altos. Y, contrariamente al estereotipo que muchos en el exterior tienen del país, Suecia, como lo mencionábamos en páginas anteriores, hace mucho dejó de ser una de las naciones con las mayores tasas de suicidios del mundo, como lo era en la década de 1980. Al igual que los demás países nórdicos, ahora tiene una tasa de suicidios similar a la del promedio de los países europeos. Sin embargo, Suecia tiene otros problemas más graves que sus vecinos, incluyendo un auge de grupos neonazis que se oponen a la inmigración. Suecia ha sido más abierta que sus vecinos nórdicos a los inmigrantes, al punto de que 25% de sus habitantes son inmigrantes o hijos de inmigrantes, la mayoría de ellos refugiados de Siria, Eritrea y Somalia. El tema de la inmigración se complica por el enorme aumento de la violencia en Suecia. Aunque en la mayoría de los casos la violencia es causada por el crimen organizado, algunos grupos de extrema derecha la vinculan a la inmigración.

Suecia ocupó el primer lugar en muertes por armas de fuego en Europa en 2018, después de haber sido uno de los países más seguros de Europa dos décadas atrás, según un estudio del Consejo Nacional para la Prevención del Delito de Suecia (BRA), basado en datos de la Unión Europea.[25] En el año 2000, Suecia figuraba en el puesto 18 entre 22 países europeos en cantidad de muertos en tiroteos en relación con su población. Sin embargo, desde entonces, la cantidad de muertes violentas en Suecia ha crecido enormemente, mientras que ha caído en el resto de Europa. El informe del BRA señaló que 8 de cada 10 muertos en balaceras en Suecia son víctimas del crimen organizado, y mueren principalmente en enfrentamientos entre grupos de narcotraficantes que se disputan territorios.

Suecia no es el único país escandinavo con un problema de violencia: Noruega todavía se está recuperando del shock nacional que sufrió el 22 de julio de 2011, cuando dos ataques del terrorista neofascista noruego Anders Behring Breivik, incluyendo uno a un campamento de verano de jóvenes, dejó un saldo de 77 muertos. Entre los que perdieron la vida estaban amigos del entonces primer ministro de Noruega y un familiar de la princesa coronada, y se trató del ataque más sangriento sufrido por los noruegos desde la Segunda Guerra Mundial. Sin embargo, a diferencia de lo que ocurrió en Suecia, los partidos de centroizquierda ganaron las elecciones de 2021 y aumentaron su ventaja sobre los partidos conservadores.

Los vínculos de Suecia con la Alemania nazi

Pero el problema del racismo y la violencia racial tiene raíces más antiguas en Suecia, donde todavía está fresca la memoria de la simpatía de muchos suecos hacia Alemania durante la Segunda Guerra Mundial. Suecia declaró su neutralidad en 1939, aunque después de la ocupación alemana de Noruega y Dinamarca en 1940 permitió al ejército nazi pasar por su territorio en varias ocasiones, y continuó comerciando con Alemania. En Suecia incluso hubo un programa de esterilización forzosa aprobado por el Estado durante más de 40 años. Entre 1934 y 1976, el Estado sueco autorizó la esterilización, a veces forzosa, de unas 60 000 mujeres para mejorar la "pureza racial" y la "higiene étnica" del país, según reconocería el propio gobierno sueco décadas más tarde.[26] Miles de adolescentes y jóvenes suecas que estaban en hospitales o reformatorios fueron obligadas a someterse a operaciones de esterilización como condición para ser dadas de alta, y lo mismo ocurrió con las huérfanas, por considerarse que no tenían madurez para controlar sus derechos reproductivos.

Ya en 1921, antes del nazismo en Alemania, se había inaugurado en Upsala, Suecia, un Instituto de Biología Racial financiado por el

Estado y especializado en estudios genéticos. Por entonces, ya proliferaban en Suecia los políticos que promovían la "purificación" de la raza para asegurar que siguiera siendo un pueblo de gente alta, rubia, de ojos celestes, y que proponían esterilizar a quienes descendieran de razas "menores". En 1934, Suecia aprobó leyes para esterilizar a mujeres de lo que hoy llamaríamos minorías raciales, así como a los delincuentes juveniles. En su libro ¿*Qué pasó con Suecia?*, el escritor Ulf Nilson concluyó que muchos políticos suecos "realmente creían que eliminando a los no nacidos que consideraban inferiores se lograría gradualmente una raza más limpia y saludable". Tras los horrores del nazismo, Suecia reconoció su culpa, y la ciencia demostró la irracionalidad de las teorías de purificación racial.

Desde entonces, Suecia se convirtió en un adalid de la defensa de los derechos humanos, el medio ambiente y otras causas nobles. El sentimiento de culpa de los suecos se vio reflejado también en la historia de Alfred Nobel, el empresario sueco que inventó la dinamita e hizo una fortuna vendiendo explosivos. Nobel había empezado produciendo dinamita para la industria minera, pero muy pronto comenzó a venderla para matar soldados en la guerra de Crimea, y en docenas de otras guerras que le sucedieron. Arrepentido por su invención, y ya retirado en su mansión en Italia, Nobel dispuso en su testamento que se creara un Premio Nobel de la Paz en su nombre, que sería otorgado todos los años a quienes evitaran guerras y confrontaciones en todo el mundo. Actualmente, Suecia sigue siendo un gran exportador de armas —uno de los mayores del mundo en relación con el tamaño de su población—, al mismo tiempo que se destaca como protector de la democracia y los derechos humanos, y uno de los mayores donantes de ayuda internacional.

No es casual que la joven activista Greta Thunberg sea sueca

Los suecos, finlandeses, noruegos y daneses están entre quienes más apoyan individualmente el activismo contra el calentamiento global y defienden los derechos humanos, la igualdad de género y la protección de los animales. Cuando la revista estadounidense *U.S. News* hizo un ranking de 78 países según sus niveles de propósito social, los países escandinavos salieron en los primeros 10 lugares. El apoyo individual a causas nobles "puede crear un sentido de cohesión social dentro de los países y ayudar a su gente a sentir un sentido de propósito compartido", señaló la publicación.[27]

No es una coincidencia que Greta Thunberg, la joven de 15 años que conmovió al mundo con su discurso contra el calentamiento global en las Naciones Unidas en 2018, sea de Suecia. Greta es el producto de por lo menos cinco décadas de activismo contra el cambio climático y otras causas nobles en las escuelas suecas. La joven, que padece asperger, aprendió en la escuela sobre los peligros del calentamiento global y convenció a sus padres de que redujeran el uso de energías fósiles en su casa. A los 15 años comenzó a participar en plantones frente al Parlamento sueco con un cartel que decía "Skolstrejk för klimatet" ("Huelga escolar por el clima"), hasta que líderes del movimiento ambientalista descubrieron su carisma y su habilidad para hablar en un inglés impecable, y la llevaron a las Naciones Unidas.

Las escuelas suecas enseñan sobre el calentamiento global en sus libros de texto desde 1969. Según la teoría más generalizada, los suecos se interesaron muy temprano en el tema climático porque Suecia es un país poblado de bosques, donde la gente pasa buena parte de su tiempo libre —sobre todo en verano— gozando de la naturaleza. La conservación de los bosques es parte de la cultura nacional. Se estima que 80% de los suecos vive a menos de cinco kilómetros de uno de los 30 parques nacionales del país. Las familias y las escuelas llevan a los jóvenes de campamento y les enseñan a cuidar el medio ambiente desde muy temprana edad.

Kajsa Holm, una maestra de ciencias sociales en la escuela secundaria Varbyskolan en Estocolmo, dice que Greta no es la excepción a la regla en Suecia. "Ella refleja la culminación de varias décadas de políticas educativas gubernamentales", señaló Holm a la cadena estadounidense NBC. "Muchos niños sienten que las cosas tienen que cambiar, que algo tiene que cambiar" respecto al uso de combustibles fósiles.

El ambientalismo no sólo se enseña, sino que se practica en las escuelas suecas. En la escuela primaria de Orminge, un suburbio de Estocolmo, hay días en que los niños se sacan los zapatos deportivos y botas y las dejan en la puerta, para ayudar a reducir el uso de productos químicos que dañan el medio ambiente cuando limpian los pisos. Y los estudiantes usan platos y cubiertos reusables, que ellos mismos limpian después de comer, para no usar desechables. Según dijo Liv Emfel, una estudiante de 11 años, a la misma cadena: "Tenemos que hacer algo ahora para mejorar el mundo", o de lo contrario será demasiado tarde. Desde muy niños, se les enseña a los niños suecos que tienen una misión que cumplir. Eso les da un sentido de propósito y probablemente los hace sentirse mejor con ellos mismos.[28]

Los países más generosos son los más felices

Existe un ranking mundial de los países más generosos, conocido como el Índice de los Países Buenos, que coincide bastante con el de los países más felices del *Reporte mundial de la felicidad*. El Índice de los Países Buenos clasifica a 164 países según sus respectivas contribuciones a mejorar el mundo, en proporción a su tamaño. El ranking mide, entre otras variables, el aporte que hace cada país en la lucha contra el cambio climático, la ayuda humanitaria a los países más pobres, el Estado de derecho en el mundo y su contribución a la ciencia y tecnología. Y casi todos los años, desde que se comenzó a hacer en 2014, el Índice de los Países Buenos está liderado por países escandinavos como Suecia o Noruega.

Simon Anholt, el consultor británico que creó el Índice de los Países Buenos, me dijo en una entrevista que hay una estrecha correlación entre los países "buenos" y los más felices "porque ser bueno te hace más feliz". Según Anholt, los pueblos reaccionan en forma parecida a las personas, y pocas cosas nos hacen más felices a las personas que ser queridas por otras. "Si tú eres una persona con principios que haces una contribución positiva hacia quienes te rodean, los demás te van a recompensar con su confianza y cariño, y ésos son factores importantes para tu felicidad. Con los países pasa algo parecido, porque se da el mismo mecanismo: los países que actúan con principios y son generosos con los demás se ganan el respeto y el cariño de la comunidad internacional, y eso le produce a su gente un mayor sentido de bienestar nacional."[29] Los países latinoamericanos no salen muy bien parados en este índice: la mayoría está en la mitad de la lista. En 2022, Chile encabezó la región en el puesto 33, seguido por Uruguay en el 45, y bastante más abajo en la lista están Argentina en el 63, Perú en el 66, México en el 67 y Colombia en el 68.

Pero ¿acaso no es más fácil ser generoso cuando uno es rico, y por eso los países escandinavos salen en los primeros lugares?, le pregunté a Anholt. El experto dice que eso no explica los resultados de su ranking, porque las contribuciones de cada país a la humanidad están medidas en relación con el tamaño de su economía. Es por eso que Chile y Uruguay figuran más arriba en la tabla de países "buenos" que Estados Unidos, que ocupa el lugar 46. De hecho, algunos de los países más ricos del mundo están muy abajo en la lista: Emiratos Árabes Unidos está en el puesto 65, y Arabia Saudita, en el 114. En otras palabras, los países —como las personas— pueden ser generosos sin ser ricos, y eso los suele hacer más felices, me explicó Anholt.

Las enseñanzas del modelo nórdico

Mi conclusión tras este recorrido periodístico por los países escandinavos es que las críticas más comunes al modelo nórdico —que supuestamente tienen una enorme tasa de suicidios y que sus economías están condenadas a no poder seguir subvencionando el Estado de bienestar— no son válidas, al menos por ahora. Las altas tasas de suicidios, como ya hemos visto, han caído vertiginosamente en las últimas décadas, y hoy son iguales o menores que las de otros países de Europa y están muy por debajo de las de Rusia o Japón. En cuanto a sus economías, los países nórdicos han desafiado exitosamente los pronósticos de muchos economistas ortodoxos, según los cuales no podrían seguir pagando sus vacaciones de seis semanas ni sus generosos seguros de desempleo. Lo cierto es que, hasta el momento, las economías nórdicas han logrado mantener sus beneficios, y podrán seguir haciéndolo si logran impulsar la innovación y competitividad, por ejemplo, exportando las tecnologías verdes que vienen usando desde hace varias décadas.

El mayor desafío de los países escandinavos será el envejecimiento de su población. Si las mujeres nórdicas no quieren tener más hijos, sus países pronto no tendrán suficientes trabajadores que paguen impuestos para sostener a sus cada vez mayores poblaciones de jubilados. Una de las maneras de solucionar este problema sería promoviendo la inmigración, pero eso podría traer consigo un incremento del racismo y la violencia racial que ya estamos viendo en Suecia. No se puede descartar que veamos un crecimiento del sentimiento antiinmigrante no sólo en Suecia, sino en Finlandia, Noruega y Dinamarca.

Por otro lado, el *Reporte mundial de la felicidad* no se equivoca en colocar a Finlandia, Dinamarca y otros países escandinavos en los primeros lugares de su ranking, aunque quizás debería cambiar su título para reflejar mejor lo que está midiendo: *Reporte mundial del bienestar* o *Reporte mundial de la satisfacción de vida* serían más adecuados. La satisfacción de vida es un estado mental más permanente que la felicidad, ya que esta última suele reflejar una euforia pasajera, como la que uno siente cuando su equipo gana un partido de fútbol. La felicidad es un componente de la satisfacción de vida, y no al revés. Comer una caja de bombones nos da una felicidad instantánea, pero no es duradera, y llevada al exceso puede ser dañina para nuestra salud. De la misma manera, como países, vivir de la explotación del carbón o del petróleo nos puede dar un crecimiento repentino, pero a largo plazo destruye el medio ambiente y afecta negativamente nuestras vidas.

Los ciudadanos en los países nórdicos viven más tranquilos porque no están tan preocupados como en otros países sobre cómo llegar a fin de mes, sobre cómo darles una buena educación a sus hijos, por tener ahorros suficientes para la vejez o —quizás lo más importante— por tener instituciones sólidas que garanticen la justicia y combatan la corrupción. Eso no significa que sean más alegres (definitivamente no lo son, o por lo menos no lo expresan), pero sí corrobora el hecho de que la tranquilidad económica y las instituciones fuertes producen un estado de tranquilidad mental que ha llevado a los escandinavos a autodefinirse como los más satisfechos del mundo.

Uno podría argumentar que, si los nórdicos fueran realmente tan felices como dicen los rankings, habría una cola enorme de gente de todo el mundo tratando de mudarse a los países escandinavos. Sin embargo, es más común escuchar de gente que quiere mudarse a Barcelona o a Florencia; como decía Booth, rara vez alguien hace las maletas para irse a vivir a Aalborg o a Trondheim. Parte de eso se debe al frío, al idioma y a las restricciones de estos países a la inmigración. Hay un elemento adicional por el que no hay tanta emigración hacia los países escandinavos: la mayoría de la gente que emigra lo hace con la idea de ganar algún dinero y regresar a su país de origen con buenos ahorros, y eso es difícil de hacer en países de alta igualdad de ingresos como los escandinavos. Estados Unidos, por el contrario, tiene enormes desigualdades sociales, y muchos inmigrantes viven muy mal, pero, como me dijo una vez un mesero en un restaurante de Miami, "aquí por lo menos puedo soñar".

Hay varias cosas que podemos aprender de los países escandinavos para aumentar nuestra satisfacción de vida, aunque no tengamos su desarrollo económico. Nos beneficiaríamos si aprendiéramos de ellos, entre otras cosas, a hacer un culto de la educación de calidad, en que los maestros tuvieran un gran estatus social, y tanto ellos como sus alumnos fueran objeto de evaluaciones constantes. Sería bueno emular el modelo escandinavo de promover las actividades comunitarias más allá de la familia y los amigos, con leyes como la "ley de actividades ociosas" de Dinamarca, por la cual las municipalidades deben prestar sus edificios a clubes de ajedrez o grupos de danza que cumplan ciertos requisitos, y paguen una cifra nominal por la limpieza de las instalaciones que usan. Sería excelente estimular el voluntariado, como lo hacen los países escandinavos, para darles un propósito a los voluntarios y hacer el bien, como lo vi en el bar atendido por jubilados en Copenhague. Habría que incentivar los paseos en los bosques y montañas, e incluso los grupos de natación en agua helada, como sugieren los gurús de la felicidad nórdicos. Y tendríamos que procurar una mayor integración social en nuestros vecindarios, como se hace en Finlandia.

Es cierto que los países escandinavos adoptaron muchas de estas estrategias para defenderse colectivamente de las bajísimas temperaturas y combatir juntos la "depresión invernal". Y es cierto que es difícil promover estas actividades desde los gobiernos de los países latinoamericanos, donde reina la desconfianza hacia los políticos. Pero hay países como el Reino Unido que, sin estar entre los más felices del mundo, están creando exitosamente políticas públicas para promover la felicidad. De manera que mis siguientes paradas en este viaje de investigación periodística fueron Londres y Oxford, donde, según me dijeron varios expertos, están surgiendo algunas de las ideas más innovadoras para aumentar la felicidad. Y como lo pude comprobar en la capital británica, los expertos no se equivocaban.

Capítulo 4

LAS RECETAS DEL REINO UNIDO

PARA COMBATIR LA INFELICIDAD, PRIMERO HAY QUE MEDIRLA

LONDRES, Reino Unido.- El Reino Unido no figura entre los 10 países más felices del mundo en el *Reporte mundial de la felicidad* (de hecho, salió en el puesto 19 en el ranking de 2023), pero es uno de los países occidentales más avanzados en materia de políticas gubernamentales para aumentar la felicidad. Es el país cuyo gobierno empezó, en 2011, a medir la felicidad de la gente en los censos anuales, y desde entonces lleva a cabo encuestas mensuales preguntándole a la gente cuán feliz es en una escala del 0 al 10, para diseñar políticas públicas focalizadas en zonas con una gran cantidad de gente deprimida. Y es el país que, a pesar de sus vaivenes políticos en los últimos años, y de los problemas del otrora ejemplar Servicio Nacional de Salud (NHS), creó el Ministerio de la Soledad en 2018 para combatir la epidemia de la soledad; publicó en 2021 un suplemento de su Libro Verde, del Ministerio del Tesoro, para asegurar que los gastos del Estado ayuden a aumentar la felicidad; y vio nacer el Movimiento Mundial del Bienestar en la Universidad de Oxford en 2022. De manera que no podía escribir este libro sin viajar a Gran Bretaña y entrevistar a algunos de sus principales gurús de la felicidad.

Mi primera cita en Londres fue con Nancy Hey, la directora del What Works Center for Wellbeing (Centro para el Bienestar "Lo Que Funciona"), la principal agencia independiente que asesora al gobierno en temas de bienestar. Ella, según me habían dicho varios expertos, sabía más que nadie sobre políticas públicas para hacer más feliz a la gente. Los gobiernos británicos van y vienen, me señalaron, pero Hey está siempre allí para dar sus recomendaciones al primer ministro en turno. Su oficina estaba en el Evidence Quarter, frente al Ministerio de Justicia, a pocas cuadras del Parlamento británico y la famosa torre del Big Ben. La ubicación del Centro cerca del Palacio de Westminster no era casual: según me contó Hey, apenas nos sentamos a conversar, había rentado un espacio en ese edificio precisamente para estar a menos de cinco minutos a pie del Parlamento, y poder invitar a los legisladores a ver sus presentaciones en un pequeño anfiteatro que habían construido en su oficina. "Queremos que éste sea el lugar al que vengan los parlamentarios para enterarse sobre *lo que funciona*", enfatizó.

Hey se había convertido en un referente mundial en políticas de la felicidad tras fundar el Centro, una agencia no gubernamental, pero propuesta y en gran parte financiada por el Estado en 2014. Anteriormente, Hey había trabajado durante 14 años en nueve agencias del servicio civil del gobierno en áreas relacionadas con el bienestar, y conocía como pocos los vericuetos de la burocracia del Reino Unido. Abogada y educadora de profesión, había fundado el Centro para ofrecerle al gobierno —especialmente al ministro de finanzas, que es quien firma los cheques para las demás agencias estatales— pruebas concretas sobre la conveniencia de enfocarse no sólo en el crecimiento económico, sino también en la felicidad.

A diferencia de otras organizaciones parecidas, el Centro no invoca motivaciones morales ni religiosas para promover una mayor inversión en políticas que promuevan el bienestar emocional, sino razones prácticas. Es parte del creciente número de organizaciones que usan evaluaciones de impacto para recomendar políticas públicas. O sea, no proponen medidas con base en la intuición ni en las buenas ideas, sino en el resultado de experimentos concretos. Las evaluaciones de impacto basadas en la evidencia —como, por ejemplo, usar dos grupos de prueba y darle un placebo a uno de ellos para ver cuál reacciona mejor— han sido empleadas desde hace mucho tiempo por los científicos para descubrir nuevos medicamentos, pero hace pocos años empezaron a ser usadas también para medir la eficacia de políticas públicas o proyectos filantrópicos. Gracias a los estudios de los ganadores del Premio Nobel de Economía de 2019, Abhijit Banerjee, Esther Duflo y Michael Kremer, estas evaluaciones de impacto se han convertido en la norma para el gobierno y las organizaciones no gubernamentales en Gran Bretaña. "Nuestras recomendaciones se basan en estudios sobre la relación costo-beneficio de las políticas para mejorar el bienestar, para que los políticos puedan tomar mejores decisiones", me explicó Hey. Típicamente, el Centro compara los gastos en políticas preventivas para mejorar la felicidad con los gastos hospitalarios para curar la depresión, las adicciones y otras enfermedades mentales, y por lo general descubre que es más barato para al gobierno prevenir que curar, agregó. De ahí el nombre del Centro: "Lo que Funciona".

La primera prioridad debe ser medir la infelicidad

Sentados en una austera salita de conferencias de su oficina, le pedí a Hey que me explicara a grandes rasgos qué está haciendo Reino Unido para aumentar la felicidad de su población. Su respuesta fue que la herramienta central del país para combatir la infelicidad son las encuestas que desde hace varios años lleva a cabo la Oficina Nacional de Estadística (ONS). Todo empezó cuando el primer ministro conservador David Cameron, que gobernó entre 2010 y 2016, ordenó agregar cuatro preguntas en el censo anual para medir la felicidad y detectar las áreas del país donde la infelicidad se hubiera concentrado. La idea era poder hacer algo, sin gastar mucho dinero, que permitiera localizar focos de este problema y dirigir las políticas públicas hacia estos lugares. Desde entonces, estas encuestas gubernamentales se han mantenido y ampliado.

En lugar de crear una enorme burocracia para promover la felicidad, se trata de una manera rápida y prácticamente gratuita de obtener un diagnóstico y un mapa de la desesperanza, porque la ONS de todas formas realiza encuestas de hogares anuales, y agregarles cuatro preguntas no costaba nada.

Las cuatro preguntas que el Reino Unido sigue usando hasta el día de hoy pueden ser respondidas en menos de un minuto. Como lo señalábamos en el primer capítulo, la gente debe responder en una escala del 0 al 10 "qué tan satisfecha está con su vida actualmente", "qué tan feliz se sintió ayer", "qué tan ansiosa se sintió ayer" y "hasta qué punto siente que las cosas que hace en su vida diaria valen la pena". Son un instrumento formidable para detectar áreas geográficas (vecindarios, ciudades o provincias) de alta infelicidad, que muchas veces no corresponden con las áreas más pobres, me señaló Hey. Por ejemplo, los datos del censo comenzaron a mostrar que hay zonas de clase media con índices soledad y depresión mucho más altos que en zonas más humildes. Eso ocurre, por ejemplo, cuando una fábrica cierra y los jóvenes se mudan a otras ciudades, por lo que dejan a sus padres solos y las tasas de depresión aumentan.

Antes de que se incluyeran las preguntas sobre la felicidad, el censo sólo medía cosas como el ingreso familiar y el desempleo. Ahora, gracias a estos nuevos datos, el gobierno puede identificar las regiones donde prevalece la infelicidad o la depresión, y redirigir sus programas de asistencia social hacia ellas. Por ejemplo, puede crear clubes sociales o fomentar actividades deportivas y culturales donde se necesiten. El Reino Unido encontró que focalizar los recursos del Estado de esta manera no es sólo una buena acción desde el punto de vista ético, sino también una buena herramienta económica para ahorrar en hospitalizaciones y gastos médicos.

Hoy en día, según me detalló Hey, las encuestas gubernamentales con preguntas sobre la felicidad se hacen mensualmente, y a veces hasta cada dos semanas, para evitar que sus resultados estén influidos por algún acontecimiento circunstancial. Por ejemplo, si la encuesta se hiciera una sola vez al año, podría llevarse a cabo al día siguiente del triunfo de la selección nacional de futbol, y el resultado estaría quizás sesgado a favor de una mayor felicidad. Lo mismo ocurriría si la encuesta se hiciera una sola vez al año al principio o al final del mes, cuando la gente acaba de cobrar su sueldo o cuando ya se lo gastó todo. A partir de estos datos, me explicó Hey, el Centro asesora a todas las ramas del gobierno, incluyendo al Ministerio de la Soledad, sobre qué hacer respecto a la felicidad. Con la información de cuáles son las áreas que más sufren de soledad, por ejemplo, el Centro sugiere soluciones específicas. No tiene sentido que el gobierno tenga asistentes sociales dispersos en todo el territorio del país si se necesitan más en unos lugares que en otros. La idea es aprovechar los recursos lo mejor posible para ayudar a los vecindarios más necesitados, me explicó Hey.

¿LOS JÓVENES SON MÁS INFELICES QUE LOS VIEJOS?

Entre otras sorpresas que surgieron de las encuestas de la felicidad del Reino Unido estuvo el descubrimiento de que los mayores índices de soledad no estaban entre los adultos mayores, sino entre la gente joven. "Antes de tener estadísticas sobre el bienestar, siempre habíamos pensado que la gente más solitaria era la gente de más de 55 años, especialmente la que vive en hogares de ancianos, o las viudas que viven solas en zonas rurales. Pero, sobre todo durante y después de la pandemia, nos encontramos, para nuestra gran sorpresa, con que había un gran porcentaje de gente joven que sufre de soledad", me dijo Hey.

Para hacerle frente a la epidemia de soledad y de depresión, el Servicio Nacional de Salud empezó a ofrecer gratuitamente terapias individualizadas por internet a través de un portal llamado Every Mind Matters ("Toda mente es importante"). El portal ya ha recibido más de un millón de visitas. En él se lee primero: "Hay pequeñas cosas que todos podemos hacer y que marcan una gran diferencia en cómo nos sentimos. Recibe las recomendaciones de los expertos para cuidar tu salud mental y conviértelas en parte de tu rutina". Después, la plataforma te invita a responder cinco preguntas muy simples para recibir recomendaciones personalizadas.

Mi primera reacción cuando Hey me contó sobre la página de internet Every Mind Matters fue dudar que esta terapia en línea asistida por un robot psicólogo gubernamental pudiera reemplazar a un terapeuta de carne y hueso. Sin embargo, al regresar a mi hotel, prendí mi laptop, respondí las cinco preguntas del cuestionario y comprobé que no estaba nada mal. El terapeuta robótico del gobierno británico en muchos casos ofrece los mismos consejos que habría recetado un psicólogo o un *coach* humano. El primer ítem que tuve que responder fue "¿Cómo se siente? Elija la respuesta que se acerque más a cómo se ha sentido en las últimas dos semanas". Las opciones de respuestas eran:

1. "Siempre estoy de buen ánimo".
2. "Casi siempre estoy de buen ánimo, salvo alguno que otro día".
3. "Más días de buen ánimo que de mal ánimo".

4. "Más días de mal ánimo que de bueno".
5. "Estoy de mal ánimo la mayor parte del tiempo".
6. "Siempre me siento extremadamente de mal ánimo".

Las otras cuatro preguntas, cada una de las cuales venía con su correspondiente listado de opciones de respuestas sobre lo ocurrido en las últimas dos semanas, eran "¿Qué tan bien duerme?", "¿Cuánta ansiedad siente?", "¿Qué tan estresado se siente?" y "¿Ha estado preocupado últimamente?". En esta última pregunta, las opciones de respuestas incluían motivos que iban desde "coronavirus" hasta "dificultades financieras".

Al responder, traté de mostrar un cuadro mental suficientemente normal como para que el gobierno británico no me tuviera registrado como un loco de atar, a pesar de que el cuestionario era anónimo. Sin embargo, también respondí algunas preguntas con suficiente franqueza como para probar si esta terapia en línea servía para algo. De manera que decidí revelar una verdad: en la segunda pregunta, confesé que no logro dormir tanto como antes. Cuando terminé de responder las cinco preguntas y apreté "enviar" para recibir mi diagnóstico personalizado, la respuesta vino de inmediato, y fue directamente al grano.

El robot psicólogo del Servicio Nacional de Salud británico me dio varios consejos prácticos para dormir mejor. Entre otras cosas, me recomendó ver un video de relajación mental, hacer algunos ejercicios de distensión muscular y apagar el televisor y otros aparatos electrónicos una hora antes de ir a la cama. Los videos eran bastante buenos, y las recomendaciones, las que dan la mayoría de los psicólogos para dormir mejor. Pero, para muchos jóvenes que se sienten más cómodos hablando con una pantalla que con un ser humano, o para adultos que todavía tienen prejuicios para acudir a un psicólogo, este servicio anónimo y gratuito en línea es una buena solución. Mi conclusión fue que la página de terapias personalizadas Every Mind Matters no está nada mal. Ofrece sugerencias prácticas para los casos más sencillos y le recomienda a la gente con problemas más complicados ir a centros de atención psicológica atendidos por humanos. Es una buena puerta de entrada para empezar a tratar a millones de personas que sufren de soledad o depresión.

Otro sitio de internet, Be Well ("Siéntete bien"), creado por expertos de la Universidad de Mánchester junto con estudiantes de secundaria de esta ciudad, desde 2021 ya ha recopilado respuestas de decenas de miles de jóvenes sobre cuáles son los principales problemas que los aquejan, y está empezando a ofrecer soluciones prácticas para hacerles frente. Su propósito es crear una plataforma gratuita de uso masivo, igual que el portal Every Mind Matters, pero diseñado para los más jóvenes. Todas éstas son soluciones gubernamentales que no requieren un gran gasto público y que pueden ayudar enormemente a combatir la crisis de desesperanza. ¿Por qué no copiarlas o adaptarlas a nuestros países?

"A VECES LA SOLUCIÓN ES TAN SENCILLA COMO AMPLIAR LOS HORARIOS DE LOS AUTOBUSES"

Además de usar los datos sobre la felicidad para orientar los programas de asistencia social hacia áreas específicas con mayor cantidad de gente sola o deprimida, el Centro para el Bienestar "Lo que Funciona" también encontró soluciones prácticas para mejorar el bienestar emocional de los jóvenes. Hey me contó que, estudiando las encuestas, el Centro descubrió que había una gran cantidad de jóvenes que sufrían de soledad en un barrio de las afueras de Londres. Después de analizar el caso más de cerca, resultó que una buena parte de los problemas de los jóvenes de esta zona podían mitigarse resolviendo sus problemas de transporte.

Según me explicó Hey, los autobuses en ese barrio dejaban de funcionar, o pasaban en horarios muy espaciados, después de las seis de la tarde. Eso les impedía a los estudiantes hacer deportes en su escuela hasta más tarde y hacía que sus padres los mantuvieran prácticamente confinados en sus hogares cuando regresaban de la escuela. Por recomendación del Centro, se ampliaron los horarios de los autobuses en esa zona hasta las ocho de la noche, lo que permitió aumentar las oportunidades de socialización entre los jóvenes y ofrecerles actividades deportivas hasta las siete de la noche. "Medir el bienestar te permite hacer muchas cosas. A veces la solución es tan simple como aumentar la frecuencia de los autobuses", me aseguró Hey.

Otra cosa que descubrió el Centro, con base en el análisis de datos sobre la felicidad, fue que uno de los secretos para lograr que los jóvenes se sientan menos solos es asegurarse no sólo de que vayan a un club cultural o deportivo, sino que allí sean bienvenidos. Muchos jóvenes iban una vez a un centro deportivo para jugar al futbol, pero no se integraban porque se encontraban con grupos ya establecidos, y no volvían. La recomendación del Centro fue que los encargados del centro deportivo, o el propio árbitro del partido, se encargaran de recibir cálidamente a los recién llegados, y los invitaran a seguir yendo. "No alcanza con darles a los jóvenes un club deportivo y hacer que vayan. Lo que es tanto o más importante es que allí se sientan acogidos para que sigan yendo", me dijo Hey.

Como todas las demás recomendaciones del Centro al gobierno nacional o a los gobiernos locales, éstas se basaron en estudios de efectividad, afirmó Hey. "Nosotros en el Centro evaluamos las soluciones a los problemas igual que lo hacen los médicos o los científicos: recibimos estudios de varias universidades y hacemos pruebas con mucha gente. Una vez que probamos que una cosa funciona, se la recomendamos al gobierno", agregó.

Los "recetadores sociales" del Reino Unido

Una de las cosas más ingeniosas que se han hecho recientemente en el Reino Unido para combatir la infelicidad es la creación de un servicio nacional de "recetadores sociales". Cuando uno va a al médico en Gran Bretaña, puede recibir una receta médica, como un medicamento, o una "receta social", como tomar clases de pintura, integrarse a un equipo de futbol o realizar trabajo voluntario. En el primer caso, el médico le prescribe al paciente el medicamento que necesita, como ocurre en todo el mundo. Pero en el segundo caso, el médico decide derivar el caso a un "recetador social" por considerar que no hace falta que el paciente reciba una droga, sino que necesita una actividad social. Los recetadores sociales son un nuevo eslabón en el sistema de salud que conecta a la gente con actividades que mejoran su salud y su bienestar.

Hay unos 3 500 recetadores sociales en el Reino Unido, la mayoría de los cuales trabajan para el Servicio Nacional de Salud o para los departamentos de servicios sociales de los municipios. Por lo general no son médicos ni asistentes sociales, sino personas con alguna experiencia en trabajo comunitario que se encargan de enviar a los pacientes a organizaciones deportivas o culturales, grupos de jardinería, clases de cocina o asociaciones de voluntarios, y de darles seguimiento a sus actividades comunitarias. "En muchos casos, la gente va al médico por problemas de soledad, ansiedad o depresión que no requieren una receta médica, sino social", me señaló Hey. "Entonces, los médicos derivan muchos de sus casos a los 'recetadores sociales' que recetan este tipo de actividades."

Según la Academia Nacional de Recetadores Sociales del Reino Unido, una institución independiente financiada por el Estado, 20% de la gente que acude a un doctor o a un hospital lo hace por problemas sociales, y no médicos. En algunas áreas geográficas, como las que concentran gente mayor que sufre de soledad, el porcentaje es aún mayor. Y según la Academia, las recetas sociales ayudan a reducir la soledad y a mejorar la salud mental y el bienestar, lo que contribuye a aliviar la congestión en los hospitales. La Academia asegura que, además de todo eso, los recetadores sociales son una gran herramienta para reducir el gasto público en salud y ofrecen buenísimos resultados.[1]

En lugar de pastillas antidepresivas, actividades comunitarias

Pero ¿hay evidencia científica de que las recetas sociales ayudan a resolver los problemas de mucha gente que acude a un consultorio médico?, les pregunté a varios expertos en Londres. Muchos me señalaron que los más recientes estudios sobre antidepresivos confirman que existe una cultura de sobremedicación alentada por la industria farmacéutica, que en muchos casos sugiere a los médicos recetar automáticamente medicinas a personas que sufren de soledad, o que enviudaron, o que tienen problemas familiares o laborales, o que padecen depresiones leves, aunque los pacientes no necesiten drogas. Varios nuevos estudios coinciden en que los antidepresivos son mucho menos efectivos de lo que se pensaba, y que es hora de tratar estos casos con autoayuda, terapias conductuales o actividades sociales como cursos de jardinería o clases de baile, en lugar de con drogas que, en muchos casos, tienen efectos secundarios nocivos.

"El Prozac y sus primos fueron alabados por pacientes y médicos como medicamentos milagrosos", dijo la revista *The Economist* a fines de 2022, agregando que en los países occidentales entre 7 y 10% de la población toma antidepresivos. Sin embargo, "un número creciente de estudios demuestra que son menos eficaces de lo que se creía. Las compañías farmacéuticas suelen publicar los resultados de los ensayos clínicos de forma selectiva, ocultando aquellos en que los fármacos no funcionan bien. Cuando los resultados de todos los ensayos presentados al organismo regulador de los medicamentos en Estados Unidos entre 1979 y 2016 fueron examinados por científicos independientes, resultó que los antidepresivos tenían un beneficio sustancial más allá del efecto placebo sólo en 15% de los pacientes", señaló. La revista citó un estudio británico que mostraba que 44% de los pacientes pueden dejar de tomar pastillas antidepresivas sin consecuencias negativas, y concluyó que "los fármacos deben reservarse sólo para las depresiones más graves, los casos en los que pueden salvar realmente la vida".[2]

Algunos meses antes de la publicación del artículo de *The Economist*, un metaestudio de la prestigiosa revista *Nature*, una especie de biblia de la comunidad científica, había llegado a la conclusión de que "no hay evidencias consistentes" de que la depresión sea causada por un déficit de serotonina en el cuerpo, que es el problema que intentan corregir los antidepresivos.[3] El metaestudio de *Nature*, basado en 17 estudios científicos separados, le cayó como balde de agua fría a la industria farmacéutica, pero permitió a los defensores de las recetas sociales cantar victoria: la comunidad científica estaba empezando a avalar lo que ellos venían pregonando desde hacía algunos años. Ahora el gobierno británico está apostando cada vez más por las recetas sociales: el Servicio Nacional de Salud pronosticó que sus recetadores sociales harían 900 000 derivaciones de pacientes a grupos comunitarios en 2024.

¿Quiénes son los "recetadores sociales"?

Para ser un recetador social del Servicio de Salud Nacional no hace falta un título universitario, sino tener una buena disposición para ayudar a la gente y recibir un entrenamiento relativamente corto. La mayoría de los recetadores sociales son mujeres, especialmente madres jóvenes, muchas veces extrabajadoras de servicios comunitarios o instituciones de caridad, que buscan horarios flexibles que les permitan cuidar a sus hijos. El sueldo medio de estas funcionarias es el equivalente a 27 000 dólares anuales, que no es mucho para los estándares británicos, pero puede ser un buen complemento a los ingresos familiares. Y buena parte de sus actividades están guiadas por la Academia Nacional de Recetadores Sociales, que fue creada en 2020 para ayudar a conectar a los pacientes con unas 10 000 organizaciones comunitarias.

Intrigado por este ejército de recetadores sociales, y sobre si no sería una buena idea aplicarlo en todo el mundo, contacté a Ingrid Abreu Scherer, la directora de Innovación de la Academia de Recetadores Sociales. Antes de ocupar su cargo actual, Abreu Scherer había trabajado durante cinco años junto a Hey como directora de programas del Centro para el Bienestar "Lo que Funciona". Según me contó Abreu Scherer, la Academia tiene 35 empleados de tiempo completo, y su principal objetivo es "conectar a la gente con soluciones no clínicas para sus problemas mentales" y coordinar estudios académicos para evaluar la ventaja de los remedios sociales para muchos problemas de salud.

Los casos más obvios de gente que requiere recetas comunitarias son los de los adultos mayores o los adolescentes o jóvenes que están solos, pero hay muchos otros ejemplos, me aseguró Abreu Scherer. Hay casos de gente que va al médico con síntomas tempranos de demencia senil, que pueden ser tratados perfectamente conectándolos con grupos de arte o clases de jardinería. O gente que está angustiada o deprimida principalmente por problemas financieros, por ejemplo, por no poder afrontar un aumento en el alquiler de su vivienda. En lugar de recibir medicación, mucha de esa gente debería ser conectada con grupos filantrópicos que ofrecen ayuda legal sobre cómo renegociar contratos de alquiler. Actualmente, después de la recesión causada por la pandemia, una de las mayores actividades de los recetadores sociales consiste en referir pacientes a asesores financieros, me señaló.

Típicamente, el recetador social trabaja en un consultorio o en una institución estatal, y recibe pacientes de cinco o más médicos. Una vez que el médico le refiere un caso, el recetador social se sienta con el paciente a conversar varias veces durante un periodo de un mes o seis semanas. Y el tema central de estas conversaciones son las principales preocupaciones y las actividades favoritas del paciente.

De esta manera, el recetador social obtiene una visión holística de la vida de la persona, con todos los factores que afectan su salud, y juntos pueden encontrar la actividad comunitaria o asesoría gratuita que mejor le convenga, explicó Abreu Scherer.

Los coros de adultos con demencia

Uno de los primeros ejemplos que me citó Abreu Scherer sobre las actividades que recomiendan los recetadores sociales son los coros para gente con demencia.

—¿Coros de gente con demencia? —le pregunté con asombro.

—Efectivamente, la música como terapia contra la demencia es algo muy difundido en este país —me respondió la funcionaria—. Es sabido que la gente recuerda mucho mejor las canciones que aprendió durante su infancia que las que ha escuchado más recientemente. Entonces, es una forma muy eficaz de juntar y motivar a la gente con demencia, especialmente a la gente de edad avanzada. Por eso tenemos muchos coros de este tipo.

Para promoverlos y desmitificar el estigma social de la demencia senil, la cuenta de YouTube de la Academia incluye un video de uno de estos coros, en que varios adultos mayores que participan llevan camisetas con la leyenda "Nuestro coro de demencia". El hijo de uno de los miembros del coro, entrevistado en el video, cuenta que lleva a su padre regularmente y que está maravillado con los resultados. "Mi papá normalmente empieza a estar de mejor humor desde dos días antes de ir a una de estas sesiones del coro, y sigue feliz dos días o más después. Es muy impresionante", afirma.[4]

Este proyecto cobró impulso luego de que la cadena BBC transmitiera en 2019 un programa en que la actriz británica Vicky McClure organizó un concierto con un coro de 20 adultos mayores con demencia como parte de su campaña para promover las terapias musicales. McClure, la detective estrella de la serie de la BBC *Line of Duty*, había ayudado a cuidar a su abuela con demencia, y había observado cómo la anciana parecía volver a vivir cuando cantaba o bailaba. "Vi cómo la música le mejoraba el humor, y durante momentos parecía traérnosla de vuelta a como era antes", dice la famosa actriz en un video promocional. Ahora McClure estaba promoviendo estos coros para recaudar fondos para las terapias musicales para gente con demencia y para desmitificar esta enfermedad. En el programa de la BBC, ante una sala de conciertos repleta, McClure cantó junto con el coro, y contó que había trabajado con sus integrantes durante seis semanas. No había sido una tarea fácil. Los miembros del coro no sólo olvidaban frecuentemente las letras de las canciones, sino que en ocasiones no reconocían a sus compañeros, ni a ella misma, que los dirigía. Sin embargo, había sido una de las experiencias más gratificantes de su vida, expresó la actriz a la audiencia, visiblemente emocionada.

Al finalizar el concierto, McClure anunció que el coro cantaría la canción de los Beatles *In My Life*, que habla precisamente del tema de los recuerdos y los olvidos, que tanto tocaba la vida de quienes estaban cantando y de sus familiares en el público. Los primeros versos de la canción dicen: "There are places I'll remember all my life, though some have changed. Some forever not for the better. Some have gone and some remain" ("Hay lugares que recordaré toda mi vida, aunque algunos han cambiado. Algunos para siempre y no para bien. Algunos se han ido y otros permanecen"). Todavía hoy, viendo el video del concierto en YouTube, es difícil escuchar estas estrofas cantadas por el coro de ancianos con demencia sin derramar una lágrima.

Coro de adultos mayores con demencia. Fuente: Facebook oficial del coro.

El documental del concierto presentado por la BBC fue tan exitoso que la cadena de televisión británica ahora transmite nuevos conciertos del coro de dementes anualmente y produce discos cuyas ganancias se destinan a los adultos con demencia. Según estudios de la Academia Nacional de Recetadores Sociales, hasta 91% de los ancianos sufren en mayor o menor medida de demencia, y hasta ahora no se ha descubierto ninguna droga para mitigar los efectos de esta enfermedad. En parte alentados por el éxito y la aceptación social que están teniendo estos coros, los recetadores sociales están refiriendo cada vez más ancianos con demencia a grupos de canto que están proliferando en todo el país, me señaló con orgullo Abreu Scherer. Y con el dinero de fundaciones y donantes privados, la Academia empezó a asignar el equivalente a 100 000 dólares a docenas de coros de dementes en 2023 para pagar gastos básicos de comida, refrigerios o costos administrativos.

Las visitas a museos por orden médica

En el Reino Unido, mucha gente está visitando museos por prescripción médica. Según aseguró el exsecretario de Salud británico Matt Hancock al anunciar la creación de la Academia Nacional de Recetadores Sociales en 2019: "Está científicamente comprobado que el contacto con las artes mejora la salud mental y física. Nos hace más felices y más sanos". Agregó que los médicos deberían recetar menos medicamentos y más visitas a museos y salas de conciertos. "Hemos adoptado una cultura de pastillas tranquilizantes y Prozac, cuando lo que deberíamos hacer es trabajar más en la prevención y el empeño."[5]

No se trata sólo de mandar a los pacientes a un museo o a un concierto, sino de que participen activamente en las actividades de éstos, en los talleres de arte dirigidos por artistas profesionales o en los trabajos de jardinería, y darles seguimiento. "Las recetas sociales no consisten en prescribir entradas para ver el musical *Hamilton* ni para ver la obra de Tiziano en la Galería Nacional, por más divertidas que sean estas cosas. Se trata de que hagas lo que sea mejor para ti. ¿No te gusta la ópera? El médico no te va a forzar a estar sentado durante 17 horas viendo *El anillo del nibelungo* de Wagner. Se trata de que hagas lo que mejor te funcione. De cómo puedes involucrarte en las artes para mejorar tu salud", dijo Hancock.[6]

Según la Academia Nacional de Recetadores Sociales, visitar museos o salas de concierto ayuda a "avivar nuestras emociones, usar nuestra imaginación, estimular nuestro cerebro y nuestros sentidos, tener interacciones sociales y estar físicamente activos. Y todo esto puede conducir a mejoras psicológicas, a reducir el estrés y a disminuir el aislamiento social y la soledad".[7]

Además de conectar a los pacientes con grupos de arte, culturales o deportivos, los recetadores sociales también refieren pacientes a organizaciones de voluntarios que atienden comedores en zonas pobres, ofrecen tutoría en matemáticas o lectura para estudiantes rezagados, e incluso trabajan buscando reliquias históricas en excavaciones arqueológicas. La ciudad de York, a unos 300 kilómetros al norte de Londres, recientemente inauguró un proyecto arqueológico para explorar una zona campestre donde se cree que existía una iglesia medieval llamada St. Peter-le-Willows, y donde trabajan voluntarios referidos por la Academia Nacional de Recetadores Sociales. En el sitio se puede ver a los voluntarios con espátulas y palas, peinando la tierra en búsqueda de objetos antiguos, bajo la dirección de un arqueólogo contratado por la ciudad.

El proyecto, llamado "Arqueología por Prescripción", es promocionado por la ciudad como una forma de fomentar las actividades al aire libre, crear nuevas amistades, desarrollar nuevas habilidades y hacer a la gente más feliz. El proyecto se inició con voluntarios derivados por instituciones de caridad para gente con problemas mentales o adicciones, pero desde entonces se amplió a todo tipo de voluntarios. Los participantes rastrean la tierra, empezando a unos 30 centímetros de profundidad, y, a medida que avanza la excavación, van aprendiendo sobre las diferentes épocas de la ciudad a través de los siglos, lo que supone una formidable experiencia educativa que al mismo tiempo ofrece un sentido de propósito, me dijeron los directivos de la Academia. No sé si está "científicamente comprobado" que ir a museos, escuchar conciertos o cavar en la tierra en búsqueda de tesoros arqueológicos mejora la salud, como dijo el ministro Hancock. Seguramente habrá que esperar los resultados de estudios masivos que todavía no han concluido. Pero, tras tres años de programas de recetas sociales en el Reino Unido, el consenso en la comunidad médica es que éstos en muchos casos tienen un impacto positivo, y seguramente no hacen mal.

Los clubes de "futbol caminando" para mayores de 50 años

Los clubes de futbol británicos juegan un rol fundamental en ofrecer soluciones comunitarias a problemas mentales, porque —sobre todo en los barrios más pobres— son las instituciones más cercanas a la gente. En Londres, por ejemplo, el club de futbol Millwall tiene desde hace varios años una liga de adultos mayores que juegan al *walking football* (o "futbol caminando"), en que participan hombres y mujeres en categorías de "mayores de 50", "mayores de 60" y "mayores de 70" años. El futbol caminando se ha popularizado tanto que se han formado por lo menos 800 equipos en toda Gran Bretaña en años recientes, según el periódico *The Guardian*.

Según las reglas de la Asociación de Futbol Caminando de Inglaterra (sí, no es chiste, ya hay una Asociación de Futbol Caminando con oficinas en Londres), este deporte se juega entre equipos de seis jugadores, el arquero incluido, en canchas de 20 metros de ancho por 40 metros de largo. Los arcos son reducidos, como los de hockey, y los partidos, según el torneo de que se trate, duran unos 40 minutos, con dos tiempos de 20 minutos cada uno. No está permitido correr ni trotar, ni patear la pelota por elevación, y el equipo que lo hace es penalizado con un tiro libre indirecto. Hace poco se creó también la Asociación Internacional de Futbol Caminando, que ya ha organizado partidos entre las selecciones del Reino Unido, Italia y Grecia, y planea celebrar una copa mundial.

La cadena BBC ofendió a algunos cuando describió el futbol caminando como "una versión lenta de un juego hermoso". En realidad, es mucho más que eso. Por lo que pude ver en YouTube, es una excelente actividad física que requiere bastante más esfuerzo del que uno se imagina, y además ofrece una gran oportunidad hacerse de nuevos amigos. Los jugadores suelen reunirse para un café después de los partidos y reírse de ellos mismos. Según una encuesta de la Asociación de Futbol Caminando, más de 70% de los jugadores de este deporte dicen que los días de sus partidos son el momento más esperado de su semana.[8] Y según me dijeron varios amigos londinenses, los jugadores del futbol caminando la pasan de mil maravillas jugando su deporte favorito, y en general respetan las reglas para no lastimarse. Especialmente para los adultos mayores, se trata de una receta mucho más saludable que las pastillas antidepresivas o quedarse sentados todo el día frente al televisor. Considerando la pasión de los latinoamericanos por el futbol, ¿qué están esperando los gobiernos y los clubes de futbol para organizar torneos nacionales de este nuevo deporte y aumentar la felicidad de los mayores de 50 años?

Lo que los pacientes más piden: asesores financieros

Lo que más piden los pacientes a los recetadores sociales hoy en día es asesoría financiera, me dijo Abreu Scherer. Mucha de la gente que va a un médico por problemas de ansiedad está agobiada por problemas económicos, como no poder pagar su renta a tiempo o no lograr que el dueño de su vivienda repare un techo que gotea o una calefacción que no funciona. En esos casos, los recetadores sociales gestionan entrevistas de sus pacientes con grupos como Advice for Renters ("Consejos para Inquilinos"), una institución de caridad que se dedica a dar información sobre los derechos de los arrendatarios.

Hay cosas que muchos inquilinos desconocen, como que, si hacen una denuncia, las autoridades locales tienen la obligación de inspeccionar las condiciones de sus viviendas y forzar a los dueños a reparar desperfectos que pueden afectar su salud, señaló Abreu Scherer. Las municipalidades pueden incluso iniciar acciones legales, sin costo para los inquilinos, para obligar a los dueños de viviendas a mantener sus apartamentos a temperaturas exigidas por las leyes locales. Y los recetadores sociales también están refiriendo a sus pacientes a escuelas de derecho y centros comunitarios que ayudan gratuitamente a la gente en sus demandas legales.

"Las instituciones de caridad pueden incluso ayudar a la gente que está a punto de ser desalojada, porque los alquileres están subiendo enormemente y las personas muchas veces no saben qué hacer. Nosotros conectamos a los inquilinos con instituciones que los pueden asesorar sobre sus derechos e incluso ayudarlos a resolver su problema", me explicó la funcionaria de la Academia. "Hay personas que van al médico porque tienen síntomas de ansiedad, pero su problema no es un desequilibrio químico que requiera un medicamento, sino un problema muy puntual que requiere la carta de un abogado de una institución filantrópica de asesoría legal", agregó. Mientras la escuchaba, no podía dejar de pensar en cuántos millones de pastillas antidepresivas siguen prescribiendo los médicos a diario a gente cuyos problemas requieren de otro tipo de soluciones.

Una de las mejores terapias: el trabajo voluntario

Una buena parte de las actividades que recomiendan los recetadores sociales británicos a sus pacientes son trabajos voluntarios. Reino Unido es uno de los 10 países más generosos del mundo en donaciones y trabajo voluntario, según el Índice Mundial de Donaciones. Parte del motivo es la cantidad de gente a la que los médicos y recetadores sociales le recomiendan donar su tiempo a tareas de beneficencia. El 71% de los británicos dice haber donado a una obra de caridad en el último mes, y 30% dice haber dado parte de su tiempo en ese mismo lapso a tareas de beneficencia, dice el informe.[9] Según me dijo Hey, la directora del Centro para el Bienestar "Lo que Funciona", el país tiene una estrategia nacional de voluntariado desde hace muchos años. El gobierno del Reino Unido tiene una página de internet muy fácil de navegar con instrucciones para encontrar el trabajo voluntario que uno prefiera cerca de su casa. La página "Oportunidades de voluntariado" (https://www.gov.uk/volunteering) señala que quienes quieran hacer trabajo voluntario no gozan de derechos laborales como si se tratara de un empleo tradicional, pero que pueden ser reembolsados por sus gastos de transporte o alimentación. Luego, la plataforma le pide a uno que escriba el código postal del área donde quiere trabajar, y ofrece un variado menú de oportunidades de trabajo voluntario en esa zona.

Entre las organizaciones filantrópicas que más recomienda la página gubernamental está FareShare, una institución filantrópica que desde 1994 distribuye a unos 11 000 comedores de barrios pobres comida de la industria alimenticia que de otra manera se tiraría. Asimismo, la página de internet del gobierno ofrece trabajos voluntarios en Historic Royal Palaces, una institución benéfica que ayuda a cuidar los palacios reales y gubernamentales que carecen de recursos para contratar a más trabajadores.

Pero hay organizaciones de beneficencia para todos los gustos, muchas de ellas dedicadas al cuidado de los animales o los espacios verdes. Durante mi estadía en Londres, una de las que más recomendaba la página oficial del voluntariado era Cats Protection NCC, para los amantes de los gatos. La organización se define como "la mayor institución de caridad felina" del Reino Unido, y dice en su portal tener 10 000 voluntarios que ayudan anualmente a unos 200 000 gatos. Los voluntarios trabajan en 230 centros que se ocupan, entre otras cosas, de ofrecer gatos en adopción, alimentarlos y cuidarlos. "Tenemos una variedad de vacantes, incluyendo trabajos en contacto directo con los gatos, trabajo en tiendas de instituciones protectoras de animales, roles de diseño de páginas de internet y trabajos administrativos como manejar las finanzas de tu centro", dice el sitio de internet de la institución de protección gatuna.

Es obvio que las sociedades protectoras de animales existen en casi todo el mundo, y que mucha gente trabaja voluntariamente en ellas. Pero la idea de que los consultorios médicos y sus recetadores sociales envíen pacientes deprimidos o gente que padece de ansiedad crónica a trabajar con gatitos me parece estupenda. Y que el gobierno británico simplifique las cosas y les ayude a potenciales voluntarios a encontrar los trabajos voluntarios de su preferencia cerca de sus casas a través de un sitio de internet me parece igualmente fabuloso. Es un servicio público de muy bajo costo, que apenas requiere mantener y actualizar cada tanto una página de internet, y beneficia a cientos de miles de personas. ¡Una ganancia neta para todos, incluyendo los gatos!

La ministra de la Soledad de Reino Unido

La primera pregunta que hice cuando entrevisté a la ministra de la Soledad del Reino Unido, la baronesa Diana Barran, fue por qué habían decidido crear este ministerio. Hasta 2018, no se conocía de otro Ministerio de la Soledad en el mundo, y si lo había estaba muy bien escondido. Barran, una acaudalada exbanquera y dirigente del Partido Conservador que había fundado una organización benéfica contra el abuso doméstico antes de asumir el cargo en 2019, meneó la cabeza con una sonrisa, y me dijo que era una pregunta que le hacían todo el tiempo. Según me contó, la idea nació como producto de las recomendaciones de la Comisión Jo Cox, que llevaba el nombre de una legisladora que había presentado varios proyectos para combatir la soledad y que fue asesinada en 2016 por un fanático de ultraderecha. La Comisión Jo Cox decidió recomendar al Parlamento, a fines de 2017, que se creara un ministerio de la soledad para darle una mayor visibilidad y desmitificar este problema. "Nos dimos cuenta de que era un asunto masivo, pero teníamos el problema de que la gente no se sentía cómoda hablando de la soledad. Entonces, decidimos que el gobierno tenía que asumir el liderazgo y poner este tema en la agenda pública."[10]

Ella misma había dado un paso adelante y hablado públicamente de sus propios recuerdos de la infancia para alentar a otros a hablar de sus propios problemas de soledad. Según me contó, su madre era una refugiada de guerra de Budapest, y le había contado de muy pequeña que cuando llegó a Londres no conocía a nadie y tuvo que pasar su primera Navidad sola, en la biblioteca de la Escuela de Negocios de Londres, donde estudiaba de noche. "Recuerdo eso que me contó cuando yo era niña, y es una historia que se quedó conmigo". Para atacar el problema de la soledad, hay que sacarlo a la superficie, agregó.

"Hay mucho estigma en torno a la soledad", me dijo Barran. "No es algo de lo que ninguno de nosotros hable abiertamente. Entonces, también hemos creado un programa llamado Hablemos de la Soledad, que le permite a la gente hablar con otros y crear una conciencia colectiva en torno a este problema. Porque muchas personas que se sienten solas creen, erróneamente, que son la excepción a la regla, y no lo son. Hay muchísima gente que sufre de soledad. Por lo tanto, es importante que todos sepamos que ésta es parte de la condición humana, y que es importante abordarla lo antes posible".

—¿Qué fue lo que más le llamó la atención cuando asumió el cargo? —le pregunté.

—Nos encontramos con datos sorprendentes en las encuestas. Cuando empezamos nuestro trabajo, pensábamos que la mayoría de la gente crónicamente sola sería la gente de mayor edad, especialmente aquellos sin hijos o cuyos hijos no tenían mucho contacto con ellos. Sin embargo, nos encontramos con que los porcentajes más altos de soledad estaban consistentemente entre los más jóvenes. Los jóvenes de entre 16 y 24 años son los que más dicen sentirse solos.

La interpretación generalizada de los expertos es que los jóvenes están más solos por las redes sociales, que incluso antes de la pandemia los llevaban a pasar más de su tiempo solos frente a sus pantallas que interactuando en persona con otros jóvenes. "Tener 1 000 seguidores en Instagram no es lo mismo que tener un amigo de carne y hueso", agregó la ministra.

A partir de ahí, el ministerio comenzó a planear muchas más actividades sociales y deportivas para los jóvenes. La ministra me explicó, como ya lo habían hecho los directivos de la Academia Nacional de Recetadores Sociales, que cosas tan sencillas como participar en un coro, practicar un deporte o tomar clases de cocina pueden mejorar sustancialmente la calidad de vida. El secreto, me aseguró Barran, es "disfrazar" estas actividades para que no parezcan terapias para víctimas de la soledad o de la depresión, sino actividades interesantes por sí mismas para cualquier persona.

Cuando le pregunté qué quería decir con "disfrazar" estas actividades, la ministra me respondió: "Para la mayoría de la gente, y es mi caso también, si alguien me dice: 'Escuché que estás sola, y escuché que hay un club para gente sola en la ciudad. ¿Por qué no vas? Se reúne los martes por la noche a las siete en punto', probablemente no vaya nunca. Pero si, en cambio, me dicen que hay un club de gente que comenzó a cultivar vegetales, y quiero aprender más sobre las huertas caseras, probablemente vaya. Estaría allí puntualmente. Lo vería como una oportunidad".

¿Eso no es un poquito engañoso?, sugerí. Barran sonrió y respondió que se trataba de una "estrategia de caballo de Troya", o sea, buscan que estos grupos no se integren únicamente por pacientes, sino que la gente se una a ellos por otras vías que no sean las terapias. "Creo que la mayoría de la gente quiere involucrarse en algo que le interesa y disfruta. Y puede hacer allí conexiones sociales con personas que tienen intereses comunes. Y ése es el tipo de conexiones que ayudarán a combatir la soledad. Entonces, financiamos todo tipo de organizaciones. Pero creo que han sido particularmente interesantes algunos grupos locales realmente pequeños: para salir a caminar, correr, pintar, cantar, o una amplia gama de actividades, a menudo con presupuestos muy pequeños o inexistentes, pero que reúnen intereses comunes."

Barran: se pueden hacer grandes cosas con muy poco dinero

Durante la pandemia, el gobierno británico destinó el equivalente a 750 millones de dólares a organizaciones benéficas de todo tipo, de los cuales unos 34 millones fueron para actividades para combatir la soledad, incluidas muchas de las preferidas por los recetadores sociales.[11] Pero el presupuesto total para las actividades comunitarias fue muy pequeño, de apenas el equivalente a 5.5 millones de dólares. Muchos de los clubes comunitarios recibieron apenas unos 300 dólares cada uno, me dijo la ministra de la Soledad.

"Esos fondos son los que llamamos 'microsubsidios' para grupos locales de jardinería, artes y ese tipo de actividades", me explicó Barran. "Antes de la pandemia, habíamos viajado por todo el país, hablando con personas en comunidades de todo tipo, rurales, urbanas, en toda Gran Bretaña, y lo que la gente me decía una y otra vez era que las actividades que hacían una diferencia eran las hiperlocales y de muy bajo costo", continuó la ministra. "¿Cuál es la diferencia entre una persona solitaria y una persona que no está sola? La diferencia es de sólo entre tres y cinco conexiones significativas. Entonces, es un problema que se puede solucionar fácilmente. Si te detienes y piensas en cómo construir de tres a cinco conexiones significativas, es probable que lo hagas muy cerca de casa, o también por internet, supongo. Pero, ciertamente, el mensaje que recibimos repetidamente es que esas microorganizaciones que gastan pequeñas cantidades de dinero son las que más logran conectar a la gente de una manera significativa".

Ante la pregunta de si no existe el peligro de que el Ministerio de la Soledad se convierta en otra burocracia más, la ministra respondió que sería difícil que eso ocurriera porque el ministerio tiene menos de 10 empleados y ni siquiera tiene una sede propia. "Somos diminutos. Así que hay muy poca, yo diría que casi nada de burocracia involucrada en esto", me señaló.

Cuando le pregunté cuál era el proyecto más ambicioso del nuevo ministerio, respondió: "Creo que nuestro proyecto más ambicioso es hacer la conexión entre el voluntariado y la soledad. Los voluntarios me dicen que a través de su voluntariado se sienten mucho más conectados con su comunidad local. Creo que, si pudiéramos encontrar una manera de que esas personas que se sienten más solas contribuyeran y fueran parte de una especie de ejército de voluntarios en su comunidad, eso sería un paso enorme para reducir la soledad".

—Estoy seguro de que recibe todo tipo de consultas de otros países sobre si es conveniente crear un ministerio de la soledad. ¿Qué les recomienda a las demás naciones? —le pregunté.

—Bueno, supongo que comenzar por escuchar a la gente en sus comunidades. Les diría que se tomen el tiempo de salir y hablar con la gente y tratar de entender qué se está haciendo y cómo se puede construir sobre eso. Creo que existe el peligro de que un gobierno tome una especie de solución de arriba abajo. Así que recomendaría primero confiar en las comunidades locales. Ellas a menudo saben cuál es la mejor solución al problema. Pero puede que no tengan las conexiones, los recursos o lo que sea para ponerla en práctica. Así que hay que evitar las grandes estructuras burocráticas construidas desde arriba y escuchar a la gente local.

Richard Layard y los economistas de la felicidad

Las políticas de la felicidad del Reino Unido arrancaron, formalmente, el 25 de noviembre de 2010, cuando el primer ministro conservador David Cameron anunció en un discurso que, a partir de 2011, la Oficina Nacional de Estadística empezaría a hacer preguntas sobre el bienestar de los ciudadanos. "Vamos a empezar a medir nuestro progreso como país no sólo por cómo crece nuestra economía, sino también por cómo mejoran nuestras vidas; no sólo por nuestro nivel de vida, sino también por nuestra calidad de vida", dijo Cameron. El primer ministro reconoció que mucha gente veía este proyecto como "algo muy vago" e idealista, pero expresó: "Creo que el gobierno tiene la capacidad de mejorar el bienestar de la gente", y señaló que intentarlo era la obligación de los gobernantes.[12]

Sin embargo, los expertos coinciden en que la figura clave detrás la decisión de Cameron de comenzar a medir la felicidad fue Richard Layard, uno de los economistas estrellas de la prestigiosa London School of Economics, quien estaba al lado del primer ministro en el anuncio. Layard fue uno de los primeros economistas contemporáneos que decidieron incursionar de lleno en el campo de la felicidad, que, para fines del siglo pasado, era un dominio casi exclusivo de los psicólogos, sociólogos, monjes budistas y poetas. Y, junto con otros asesores, había logrado convencer a Cameron de acoger la causa de la felicidad.

Cuando conocí a Layard durante mi investigación para este libro, el economista ya tenía 88 años, pero se mantenía activo, en excelente estado físico, y no había perdido un ápice de su agudeza mental. Un hombre sumamente cordial y con un buen sentido del humor, seguía dirigiendo su centro en la universidad, trabajaba para varias fundaciones para combatir la depresión juvenil, y era uno de los principales editores del *Reporte mundial de la felicidad*. Además, estaba creando el Movimiento Mundial del Bienestar, que inauguró en la Universidad de Oxford en 2022, y del que hablaremos más adelante en este capítulo.

Una de las primeras preguntas que le hice durante una extensa entrevista fue qué lo llevó, como un economista de una universidad enfocada en el crecimiento económico, a interesarse por la felicidad. Layard me contó que había estudiado economía tardíamente, cuando ya tenía más de 30 años, y antes se había licenciado en Historia. Durante sus estudios de licenciatura había leído las obras del filósofo político Jeremy Bentham y otros pensadores de la Ilustración del siglo XVIII. Bentham había escrito extensamente sobre la búsqueda de la felicidad, y había influenciado a varios economistas, incluyendo al célebre Adam Smith. "Todo lo que yo he escrito básicamente está allí, en la obra de Bentham", me dijo Layard con exagerada humildad. Bentham era visto como un extremista en su tiempo porque estaba a favor del voto de las mujeres y varios otros derechos considerados anatemas en su época. Sus principales referencias no eran los dogmas religiosos de la Edad Media, sino la búsqueda de la felicidad. "Su filosofía era que debemos ansiar una sociedad en que la gente goce de la vida, se sienta satisfecha y realizada", me resumió Layard.

Tras hacer un posgrado en Economía, Layard comenzó a dedicarse de lleno a la economía de la felicidad cuando ya tenía 50 años. Martin Seligman y otros psicólogos dieron a conocer sus estudios científicos sobre la felicidad, y entre 1980 y 2000 se empezó a dar una colaboración muy interesante entre psicólogos, analistas de datos y economistas que resultó en una nueva ciencia de la felicidad, me

LAS RECETAS DEL REINO UNIDO 157

explicó Layard. "Hubo dos cosas que impulsaron la nueva ciencia de la felicidad. La primera fue que la gente empezó a darse cuenta de que el aumento del ingreso no necesariamente lleva automáticamente a una mayor felicidad. La segunda fue que los psicólogos descubrieron que se puede medir la felicidad y que se pueden adoptar políticas públicas para aumentarla", agregó.

Layard escribió *La felicidad: Lecciones de una nueva ciencia* en 2005. En ese libro, entre otras cosas, proponía una ofensiva del gobierno para combatir las enfermedades mentales y aumentar la felicidad de la gente. Aunque el libro fue muy comentado en su momento, no fue lo que llevó a Cameron a adoptar muchas de sus recomendaciones. En rigor, según me dijeron varios de los exasesores del primer ministro, Cameron no sabía mucho del tema. Fueron sus principales colaboradores quienes lograron convencerlo de que adoptara la búsqueda de la felicidad como una de las banderas de su gobierno.

El economista Richard Layard. Fuente: imf.org.

EL PRIMER MINISTRO NO ESTABA MUY ENTUSIASMADO, PERO COMPRÓ LA IDEA

Layard y Gus O'Donnell (otro economista interesado en las nuevas ideas sobre la felicidad, que entre 2005 y 2011 fue secretario del Gabinete) llevaban años predicando la necesidad de medir la felicidad, pero sus recomendaciones no habían sido adoptadas como políticas del gobierno hasta que tuvieron la suerte de sumar como aliado al principal asesor de Cameron, Steve Hilton. Este último acababa de pasar un tiempo en Palo Alto, California, y se había entusiasmado con el pensamiento de los economistas del comportamiento y los gurús del bienestar. Entre Hilton, O'Donnell y Layard lograron persuadir al primer ministro Cameron de ordenar a la Oficina Nacional de Estadística empezar a medir la felicidad de la gente en sus censos anuales.

"Cameron estaba a la búsqueda de nuevas ideas: tenía apenas 43 años, era el primer ministro más joven en casi dos siglos, y quería proyectarse como líder de una nueva generación", me señaló sir Anthony Seldon, uno de los historiadores políticos más conocidos de Gran Bretaña, y autor de una biografía del ex primer ministro. "No estoy muy seguro de si Cameron entendía muy bien de qué se trataba todo este tema de la felicidad, pero compró la idea."[13]

Hilton, el asesor del primer ministro que ya se había interesado en la nueva ciencia de la felicidad durante su estadía en California, se entusiasmó aún más con el tema cuando conoció en una cena en Londres a Martin Seligman, el padre de la psicología positiva. Ésta tuvo lugar en casa de Seldon, un sábado por la noche, en 2009. Hilton quedó fascinado con Seligman, y más tarde le transmitiría sus ideas al nuevo primer ministro. "No creo que hubiéramos empezado a medir la felicidad en el país si no se hubiera dado esta conjunción de personas que influenciaron a Cameron para que lo hiciera", me dijo Seldon. El exsecretario del Gabinete, O'Donnell, coincide: "David Cameron no era el mayor promotor del bienestar. Pero su decisión de empezar a hacer las cuatro preguntas sobre la felicidad en el censo fue un enorme paso adelante".[14] Una vez que el gobierno británico incorporó las cuatro preguntas sobre la felicidad en el censo, y obtuvo los primeros datos, se pudo empezar a diseñar políticas públicas para combatir los focos de infelicidad, explicó O'Donnell.

Mappiness lo confirma: los espacios verdes y el sexo aumentan la felicidad

Los datos sobre la felicidad recolectados por el censo del Reino Unido a partir de 2011 se enriquecieron muy pronto gracias a Mappiness, la aplicación para teléfonos celulares creada casi al mismo tiempo por el profesor George MacKerron, de la Universidad de Sussex. MacKerron es un economista del comportamiento y programador de software, cuya aplicación había reunido datos de la felicidad de 65 000 personas que habían respondido a sus preguntas unas 4.5 millones de veces. A diferencia de las preguntas del censo sobre qué tan feliz es cada uno —una pregunta cuya respuesta, por lo general, no cambia mucho de mes a mes o de año a año—, Mappiness le pregunta al usuario cuán feliz es en este preciso instante y cuáles son las circunstancias en que se encuentra en este momento. Esto permite saber no sólo cuántas personas felices e infelices hay, sino el tipo de contexto que propicia esa felicidad.

Cuando entrevisté a MacKerron en la cafetería del Tate Museum de Londres, una mañana en 2022, me explicó que, gracias a Mappiness, ahora se sabe no sólo que la gente que vive en zonas rurales es más feliz que la gente que vive en las grandes ciudades, sino también que las mismas personas que viven en la ciudad son más felices cuando están en un espacio verde o cuando viajan al campo. Parece un dato trivial, pero a la hora de tratar de convencer a un funcionario público de invertir en espacios verdes, tener estadísticas concretas es mucho más efectivo que hacerlo a partir de opiniones subjetivas, me explicó MacKerron. "Los datos que encontramos no nos sorprendieron, pero son sumamente útiles, porque los gobiernos quieren adoptar políticas públicas basadas en evidencias", me señaló.

Después de dos o tres años de hacer las mismas preguntas sobre la felicidad en su aplicación (qué tan feliz se siente en este momento, con quién está en este momento, se encuentra en un lugar cerrado o al aire libre, etcétera), mucha gente le envió a MacKerron correos electrónicos con una crítica: su lista de preguntas para medir la felicidad del momento no incluía ninguna en torno al sexo. "¿Por qué no incluye una pregunta sobre las relaciones sexuales y vemos si eso no hace más feliz a la gente que ir a pasear a un parque?", le preguntaron y sugirieron muchos. MacKerron aceptó el desafío, y cuando incluyó un ítem en torno al sexo, descubrió que, efectivamente, el nivel de felicidad que reportaba la gente cuando le preguntaban sobre el sexo era aún mayor que el de estar en un parque al aire libre o frente al mar. De hecho, el sexo se llevaba el mayor puntaje de todas las preguntas sobre el nivel de felicidad.

Las respuestas que recibió Mappiness sobre 40 actividades distintas revelaron que el sexo produce un aumento de 14.2% del nivel de felicidad habitual de las personas, seguido por una función de teatro, danza o concierto (9.3%), la visita a un museo (8.8%), practicar un deporte (8.1%) y estar en espacios verdes o frente al mar (6%). ¿Qué se puede hacer con esa información?, le pregunté, curioso por saber si los gobiernos tendrían que poner Viagra en el agua corriente o tomar alguna otra medida para mejorar la vida sexual de los ciudadanos. MacKerron me respondió, sonriendo, que no tenía una respuesta concreta sobre eso, pero que las estadísticas de Mappiness sobre la felicidad que produce ir a ver una obra de teatro, a un concierto o a un museo, practicar un deporte o tener acceso a espacios verdes son datos claves para cualquier alcalde, gobernador o presidente en cualquier país del mundo.

Las experiencias nos hacen más felices que las posesiones

Los estudios según los cuales las excursiones a espacios verdes, las visitas a museos y los conciertos producen felicidad tienen algo en común: concluyen que las experiencias producen un placer más duradero que las posesiones. Ryan Howell, un profesor de psicología en la Universidad Estatal de San Francisco, emprendió un estudio con 154 estudiantes, a quienes les preguntó qué adquisiciones —ya sea materiales o experiencias vivenciales— habían hecho en los últimos tres meses con el propósito de darse un gusto. Y su conclusión fue que, después de un tiempo, las experiencias —ya sea una salida a cenar con amigos, una visita a un museo o una excursión al bosque— dejan memorias más placenteras y duraderas que la compra de un auto o de un par de zapatos. El ser humano se acostumbra muy rápido a las nuevas adquisiciones, mientras que los momentos placenteros quedan en la memoria, concluyó Howell.[15]

Howell confirmó que, como suelen decir los economistas del comportamiento, la felicidad que produce comprar algo nuevo dura "tanto como el olor de auto nuevo". Anteriormente, Thomas Gilovich, jefe del Departamento de Psicología de la Universidad de Cornell, había escrito un ensayo titulado "Hacer o tener: ésa es la pregunta" en 2003. Allí había documentado la importancia de las experiencias por encima de las posesiones. Las experiencias producen "memorias poderosas e importantes que uno no cambiaría por nada del mundo", escribió Gilovich.[16] Las respuestas que dieron los miles de participantes del experimento de Mappiness en sus celulares confirmaban lo que los expertos habían concluido años atrás.

El futbol, en promedio, nos hace más infelices

¿Y cuáles son las actividades que nos hacen sentir más miserables?, le pregunté a MacKerron. Como era de prever, las millones de respuestas de Mappiness revelaron que lo que nos hace más infelices es estar enfermos en cama, lo cual produce una caída de 20.4% en nuestro nivel habitual de felicidad. Sin embargo, lo que más me llamó la atención es que la segunda causa de mayor infelicidad resultó ser el futbol. Según los datos de Mappiness, la derrota de un equipo de futbol en un partido que se suponía debía ganar da como resultado una caída de 14% en la felicidad de sus hinchas.

"Ser fanático de un equipo de futbol, en la mayoría de los casos, tiene un efecto negativo en el promedio de felicidad de la gente", señaló MacKerron. "Es cierto que la gente se pone contenta cuando gana su equipo, pero lo cierto es que se pone más triste cuando pierde. Perder produce más dolor que alegría al ganar. Te sientes más mal cuando pierdes que mejor cuando ganas. Es algo que descubrieron hace tiempo los padres de la economía del comportamiento, así como una observación compartida por muchos deportistas. El tenista Jimmy Connors, por ejemplo, decía: 'Odio perder más de lo que amo ganar'. Y perder duele aún más cuando los *bookies* [corredores de apuestas] y los comentaristas coincidían en que tu equipo debía ganar, y perdió."

El Movimiento Mundial del Bienestar

Durante mi viaje de investigación al Reino Unido, fui a la Universidad de Oxford, a una hora en tren desde la ciudad de Londres, para entrevistar a los directivos del recientemente creado Movimiento Mundial del Bienestar. El Movimiento fue creado por Layard y O'Donnell, los dos economistas británicos que convencieron a Cameron de comenzar a medir la felicidad, junto con Carol Graham, investigadora de la Brookings Institution de Washington, y

Jan-Emmanuel De Neve, director del Centro de Investigaciones del Bienestar de la Universidad de Oxford. Según el manifiesto del Movimiento Mundial del Bienestar, dado a conocer en la Conferencia del Bienestar de Oxford de 2022, se trata de "una coalición de líderes globales del mundo de los negocios, la sociedad civil y la comunidad académica que se han unido con el fin de colocar el bienestar en el centro del proceso de toma de decisiones corporativas y gubernamentales".

La directora ejecutiva del Movimiento, Sarah Cunningham, me recibió en un pequeño despacho del Harrison Manchester College, una universidad fundada en 1757 que, a primera vista, parece una catedral medieval, como tantas otras de las 44 escuelas de la Universidad de Oxford. El recién creado Movimiento funciona como una institución hermana del Centro de Investigaciones del Bienestar de la Universidad de Oxford, que tiene su sede en la escuela. Y aunque arrancó apenas hace poco, ya tiene el apoyo de varias grandes empresas como el banco HSBC, Cisco, S&P, Indeed, BT y Unilever. Cunningham no venía de ninguna organización altruista, sino del mundo corporativo. Había sido ejecutiva de Google, Accenture y, más recientemente, Mastercard, en su Irlanda natal, donde dirigió el centro tecnológico de la firma financiera para toda Europa, con más de 1 000 empleados a su cargo. Tras completar una maestría ejecutiva en Ciencias del Comportamiento en la London School of Economics, asumió su cargo en Oxford. "Tenemos un proyecto muy pero muy ambicioso", me dijo. "Nuestro objetivo es crear una gran coalición de líderes empresariales, académicos y expertos de la sociedad civil para influenciar a los tomadores de decisiones de todo el mundo para que hagan del bienestar su máximo objetivo."

Cunningham me dijo que una de las primeras prioridades del Movimiento será lograr que las empresas adopten estándares comunes para aumentar el bienestar de sus empleados, de la misma manera en que ya muchas de ellas se adhieren a estándares comunes para cumplir objetivos ambientales. Aclaró que no se trata de un objetivo utópico, porque es en el propio interés de las empresas aumentar el bienestar de sus empleados: está probado que cuanto más felices son los trabajadores, más aumenta su energía y productividad. De manera que el Movimiento está diseñando normas comunes para que las empresas puedan medir su compromiso con la felicidad de la misma manera en que ahora muchas miden su compromiso con las normas ambientales o con la diversidad de género.

"Hoy en día, cuando hablamos de los así llamados criterios ESG (Environmental, Social and Governance) de las empresas, o sea, las metas ambientales, sociales y de gobernanza que tendrían que cumplir, existen mediciones muy precisas sobre la "E" y la "G", pero falta la parte de la "S". Falta una medición común para la parte social o del bienestar. Lograr esto último es uno de nuestros objetivos más inmediatos", me dijo Cunningham. "Creemos firmemente que las empresas tienen que medir el bienestar, porque no se puede mejorar algo que no se puede medir".

—Pero ¿acaso todas las grandes corporaciones no hacen cuestionarios periódicos a sus empleados preguntándoles cómo se sienten en la empresa? —pregunté.

—Sí, claro que lo hacen, y muchas lo hacen muy bien, pero son más que nada cuestionarios sobre el compromiso del empleado con la empresa, y no necesariamente sobre el bienestar de éste. La mayoría de las empresas preguntan cosas como "¿Te imaginas estar trabajando aquí dentro de 12 meses?" o "¿Te sientes orgulloso de trabajar para nuestra empresa?". Pero estas preguntas no incluyen otros datos tanto o más importantes sobre el bienestar de los empleados.

Para corregir esto, el Movimiento está trabajando con grandes empresas de datos financieros como S&P Global para añadir cuatro preguntas básicas sobre el bienestar en sus cuestionarios habituales con que recaban información económica de miles de compañías. Las cuatro preguntas son:

1. ¿Qué tan satisfecho estás con tu trabajo, en una escala del 0 al 10?
2. ¿Qué tan feliz te sientes en tu trabajo, en una escala del 0 al 10?
3. ¿Qué tan estresado estás en tu trabajo, en una escala del 0 al 10?
4. ¿Sientes que tu trabajo tiene algún propósito?

"Agregando estas preguntas en los cuestionarios sobre criterios ESG que aplican las empresas de información corporativa cuando preparan sus informes para potenciales inversionistas, vamos a tener un impacto muchísimo mayor del que tendríamos si tratáramos de convencer, una por una, a las compañías de que hagan estas preguntas", añadió Cunningham.

Estudio de BT: los trabajadores felices son 13% más productivos

Incluso si las firmas de información corporativa como Bloomberg, S&P o Morningstar empiezan a pedirles a las empresas que presenten datos sobre la felicidad de sus empleados, ¿cómo hará el Movimiento para convencer a los empresarios de que hagan estas encuestas internas? Cunningham me explicó que para ello les muestra un estudio reciente de la empresa de BT, el emporio de telecomunicaciones británico con casi 100 000 empleados en todo el mundo. El estudio, liderado por De Neve, el cofundador del Movimiento Mundial de la Felicidad y director del Centro de Investigaciones del Bienestar de Oxford, concluyó que los empleados felices son 13% más productivos que los no felices.[17] Según el estudio hecho mediante encuestas semanales a los empleados de BT durante seis meses, los empleados de los centros de atención al cliente de la compañía que se autodefinen como felices atienden más llamadas telefónicas por hora y, lo que es más importante, convierten más llamadas en ventas efectivas.

"Este estudio es muy importante porque, cuando el director de bienestar de una empresa le golpea la puerta al director de finanzas y le pide dinero para sus actividades, el director de finanzas suele decirle: 'Bueno, muéstrame cuál va a ser el retorno de la inversión'", me explicó Cunningham. "Entonces, este tipo de estudios les dan herramientas a los directores de bienestar para responder esa pregunta, con datos precisos. Y hay varias métricas que se pueden usar, además de las de la productividad, como la atracción de talentos, la retención de talentos, las ganancias de la empresa, etcétera. La felicidad de los empleados produce un aumento de todas éstas."

Acto seguido, Cunningham me habló de los estudios realizados por el Movimiento para reunir evidencia científica y convencer a los gobiernos de que adopten políticas para aumentar la felicidad. La idea es lograr que todos los países empiecen a medir la felicidad, como lo hace el Reino Unido, y que hagan las mismas preguntas sobre el bienestar a sus ciudadanos, para establecer criterios y soluciones comunes. El proyecto está aún muy verde, aunque algunas instituciones internacionales como UNICEF y la Organización Mundial de la Salud están cada vez más interesadas en el tema, me reveló. Cuando le pregunté por qué el Movimiento se estaba concentrando más en trabajar con el mundo corporativo que con los gobiernos, Cunningham me respondió que el motivo era muy sencillo: los estudios muestran que la mayor fuente de infelicidad de la gente es su trabajo, y que por eso hay que empezar a mejorar el bienestar allí.

Cuando me despedí de ella para tomar mi tren de regreso a Londres, me quedé pensando en esa última afirmación suya. ¿Será cierto eso de que el trabajo es la principal fuente de desdicha de la gente? Meses después, a mi regreso a Estados Unidos, entrevisté al encuestador más importante del mundo, y obtuve datos precisos sobre la infelicidad laboral en todos los países. Las cifras que me dio, y que compartiré con los lectores más adelante, me convencieron de que la infelicidad laboral es uno de los principales motivos de la caída de la satisfacción de vida en el mundo. Pero antes me quedaba una gran asignatura pendiente: viajar a Bután, el remoto país del Himalaya que había adoptado el producto bruto de la felicidad. Como verán a continuación, resultó ser uno de los viajes más fascinantes que he hecho en mi vida.

Capítulo 5

BUTÁN, ¿EL PAÍS MÁS FELIZ DEL MUNDO?

TIMBU, Bután.- Este deslumbrante reino budista de apenas 770 000 habitantes en las montañas del Himalaya, situado entre India y China, es uno de los países más aislados del mundo. Hasta hace poco, era una nación tan cerrada al exterior que no permitía la entrada de turistas. Los reyes de Bután no querían que el turismo occidental contaminara el estilo de vida budista del país con el consumismo, ni que hordas de mochileros extranjeros ensuciaran sus bosques y montañas con botellas de plástico y destruyeran la naturaleza, como estaba ocurriendo en la cercana Nepal. La Constitución de Bután establece que 60% de la superficie del país debe ser mantenida como bosques. Y los butaneses cumplen tan celosamente con esa disposición que actualmente 72% del territorio nacional consta de frondosas montañas. Como resultado, los paisajes son espectaculares.

Desde que bajé del avión en el aeropuerto de Paro, a poco más de una hora de la capital, y a una altura de 2 300 metros sobre el nivel del mar, me quedé con la boca abierta por la belleza natural de este país y la pureza del aire que se respira. Por donde uno mire, todo parece una gigantesca reserva natural, con cerros y valles a los cuatro costados (casi no hay superficies planas) y casas incrustadas en las laderas de las cordilleras, casi siempre espaciadas a unos 100 metros unas de otras, como pequeños puntos luminosos en medio de bosques de pinos. En la capital, Timbu, no hay rascacielos. El edificio más alto tiene seis pisos. Las casas tienen dos techos: uno pequeño y empinado, construido encima de otro de mayor tamaño, para amortiguar la caída de la nieve. Los butaneses se ufanan de ser el primer país "carbono negativo" del mundo, o sea, que absorbe más dióxido de carbono del que emite, y de ser el pionero en haber prohibido las bolsas de plástico. La preservación del medio ambiente es, además de un precepto constitucional, un motivo de orgullo nacional.

Llegando a Bután. Foto del autor.

Algo parecido, aunque no está escrito en la Constitución, pasa con la polución visual: en la semana que pasé viajando por este país, no vi un solo cartel con publicidad comercial en las rutas y caminos. Lo único que se ve son pancartas con la imagen de Jigme Khesar Namgyel Wangchuck, a quien todo el mundo aquí se refiere como "su majestad", el quinto rey de Bután. Los butaneses también se ufanan de que su país es el único en el mundo que no tiene ningún semáforo. No hay grandes congestiones viales, en parte porque en todo el país hay apenas 122 000 vehículos. En las pocas intersecciones de Timbu, donde llegan a cruzarse los autos, el tráfico es manejado por policías con guantes blancos, parados sobre una plataforma elevada de madera y con adornos pintados de vivos colores, que ordenan el tránsito con movimientos rítmicos de sus brazos. Según me contaron, hace algunas décadas las autoridades colocaron un semáforo en el centro de esta capital, pero al poco tiempo lo quitaron porque la gente se quejaba de que era algo demasiado mecánico, impersonal, antibudista, que le arrebataba el "toque humano" al manejo del tráfico. De manera que se volvieron a instaurar algunas garitas en las principales intersecciones del centro de la ciudad, y los policías han vuelto a su antigua función de indicar quién tiene derecho al paso.

Bután tampoco ha permitido la entrada de ninguna cadena de comida rápida occidental. Los reyes interpretaron desde hace mucho tiempo que la influencia occidental y el turismo eran una amenaza directa contra el carácter budista del país. Por el mismo motivo, no hay empresas de fumigación, ni de exterminio de ratas, ni redadas de perros sueltos: por ser un país budista, está prohibido matar animales. Si la gente encuentra un ratón en su casa, lo debe atrapar y tirar afuera, o ahuyentarlo como pueda. Ésa es la explicación por la que las ciudades están repletas de perros callejeros, tirados al suelo durmiendo durante el día, ya que deben estar en constante movimiento durante las noches para combatir el frío.

Sin embargo, el principal motivo por el que se conoce a Bután en el exterior es por ser el único país del mundo que mide la felicidad a la par, si no por encima, de su crecimiento económico. Bután se rige por la felicidad nacional bruta (FNB), también conocida como el Producto Bruto de la Felicidad, en lugar de hacerlo únicamente por el producto interno bruto (PIB), como lo hacen los demás países. El artículo 9 de la Constitución de Bután dice: "El Estado debe esforzarse por crear las condiciones que conduzcan a la felicidad nacional bruta", de manera que los sucesivos gobiernos pueden ponerle distinto énfasis al plan nacional de la felicidad, pero no abandonarlo. Y, según algunos parámetros, el gobierno de Bután ha designado a su país no sólo como uno de los más felices del mundo, sino el más feliz. La Constitución, asimismo, proclama el budismo y la espiritualidad como bases del carácter nacional, lo que ayuda a explicar la enorme cantidad de monjes budistas (se estima que hay unos 25 000, que se ven caminar con sus túnicas naranjas por todos lados) en relación con la reducida población del país.

Pero Bután se ha cuidado mucho de no convertir su búsqueda de la felicidad en un carnaval para el turismo masivo. Bután se abrió a los visitantes externos hace muy poco tiempo, y en una forma muy limitada. Hasta el día de hoy no permite el turismo individual: sólo pueden ingresar grupos de viajeros organizados por guías autorizados por el gobierno, y dispuestos a pagar un impuesto de 250 dólares por día por persona, además de sus gastos de hotelería, transporte y comida. El reinado tiene una estrategia turística de "alto valor, bajo impacto", que busca atraer a un número limitado de visitantes adinerados que puedan pagar el alto impuesto de estadía y no constituyan un riesgo ambiental ni cultural.

Yo deseaba ir a Bután desde hacía mucho tiempo. Me picó la curiosidad cuando, durante un viaje a la India en 2007 (para hacer entrevistas para mi libro *¡Basta de historias!*), asistí a una cena en casa del embajador de España en India, donde pude ver de primera mano la fascinación de muchos por visitar Bután. Durante la cena, me llamó la atención que todos los comensales le rendían pleitesía a un señor de apariencia india sentado en la cabecera de la mesa, al lado del anfitrión. Todos trataban de entablar conversación con él y le festejaban sus ocurrencias. Era, sin duda, el invitado más importante de la reunión. Yo pensaba que era un alto funcionario del gobierno indio, quizás un ministro, hasta que le pregunté a mi vecino de mesa, lo más discretamente que pude, quién era el personaje de marras. "Es el embajador de Bután", me respondió, abriendo los ojos con admiración. Cuando vio mi cara de desconcierto, agregó: "Es el único que puede conseguirte una visa para ir a Bután".

Varios años después, cuando empecé a trabajar en este libro, decidí que no podía hacer una investigación periodística sobre las acciones de los países para hacer más feliz a su gente sin viajar a Bután, el primer país que adoptó el indicador de la felicidad nacional bruta. De manera que, desde el comienzo, le escribí a la embajada de Bután ante las Naciones Unidas, al jefe de prensa del Ministerio de Relaciones Exteriores de Bután y a la oficina de prensa del primer ministro, solicitando una visa de periodista y entrevistas con los principales funcionarios encargados de la felicidad. Yo pensaba que me responderían de inmediato, encantados de que un periodista extranjero se interesara en el principal motivo de orgullo de su país. Pero pasaron los días, las semanas y los meses sin que recibiera respuesta alguna. Creyendo que quizás mis emails habían ido a parar al buzón de la basura de sus computadoras, les escribí nuevamente, con el mismo resultado: silencio absoluto. ¿Estaban todos meditando en las montañas o era un régimen dictatorial que no quería visitas de periodistas potencialmente incómodos? Exasperado, recurrí a Saamdu Chetri, un monje budista a quien había entrevistado en CNN cuando había visitado Miami como director del Centro de Estudios de Bután e Investigaciones de la Felicidad Nacional Bruta de Bután, y que ahora —según una búsqueda de Google— vivía en India y enseñaba en un instituto de ese país. Al igual que en los casos anteriores, pasaron días y semanas sin que recibiera una contestación. Finalmente, después de más de dos meses, recibí un email muy cariñoso de Chetri. "Me siento muy honrado y conmovido por su correo electrónico", escribió. Y a continuación decía: "Le pido perdón por no haber contestado antes, pero sólo checo mis emails una vez cada dos meses, y no lo vi hasta ahora". Como alguien que revisa sus correos electrónicos una vez cada dos minutos, me di cuenta de que los tiempos en Bután son diferentes. Tenía que hacerme a la idea de que allá todo avanzaba lentamente.

Chetri ya no estaba vinculado al gobierno de Bután, y fuera de ser muy generoso con su tiempo para explicarme cómo funciona el producto bruto de la felicidad de su país, no pudo hacer mucho por conseguirme una visa. Yo ya estaba abandonando la idea de viajar a Bután, y decidido a escribir brevemente sobre el país con base en entrevistas por Zoom a los expertos que pudiera encontrar, cuando surgió fortuitamente la oportunidad de ir como turista. En una cena en Miami, conversando con algunos amigos sobre nuestros respectivos proyectos de viajes, les conté que quería ir a Bután, pero que no lograba conseguir ni entrevistas ni una visa. Uno de los presentes saltó de su asiento y confesó que estaba loco de ganas por conocer este país también. "¡Vamos!", nos desafió. Resulta que, como empresario hotelero, conocía al dueño de un hotel en Bután, quien seguramente nos ayudaría a resolver el problema. A los pocos minutos, nació el "proyecto Bután". Cuatro parejas decidimos formar un grupo e ir como turistas comunes y corrientes, con una de las agencias autorizadas por el gobierno butanés. Una vez allí, mi plan era escaparme de nuestro guía oficial y hablar con quien quisiera o pudiera.

Dicho y hecho, a los pocos meses conseguimos las visas, no sin antes adelantar una considerable suma de dinero para cubrir los impuestos de estadía y el hospedaje. Nada fue fácil. Hacer el pago a la agencia de viajes por medio del sistema de Mastercard me fue imposible. Nunca entendí muy bien por qué, pero, después de cuatro o cinco intentos fallidos, me dijeron que el pago no había podido hacerse porque muchos bancos de Bután no se encontraban en el mismo circuito financiero de las tarjetas estadounidenses. Finalmente, logré hacerlo con una tarjeta de débito a través de un banco de Singapur que me asignó la agencia de viajes.

"¿Vas a Bután o a Asia?"

Acto seguido, empezamos con los preparativos: vacunas para la fiebre tifoidea, tétanos y hepatitis A y B; ropa de invierno y remedios para todo tipo de potenciales males intestinales. Grande fue mi sorpresa cuando casi nadie a quien le contaba que iríamos a Bután sabía dónde quedaba el país. La mayoría cree que está en África, quizás porque el nombre evoca sonidos de tambores o tribus de la selva africana. Mi mujer y yo fuimos a la Clínica de Viajes Internacionales de la Universidad de Miami, donde les administran vacunas preventivas a los viajeros. El doctor que nos atendió nos miró con cara intrigada cuando, después de preguntarnos a dónde íbamos para ver qué vacunas necesitábamos, le respondimos que a Bután.

—¿Dónde queda eso? —preguntó el doctor especializado en medicina para viajeros—. ¿No es un país que antes tenía otro nombre?

—No —le respondí—. Ése es Mianmar [Birmania], que antes se llamaba Burma. Bután es un reinado en el Himalaya, entre India y China.

—Aaaah —levantó las cejas el médico—. Siempre se aprende algo nuevo.

La escritora estadounidense Linda Leaming, que vivió mucho tiempo en Bután, se casó con un butanés y escribió dos libros sobre el reinado, cuenta que se topaba constantemente con gente que no podía ubicar a Bután en el mapa cada vez que volvía de visita a Estados Unidos. Para ahorrarse explicaciones, cuando le preguntaban dónde vivía, decía: "Bután, Asia". Pero muchas veces esa explicación no bastaba, porque la gente inquiría de nuevo: "Pero ¿en cuál de los dos, en Bután o en Asia?". Por alguna razón misteriosa, todo el mundo creía que Bután estaba en África.

Uno de los aeropuertos más peligrosos del mundo

Planear el viaje también fue complicado porque hay sólo dos aerolíneas que hacen vuelos regulares a Bután, y el calificativo de regulares —como todo en Bután— es muy relativo. El aterrizaje en el aeropuerto de Paro, el único habilitado para vuelos internacionales del país, es uno de los más peligrosos del mundo. Los aviones deben zigzaguear entre las montañas y hacer un giro brusco de 45 grados para poder aterrizar en una pequeñísima pista que desde el aire se ve como una cajita de fósforos. Según la guía de viajes Fodor's, Paro es uno de los tres aeropuertos más peligrosos del planeta. Hay sólo 17 pilotos autorizados para aterrizar en este aeropuerto a 2 300 metros sobre el nivel del mar, y los vuelos a menudo son cancelados porque alguno de ellos que estaba de turno ese día tuvo algún contratiempo. Basta que el piloto se sienta mal o tenga que ir al dentista para que se posterguen los vuelos.

Y para quienes viajamos de Occidente, es un viaje larguísimo. Desde Miami, tuve que hacer un vuelo de dos horas y media hasta Nueva York, 15 horas de Nueva York a Nueva Delhi, y otras dos horas de Nueva Delhi a Bután. En total, contando las esperas y demoras, mi viaje duró 26 horas, sin contratiempos mayúsculos.

Aislados por decisión propia

Bután es un país aislado del mundo por decisión propia. Hasta el día de hoy, Bután no tiene relaciones diplomáticas formales con Estados Unidos, ni China, ni Rusia, ni Reino Unido, ni Francia. Sólo hay tres embajadas extranjeras en este país: las de India, Bangladesh y Kuwait. Todo el cuerpo diplomático del extranjero en este país cabe en una mesa de café. Cuando llegué a Bután, mi primera sospecha era que los reyes del país habían optado por cerrarse al exterior para evitar el contagio político de las democracias occidentales y poder preservar su poder indefinidamente. Desde que llegué al aeropuerto de Paro, me topé con la imagen del rey en todas partes: en las paredes de los edificios, en las escuelas y oficinas públicas, en los negocios, en las casas particulares, en los billetes y hasta en los prendedores que usan los butaneses para sujetar sus vestimentas tradicionales. Los hombres en Bután usan el gho, una especie de kimono con una falda; y las mujeres, la kira, la túnica típica del país.

Los escolares y funcionarios públicos deben usar las vestimentas tradicionales, y la gran mayoría de los adultos llevan un botoncito en el pecho con la imagen del rey que sujeta una punta de su túnica con el resto de su vestimenta. Incluso en la docena de templos budistas que visité se ven cuadros con fotos del rey debajo de las gigantescas estatuas doradas de Buda en el altar. Prácticamente todos los butaneses con quienes hablé en este país me hablaron maravillas de su majestad. Semejante culto a la personalidad me hizo preguntarme a cada momento si Bután realmente tenía un rey sumamente popular o si se trataba más bien de una felicidad ficticia forjada a punta de bayonetas.

Lo cierto es que Bután se convirtió en una monarquía constitucional en 2008, con elecciones periódicas y relativamente libres en que los ciudadanos eligen a un primer ministro y al Poder Legislativo. A diferencia de lo que ocurre en Corea del Norte o Cuba, en Bután hay varios partidos políticos y existe una prensa con cierta independencia. La iniciativa de permitir elecciones y tener gobiernos electos había partido del propio rey anterior, padre del actual, por considerar que el país debía dar un paso hacia la modernidad. Las críticas a los gobiernos en turno son permitidas, siempre y cuando no toquen al rey. Freedom House, la organización estadounidense que elabora un ranking anual sobre el estado de la democracia en todo el mundo, define a Bután como un país "parcialmente libre", la misma categoría que les asigna a México, Brasil, Colombia e India. "Bután es una monarquía constitucional que ha hecho significativos progresos hacia una democracia consolidada en la última década", dice el informe anual de Freedom House de 2023.[1] "Ha celebrado elecciones creíbles y hecho transferencias de poder a partidos opositores. Entre los problemas persistentes está la discriminación hacia los hablantes de nepalí y las minorías no budistas, la autocensura de la prensa y el creciente uso de acusaciones de difamación para silenciar a periodistas." En suma, Bután no es una democracia ejemplar, pero tampoco es una dictadura, o un país como Venezuela, Arabia Saudita o Rusia, que Freedom House califica como "no libres". Las organizaciones internacionales de derechos humanos, como Human Rights Watch, tampoco registran casos recientes de represión gubernamental en Bután, aunque denuncian que hay 37 presos políticos de grupos nepalíes que fueron condenados antes de que el país se convirtiera en una monarquía constitucional en 2008. Es posible que el culto a la personalidad del rey se deba a que el monarca butanés opera como un mito cohesivo, considerado necesario para unificar a un país pequeño e indefenso ante potenciales enemigos mil veces más poderosos en sus fronteras, más que el síntoma de una dictadura brutal.

Un país rodeado de potenciales enemigos

Uno de los principales motivos por los que Bután se cerró al mundo es que sus monarcas consideraron que el país sólo podría sobrevivir entre vecinos tan poderosos como China e India manteniendo una neutralidad a ultranza. Siendo un país pequeño, sin salida al mar, con una población minúscula y pobre, no podía darse el lujo de alinearse con ninguna potencia. "Si miras a Bután en el mapa, está rodeado de potenciales enemigos por los cuatro costados. El país logró sobrevivir gracias a su aislamiento y su neutralidad", me dijo Michael Rutland, un maestro británico que llegó a Bután hace 50 años como tutor del rey anterior. Rutland, que se enamoró del país y vive allí desde entonces, logró permanecer en Bután en calidad de cónsul honorario del Reino Unido, a pesar de que ambos países no tienen relaciones diplomáticas formales. Me explicó que, además de tener a China en su frontera norte e India en su frontera sur, Bután enfrenta la potencial amenaza de rebeldes nepalíes en su frontera oeste, que aspiran a crear un "Gran Nepal", que incluiría buena parte del territorio butanés, y varios otros movimientos separatistas de países vecinos.

Hasta hace 15 años, Bután vivía en un aislamiento total. Hoy en día, Bután tiene relaciones diplomáticas con 54 de los 193 países miembros de las Naciones Unidas, casi todos ellos en vías de desarrollo, que no le representan problemas con ninguno de sus vecinos. Bután es miembro de las Naciones Unidas, pero recién en 2023 estaba planeando unirse a la Organización Mundial del Comercio (OMC). "Hasta el día de hoy, su aislamiento le ha permitido ser uno de los pocos países del mundo que nunca ha sido ocupado por una potencia extranjera. Eso lo hace muy especial. Le permitió mantener su pureza, su identidad, como pocos países del mundo", me dijo Rutland.

Es cierto, pensé para mis adentros, pero el aislamiento también ha impedido que Bután pueda crecer más y reducir la pobreza. El país vive principalmente de la energía hidroeléctrica que exporta a India, y prácticamente no tiene industrias, lo que lo obliga a importar casi todo lo que consume. Su atraso es tal que las Naciones Unidas lo clasificó entre los 46 países menos desarrollados del mundo, una categoría que comparte, entre otros, con Afganistán, Bangladesh y Burkina Faso, que reciben ayuda financiera y preferencias arancelarias de los países desarrollados. Durante mi estadía en Bután, el país se estaba preparando, con gran nerviosismo, para su "graduación" del grupo de los países menos desarrollados en diciembre de 2023, fecha a partir de la cual dejará de recibir los beneficios para los más pobres. La ONU consideró que Bután había superado la barrera de la extrema pobreza, y ahora le tocará valerse por sus propios medios.

El producto bruto de la felicidad de Bután

Aunque el reinado de Bután sostiene que la felicidad ha sido una meta nacional desde su nacimiento como un Estado budista en el siglo XVII, en tiempos modernos se convirtió en el primer país en adoptar el producto bruto de la felicidad casi por casualidad. El rey anterior, Jigme Singye Wangchuck, padre del actual monarca, había heredado el reinado en 1972, cuando apenas tenía 16 años. Poco tiempo después, le concedió una entrevista a un periodista indio que le preguntó, como tratando de resaltar el atraso económico de Bután, cuál era el producto interno bruto de su país. Y el joven monarca, quizás sin saber qué contestar, respondió: "A mí no me interesa tanto el producto interno bruto. Me interesa mucho más el producto bruto de la felicidad". Fue una declaración espontánea, sin ninguna preparación, pero que tuvo un gran impacto mediático. Los asesores del rey muy pronto descubrieron que podían aprovechar el interés que había despertado la idea para encontrar una solución intermedia al creciente debate nacional sobre si modernizar el país o mantener intactas sus tradiciones. Poco después, el reinado adoptó oficialmente el concepto de la felicidad nacional bruta (FNB), y en 2005 creó un organismo, el Centro de Estudios de Bután e Investigaciones de la Felicidad Nacional Bruta, para medir la salud espiritual y emocional de la población y orientar sus políticas públicas. De allí en más, Bután adoptó la felicidad como objetivo nacional en su Constitución de 2008, donde consta que el gobierno debe esforzarse por elevar la felicidad nacional bruta y "asegurar la paz, la seguridad, el bienestar y la felicidad de la gente".

Según documentos oficiales, el principal mecanismo para lograr la felicidad de Bután es "mantener una visión budista de la vida", centrada en la espiritualidad, la generosidad y la armonía con la naturaleza. Poco a poco, la iniciativa de Bután comenzó a atraer la atención de muchos economistas en el exterior, especialmente después de la crisis financiera mundial de 2008, cuando cada vez más expertos empezaron a cuestionar las bases del crecimiento económico y el capitalismo a ultranza. En 2011 la Asamblea General de la ONU aprobó una resolución presentada por Bután denominada "La felicidad: hacia una definición holística del desarrollo", donde instaba a los países a medir la felicidad, además del crecimiento económico, para guiar sus políticas públicas. Al año siguiente, en 2012, la ONU estableció la celebración del Día Mundial de la Felicidad el 20 de marzo de cada año.

Hasta el día de hoy, el Centro de Estudios de Bután e Investigaciones de la Felicidad Nacional Bruta, una dependencia estatal, lleva a cabo encuestas cada cinco años en que se le hacen más de 100 preguntas a la población relacionadas con su satisfacción de vida. Contestar estos cuestionarios lleva más de tres horas, pero los 8 000 encuestados elegidos al azar suelen recibir un día libre de su trabajo o una compensación económica para completarlo, y casi todos lo hacen como un deber patriótico, me explicaron funcionarios butaneses. La primera pregunta es parecida a la que la consultora Gallup hace en su propia encuesta y en la que se basa el *Reporte mundial de la felicidad*: "¿Qué tan feliz es en una escala del 0 al 10, en que 0 es 'nada feliz' y 10 es 'muy feliz'?". Y, según los resultados de 2015, el promedio de satisfacción de vida en Bután es de 6.9%, bastante superior a la media mundial de 5.7%. El 80% de los encuestados en Bután dijo sentirse "satisfecho" o "muy satisfecho" con los principales aspectos de su vida.

Sin embargo, la encuesta de la felicidad de Bután es mucho más extensa y hace preguntas mucho más específicas. Las respuestas le permiten al gobierno saber quiénes padecen las principales carencias, por edad, sexo y municipio en el que viven. De esta manera, las autoridades pueden saber en qué ciudades y en qué personas focalizar sus programas sociales, de salud y hasta espirituales.

El director del Centro de Estudios de la Felicidad Nacional Bruta

El dasho Karma Ura, actual presidente del Centro de Estudios de Bután e Investigaciones de la Felicidad Nacional Bruta, me recibió en su oficina al día siguiente de mi llegada a Timbu, gracias a la recomendación de un amigo en común que había hecho su tesis doctoral sobre la felicidad en Bután. Karma Ura, de 61 años, es la máxima autoridad en materia de los estudios de la felicidad en Bután. Antes de ser nombrado en su actual cargo, había trabajado unos 12 años en el Ministerio de Planificación, y había sido uno de los principales arquitectos del programa del producto bruto de la felicidad del país. El rey anterior le había conferido el título de dasho, una especie de nombramiento nobiliario, en 2006, y ahora era el principal encargado de las encuestas quinquenales de felicidad del país. Si el tamaño de los edificios públicos da la pauta de la importancia que los países les dan a sus dependencias oficiales, no hay duda de que Bután considera el Centro como una de sus instituciones más importantes. Comparado con el resto de los edificios de la ciudad, el Centro, una agencia estatal semiindependiente, tiene una sede privilegiada. Cuenta con un espacioso auditorio y oficinas donde trabajan, entre empleados y estudiantes haciendo pasantías, más de 100 personas.

Vestido en un tradicional gho colorado, Karma Ura me esperó en la puerta del Centro y me acompañó a su despacho, donde me invitó a sentarme en un sillón debajo de un enorme retrato del rey. De entrada, sin saber cuánto tiempo me daría, empecé por hacerle las preguntas que más me intrigaban: cuál es la diferencia entre la manera de medir la felicidad de Bután y la de otros países, y por qué este país no figura en el ranking de los países más felices del mundo del *Reporte mundial de la felicidad*.

BUTÁN, ¿EL PAÍS MÁS FELIZ DEL MUNDO?

Con el dasho Karma Ura. Foto del autor.

Sobre el primer punto, Karma Ura me dijo que su país hace una encuesta mucho más completa que la del *Reporte mundial de la felicidad*. "Hay una enorme diferencia", me señaló. "El *Reporte mundial de la felicidad* se basa en una sola pregunta, que es '¿Qué tan satisfecho está con su vida en una escala del 0 al 10?'. Nosotros, en cambio, hacemos 135 preguntas. Recogemos mucha más información". Acto seguido, continuó: "La encuesta del *Reporte mundial de la felicidad* sirve para hacer un ranking de felicidad de los países, pero yo creo que el propósito principal de estas encuestas debe ser ayudar a formular políticas públicas. Y en ese sentido, la nuestra es mucho más útil". Según me explicó el director del Centro, la encuesta de Bután incluye preguntas sobre nueve dominios o rubros: bienestar psicológico, vida comunitaria, uso del tiempo en las últimas 24 horas, diversidad ecológica, educación, salud, buena gobernanza, cultura cívica y nivel de vida. Karma Ura me dio algunos ejemplos de las preguntas incluidas en la encuesta de Bután:

- ¿Con cuántas personas cercanas podrías contar si te enfermas? (Respuesta promedio en Bután: 13.3 personas).

- ¿Con cuántas personas cercanas podrías contar si tienes problemas financieros? (Respuesta promedio en Bután: 5.2 personas).
- ¿Con cuántas personas podrías contar si tienes problemas emocionales? (Respuesta promedio en Bután: 6.4 personas).
- ¿Hasta qué punto te consideras una persona espiritual? (Respuesta promedio en Bután: 98% respondió que se considera "moderadamente" o "muy" espiritual).
- ¿Cuán a menudo rezas? (Respuesta promedio en Bután: 58.6% de los encuestados dijo que rezaba por lo menos una vez al día).
- ¿Cuán a menudo practicas meditación? (Respuesta promedio en Bután: sólo el 7.5% dijo que meditaba por lo menos una vez al día).
- ¿Cuán a menudo visitas templos u otros lugares de significado espiritual para tu comunidad? (Respuesta promedio en Bután: 97%, aunque mayormente sólo en fiestas religiosas).
- ¿Cuánto tiempo por día dedicas a actividades religiosas? (Respuesta promedio en Bután: 51 minutos diarios).
- ¿Has pensado alguna vez en suicidarte? (Respuesta promedio en Bután: 5% de la población dice haber considerado seriamente alguna vez suicidarse).
- ¿Cuál es el promedio de tiempo que requieres para llegar al centro de salud más cercano? (Respuesta promedio en Bután: 67 minutos).
- ¿Cuántas horas al día duermes? (Respuesta promedio en Bután: 8.4 horas por día).
- ¿Cuánto tiempo has dedicado al trabajo voluntario en los últimos 12 meses? (Respuesta promedio en Bután: 13.4 días).
- ¿Cómo definirías tu sentido de pertenencia a tu comunidad: débil, moderadamente fuerte o muy fuerte? (Respuesta promedio en Bután: 64.3% respondió que su sentido de pertenencia es "muy fuerte").[2]

Las respuestas a cada una de éstas y otras preguntas son segregadas por ubicación geográfica y características personales de los encuestados, me explicó Karma Ura. Todo esto le permite a Bután tener datos precisos que pueden ser usados para la asignación del presupuesto estatal y diseñar planes sociales. "Las políticas estatales no pueden hacerse con base en los deseos de los políticos. Deben hacerse con base en una disciplina", me señaló.

"Los datos de Gallup son ficticios"

Yo estaba intrigado, más que nada, por la ausencia de Bután en el ranking anual de 137 países del *Reporte mundial de la felicidad*, basado en la encuesta de Gallup. Si Bután fue el pionero en convertir la felicidad en un objetivo nacional, ¿cómo se explica que no figure en el ranking mundial de la felicidad?

El CEO de Gallup, Jon Clifton, me había dicho en una entrevista, antes de mi viaje a Bután, que el gobierno butanés no le había permitido conducir su encuesta como lo hacía en todos los demás países. Según me aseguró Clifton, Bután había pedido participar en el proceso de selección de los hogares encuestados, algo que Gallup no podía permitir porque no acepta esa condición en ninguno de los demás países. "Necesitamos hacer nuestra propia selección de hogares encuestados, porque eso nos permite hacer las comparaciones globales", me dijo el CEO de Gallup. Las tensiones entre el gobierno de Bután y la empresa encuestadora llegaron a un quiebre después de que el *Reporte mundial de la felicidad* colocó a Bután en el puesto 95 de 156 países en su ranking de 2019, y Gallup no volvió —o no se le permitió volver— a realizar encuestas en el país.

Cuando le pregunté a Karma Ura por qué Bután no figuraba en el más reciente ranking del *Reporte mundial de la felicidad*, basado en la encuesta de Gallup, movió la cabeza, algo molesto, y dijo: "Ésa es una larga historia. El director de Gallup y yo hemos tenido una comunicación indirecta a través de otra persona desde hace varios años sobre este tema". Tras pedirme que tratara este asunto con "delicadeza", agregó que las encuestas que hacía Gallup en Bután eran "ficticias". Explicó: "Somos un país muy pequeño en el que todo se sabe. No podrían haber hecho una encuesta sin nuestro conocimiento. Y ninguno de nosotros jamás se enteró de que hubieran hecho una encuesta aquí. De manera que, desde 2016, los desafiamos a que nos enviaran un reporte completo con los datos de su encuesta, y les ofrecimos darles los datos de la nuestra".

No convencido con su respuesta, le hice notar que me parecía muy difícil que una empresa como Gallup jugara su reputación inventando una encuesta. Karma Ura respondió: "Quizás le pagaron a alguna empresa en India para que hiciera la encuesta, y esa empresa pudo haber cocinado los datos, porque necesitaban juntar 1 000 respuestas". Agregó: "Ellos dicen que hicieron la encuesta por teléfono o por internet. Pero nosotros no tenemos ninguna evidencia de eso, y nos hubiéramos enterado". Además, según Karma Ura, la encuesta quinquenal de Bután hace exactamente la misma pregunta que Gallup sobre el nivel de felicidad de la gente en una escala del 0 al 10, y obtiene un resultado promedio mucho más alto para Bután. Y, mientras las encuestas de Gallup son de 1 000 personas, la de Bután es de 8 000 personas. Incluso si la encuesta de Gallup fuera creíble, "no es representativa", concluyó.

Clifton, el presidente de Gallup, sospecha que Bután le ha puesto trabas a su empresa para llevar a cabo encuestas en el país porque no le gustaron sus resultados. "Hicimos encuestas en Bután hasta 2017, y cuando le preguntamos a la gente allí cómo evaluaba su vida en una escala del 0 al 10, los resultados no figuraban entre los más altos del mundo. Según nuestros datos, no parece que Bután destaque en la pregunta sobre satisfacción de vida", me dijo el presidente de la encuestadora. A la hora de escribir estas líneas, Bután y Gallup seguían tratando de encontrar una solución a su conflicto, pero todavía parecían lejos de lograrlo.

Los proyectos tienen que pasar la "prueba de la felicidad"

A diferencia de lo que ocurre en otros países, en Bután todos los grandes proyectos gubernamentales deben pasar el filtro de un "Comité de la Felicidad" antes de ser aprobados por el gabinete y ser presentados al primer ministro. Por ejemplo, si el ministro de minas quiere permitir la explotación de una reserva de algún mineral cerca de un pueblo, el plan tiene que ser aprobado por el Comité de la Felicidad antes de ser discutido en el gabinete. Si el comité no lo aprueba, el proyecto muere ahí mismo. En la práctica, el sistema no se aplica a rajatablas, y es un tanto caótico, porque no hay un comité único que esté a cargo de analizar todos los proyectos. El comité de evaluación se crea específicamente para cada proyecto, según el tema que se trate. Si la propuesta es, de nuevo, para un proyecto minero, por ejemplo, el primer ministro nombra un comité que incluya expertos en este ramo.

Para entender mejor cómo funciona este sistema, fui a hablar con Dorji Penjore, exdirector de investigaciones del Centro de Estudios de Bután e Investigaciones de la Felicidad Nacional Bruta. Actualmente enseña en el Instituto Real de Administración de Empresas de Bután (RIM), en las afueras de Timbu. Penjore, un antropólogo doctorado en Australia y autor de varios libros sobre la historia y costumbres de Bután, es uno de los intelectuales más conocidos del país. Vestido en un tradicional gho, como todos los funcionarios butaneses, hizo un espacio entre sus clases para recibirme, y me dio algunos ejemplos de proyectos que habían pasado —o no— el filtro de la prueba del Comité de la Felicidad.

Penjore recordó que hacía algunos años había un proyecto en el gabinete para que Bután se hiciera miembro de la Organización Mundial del Comercio. Integrarse a esa institución mundial, a la que pertenecen 164 países que representan 98% del comercio mundial, implicaba aceptar ciertos principios del libre comercio, incluyendo una apertura a las importaciones. Sin embargo, había un gran debate nacional sobre la conveniencia de adherirse, porque Bután prácticamente no produce nada más que la energía hidroeléctrica que exporta India, e importa casi todo lo que consume. "La gran pregunta era de qué nos hubiera servido ser miembros de la OMC", me dijo Penjore. "Hubiéramos tenido que permitir la importación de tomates y otros alimentos baratos producidos en China, que habrían destruido a nuestros agricultores. El Comité de la Felicidad decidió no aprobar el proyecto porque habría hecho demasiado daño a nuestra gente". De la misma manera, un proyecto de desarrollo de la minería fue rechazado en dos oportunidades por el Comité de la Felicidad porque no compensaba adecuadamente a los pobladores del lugar y amenazaba con producir daños ambientales.

La educación budista, pilar de la felicidad de Bután

Según documentos oficiales, "el principal mecanismo para sostener la felicidad de la gente", desde la fundación de Bután como país budista en el siglo XVII, ha sido la educación basada en la espiritualidad y la compasión.[3] La idea de que la educación espiritual forme parte de las políticas de gobierno suena como algo exótico para los occidentales, pero está muy presente en toda la historia de Bután. Incluso la letra del himno nacional habla de política y espiritualidad, al anhelar "que las enseñanzas del Iluminado florezcan, que el sol de la paz y la felicidad brille sobre la gente".

Penjore, el profesor del Instituto Real de Administración de Empresas, me dijo que todas las escuelas de Bután enseñan los valores esenciales del budismo, como el respeto a la naturaleza, a la cultura, a las tradiciones, a los padres, abuelos y ancianos, y el sentido de pertenencia a la comunidad. La mayoría de los maestros de la escuela primaria empiezan sus clases con 10 minutos de *mindfulness*, ejercicios de atención plena. "Por lo general, los niños entran a la clase corriendo, y llenos de emoción. Entonces, la maestra dice 'mindfulness', y todos se sientan en sus pupitres y se concentran en su propio interior", me explicó.

Entre los principios budistas que se enseñan en las escuelas está la "ley del karma", que decreta que uno cosecha aquello que siembra, o sea, que las buenas acciones serán recompensadas en esta u otra vida, me dijo Penjore. Y para darme un ejemplo concreto, agregó: "Yo estaba muy ocupado hoy, pero cuando tú me escribiste que era tu último día en Timbu y me agradecerías enormemente si pudiera reunirme contigo esta tarde, decidí asignarles una tarea a mis alumnos y cancelar mi clase. No es que crea que tú me vayas a recompensar en algún momento, porque lo más probable es que nunca nos volvamos a ver. Pero alguien, de alguna forma, me va a devolver el favor, haciendo lo mismo por mí. Puede que ocurra en dos años, o en 100, pero todo vuelve".

LOS NIÑOS BUTANESES MEDITAN CINCO VECES AL DÍA
"COMO MÍNIMO"

En Punakha, una ciudad a unos 90 kilómetros al noroeste de la capital, le pedí a mi guía de turismo que me llevara a una escuela pública, y tuve la oportunidad de visitar la escuela Central Kabesa y hablar con su director. La escuela tiene 651 estudiantes, de los cuales 248 son pupilos, y consta de dos edificios blancos que están entre los más importantes de la ciudad. El director, un hombre de unos 50 años llamado Sangla (según me explicó, tiene un solo nombre, sin apellido, como muchos butaneses), me recibió en su pequeño despacho y me contó que los niños pupilos viven demasiado lejos como para viajar a diario desde sus casas.

En la entrada de la escuela, un gran cartel azul proclama el lema "Misión: desarrollar políticas educacionales sanas que permitan la creación de una sociedad basada en el conocimiento para la felicidad nacional bruta". Todos los niños deben ir a clase vestidos en su gho

Conversando con los alumnos en Bután. Foto del autor.

o su kira, los trajes tradicionales de Bután, para preservar así las tradiciones nacionales. Lejos de ser tímidos, los niños se arremolinaron alrededor de nosotros durante el recreo, curiosos por la presencia de los visitantes extranjeros. Cuando les pregunté qué querían ser cuando fueran grandes, competían por levantar la mano para responder. La mayoría de los niños querían ser comandantes de la policía. Las niñas, médicas y maestras. Parecían sanos, despiertos y muy alegres.

En las aulas, cada pupitre es compartido por un niño y una niña. Esa costumbre se adoptó para habituarlos desde muy pequeños a interactuar entre ellos, especialmente para ayudar a vencer la timidez de las niñas. La educación primaria en Bután es gratuita, y prácticamente todos los cursos, excepto el de lenguaje, son dictados en inglés, e incluyen la impartición de valores budistas y la búsqueda de la felicidad. El día escolar comienza y termina con una sesión colectiva de *mindfulness* en el patio de la escuela si el clima lo permite, frente a una enorme imagen de Buda. Asimismo, casi todas las clases comienzan con unos minutos de *mindfulness*. ¿Eso quiere decir que los niños practican *mindfulness* por lo menos cinco veces por día en la escuela?, le pregunté a Sangla. "Como mínimo", respondió el director. "La meditación colectiva al principio y final del día escolar es obligatoria. Entre tanto, cada maestro puede decidir si quiere iniciar la clase con unos minutos de *mindfulness*, pero la mayoría lo hace", agregó.

Tal como me lo había descrito Penjore, los niños entran a la clase alborotados, como en todas partes del mundo. Pero cuando entra la maestra, todos se levantan de sus pupitres, hacen una pequeña reverencia en señal de respeto y dicen, en coro: "Kuzuzangpo-la", que en el idioma dzongkha o butanés significa "Le deseamos mucha salud". Tras responder con una reverencia, la maestra dice: "Gom" (*mindfulness*), y todos se sientan en sus pupitres, cierran los ojos y siguen la meditación guiada por la docente. Primero, la maestra les pide concentrarse en los ruidos externos, luego en su respiración, y luego en su cuerpo durante algunos minutos. Acto seguido, la maestra les pide que abran lentamente los ojos, que abran sus cuadernos, y empieza la clase. Al final de la jornada escolar, suena una campana, y todos —maestros y alumnos— se vuelven a reunir en el patio o en el salón principal de la escuela para una sesión de *mindfulness* de cinco minutos.

Según me contó su director, la escuela pública Central Kabesa tiene cinco coordinadores educativos: el coordinador espiritual, encargado de que se impartan los valores budistas y se enseñen las diferentes técnicas de *mindfulness*; el coordinador emocional, que en Occidente vendría a ser el psicólogo de la escuela; el coordinador social, que organiza actividades sociales e incentiva la participación en los festivales tradicionales del país; el coordinador físico, encargado de las actividades deportivas; y el coordinador académico, que está a cargo de cumplir con los planes de estudios. De los cinco coordinadores, cuatro están abocados a guiar a los maestros para que impartan valores y cuiden la salud mental y física de los alumnos. Por ser un país pobre, no hay muchas universidades en Bután, y las que existen pueden acomodar a muy pocos estudiantes. La escuela es gratuita hasta el décimo grado, aunque no obligatoria, y de allí en adelante sólo 70 u 80% con las mejores calificaciones puede seguir a la escuela secundaria, y un porcentaje mucho menor, a la universidad. Las oportunidades de trabajo son pocas, y en años recientes cada vez más jóvenes han emigrado a Australia, Canadá, Tailandia y Kuwait en búsqueda de mayores oportunidades. La tasa de desempleo juvenil en Bután es de 28.6%, una de las más altas que se recuerden en el país.[4]

"La mitad de mis amigos se han ido"

Durante la semana en que permanecí en Bután, el periódico semioficial *Kuensel* publicó en su sección de cartas de lectores una misiva brutalmente sincera sobre el éxodo de jóvenes butaneses hacia el exterior. La carta, firmada por una joven llamada Damchoe Pem, comienza diciendo: "En los últimos tres años, he visto a la mitad de mis amigos irse de Bután a Australia y Canadá. La mayoría de ellos dijeron que se iban por necesidad económica. Lo que ganaban no les alcanzaba para vivir en Bután".

Pem señala: "Nuestros padres, hermanos y parientes esperan que les ayudemos financieramente porque tenemos trabajo. Pero de lo que no se dan cuenta es de que debemos usar la mitad de nuestro salario para pagar el alquiler de nuestra vivienda, y la otra mitad se nos va en comida y transporte. Es imposible ahorrar en esas circunstancias. Y cuando hay emergencias, tenemos que pedir dinero prestado de nuestros amigos. ¿Cómo podemos vivir así, sin sueldos decentes para poder mantener una vida satisfactoria? ¿Durante cuánto tiempo podremos seguir viviendo con este estrés económico?".

La joven concluye su carta diciendo que no le queda más remedio que irse del país. "Quisiera quedarme y trabajar en nuestro país, pero cuando tengo a mis padres, mis hermanos y parientes centrando sus esperanzas en que los ayude, se me hace difícil no hacer nada. Espero que aquellos de nosotros que nos vamos regresemos con mayores habilidades e innovaciones para ayudar a que nuestro país prospere. Espero que las circunstancias mejoren para que la gente pueda quedarse en el país y hacer lo mejor para la nación."[5]

Pero, mientras tanto, Pem ya tomó su decisión: como tantos otros, ha decidido emigrar.

"El estado de ánimo en el país no es grandioso"

Estando en Bután, sin una visa de periodista y habiendo fracasado en mis anteriores intentos de contactar a funcionarios oficiales, decidí que la mejor manera de saber más sobre la situación del país era hablando con un periodista independiente. En Bután, no hay muchos periodistas que no trabajen para medios oficiales. Probablemente el más conocido sea Tenzing Lamsang, el director del semanario independiente *The Bhutanese*. Le había escrito presentándome como un colega suyo que estaba por unos pocos días en el país, y me invitó a su despacho en el quinto piso de un edificio de Timbu, la capital. Cuando llegué al predio y le pregunté a una persona en la planta baja dónde estaba el ascensor, me miró con cara de extrañeza. No había ascensor. Según me enteré allí, muy pocos edificios de Bután tienen uno. De manera que tuve que subir cinco pisos de escaleras, a una altura de casi 2 400 metros sobre el nivel del mar. Cuando por fin llegué a su oficina, casi arrastrándome por el piso y sin aire, le pedí a Lamsang, con un gesto de la mano, que me diera unos minutos para recuperar la respiración, y después iniciamos la entrevista.

Lamsang, cuyo semanario es conocido por denunciar casos de corrupción y hacer periodismo investigativo en Bután, tiene una oficina modesta. Su equipo periodístico es de 12 personas, que trabajan con laptops en mesas rústicas, en la mayor precariedad. En su escritorio había una pequeña impresora y un teléfono fijo que parecían tener por lo menos 20 años de antigüedad. Debajo de su escritorio había un calefactor, apuntándole a las piernas, que también parecía prehistórico. Cuando le pregunté sobre la emigración de los jóvenes butaneses a Australia y Canadá, Lamsang reconoció: "El estado de ánimo del país no es grandioso. Hay una gran emigración de gente joven y de profesionales, incluidos maestros y médicos, que se van principalmente a Australia".

Según Lamsang, esto se debe a que Bután es una "víctima de su propio éxito": "En los últimos años el gobierno ha invertido muchísimo en educación, y hemos pasado a ser un país en que prácticamente 100% de los niños terminan la escuela primaria, y muchos terminan la escuela secundaria y van a la universidad. Pero no hemos creado un sector privado capaz de ofrecerles trabajo a todos estos jóvenes. Al mismo tiempo, en Australia hay una gran demanda laboral, y la apertura de Bután a la televisión y el internet desde 1999 ha hecho que los jóvenes estén mucho más al tanto del mundo exterior que antes. Todos estos factores han contribuido a que muchos se estén yendo del país".

Lamsang acababa de regresar de Doha, Kuwait, donde había escrito un artículo sobre los alrededor de 1 000 jóvenes butaneses que han emigrado allí recientemente. Muchos de ellos trabajaban en hoteles, negocios y cafeterías, ganando mucho más de lo que podrían haber aspirado a ganar en su país si hubieran tenido la suerte de conseguir empleo. El director de *The Bhutanese* me enseñó su artículo, y otro que reproducía una entrevista con Tandy Wangchuk, el presidente de la Cámara de Comercio e Industria de Bután, en el que el líder empresarial decía que el éxodo de jóvenes butaneses estaba reduciendo el consumo y haciendo caer el crecimiento económico del país. Para una recuperación económica, Bután tendría que diversificar su economía para dejar de depender casi exclusivamente de las exportaciones de energía hidroeléctrica a India, decía Wangchuk. "Bután debe explotar otros sectores, como la agricultura, el turismo y las manufacturas", y "promover inversiones extranjeras ofreciendo incentivos impositivos y reglas claras", señaló el presidente de la Cámara. El reportaje de *The Bhutanese* terminaba señalando que, a menos que Bután haga estas reformas económicas, "lo próximo que podría venir podría ser una (mayor) fuga de capital humano y una crisis financiera".[6]

Con el monasterio budista Nido del Tigre de fondo. Foto del autor.

En el monasterio budista, todos saltaron cuando dijimos "Messi"

El impacto de la apertura de Bután a la televisión y el internet que me había mencionado Lamsang no es un dato menor. Como lo pude

BUTÁN, ¿EL PAÍS MÁS FELIZ DEL MUNDO?

comprobar durante mi visita a Bután, la gente tiene acceso a 21 canales de televisión, incluyendo CNN y la BBC, aunque la mayoría sintoniza la cadena nacional Bhutan Broadcasting Service (BBS) o los canales de la vecina India. Sin embargo, todos los académicos e intelectuales con quienes hablé estaban al tanto de ChatGPT, el programa de inteligencia artificial que acababa de salir en Estados Unidos y que está revolucionando al mundo, y tenían acceso libre a WhatsApp, Facebook y Twitter.

La globalización ha llegado hasta los monasterios budistas en las cimas del Himalaya. En una visita guiada al monasterio budista de Chorten Ningpo, en las afueras de Punakha, a unos 1 500 metros sobre el nivel del mar, descubrí que incluso ahí veían televisión los sábados y domingos, bajo la supervisión de los lamas. Llegamos al monasterio del siglo XVIII llevados por nuestro guía, quien nos había anticipado que tendríamos la oportunidad de desayunar con los novicios que estaban estudiando para convertirse en monjes, a cambio de una pequeña donación voluntaria de nuestra parte. Dicho y hecho, cuando llegamos estaban todos los novicios sentados, desayunando arroz con pimientos, con sus cabezas rapadas y en sus túnicas coloradas, con la mirada fija en sus platos.

Nuestro guía nos sentó en diferentes mesas para que pudiéramos conversar con los niños, pero no fue cosa fácil. Muchos no hablaban bien inglés, pues, a diferencia de los escolares laicos de Bután, los novicios budistas reciben gran parte de su educación en dzongkha. Casi todos parecían introvertidos y comían en silencio, sin levantar la vista de la mesa. Todos mis intentos por entablar una conversación con ellos fueron inútiles, hasta que mi esposa tuvo una idea genial. Les dijo: "Somos de Argentina, el país de donde viene Messi". Ahí, como por arte de magia, todos los pequeños monjes levantaron la vista con una sonrisa y comenzaron a gritar, haciendo gestos afirmativos con la cabeza: "¡Messi!", "¡Messi!", "¡Messi!".

Resultó que todos habían visto el Mundial de futbol de 2022, y sabían perfectamente bien quiénes eran Lionel Messi, Cristiano Ronaldo, Kylian Mbappé y varios otros astros del torneo. A partir de allí, se entabló una conversación animada sobre cuál era el ídolo de cada uno (hubo un virtual empate entre Messi y Mbappé) y nos contaron que podían ver el televisor común en el comedor todos los sábados y domingos por la tarde, durante unas horas. Veían los partidos del

A la mesa con los novicios budistas. Foto del autor.

Barcelona y del Real Madrid, y varias películas de Hollywood aprobadas por sus superiores. Para muchos de ellos, por lo general provenientes de familias pobres de zonas rurales de Bután, era la primera ventana que habían tenido al mundo occidental.

Los voluntarios De-Suung o "Guardianes de la Paz"

Una de las principales opciones para los jóvenes desempleados de Bután es unirse al cuerpo de voluntarios De-Suung o "Guardianes de la Paz". Este organismo de 32 000 voluntarios —una cifra enorme en proporción a la escasa población adulta del país— es una especie de cuerpo de paz que lleva a cabo tareas de rescate en desastres naturales y varias otras actividades al servicio de la sociedad. Los De-Suups, como se llaman los integrantes de los Guardianes de la Paz, visten uniformes de color naranja, y pueden ser vistos a diario haciendo trabajos de jardinería en las ciudades o ayudando a reparar puentes y caminos. En Timbu, le pedí al dasho Karma Ura, el presidente del Centro de Estudios de Bután e

Investigaciones de la Felicidad Nacional Bruta, si me podía contactar con un directivo de los De-Suups. Para mi fortuna, el cuartel general de los De-Suups estaba al lado de su edificio, y Karma Ura tuvo la gentileza de acompañarme a ver si encontrábamos a alguno de sus dirigentes.

El cuartel de los Guardianes de la Paz estaba en un edificio de madera de una sola planta, y parecía un campamento militar. La entrada había sido convertida en una especie de depósito de materiales de construcción, y en su interior había docenas de voluntarios uniformados yendo y viniendo o dirigiendo desde sus laptops en sus escritorios las varias misiones simultáneas que diferentes grupos de voluntarios ejecutaban en ese momento.

Rinchen Tshewang, uno de los pocos directivos de los Guardianes de la Paz que estaba allí en ese momento, me contó que el entrenamiento para integrarse al De-Suung es superintenso: hay que hacer un entrenamiento casi militar de tres semanas, con jornadas que empiezan a las 4:40 de la mañana y se extienden hasta las 11 de la noche. Allí aprenden, entre otras cosas, procedimientos de rescate y cómo usar equipos de salvataje en casos de aludes, inundaciones o terremotos. Durante la pandemia, los miembros del De-Suung jugaron un papel fundamental, ya que repartieron alimentos y medicinas en todo el país, haciendo posible que Bután fuera uno de los países con menos porcentajes de muertes por covid-19 del mundo. Según la Organización Mundial de la Salud, sólo hubo 21 muertos por covid-19 en Bután, entre 2019 y marzo de 2023.[7] El país se benefició de su poco contacto con el mundo exterior, un cierre de fronteras que se extendió hasta fines de 2022, y de que gran parte de su población vive en casas muy distanciadas entre sí. Pero los voluntarios De-Suup también desempeñaron un rol esencial, distribuyendo víveres y vacunas durante la pandemia.

¿Qué ventajas obtienen los voluntarios de De-Suung?, le pregunté a Tshewang. Además de la satisfacción de servir a su país, los Guardianes de la Paz reciben unos 130 dólares por mes cuando están en servicio activo, y —quizás lo más importante— tienen acceso a cursos gratuitos de capacitación técnica en varios oficios. Los voluntarios pueden escoger cursos, de entre tres y seis meses, de robótica, diseño de páginas de internet, reparación de automóviles, electricidad, carpintería, sastrería, cocina, pastelería, cosmética y hasta preparación para convertirse en baristas. "Las clases tienen cupos para entre 30 y

40 estudiantes, y tenemos expertos que vienen de Australia, Estados Unidos, Japón y varias otras partes del mundo para impartirlos", me dijo Tshewang. "Estos cursos son muy intensivos y exigentes. En los últimos dos años, unos 8 000 miembros de De-Suung han hecho alguno de estos cursos, y los empleadores los buscan porque saben que salen muy bien preparados." La idea de los De-Suung, nacida en 2011, no es original, ya que existen cuerpos de voluntarios de este tipo en varias partes del mundo. Pero muy pocos países convocan a tantos jóvenes en proporción a la población y no les ofrecen tantos cursos de aprendizaje en diversos oficios. El primer ministro de Bután, Lotay Tshering, señaló: "Los Guardianes de la Paz han creado un nuevo espíritu de voluntarismo, abierto un mundo de oportunidades para nuestros jóvenes e inyectado un sentido de propósito y responsabilidad en ellos. Los miles de jóvenes participantes han generado un masivo cambio social".[8] Cuando me despedí de Tshewang, no pude dejar de pensar para mis adentros que muchos países latinoamericanos con enormes poblaciones de jóvenes *ninis* —que *ni* estudian *ni* trabajan— podrían beneficiarse enormemente creando este tipo de cuerpo de voluntarios.

¿Se puede exportar el modelo de Bután?

Me fui de Bután con una multitud de sentimientos encontrados. Por un lado, es casi imposible no enamorarse del país, porque su respeto por la naturaleza, la preservación de sus tradiciones, su culto a la espiritualidad y la belleza de sus montañas y bosques lo dejan a uno conmovido como en pocas partes del mundo. Por otro lado, la dura realidad es que es un país muy pobre, estancado económicamente, cuya juventud está emigrando y cuyo aislamiento voluntario del mundo le está costando no poder diversificar sus fuentes de ingresos, exportar más y crecer. Un titular del propio diario semioficial *Kuensel* se preguntaba recientemente: "¿Está Bután en camino a (mayores) problemas?". El artículo resaltaba que la emigración de médicos, enfermeras, maestras y otros profesionales, sumado a la caída en la tasa de natalidad, eran malos presagios para la economía del país. Mientras que la Organización Mundial de la Salud recomienda a los países tener una tasa de un médico por cada 1 000 habitantes, la emigración ha contribuido a que Bután hoy tenga apenas un médico por cada 5 000 habitantes, señalaba.[9] Las características que le permiten a Bután conservar su pureza son, en muchos casos, las mismas que frenan su progreso.

No me convence la explicación de que Bután, fiel a su tradición budista, mide su progreso de una forma diferente a la occidental. Creo que Jigme Singye Wangchuck, el cuarto rey de Bután, exageró la nota cuando dijo, según consta en documentos oficiales, que "la felicidad nacional bruta es más importante que el producto interno bruto".[10] Habría sido mucho más convincente si hubiera dicho que sin crecimiento económico no se puede reducir la pobreza ni lograr la felicidad nacional, pero que el crecimiento económico debería ir de la mano de un aumento de la satisfacción de vida. Para ser viable, el incremento de la felicidad nacional bruta debería ser un objetivo que acompañe el crecimiento económico, y no uno que intente reemplazarlo.

No es casualidad que, por lo que pude observar en Bután, muchos butaneses toman la política nacional de la felicidad con una mezcla de admiración, escepticismo y humor. Nuestro guía en Bután me confió, con una sonrisa pícara, que una broma muy frecuente en el país es decirle a una persona que tiene unos kilos de más, apuntándole a la barriga: "Producto bruto de la felicidad", como felicitándola por su aparente síntoma de prosperidad.

Sin embargo, me encantaron muchas de las cosas específicas que hace Bután, empezando por su objetivo nacional de búsqueda de la felicidad. Me pareció excelente hacer encuestas quinquenales con más de 100 preguntas sobre el estado emocional, espiritual y social de la gente para formular políticas públicas que ayuden a elevar la satisfacción de vida. Me resultó digna de estudio la idea de que los proyectos gubernamentales deban pasar un "test de felicidad" antes de ser discutidos y aprobados por el gabinete. Me encantó la práctica de las escuelas butanesas de iniciar las clases con ejercicios de *mindfulness* y enseñarles a los niños valores humanos y el respeto al medio ambiente. Si Bután reformulara su doctrina nacional para poner el crecimiento económico a la par de la búsqueda de la felicidad, sería un ejemplo a seguir para todos los países. Al final de mi viaje, no me fui convencido, pero sí maravillado.

Capítulo 6

LA EDUCACIÓN POSITIVA
"LOS NIÑOS FELICES APRENDEN MÁS"

ROSH HAAYIN, Israel, y NUEVA DELHI, India.- Israel, que salió en el cuarto lugar en el ranking de los países más felices del mundo del *Reporte mundial de la felicidad* de 2023, y la India, que ocupó el lugar número 126 de la lista de 137 países, están entre los pocos países del mundo que tienen programas oficiales para enseñarles a los niños a ser más felices, o por lo menos más optimistas.

El programa educativo de Israel, del que me había hablado el gurú de la educación positiva Tal Ben-Shahar en la Cumbre de la

Tal Ben-Shahar en la Cumbre de la Felicidad de Miami de 2022.
Cortesía: WOHASU.

Felicidad en Miami, no es en absoluto el principal motivo del sorprendentemente alto nivel de felicidad de los israelíes. La mayoría de los expertos coinciden en que el motivo central de que Israel figure tan alto en el ranking mundial de la felicidad está relacionado con la cohesión social y el sentido de propósito que tiene este país nacido tras el holocausto nazi. Pero, aunque no explique el alto nivel de satisfacción de vida de los ciudadanos, el experimento israelí de educación positiva es, junto con los de Bután e India, uno de los más interesantes que se están llevando a cabo.

Por recomendación de Ben-Shahar, el profesor de psicología positiva que había dado el curso más popular de la Universidad de Harvard antes de dedicarse de lleno a la educación positiva, aproveché un viaje a Israel para visitar a Shifra Stroosky. Ella había sido la directora de la primera escuela que había aplicado el programa de educación positiva de Ben-Shahar. Cuando la entrevisté, Stroosky había sido promovida a directora de las escuelas públicas de Rosh HaAyin, una ciudad de 80 000 habitantes a una hora al este de Tel Aviv. En su nueva función, supervisaba las 101 escuelas primarias y secundarias, y más de 100 jardines de infantes de la ciudad. "Tenemos muchos bebés en esta ciudad", me señaló, encogiéndose de hombros con una sonrisa, cuando notó mi sorpresa por la cantidad de jardines de infantes. La población de la ciudad se había duplicado en los últimos seis años porque muchas parejas jóvenes se estaban mudando allí debido a que no podían pagar los altísimos precios de los alquileres y propiedades en Tel Aviv, me explicó.

Sentados en su oficina del Ministerio de Educación de la ciudad, le pregunté qué cosas concretas estaban haciendo las escuelas de Rosh HaAyin para enseñarles a los niños a ser más optimistas y más felices. Stroosky me dijo que no hay reglas fijas ni obligatorias, pero las maestras reciben cursos de educación positiva, y cada una de ellas puede decidir cómo aplicarlos en el aula. Sin embargo, una de las primeras cosas que sorprende a los visitantes, porque lo han adoptado muchas maestras, es la disposición de las aulas y la forma en que están sentados los alumnos. En lugar de estar sentados unos detrás de otros, en filas de pupitres, como en las aulas tradicionales, los alumnos de muchas escuelas de la ciudad están sentados contra las paredes del aula, formando un semicírculo, mirando a la maestra. "De esta manera, la maestra puede verlos a todos y prestarles la misma atención a todos", me explicó Stroosky. "Y todos los alumnos se pueden ver entre ellos, lo que ayuda no sólo a evitar que algunos se sientan apartados o traten de esconderse en las filas de atrás, sino también a que todos puedan verse las caras e interactúen mejor en las discusiones entre todos."

Otra práctica en las escuelas de Rosh HaAyin es iniciar cada clase con una meditación de pie, para que los estudiantes aprendan desde muy niños la importancia de la meditación. Al inicio de cada clase, la maestra les pide a los niños que se paren, cierren los ojos, se concentren en diferentes partes de su cuerpo y lo "escuchen" durante un minuto. Por otro lado, la campana del recreo no es una campana como la de las escuelas tradicionales, sino una canción de rock o pop que tenga un mensaje positivo, para que los alumnos inicien y terminen cada clase con una sonrisa. Las canciones que usan de campana cambian todo el tiempo, pero las escuelas buscan temas con mensajes positivos. El estribillo de una de las que se usan en las escuelas de esta ciudad dice: "Al final del camino seguirás siendo feliz".

LOS FRACASOS NO SON EL FIN DEL MUNDO

En las escuelas de Rosh HaAyin, las clases de todas las materias, incluidas las de matemáticas, se entrelazan con relatos de las maestras sobre gente famosa que fracasó y logró superar sus fracasos. Después, la clase los discute, y los niños deben hacer tareas en torno a estas historias. Como ya me lo había adelantado Ben-Shahar, los maestros de educación positiva suelen contar la historia de Thomas Alva Edison, el inventor de la lamparita eléctrica que fracasó en más de 1 000 de sus invenciones, o del célebre basquetbolista, varias veces campeón de la NBA, Michael Jordan, quien admitió haber errado más de 9 000 tiros a la canasta en su carrera y perdido más de 300 partidos, y quien decía que había triunfado precisamente por haber fracasado tantas veces. Otro caso de estudio es el de Helen Keller, la ciega que se convirtió en un modelo de superación personal para las personas con alguna discapacidad y que jamás perdió su optimismo.

Hay un sinnúmero de historias inspiradoras para contar a los alumnos y convencerlos de que el éxito suele ser el resultado del esfuerzo después de una cadena de fracasos, me señaló Stroosky. Ella misma, que es una profesora de matemáticas, solía contarles a sus estudiantes la historia de Marva Collins, una niña afroamericana nacida en Monroeville, Alabama, durante la era de la segregación racial en 1936. Según el relato —y la película que se hizo sobre su vida—, Marva soñaba con ser maestra y, algún día, secretaria de Educación, pero su padre se reía de ella y le decía que con suerte sería secretaria de algún ejecutivo. Pero Collins no sólo llegó a ser maestra y directora de su propia escuela, sino que se le ofreció ser directora de escuelas de Chicago y Los Ángeles, y el presidente Ronald Reagan le habría ofrecido el puesto de secretaria de Educación, que, según reportes de prensa, ella decidió no aceptar. "Tras contar o ver estas historias, la maestra les pregunta a los niños cuál es el mensaje principal de cada una de ellas, y analizan las conclusiones entre todos los alumnos", me dijo Stroosky. Así, los alumnos crecen conscientes desde muy pequeños de que los fracasos son parte de la vida, que no hay que ahogarse en un vaso de agua y que las dificultades se pueden superar, me explicó.

Además de las recién citadas historias, los maestros de educación positiva cuentan la historia de Alexander Graham Bell, el inventor del teléfono. Según cuenta la leyenda, Bell llevó su invento a la compañía Telegraph Company, hoy llamada Western Union, y ofreció vendérselo por 100 000 dólares. Según el libro *La historia del teléfono*, de Herbert N. Casson, publicado en 1910, el ejecutivo de la Telegraph Company que recibió a Bell le respondió: "¿Para qué le serviría a nuestra empresa comprar un juguete como éste?". Otras versiones menos benévolas de la misma historia dicen que el ejecutivo rechazó el invento diciendo que era "una idiotez".

Los hermanos Orville y Wilbur Wright, los pioneros de la aviación, fracasaron en 163 intentos antes de emprender su primer vuelo tripulado en 1903. Sus aviones levantaban el vuelo uno, dos metros, y se estrellaban contra el piso. Henry Ford, el pionero de los automóviles producidos en serie y fundador de la Ford Motor Company, había fundado anteriormente otra compañía llamada Detroit Automobile Company, la cual quebró. Y Ford también tuvo varios fracasos en su nueva empresa. Según algunos historiadores, su famoso automóvil Ford T, que revolucionó la industria del transporte, se llamó así porque el fundador de la empresa había empezado con el Ford A y fracasado casi 20 veces hasta llegar a la letra T del abecedario.

La idea de que todos los grandes éxitos son precedidos por varios fracasos no es nueva, pero, hasta hace pocos años, no era algo a lo que se le prestara mucha atención en las escuelas. Ahora, en medio de la epidemia de depresión entre los adolescentes en muchos países, tendría que ser un tema obligatorio. Y todos los estudiantes deberían conocer la historia del célebre primer ministro británico Winston Churchill, que en sus discursos instaba constantemente a la gente a no dejarse vencer por sus fracasos. Churchill había sido un mal alumno que había repetido de grado y tenido que probar suerte en tres escuelas. Luego, fue rechazado dos veces en el examen de ingreso a la Real Academia Militar de Sandhurst. Muchos años después, cuando fue invitado a hablarles a los alumnos de la escuela de Harrow, donde había sido un pésimo estudiante, Churchill dictó —sin saberlo— una clase magistral de educación positiva. En su discurso, el 29 de octubre de 1941, Churchill les dijo a los jóvenes: "¡Nunca se den por vencidos! ¡Nunca se den por vencidos! ¡Nunca, nunca, nunca, nunca! En nada, ya sean las cosas grandes o pequeñas, nunca se den por vencidos, salvo ante las convicciones que nazcan del honor y del sentido común".

La historia de WhatsApp

Mientras escuchaba a Stroosky y otros psicólogos positivos israelíes hablar sobre cómo enseñarles a los jóvenes a no dejarse vencer por los fracasos, no pude evitar pensar cuántos disgustos nos habríamos ahorrado muchos de mi generación, y de las que nos siguieron inmediatamente después, si hubiéramos aprendido en la escuela a tomar los fracasos con más naturalidad. Yo aprendí esta lección relativamente tarde en la vida, cuando empecé a viajar a Silicon Valley para escribir *¡Crear o morir!*, sobre los secretos de la innovación. Como lo relaté en ese libro, una de las cosas que más me sorprendió de Silicon Valley, el epicentro mundial de la innovación tecnológica, fue la naturalidad con que los jóvenes hablaban de sus fracasos. Muchos de los jóvenes emprendedores que conocí allí hablaban voluntariamente sobre sus derrotas, a veces casi con orgullo.

En una de mis primeras noches en San Francisco, en un coctel de la empresa de diseños Autodesk, conocí a un joven emprendedor que me contó que era diseñador de software y, acto seguido, sin que se lo preguntara, me señaló que había fundado cuatro empresas anteriormente, todas las cuales habían quebrado. Sin embargo, ahora le estaba yendo bien, agregó, como si ése fuese el corolario de la historia. Hablando con otros emprendedores como él, pronto me di cuenta de que en la cultura de innovación de Silicon Valley el fracaso es asumido como una parte necesaria del éxito, porque no hay grandes innovadores que no hayan tenido varios fracasos. "La gente aquí se vanagloria de sus fracasos", me explicó luego Vivek Wadhwa, el emprendedor y autor de varios libros sobre innovación, entonces profesor de Singularity University. "En Silicon Valley, cuando enumeras tus fracasos es como si estuvieras enumerando tus diplomas universitarios."[1]

Quizás el mejor ejemplo de la cultura de optimismo que reina en Silicon Valley, y que también se puede enseñar en las escuelas, es la historia de los dos jóvenes que fundaron WhatsApp, el servicio de mensajería que muchos usamos a diario. El estadounidense Brian Acton y el ucraniano Jan Koum se hicieron famosos mundialmente cuando le vendieron su empresa a Facebook por 19 500 millones de dólares en 2014. Lo que muchos no saben es que, algunos años antes, en 2009, Acton había solicitado empleo en Facebook y había sido rechazado. ¿Qué le habrán dicho al jefe de recursos humanos de Facebook, cuando, cinco años después, la compañía tuvo que gastar 19 500 millones de dólares por un software que podría haber conseguido gratis si le hubieran dado un empleo a Acton? Pero lo interesante fue que, cuando lo rechazaron en Facebook, Acton no perdió el optimismo. Por el contrario, apenas recibió la noticia de que no le darían empleo, escribió en su cuenta de Twitter: "Facebook no me ha contratado. Era una gran oportunidad para conectarme con gente fantástica. Esperando que llegue la próxima aventura en la vida". Y ese espíritu optimista lo llevó a fundar WhatsApp y a convertirse en multimillonario poco después.

Quizás Acton sea un optimista por naturaleza, pero, por la cantidad de emprendedores como él que hablan abiertamente de sus fracasos, e incluso los publicitan en las redes sociales, no me extrañaría que haya adquirido su espíritu positivo en la universidad o que se lo hayan contagiado sus compañeros de clase. Muchas escuelas —tanto de educación básica, como media y superior— de California enseñan lo que ahora se llama educación positiva desde hace mucho tiempo, y no sería raro que ése fuera un factor clave detrás de la cultura de probar y fracasar hasta alcanzar el éxito que distingue a los emprendedores de Silicon Valley.

LAS BOLETAS ESCOLARES EMPIEZAN CON LO MÁS POSITIVO

¿Qué criterio usan para medir el progreso de los alumnos?, le pregunté a Stroosky, la directora de escuelas de la ciudad de Rosh HaAyin. ¿Usan calificaciones numéricas del 0 al 10, como en las escuelas tradicionales de muchos países latinoamericanos, o han eliminado las notas y cada alumno pasa de grado a su propio ritmo a medida que domina sus asignaturas, como en varias escuelas alternativas de Estados Unidos y Europa? "No, usamos las calificaciones del 0 al 100, como en las escuelas tradicionales", me respondió Stroosky enfáticamente, como para dejar bien claro que las escuelas de educación positiva no les regalan ninguna buena nota a los estudiantes. "Las notas son verdaderas. Si te va mal, sacas una mala nota. Pero la diferencia es que sacar una mala nota no es el fin del mundo."

¿Cómo es eso?, le pregunté. La diferencia es que las escuelas de educación positiva no ponen el acento en las malas notas, sino en las buenas, me explicó. En matemáticas, por ejemplo, hay cinco niveles en cada grado, de manera que sólo los mejores estudiantes en matemáticas llegan al quinto nivel, lo que les sirve para poder estudiar carreras afines. Pero, si un estudiante sólo llega al tercer nivel, se lo estimula a mejorar su rendimiento para que pueda pasar al próximo grado. Se le dan clases después de hora, personales o grupales, pero no se lo castiga ni se lo hace sentir inferior, cosa de no desalentarlo. Se trata de transmitirle que, si se esfuerza, puede avanzar.

"Hemos cambiado el lenguaje de las boletas de calificaciones de fin de año. Ahora, siempre empiezan mostrando el lado positivo", me contó Stroosky. "Antes, los reportes de calificaciones comenzaban diciendo: 'Daniel tiene que trabajar en mejorar su rendimiento en matemáticas'. Ahora, los reportes comienzan diciendo: 'Daniel es muy bueno en literatura, historia y geografía, y tiene una gran facilidad para escribir y hablar en público'. Y al final el reporte dice: 'Ahora, Daniel tiene que trabajar más en mejorar sus habilidades en matemáticas y geometría'. O sea, escribimos los reportes de una forma que les dé esperanzas de superación a los estudiantes."

Y si todos los estudiantes no alcanzan el quinto nivel en matemáticas, no importa, agregó Stroosky. "Yo soy profesora de matemáticas, y siempre le decía a mi hijo que, si no podía avanzar más allá del cuarto nivel en matemáticas, estaba bien. Lo importante era que se sintiera bien consigo mismo, obtuviera el nivel mínimo requerido de matemáticas y se desarrollara en las materias que más le gustaban. Y hoy en día es un excelente abogado", señaló. "Nuestra meta debe ser lograr el bienestar y la felicidad de los alumnos, no torturarlos."

Las escuelas más felices tienen mayor rendimiento académico

Tanto Stroosky como los maestros de educación positiva que trabajan bajo su tutela son docentes tradicionales que han recibido cursos del Centro Maytiv de Educación Positiva de la Universidad de Reichman. El Centro funciona dentro de la Escuela de Psicología Baruch Ivcher de la misma universidad en Herzliya, a poco más de media hora en auto al norte de Tel Aviv, y fue fundado hace 12 años por Ben-Shahar y Mario Mikulincer, un psicólogo nacido en Argentina que hizo su carrera en Israel. Desde su creación, el Centro Maytiv ha entrenado a maestras en más de 800 escuelas de todo el país con la ayuda de fondos estatales. En 2022, el Centro había conseguido financiamiento del gobierno para dar cursos de educación positiva, por los que cobra nada menos que unos 12 000 dólares por escuela, y para entrenar a las maestras de 25 escuelas que están bajo la supervisión de Stroosky en Rosh HaAyin.

Según me dijo la presidenta del Centro Maytiv, Edith Zakai-Or, ya hay varios estudios académicos que muestran que las escuelas que implementaron el programa de educación positiva no sólo han aumentado la satisfacción de vida de los niños, sino también su rendimiento académico. Hay numerosos estudios sobre el tema, pero quizás quien mejor los resumió fue la profesora Nel Noddings, de la Universidad de Stanford, autora del libro *La felicidad y la educación*. Noddings concluyó que "los niños felices aprenden más".

Pero ¿qué responde a los maestros que argumentan que cada minuto que se gasta en enseñarles a meditar a los alumnos o a contar historias ejemplares de fracasos de los famosos es un minuto que se pierde en enseñarles matemáticas?, le pregunté a Zakai-Or. Esa creencia en muchos países ha sido un argumento para descartar la educación positiva como parte del currículum escolar. Sin embargo, me respondió que su institución había hecho varios estudios del rendimiento académico de las escuelas israelíes que adoptaron la educación positiva, y que los resultados habían sido excelentes. "Hemos venido investigando esto desde hace 12 años, desde la fundación del Centro, y encontramos que consistentemente ha mejorado el nivel académico en todas las escuelas en que se ha impartido este programa", me aseguró. "Y la razón de esto es que el estado mental es el pilar del rendimiento académico. Si tú tienes confianza en ti mismo, y te sientes aceptado, y sientes una cierta seguridad psicológica, te va a resultar más fácil estudiar. Y cuanto más estudias, mejor te va a ir."

Los cursos del Centro Maytiv de Educación Positiva

Los cursos del Centro Maytiv son totalmente flexibles, y pueden ser aplicados por cada maestro a su discreción. O sea, no hay un programa de estudios ordenado por el Ministerio de Educación, sino que es optativo para las escuelas y para los maestros. Y los maestros que reciben esta instrucción la pueden aplicar en sus clases de la manera que mejor les parezca. Zakai-Or, la directora del Centro, que tiene un doctorado en Psicología y vivió varios años en Palo Alto, California, me explicó que el Ministerio de Educación de Israel pone a disposición del Centro y de las escuelas fondos para cursos de capacitación de maestros en "aprendizaje social emocional". Y dentro de ese rubro, las escuelas pueden escoger los cursos del Centro Maytiv de Educación Positiva, así como de otras instituciones que ofrecen cursos parecidos.

"Cada escuela puede escoger uno de estos cursos para sus maestros por año, y nos pagan con los fondos que reciben del ministerio", me explicó Zakai-Or. "En el Centro Maytiv tenemos unos 35 asesores o capacitadores, casi todos psicólogos o terapeutas que tienen doctorados o maestrías. Vamos a las escuelas cada dos semanas, unas tres horas por sesión, durante dos años, y hacemos talleres de trabajo intensivos con unos 15 a 20 maestros por escuela. Como ves, dos años de cursos es algo bastante intenso, lo que les permite a los maestros sumergirse bastante en lo que es la psicología positiva."

¿Y cómo son estos cursos? "Nosotros entrenamos a los entrenadores. Trabajamos exclusivamente con los maestros, no con los estudiantes. Y la razón por la cual trabajamos exclusivamente con los maestros es que queremos asegurarnos de que vamos a tener un impacto real en la vida de los niños. Si yo voy a un aula y les doy una charla maravillosa a los niños, no voy a cambiar nada. Pero, si la maestra, que es quien está en contacto diario con los niños, se comporta de cierta manera, les responde de cierta manera y les da herramientas a los estudiantes que puedan usar en sus propias vidas diariamente, hay muchas más posibilidades de tener un gran impacto."

Hay que enseñar el optimismo en escuelas

Cuando le pedí a la presidenta del Centro Maytiv que me diera ejemplos prácticos de las cosas que les enseñan a los maestros en los cursos de educación positiva de su institución, me dijo que oscilaban entre intervenciones sobre cómo actuar cuando un niño es disruptivo en el aula hasta prácticas rutinarias como hacer que los estudiantes practiquen meditación o *mindfulness* antes de la clase. También incluyen que los estudiantes anoten cada mañana las tres cosas que más los alegraron el día anterior y que escriban un diario personal y confidencial durante 10 minutos, al principio o al final de cada día de clase, al que nadie más que sus autores tienen acceso. "Nosotros no les decimos a los maestros lo que tienen que hacer", me recalcó Zakai-Or. "Les damos ideas que les funcionaron a otros para que ellos escojan las rutinas que prefieran aplicar en clase."

Una de las intervenciones preferidas de los instructores de educación positiva es ayudar a los alumnos a aprender a ser optimistas. Así como los psicólogos positivos no se concentran de entrada en las cosas en las que les va mal a los pacientes, sino en las que les va bien, los maestros positivos les hacen escribir a los niños cuáles son las cosas que más disfrutaron en las últimas 24 horas o aquéllas por las que más agradecidos están. Algunos maestros lo usan como un ejercicio diario en la clase; otros lo hacen una vez por semana. Pero la idea es que los estudiantes —sobre todo los más deprimidos— tengan más presentes las cosas positivas de la vida, por más triviales que sean. Y cuando un niño tiene problemas en la escuela, ya está entrenado mentalmente para pensar en las cosas que le dan satisfacción, y eso le facilita el diálogo con sus maestros. "Preguntarles a los niños por qué cosas están agradecidos ayuda a cambiar su hilo de pensamiento de cosas que son difíciles y problemáticas a otras que les dieron satisfacción. Y cuando recuerdan algo positivo que les pasó, empieza una conversación totalmente nueva. Es algo obvio, una herramienta elemental, pero funciona a las mil maravillas", me dijo Zakai-Or.

Una de las claves de la educación positiva es familiarizar a los niños desde muy temprano con los conceptos de optimismo y pesimismo para que los sepan distinguir bien y no se dejen convencer por pensamientos autodestructivos. Tal como lo enseña Martin Seligman, el padre de la psicología positiva, muchas veces creemos que lo primero que se nos viene a la cabeza es una verdad incontrovertible, cuando en rigor no lo es. La tendencia a aceptar los pensamientos negativos es muy común, y quizás la hayamos adquirido genéticamente desde la época de las cavernas, cuando el hombre primitivo tenía que estar siempre alerta de que no lo atacara algún animal carnívoro, y no podía darse el lujo de relajarse y pensar que las cosas malas no iban a ocurrir. Para combatir la tendencia a tener pensamientos catastrofistas, los maestros que practican la educación positiva les relatan a los niños cuentos en clase para que distingan, desde muy pequeños, los pensamientos optimistas y pesimistas, y las ventajas que trae afrontar las cosas con un "optimismo realista".

El cuento del "desanimado Greg" y la "esperanzada Holly"

Uno de los cuentos que Seligman recomienda a los maestros analizar con sus alumnos en clase es el del "desanimado Greg" y la "esperanzada Holly". Según este relato, el desanimado Greg, un niño de 11 o 12 años, se encuentra con su amigo Jeff en el corredor de la escuela, y los dos tienen el siguiente diálogo:

JEFF: ¡Ey, Greg! ¿Viste el cartel en el pasillo? Las pruebas de selección para el equipo de básquet empiezan la semana que viene.
GREG: ¿En serio? Bueno, ¿qué más da? ¿A quién le importa?
JEFF: A mí. Se me ocurrió que podríamos presentarnos y probar. Sería buenísimo poder estar en el equipo de la escuela. Te dan uniformes y todo. ¿Qué te parece?

GREG: No, olvídate. Estamos entre los más bajos de estatura de nuestra clase. La mayoría de los que se van a presentar nos llevan dos cabezas...

JEFF: Bueno, pero siempre hay una posibilidad de que crezcamos, ¿no?

GREG: No, qué va. Y si crecemos de estatura, los otros chicos de la clase van a crecer también, y vamos a seguir siendo los más bajos. Y aunque los alcanzara en estatura, a mí nunca me seleccionarían para el equipo.

JEFF: Puede ser, pero, si practicamos esta semana, podemos intentarlo. Tengo una cancha de básquet cerca de casa donde podemos ir.

GREG: Deja de soñar. Estaríamos perdiendo el tiempo. Una semana no es nada. Tendríamos que practicar durante años. Y hasta si hiciéramos eso sería muy difícil. ¡Olvídate!

JEFF: Bueno, quizás tengas razón, Greg. Quizás sea mejor esperar cuando formen el equipo de futbol en otoño.

GREG: ¿Estás loco? Entrar en el equipo de futbol es todavía más difícil. Y, además, los chicos que están en el equipo de básquet van a estar en el equipo de futbol. Cuando llegue el momento van a estar todavía mejor entrenados.

Acto seguido, el maestro cuenta en clase una historia parecida, pero con la "esperanzada Holly" como protagonista. El relato va de cómo Holly, una niña de la misma edad de Greg, se encuentra con su amiga Jenny en el corredor de la escuela, y ambas tienen el siguiente diálogo:

JENNY: Hola, Holly, ¿viste el cartel en el pasillo? Las pruebas de selección para el equipo de básquet empiezan la semana que viene.

HOLLY: ¡Qué bueno! ¿Quieres que intentemos?

JENNY: Sería bueno. Estaría buenísimo poder estar en el equipo de la escuela. Te dan uniformes y todo. ¿Qué te parece?

HOLLY: ¿Qué me parece qué?

JENNY: ¿Te parece que somos suficientemente buenas como para presentarnos?

HOLLY: Creo que sí. Algunas de las chicas de la clase son más altas que nosotras, pero puede que nosotras seamos más rápidas.

JENNY: Podemos practicar esta semana y ver qué pasa.

Holly: ¡Seguro! Y quizás hasta crezcamos de un tirón este año y terminemos estando entre las más altas del equipo. ¿Te acuerdas de cuando volvimos de las vacaciones de verano y Tania había crecido un montón en esos meses? ¡Ojalá nos pase lo mismo!
Jenny: Okey, dale. Tengo una cancha de básquet cerca de casa donde podemos practicar.
Holly: Buena idea. Mi hermano juega bastante bien. Quizás lo convenza de que venga y nos dé algunos consejos. Nos vemos en la cancha después de la escuela, ¿te parece?

Después de contar estas historias paralelas, la maestra les pide a los alumnos enumerar las diferentes reacciones de Greg y Holly, y les pregunta a los niños a cuál de los dos quisieran tener como amigos. La idea de este tipo de ejercicios, que se pueden hacer semanalmente con diferentes relatos, es inculcarles a los niños, desde muy pequeños, cómo el optimismo realista conduce a la gente a tener más energía, ser más creativa, más exitosa y más feliz. Pero Seligman advierte que no se trata simplemente de transmitir un optimismo ciego, como, por ejemplo, aconsejar que los niños vean siempre el vaso medio lleno. Eso no es creíble, y es hasta contraproducente, porque quien lo predica corre el riesgo de perder credibilidad ante su audiencia. En cambio, hay que transmitir un "optimismo realista", que reconozca los errores propios, pero que no los magnifique.

Hay que preguntarse si los obstáculos son permanentes

Una vez que los alumnos entienden la diferencia entre ser optimista y pesimista, el segundo paso que dan los maestros de educación positiva es inculcar en los alumnos la costumbre de preguntarse si las malas noticias son permanentes o pasajeras. Mientras que los optimistas ven las malas noticias como transitorias, y quizás efímeras, los pesimistas las ven como permanentes y catastróficas.

Seligman les sugiere a los maestros y a los padres que empiecen por desconfiar de sus primeras impresiones, y luego les enseñen a los alumnos a hacer lo mismo. Las primeras impresiones —o prejuicios inconscientes, como decir "nunca me van a seleccionar para el equipo de básquet"— suelen ser erróneas, pero muchas veces no nos damos cuenta de ello. Según Seligman, muchas veces actuamos convencidos de que lo que nos decimos a nosotros mismos son verdades incontrovertibles, cuando no lo son. Para combatir esta tendencia, los maestros de educación positiva les enseñan a los alumnos a asumir el papel de detectives, cuya misión es juzgar si sus propios pensamientos son válidos.

"Algunas veces creemos que el problema va a durar para siempre y que no podemos hacer nada para mejorar las cosas", dice Seligman. "Esos pensamientos de que los problemas son 'permanentes' nos tumban el ánimo y nos llevan a abandonar sin ni siquiera intentar las cosas. Contrariamente, si pensamos que la situación es temporal y cambiable, entonces nos sentimos con energía y buscamos la forma de mejorar las cosas."[2]

El experimento del perro "optimista" y el perro "pesimista"

Seligman desarrolló su teoría de que el optimismo puede ser enseñado a los niños cuando era un joven investigador y hacía experimentos psicológicos con perros. En uno de sus estudios, junto con otros investigadores, colocó a dos perros en jaulas separadas, con alambrados en el piso que podían disparar una pequeña descarga de electricidad. En el primer experimento, los dos perros fueron sometidos a una leve descarga de electricidad, pero uno de ellos tenía una palanca en la pared de la jaula que le permitía escaparse, mientras que el otro no. Como era de prever, apenas se activó la electricidad los dos perros trataron de escapar de sus jaulas manoteando las paredes con toda su fuerza, pero sólo uno pudo activar la palanca y salir. El otro perro, luego de intentar varias veces en vano escaparse, se dio por vencido, se sentó y se resignó a los electroshocks. En un segundo experimento, Seligman y sus colegas repitieron el ejercicio, pero esta vez con palancas en ambas jaulas que abrían la pared y permitían la salida. Para la sorpresa de los investigadores, el perro que había logrado escaparse antes manoteó la palanca y salió inmediatamente, pero el perro que había abandonado el intento de escapar la primera vez no trató de salir de la jaula. Por el contrario, se quedó quieto en su lugar, como aceptando el supuesto de que no tenía salida. Uno de los animales había aprendido a ser optimista, y el otro, a ser pesimista. El perro "pesimista" se había convencido a sí mismo de que los obstáculos eran permanentes, aunque no lo eran.

Según Seligman, "muchos niños que corren el riesgo de ser depresivos creen que las causas de los acontecimientos negativos que les ocurren son permanentes. Ellos razonan que, ya que la causa va a ser permanente, los acontecimientos negativos van a ser recurrentes. Por el contrario, los niños que se levantan bien de las caídas y son resistentes a la depresión creen que las causas de los acontecimientos negativos son temporales" y, como los perros "optimistas", nunca dejan de pelear para vencer los obstáculos.[3]

SHERLOCK HOLMES Y SU MEDIOCRE IMITADOR HEMLOCK JONES

¿Cómo lograr que los alumnos aprendan a analizar si un problema es temporal o permanente? Seligman les aconseja a los maestros contar, de la manera más divertida posible, su cuento del célebre detective Sherlock Holmes y su mediocre imitador, Hemlock Jones. El relato dice así:[4]

Había una vez, en una ciudad como la nuestra, una niña de 10 años que iba a la escuela en una bicicleta roja de último modelo. Ella la dejaba en el estacionamiento de bicicletas a la entrada de la escuela, le ponía el candado, y se iba alegremente a su clase. Un día, al terminar la jornada escolar, la niña salió corriendo a buscar su bicicleta, feliz de poder pedalear hasta su casa en la bicicleta más linda de todas. Pero, para su sorpresa, cuando llegó al estacionamiento de bicicletas, la suya no estaba allí.

"¡Oh, mi hermosa bicicleta roja!", lloraba inconsolablemente la niña, mientras sus compañeros se asomaban sin saber qué hacer. En ese momento se acercó un hombre de aspecto extraño, con un enorme sombrero.

—Por favor, no te alarmes, pequeña. Yo soy el famoso, célebre, reconocido detective Hemlock Jones. Estoy acá para lo que necesites —dijo el hombre.

La niña, extrañada, respondió:

—Yo nunca escuché de un detective llamado Hemlock Jones. ¿Usted no quiso decir el detective Sherlock Holmes?

—No, yo soy Hemlock Jones —respondió el detective, con algo de enojo—. ¿Por qué todo el mundo me confunde con ese tipo? De todos modos, yo sé quién te robó la bicicleta: fue el desgraciado de Danny el Pendenciero.

—¡Guau! —dijo la niña, agradecida—. ¡Qué rápido lo descubrió! ¿Cómo hizo para saber tan rápido quién me robó la bicicleta?

—Muy fácil —respondió Hemlock Jones—. Fue el primer nombre que me vino en mente, de manera que ¡tiene que ser él!

Y, dicho esto, el detective dio media vuelta y desapareció entre la multitud.

Momentos después, apareció en la escena el brillante, valiente y legendario detective Sherlock Holmes. El detective se quitó la capa, se ajustó el sombrero, y le dijo a la niña:

—No creas una palabra de lo que te dijo ese mediocre de Hemlock Jones. Yo soy el famoso, prestigioso y reconocido mundialmente detective Sherlock Holmes, el mismo sobre el que se han escrito muchos libros.

La niña pensó que este hombre era un poco arrogante, pero quería escuchar lo que tenía que decir. Y Sherlock Holmes le dijo:

—Bueno, vayamos a los hechos. Olvídate de las tonterías que te dijo Hemlock Jones. Ningún detective serio cree que el culpable sea el primer nombre que se le viene a la mente. Un buen detective siempre hace una lista de los sospechosos y luego busca evidencias para encontrar al culpable. Voy a buscar datos y evidencias, y cuando las encuentre regreso a decirte quién se robó tu bicicleta.

Dicho esto, Sherlock Holmes se colocó la capa, se ajustó el sombrero, y salió rumbo a la calle.

Más tarde, ese mismo día, regresó Sherlock Holmes.

—Hola, niña, aquí estoy nuevamente, el famoso, prestigioso y reconocido mundialmente detective Sherlock Holmes, el mismo sobre el que se han escrito varios libros. Y he descubierto quién te ha robado la bicicleta —dijo el detective—. Primero pensé que había sido Dany el Pendenciero, pero cuando busqué las pruebas descubrí que él estaba en detención en la rectoría en el momento en que desapareció la bicicleta. De manera que no pudo haber sido él. Después pensé que podría haber sido Jimmy el Bandido. Pero cuando busqué las evidencias encontré que Jimmy estaba en una pelea a pedradas con una banda de otro barrio cuando robaron la bicicleta. No pudo haber sido él. Entonces decidí investigar a la Malvada Betty. Cuando busqué pruebas sobre ella, encontré varias pistas interesantes. Primero, encontré una cinta sujetadora de pelo con las iniciales "MB" junto al estacionamiento de bicicletas. Después fui a la casa de la Malvada Betty, y su madre me dijo que se había ido a pasear en una bicicleta nueva de color rojo que le habían regalado en la escuela por tener las mejores notas en conducta. Finalmente, me puse a buscarla en el vecindario hasta que di con ella. Y, efectivamente, allí estaba la Malvada Betty, asustando a los niños más pequeños, amenazando con atropellarlos con tu bicicleta.

Moraleja: nunca te confíes de lo primero que te venga en mente, porque lo primero que te viene a la mente muchas veces no es cierto, dice Seligman. Hay que enseñar a los niños a ser buenos detectives de sus propios pensamientos y a eliminar el "pesimismo automático". Cuando nos viene un pensamiento negativo, tenemos que actuar como Sherlock Holmes, hacer una lista de todos los factores sospechosos y buscar las evidencias antes de dejarnos llevar por lo primero que nos venga a la mente.

El pastel cortado en varias partes

¿Cómo enseñar a los alumnos a eliminar el "pesimismo automático" y a buscar las verdaderas causas detrás de los acontecimientos negativos? Además de leer y analizar en clase cuentos como el del "desanimado Greg" y la "esperanzada Holly", y pedirles a los estudiantes que analicen si son válidas las suposiciones de los protagonistas, los maestros de educación positiva suelen usar el dibujo de un pastel para enseñar a pensar fríamente y no dejarse llevar por los pensamientos impulsivos.

El ejercicio del pastel consiste en contar un relato de un problema típico que le puede pasar a un estudiante, como que le vaya mal en un examen de matemáticas; luego, dibujar un pastel cortado en varias partes y pedirles a los alumnos que escriban en cada porción del pastel uno de los motivos que podría haber causado la mala calificación. Un primer pensamiento impulsivo del estudiante puede ser "Soy malo en matemáticas y nunca voy a poder ser bueno en esa materia". Sin embargo, al tener que rellenar las diferentes porciones del pastel con otras posibles causas, el alumno se ve obligado a pensar en otras posibilidades, como, por ejemplo, "No estudié todo lo que tenía que estudiar" o "No les pedí a mis padres que me explicaran las cosas" o "No me anoté para la clase de ayuda después de horas". Así, lo que era un pensamiento catastrófico se convierte en un problema con un menú de potenciales soluciones.

De esta manera, con discusiones abiertas y sistemáticas en la clase y tareas individuales, los niños aprenden a analizar los pensamientos que primero les vienen a la mente, a distinguir entre los obstáculos permanentes y temporales, y a ser más optimistas, dice Seligman.

Lo más importante no lo aprendemos en la universidad, sino en el jardín de infantes

Muchos gurús de la educación socioemocional dicen que las lecciones más importantes de la vida no las aprendemos en la escuela, ni en la universidad, sino en el jardín de infantes. Mi primera reacción cuando escuché esto fue creer que se trataba del comienzo de un chiste. Sin embargo, pronto comprendí que hay muchas cosas que uno aprende en el jardín de infantes que contienen toda la sabiduría que las religiones, filósofos y sabios han venido predicando durante milenios. En su libro titulado, precisamente, *Las cosas importantes las aprendí en el kínder*, un bestseller que vendió más de siete millones de ejemplares en 37 idiomas, el expastor de la Iglesia unitaria estadounidense Robert Fulghum cuenta que, después de estudiar teología y filosofía, llegó a la conclusión de que lo que hay que saber para vivir mejor no es tan complicado. De hecho, son cosas muy simples que uno aprende en la caja de arena del jardín de infantes.

Entre las lecciones que había aprendido Fulghum en el kínder estaba nunca tratar de cruzar la calle solo. Cuando uno tiene seis años y sale al mundo, lo primero que le enseñan es a tener cuidado al cruzar la calle, y siempre ir de la mano de algún adulto. Más tarde en la vida, uno escucha decir, en términos mucho más sofisticados, que hay que tener un grupo de apoyo (una familia, una pareja, mejores amigos, un grupo de la iglesia o sinagoga, etcétera) para enfrentar los problemas de la vida. Pero la lección fundamental, "tómense de las manos y no se separen", o sea, que no hay que enfrentar los desafíos sin la ayuda de otros, uno la aprende en el jardín de infantes.

Otra cosa que uno aprende en el jardín de infantes es que hay que tomarse un tiempo de descanso todos los días, lo que en muchas guarderías para niños de tres o cuatro años significa dormir una siesta a las tres de la tarde. De adultos, escuchamos complicados sermones de sacerdotes, charlas de psicólogos y revelaciones de gurús que nos aconsejan meditar, dejar descansar la mente y encontrar un balance entre el trabajo y el descanso. Pero la lección esencial la aprendimos en el kínder, cuando nos ponían una mantita a las tres de la tarde y nos decían que había que dormir la siesta durante media o una hora.

Fulghum cuenta que, durante sus años de pastor, siempre se sorprendía de las cosas que la gente no había aprendido de niños. Por ejemplo, muchas veces los feligreses le confesaban, aterrados, que les habían diagnosticado alguna enfermedad terminal. Y Fulghum comenta que, cuando los escuchaba hablar, él pensaba para sus adentros: "¿Qué? ¿Y acaso no lo sabías? ¿Tuviste que pagarle a un médico para que te dijera eso, a tu edad? ¿Dónde estabas en el jardín de infantes cuando te enseñaron lo que pasa cuando pones una semilla en un algodón en un vaso de agua? Se produce la vida, ¿recuerdas? Crece una planta y las raíces se esparcen para abajo. Un milagro. Y unos pocos días después, la planta estaba muerta. Muerta. La vida es corta. ¿Estabas dormido esa semana o enfermo en tu casa o qué?".[5]

Lo mismo ocurre con muchas otras lecciones de la vida, como no pegarles a otros, volver a poner las cosas de donde las sacaste, limpiar lo que has ensuciado, no tomar lo que no es tuyo y pedir perdón cuando has lastimado a alguien. Todas estas enseñanzas que recibimos en el jardín de infantes vuelven a ser importantes más tarde en la vida, dice Fulghum. De adultos las recibimos a través de sermones religiosos, tratados de filosofía, códigos legales, manuales de ética corporativos y libros de autoayuda, pero no dejan de ser las cosas simples que nos enseñan en el kínder. Hay que darles continuidad a estas enseñanzas del jardín de infantes durante la escuela primaria y secundaria para poder vivir en un mundo más armonioso y feliz.

Los experimentos de Alejandro Adler en Bután, México y Perú

Ya antes de la adopción de los programas del Centro Maytiv en muchas escuelas de Israel, hubo experimentos a gran escala sobre el impacto de la educación positiva o el aprendizaje socioemocional en el rendimiento escolar en otros países. Alejandro Adler, un mexicano que se doctoró en Filosofía y Psicología Positiva en la Universidad de Pensilvania, bajo la tutela de Seligman, emprendió un estudio a nivel internacional sobre el impacto de la educación positiva en el rendimiento de los alumnos, y concluyó que, efectivamente, la educación positiva conduce a un mejor nivel académico. Adler condujo su investigación durante cinco años en Bután, México y Perú. Y en las primeras líneas de su tesis doctoral, publicada en 2016, dice: "He dedicado los últimos cinco años de mi vida a responder experimentalmente dos preguntas. La primera es ¿Podemos enseñar a gran escala las habilidades para el bienestar? Y la segunda es ¿Ayuda la enseñanza del bienestar a mejorar el rendimiento académico? Después de varios viajes exploratorios alrededor del mundo, puedo decir con confianza que la respuesta a ambas preguntas es, sin la menor duda, afirmativa".

Adler concluyó su tesis afirmando: "Estoy convencido de que necesitamos y podemos lograr un nuevo paradigma educativo en el que podamos enseñar el bienestar paralelamente a las asignaturas académicas, independientemente del contexto social, económico o cultural. Este modelo educativo puede y debe guiar las políticas educativas locales, nacionales e internacionales. Voy a dedicar el resto de mi vida a promover este nuevo paradigma y ayudar a plantar las semillas para un mundo al que la humanidad pueda aspirar".

Intrigado por este trotamundos académico que sonaba como una especie de Indiana Jones de la búsqueda de la felicidad, contacté a Adler en México y tuvimos una larga conversación sobre sus hallazgos. Su historia me pareció fascinante. Adler había empezado estudiando administración de empresas. Tras estudiar en México, hizo una licenciatura en la renombrada Escuela de Negocios Wharton de la Universidad de Pensilvania, con la idea de dedicarse a la banca de inversión. Pero, tras trabajar dos veranos en un banco, empezó a dudar de sus planes, decidió empezar a estudiar paralelamente psicología, y se fue durante un año en un intercambio estudiantil a Tailandia y a Hong Kong, China.[6]

"Quería explorar un poco más, pues más allá de esta filosofía occidental tan individualista, capitalista y consumista de Estados Unidos, quería meterme más en la filosofía budista oriental. Quería emparparme en esos temas", me contó Adler. "[Al concluir mi intercambio estudiantil,] tenía una crisis vocacional y existencial, y terminé en ese pequeñísimo país entre China e India, en Bután, donde miden el bienestar interno bruto en vez del producto interno bruto." Y allí fue cuando, husmeando los anaqueles de una librería en la capital de Bután, Adler se encontró con el libro *La auténtica felicidad*, de Seligman.

"Leí cuatro páginas y no pude soltarlo", recuerda Adler. "Me pregunté quién era este autor que le puso todo un paradigma científico al estudio del florecimiento humano. Y, muy irónicamente, me encontré que era de un profesor de psicología de la Universidad de Pensilvania, la misma universidad donde yo estaba estudiando. Era de lo más irónico, porque me tuve que ir a la otra punta del mundo para darme cuenta de que ésa era, finalmente, mi vocación y mi llamado. Y ahí descubrí la psicología positiva."

Adler le escribió a Seligman y se presentó con sus credenciales académicas. "Le dije que estaba en este pequeño país que tenía toda la voluntad política de promover el bienestar, pero que no tenía las bases científicas para enseñarlo como política pública. Le dije algo así como 'Tú has sido el pionero en la evidencia científica. ¿Por qué no creamos un puente entre la evidencia científica que tú tienes y la voluntad política que tiene Bután, y experimentamos con la educación positiva a gran escala en las escuelas?'"

Al igual que me pasó a mí cuando conocí a Seligman en Miami, Adler se quedó un poco choqueado por la sequedad de la respuesta del profesor. El joven mexicano creía que el profesor al que había empezado a idealizar era una especie de dalái lama o madre Teresa, pero —aunque no me lo dijo así, por respeto a su mentor— se encontró con un personaje mucho menos afable. La respuesta de Seligman fue de apenas un renglón. Decía, sin ningún prolegómeno: "Si ganas el premio a la mejor tesis de la Facultad de Psicología, te recibo en mi oficina en dos años". Adler, que ya había escuchado del carácter irascible del venerado profesor, no se desanimó. Aceleró sus estudios en psicología, hizo sus trabajos prácticos con mexicanos indocumentados en Filadelfia, obtuvo sus licenciaturas en Administración de Empresas y Psicología y finalmente ganó el premio a la mejor tesis de licenciatura de su promoción en la Facultad de Psicología. Tras recibir la noticia del galardón, lo primero que hizo fue volver a escribirle a Seligman.

"Le dije: 'Espero que se acuerde de mí. Acabo de ganar el premio a la mejor tesis de licenciatura. ¿Me podría recibir?'" Y Seligman respondió de inmediato, nuevamente con una línea: "Nos vemos mañana a las siete de la mañana en mi oficina". "[Al día siguiente], yo entré tremendamente ilusionado a su oficina, pero también con un poco de miedo, porque me estaba recibiendo este titán que yo había idealizado desde hacía varios años", me contó Adler. Seligman le dijo que había leído su tesis de licenciatura y creía que el joven tenía la capacidad de hacer un estudio que evaluara la aplicación de la educación positiva a las políticas educativas. "Me dijo: 'Te propongo que hagas tu maestría y doctorado conmigo, pero con una condición: que los primeros dos años estés aquí conmigo, y a partir del tercer año te vayas a vivir a Bután, y estés ahí por lo menos dos años y medio, aplicando la educación positiva en las escuelas. Y si no logras aumentar el bienestar de por lo menos 8 000 estudiantes, no te doy tu doctorado'", recuerda Adler.

—Pero lo dijo en broma, ¿verdad? —le pregunté a Adler.

—No, lo dijo muy en serio —me respondió el investigador—. Él es muy conciso y no pierde tiempo. Me preguntó: "¿Tenemos un acuerdo o no?". Le dije que sí, temblando de miedo, y me dijo que me iba a escribir una carta de recomendación para la universidad para que empezara mi maestría y doctorado cuanto antes.

Adler terminó viviendo casi tres años en Bután trabajando con el gobierno del reino y con el dasho Karma Ura para aplicar las ideas de Seligman en las escuelas. "Empezamos en 18 escuelas secundarias y preparatorias de Bután, donde cambiamos el currículum académico, y empezamos a enseñar habilidades y competencias para el bienestar. Trabajamos en el desarrollo profesional de los docentes y directivos, en la administración educativa y, finalmente, en el financiamiento y el marco legal de la educación. En suma, hicimos una minirreforma educativa en Bután", me explicó Adler.

Con el tiempo, se fueron sumando más escuelas de Bután, y empezaron a verse los resultados a nivel masivo. "Seligman lo llama educación positiva; nosotros, en Bután, lo llamamos 'educación para el producto bruto de la felicidad', porque siempre hacemos adecuaciones contextuales y culturales a cada país. Y después de un año y medio de implementación, vimos que en 8 000 estudiantes incrementamos no sólo el bienestar en cinco dimensiones (en su involucramiento, perseverancia, optimismo, calidad de relaciones humanas y estado anímico), sino que también vimos algo inesperado, que fue que su desempeño en pruebas estandarizadas de matemáticas, ciencia básica y literatura mejoró de manera significativa comparado con otras escuelas", me dijo Adler.

Una de las nuevas materias académicas que incluía el nuevo programa educativo de Bután era de *life skills* o habilidades para la vida. "Le dieron el mismo rigor y la misma importancia que a matemáticas, ciencias, historia, literatura. Y ahí aprendían habilidades de meditación y conciencia plena (*mindfulness*), alto conocimiento, autorregulación, alfabetización emocional, comunicación afectiva, pensamiento crítico, pensamiento creativo, toma de decisiones y resolución de problemas. Y así seguimos ahora en una lista de 37 habilidades que se pueden medir, enseñar y aprender, y que contribuyen al bienestar y a otros resultados deseables de vida", continuó.

A fines de 2013, tras su estadía en Bután, Adler —siempre trabajando en coordinación con Seligman— pasó a emprender el mismo estudio en Perú. El entonces ministro de Educación peruano, Jaime Saavedra, que años después se convertiría en director del Departamento de Educación del Banco Mundial, se había interesado en incorporar materias de educación positiva en el currículum escolar peruano, y había invitado a Adler y a otros expertos internacionales a participar de un ambicioso programa piloto de educación positiva. El plan se llamó "Escuelas Amigas", abarcó 694 escuelas con cientos de miles de estudiantes, y ha sido el programa más grande de educación positiva en América Latina. El currículum académico de Escuelas Amigas incluía 10 áreas: atención plena o *mindfulness*, autoconocimiento, manejo de las emociones y el estrés, empatía, deporte, fortaleza mental y emocional, pensamiento crítico, toma de decisiones, comunicación efectiva y pensamiento creativo. El programa Escuelas Amigas fue evaluado por investigadores independientes, y —tal como había sucedido en Bután— se pudo comprobar que no sólo había logrado aumentar significativamente el bienestar de los estudiantes, sino también su rendimiento académico, señaló Adler.

Finalizada su labor en Bután y Perú, Adler terminó su tesis doctoral haciendo un estudio similar en México, su país natal. En 2014, Adler logró que la Secretaría de Educación del estado de Jalisco, cuyo gobernador ya había declarado el bienestar como una meta estatal, y el Colegio de Estudios Científicos y Tecnológicos del Estado de Jalisco (CECYTEJ) empezaran a aplicar la educación positiva en 70 escuelas secundarias públicas. El programa académico, que en México se llamó "Educación para el Bienestar", era muy parecido al que se había ejecutado en Bután y Perú. Después de 15 meses, en 2015, los evaluadores independientes habían concluido que el "currículum de bienestar" de Jalisco también había logrado aumentar significativamente el bienestar y el rendimiento académico de los estudiantes, dijo Adler.

Si estos programas de educación positiva de Bután, Perú y México fueron tan exitosos, ¿por qué no los están aplicando en todo el mundo?, le pregunté a Adler. De hecho, en México y en Perú habían sido en buena parte desmantelados desde que Adler había terminado sus programas experimentales. ¿Cómo se explica eso?, insistí. En Perú, los sucesivos gobiernos se habían desinteresado del tema tras la salida de Saavedra del Ministerio de Educación, me señaló. Y en México, la Educación para el Bienestar de Jalisco pasó a segundo plano tras la salida del gobernador Aristóteles Sandoval, que había adoptado el programa en 2018. Sandoval fue asesinado dos años después mientras cenaba en un restaurante de Puerto Vallarta. "La parte política es tremendamente complicada. La traté de navegar algunos años, pero me he dado cuenta de que cuando entra un nuevo ministro de Educación, dice que todo lo anterior es malo. Eso es un gran problema", me confesó Adler. Sin embargo, sin que Adler lo supiera, algunas ciudades de la India, incluida la capital, Nueva Delhi, se inspiraron en sus estudios para iniciar "clases de felicidad" en las escuelas públicas, y el Banco Mundial y otras instituciones internacionales comenzaron a convertir la educación socioemocional en una prioridad educativa de primera línea.

Las "clases de felicidad" de la India

Poco antes de terminar de escribir este libro, hice una escala en India en camino a Bután para entrevistar a las autoridades educativas de Nueva Delhi. En la capital de India está teniendo lugar probablemente el experimento más grande del mundo en materia de enseñanza de la felicidad en las escuelas. Todos los días, más de 800 000 niños de primaria que asisten a las 1 024 escuelas públicas administradas por el distrito de Nueva Delhi comienzan su jornada escolar con una "clase de felicidad". Las clases, de 40 minutos, van desde el jardín de infantes hasta el octavo grado, y son parte de un "plan de estudios de la felicidad", que tiene como objetivo que los niños no sólo adquieran habilidades académicas y se conviertan en buenos doctores, abogados e ingenieros, sino que también se conviertan en personas felices, honestas y responsables. Unas 20 000 maestras de Nueva Delhi han sido entrenadas para dar estas clases a diario, y tienen libros de texto específicos para cada grado.

La ministra de Educación de Nueva Delhi, Atishi Singh, una política y educadora de 41 años de un partido opositor al primer ministro Narendra Modi, me recibió en su despacho en la Asamblea Legislativa de Nueva Delhi, escoltada por sus principales asesores. Sentada delante de dos enormes retratos del arquitecto de la Constitución india y de un joven revolucionario que había sido ahorcado a los 23 años por el gobierno colonial británico, la ministra me explicó en qué consisten las "clases de felicidad". Según me contó, estas clases tienen lugar al comienzo de cada día escolar, y empiezan con ejercicios de *mindfulness* o atención plena, seguidos de historias ejemplares y discusiones diseñadas para desarrollar las habilidades socioemocionales de los niños. Atishi, como gusta ser llamada la ministra, me dijo que ella había estudiado álgebra durante muchos años en la escuela, y que nunca había usado esos conocimientos para nada, por lo que se habría beneficiado mucho más si le hubieran enseñado otras habilidades que luego necesitaría a lo largo de su vida. Agregó: "Durante los 14 años que los niños transcurren en la escuela, les enseñamos matemáticas, álgebra, geometría, física y química, y hay 90% de probabilidad de que nunca, jamás, usen ninguna de esas cosas durante el resto de su vida. Es hora de enseñarles cosas que van a usar toda la vida, como, por ejemplo, trabajar en equipo, convivir con sus familias, tener más confianza en sí mismos y ser más felices". Y añadió: "Las clases de felicidad han tenido un enorme impacto positivo sobre los niños".

Las clases de felicidad de Nueva Delhi fueron inauguradas en 2018 por el dalái lama. Comienzan con cinco minutos de *mindfulness* o atención plena. Típicamente, al igual que lo que ocurre en las escuelas de

Atishi, la ministra de Educación de Nueva Delhi. Foto del autor.

Rosh HaAyin y Bután, la maestra guía a los niños durante esos ejercicios mentales: primero les pide que se sienten lo más cómodamente que puedan en sus pupitres, con los brazos sobre las piernas. Unos 20 segundos después, les pide que cierren los ojos y se concentren en los ruidos externos. Luego de otros 20 segundos, los dirige a concentrarse en su respiración. Tras otros 20 segundos, los invita a concentrarse en sus brazos, pies y cada uno de sus dedos. Después, les pide que abran lentamente los ojos, se concentren en los ruidos y las cosas que tienen a su alrededor, y se preparen para el comienzo de la clase.

Intrigado sobre por qué la ministra usaba exclusivamente la palabra *mindfulness*, y nunca la palabra "meditación", le pregunté cuál era la diferencia entre ambos conceptos. "El término 'meditación' tiene a menudo connotaciones religiosas, especialmente en India", me respondió. "Tenemos diferentes religiones que practican diferentes formas de meditación. Pero el *mindfulness* no tiene relación con ninguna religión. Es una práctica para aumentar la introspección, entender tus emociones y mejorar tu concentración. Por otro lado, el *mindfulness* es más amplio que la meditación, porque también se puede lograr sin meditar. En algunos casos, por ejemplo, si cierras los ojos puedes practicar la atención plena visual, viendo las cosas mentalmente. De manera que no todas las prácticas de *mindfulness* se basan en la meditación", detalló la ministra.[7]

Una clase de felicidad para cada día de la semana

El plan de estudios de la felicidad de Nueva Delhi tiene actividades específicas para cada día de la semana. La clase de los lunes está dedicada al *mindfulness* y a enseñarles a los niños diferentes técnicas de concentración y respiración. Los martes, la maestra cuenta una historia relacionada con la felicidad, y los niños la debaten y sacan sus propias conclusiones. Los miércoles, la maestra cuenta historias de la vida real que promueven el debate sobre valores éticos y morales. Los jueves y viernes, los docentes dirigen actividades diseñadas para promover el trabajo en equipo, el pensamiento crítico, la solución de problemas y la autoestima. Y cada una de las clases de felicidad diarias termina con dos minutos de concentración plena, para que cada niño repase lo que aprendió.

Según el libro de entrenamiento para los docentes que me facilitaron los maestros, "la habilidad de prestar atención plena puede ser cultivada, igual que cualquier otra habilidad. Así como se requiere una práctica regular para aprender a cantar, bailar o conducir un automóvil, de la misma manera se requiere una práctica regular para aprender a prestar atención". El libro instructivo para las maestras explica que los estudiantes, cuando son muy niños, tienen una tendencia natural a vivir el presente. Por lo tanto, no les cuesta mucho concentrarse en algo. Pero, a medida que crecen, reciben cada vez más estímulos externos que les hacen más difícil concentrar su atención. Cuando están en su casa haciendo las tareas escolares, se les cruzan otros pensamientos, y sus mentes comienzan a pensar en acontecimientos pasados o en planes futuros. "Con los ejercicios de *mindfulness*, les enseñamos a los niños a vivir en el presente", afirma el libro.

Las historias del plan de estudios de la felicidad

Shailendra Sharma, el jefe de asesores de la ministra de Educación de Nueva Delhi, me señaló que el plan de estudios incluye más de 150 historias específicamente diseñadas para ser debatidas en clase y estimular a los niños a ser mejores seres humanos. Mediante diversas técnicas explicadas en los libros de entrenamiento para las maestras, los docentes deben tratar de no darles recetas a los niños, sino inducirlos a que ellos mismos lleguen a las conclusiones deseadas. Una de las historias que cuentan las maestras en el segundo grado de la escuela primaria, por ejemplo, se titula "Hagamos las cosas juntos", y tiene como objetivo enseñarles a los niños que serán más felices si ayudan a otros que si sólo tratan de divertirse ellos mismos. La historia, suficientemente sencilla para ser entendida por niños de siete años, dice así:

Geeta despertó a su hermanito Ashish y ambos desayunaron rápidamente porque tenían planeado ir a un pícnic. Pero cuando estaban desayunando, su mamá les dijo que iba a ir al médico porque no se sentía bien. Apenas la madre se fue, llamó la empleada doméstica, Savita, y les dijo a los niños que no podría ir a trabajar porque tenía un contratiempo. Geeta y Ashish se encontraron ante un dilema. La cocina estaba repleta de platos sucios, la casa estaba desordenada, y el autobús escolar estaba por llegar en cualquier momento para recogerlos. Ahora que su madre había tenido que ir al médico, ¿quién se ocuparía de limpiar la casa? Finalmente, Geeta y su hermanito decidieron quedarse y hacer todo el trabajo ellos mismos. Cuando regresó su madre algunas horas después, todos los platos y la casa estaban limpios. La madre se alegró mucho, pero, cuando se dio cuenta de que los uniformes de los niños se habían ensuciado y que ellos habían dejado de ir al pícnic para hacer el trabajo, se quedó apenada. La madre, emocionada, les dijo:

—Yo podría haber limpiado las cosas al regresar del médico. No tendrían que haberse quedado a hacer el trabajo. Y, además, se han ensuciado los uniformes.

Ashish le contestó:

—No te preocupes, mamá, nosotros limpiaremos nuestros uniformes. Tú te sentías mal y tenías que ir al médico.

—¡Ustedes me cuidan tanto que hasta dejaron de ir al pícnic! —respondió y, llena de emoción, abrazó a sus dos niños.

Junto con esta historia, el libro de entrenamiento para las maestras contiene las siguientes preguntas sugeridas para la discusión en clase:

1. ¿Estaban tristes Geeta y Ashish por no haber ido al pícnic? ¿Por qué o por qué no?
2. ¿Has ayudado alguna vez a tus padres? Si lo has hecho, ¿cómo fue?
3. ¿Has dejado de hacer alguna vez algo que querías para ayudar a otra persona? Cuéntanos, y dinos cómo te sentiste.

El libro de entrenamiento sugiere terminar esta clase con el acostumbrado ejercicio de *mindfulness* ("al terminar esta clase, siéntense en silencio por dos o tres minutos y reflexionen sobre las conclusiones del debate") y propone una tarea para que los estudiantes la hagan en casa (el deber del día es el siguiente: "Hoy, piensa o recuerda todas las cosas que has hecho en el día con otros, o para otros. Y luego escribe cómo te sentiste. ¿Te sentiste bien? ¿Ayudaste a otros?").

La historia del maestro que se equivocó

Otra de las historias que cuentan los maestros de Nueva Delhi a sus alumnos tiene como objetivo enseñarles a ser honestos. El relato, incluido en el libro de entrenamiento para maestros de clases de felicidad para alumnos de cuarto grado, dice así:

Hoy les entregaron a los alumnos los resultados de sus pruebas de inglés. Meena, como todos los demás niños, miró cuidadosamente su examen. Lo examinó tres veces, cada vez más intensamente, y se dio cuenta de que la maestra había calculado erróneamente los aciertos de 37 preguntas, cuando en realidad sólo había acertado en 34. Meena pensó en avisarle a la maestra, pero al mismo tiempo sabía que, si le avisaba, su nota bajaría de 37 a 34 preguntas respondidas acertadamente. Estaba en un dilema. Finalmente, decidió decirle a la maestra. Pero su compañero Mamta la detuvo cuando se estaba levantando de su pupitre y le dijo:

—¿Para qué le vas a avisar? ¡Te va a bajar la calificación! ¡Quédate quieta en tu silla!

Meena se sentó por un instante, pero luego dijo:

—Prefiero ser honesta a sacarme una nota más alta.

Entonces, Meena se levantó, fue hacia la maestra, y le dijo:

—Usted me marcó 37 preguntas acertadas, pero la verdad es que sólo contesté bien 34.

La maestra se mostró complacida por su honestidad. Tomó la prueba y comenzó a escribir algo en el papel.

El libro de texto de entrenamiento para maestros recomienda una discusión de dos clases sobre esta historia. En la primera clase sugiere plantear las siguientes preguntas:

1. ¿Qué crees que escribió la maestra en el examen de Meena?
2. ¿Te pasó algo así alguna vez? ¿Qué hiciste?
3. Cuenta de alguna vez que estuviste en un dilema sobre si decir o no decir algo. ¿Cómo llegaste a una decisión?

La tarea escolar sugerida tras esa clase es hablar con los padres y hermanos en la casa sobre algún dilema similar que tuvieron que enfrentar, cómo lo resolvieron y si los hizo sentirse más felices. En la segunda clase, tras recapitular la historia, los alumnos deben discutir otras tres preguntas, y como ejercicio dividirse en grupos pequeños y contar experiencias sobre cómo han resuelto dilemas parecidos.

La historia de los tres obreros que estaban construyendo una escuela

Una de las historias que más me gustó fue la que cuentan las maestras de las clases de felicidad de Nueva Delhi a sus estudiantes de octavo grado, cuando tienen 13 o 14 años, y que tiene como objetivo inculcarles el optimismo. La historia dice así:

Tres obreros estaban trabajando en la construcción de una escuela. Pasó un transeúnte y le preguntó al primer obrero:

—¿Qué estás haciendo?

El obrero, malhumorado, respondió:

—Estoy rompiendo ladrillos.

Claramente, estaba muy amargado con su trabajo. El transeúnte siguió caminando y le preguntó a un segundo obrero:

—¿Qué haces?

El obrero no estaba amargado. Su estado de ánimo era balanceado: no estaba ni contento ni triste.

—Me estoy ganando el pan —respondió el hombre, con una expresión neutral.

El transeúnte fue hacia el tercer obrero y le hizo la misma pregunta. El tercer obrero parecía un hombre feliz: estaba cantando mientras partía los ladrillos. El hombre respondió:

—Estoy ayudando a construir un templo de la educación. Cuando esté terminado, los niños vendrán aquí a estudiar.

Sus ojos brillaban de orgullo. Moraleja: hay tres formas de trabajar en la vida: la primera es hacerlo como una obligación y ser infeliz; la segunda es hacerlo como una máquina, para ganarse el pan; y la tercera es encontrar la satisfacción de estar haciendo algo para ayudar a otros y ser más felices. La alegría de la vida está en la perspectiva que uno adopte. Viene desde dentro, y no desde fuera.

La discusión del relato debe extenderse durante dos clases, según el manual de entrenamiento para las maestras. Las preguntas para debatir en clase incluyen las siguientes:

1. ¿Cuál es el más feliz de los tres obreros? ¿Por qué?
2. El primer obrero no tiene interés en su trabajo. Aun si le pagaran para no trabajar, estaría insatisfecho y encontraría algún otro motivo para estar descontento. ¿Están de acuerdo o en desacuerdo?
3. Si el tercer obrero tuviera que hacer un trabajo sin ningún sentido, como llevar 10 sillas de un salón a otro, y luego de vuelta, todo el día, ¿seguiría estando contento? Discútanlo.
4. Discutan qué trabajos tienen sentido. Por ejemplo, en esta historia, construir una escuela es un trabajo que sirve para algo, y el tercer obrero siente que su labor tiene un propósito y está feliz. Den otros ejemplos de trabajos que sirven, como limpiar, distribuir comida, cocinar, estudiar, etcétera.
5. ¿El trabajo ayuda a ser feliz o la felicidad ayuda a hacer el trabajo con más alegría? Den ejemplos de su vida de trabajos que los hagan sentir más felices y de cómo ser feliz puede ayudar a gozar más del trabajo.

El libro de instrucción para las maestras de octavo grado aconseja a los docentes "dirigir la discusión" a la conclusión de que buena parte de la satisfacción con el trabajo depende de nuestro estado mental mientras lo hacemos. En otras palabras, la idea es entender mejor el propósito del trabajo y el rol que tiene en nuestra felicidad.

—¿Qué le responde a quienes critican estos cursos diciendo que cada hora de estudios de la felicidad es una hora menos para enseñar matemáticas o ciencias? —le pregunté a Atishi, la ministra de Educación de Nueva Delhi.

—El rendimiento académico de los alumnos en las pruebas estandarizadas ha aumentado, aunque todavía no sabemos si esto se debe al plan de estudios de la felicidad o a varias otras reformas académicas que han tenido lugar al mismo tiempo.

Con Shailendra Sharma y maestras de la felicidad en Nueva Delhi. Foto del autor.

El 90% de los padres dicen que las clases de felicidad están ayudando a sus hijos

Sharma, su jefe de asesores, me reunió en un salón de instituto de entrenamiento docente del ministerio con unas 20 maestras de las clases de felicidad para que me contaran su experiencia de primera mano. Antes de entrar en el salón, me pidió que me quitara los zapatos: todas estaban sentadas en el piso, descalzas. Me senté junto a ellas, cruzado de piernas, libreta en mano. Cuando les hice la misma pregunta, me dijeron que los niños estaban mejorando académicamente porque los ejercicios de *mindfulness* les permiten concentrarse mejor en todas sus clases. Priya Malham, una de las maestras presentes, me dijo que ella enseña matemáticas a niños de sexto grado. "Yo estoy empezando todas mis clases con unos minutos de atención plena, porque los alumnos están mucho más atentos después", dijo. Pero tomé su relato con pinzas, porque, obviamente, el jefe de asesores de la ministra había escogido a las maestras más convencidas del programa para que las entrevistara.

En cambio, me pareció algo más convincente una encuesta reciente hecha por el ministerio a 2000 estudiantes, 620 educadores y 200 padres escogidos al azar, a quienes se les prometió total confidencialidad. Según la encuesta, cuyos resultados fueron publicados en un libro, 90% de los padres dijeron que las clases de felicidad habían aumentado el sentido de responsabilidad de sus hijos, y 95% dijo que los cursos habían hecho subir la autoestima de los niños. Entre los estudiantes, 95% dijo que las clases les habían ayudado a enfocarse más en lo que estaban haciendo. Entre los maestros, 93% dijo que las clases habían logrado disminuir la agresividad de los alumnos, 95% dijo que los cursos estaban ayudando a los estudiantes a expresar mejor sus sentimientos y 83% dijo que los estudiantes estaban mejorando su capacidad de tomar decisiones racionales. Asimismo, casi la totalidad de los encuestados coincidieron en que las clases de felicidad aumentaron la motivación de los alumnos para ir a la escuela. La conclusión del estudio fue que "todos los participantes ven un aumento cualitativo en la habilidad de poder lidiar con el fracaso, la capacidad de relacionarse y la motivación para aprender" desde la adopción del plan de estudios de la felicidad.[8]

LAS ACUSACIONES DE QUE LAS CLASES DE FELICIDAD AFECTARON EL RENDIMIENTO ACADÉMICO

Cuando escribí una columna en el *Miami Herald* y varios otros periódicos contando sobre las clases de felicidad de India, me llovieron las críticas desde las redes sociales indias, donde se había viralizado mi artículo. La reacción era de esperar: en el ambiente político ultrapolarizado de India, los defensores del gobierno de Modi —y probablemente las cuentas ficticias que usaban en las redes para multiplicar sus mensajes— se apoyaban en cualquier pretexto para criticar al gobierno de Nueva Delhi, del partido opositor, conocido por sus iniciales AAP. Las virulentas críticas a mi columna señalaban que el impulsor del plan de estudios de la felicidad de Nueva Delhi, el exministro de Educación de la ciudad, Manish Sisodia, estaba preso bajo cargos de corrupción, y que las calificaciones académicas de los alumnos de Nueva Delhi estaban cayendo significativamente.

Sin embargo, ambas críticas eran endebles. Las acusaciones contra Sisodia eran cuestionables porque el gobierno de Modi estaba controlando cada vez más el sistema judicial y usándolo para encarcelar a sus enemigos políticos. Poco después del arresto de Sisodia, un juez había condenado a prisión al principal líder opositor de India, Rahul Gandhi, bajo cargos de difamar al primer ministro, que fueron calificados de ridículos por las organizaciones de derechos civiles. La segunda crítica, sobre el presunto impacto negativo de las clases de felicidad, me pareció más importante, y me puse a estudiar el tema.

Según me habían hecho notar varios críticos en Twitter, un artículo del diario *The Indian Express* acababa de reportar resultados de los exámenes de las escuelas públicas de Nueva Delhi, y eran alarmantes. El artículo mostraba que el porcentaje de estudiantes de noveno grado que habían aprobado sus cursos había caído de 80% en 2021 a 60% en 2023. En undécimo grado, había pasado algo parecido: el porcentaje de aprobados había caído de 97% en 2021 a 69% en 2023.[9] Sin embargo, los críticos omitían señalar que la pandemia de covid-19 había hecho caer dramáticamente las calificaciones académicas en toda India y en todo el mundo. El Banco Mundial concluyó que la pandemia causó una "catástrofe educativa" mundial. Además, los resultados de los exámenes en 2021 eran sospechosos porque durante la pandemia se les había permitido a los estudiantes hacer los exámenes en sus casas, y muchos habían copiado sus respuestas o recibido ayuda de sus padres.[10]

Una evaluación externa de las clases de la felicidad de Nueva Delhi hecha por la Brookings Institution de Estados Unidos en 2023 concluyó que el experimento educativo de la ciudad en general estaba teniendo resultados positivos. El cierre de casi 82 semanas de muchas escuelas por la pandemia en 2021 "provocó una clara caída" del aprendizaje de lenguas y matemáticas, especialmente entre los niños de hogares más humildes, según el centro de investigación estadounidense. Unos 166 000 estudiantes de las escuelas de Nueva Delhi "desaparecieron" durante la pandemia, en muchos casos porque sus familias regresaron a sus pueblos en zonas rurales que no tienen internet, decía su estudio.

Otra investigación de la enorme empresa estadounidense Boston Consulting Group (BCG) en 2020 había concluido que "definitivamente" hubo un impacto positivo sobre el aprendizaje en Nueva Delhi antes de la pandemia. Los datos del Consejo Central de Educación Secundaria mostraron 98% de aprobación de exámenes de los alumnos de duodécimo grado en 2019 y 2020, y progresos más rápidos en el décimo y duodécimo grado que en las escuelas privadas y el promedio de las escuelas nacionales en los últimos cinco años, decía el estudio del BCG. "La asistencia escolar está mejorando, y los estudiantes también dicen que los maestros están asistiendo más a clase e interactuando más con ellos. Sin embargo, eso no es lo más importante. En nuestra opinión, el verdadero impacto de las reformas educacionales de Nueva Delhi ha sido vitalizar todo el sistema e infundirlo de un renovado espíritu de aspiración, convicción y profunda motivación de todos los participantes, ya se trate de padres, estudiantes, maestros, directores de escuela y administradores", concluía el reporte del BCG.[11]

Mi respeto por el plan de estudios de la felicidad de Nueva Delhi aumentó cuando me enteré de que otros estados de India ya están copiándolo o adoptando varios de sus contenidos. El estado de Uttarakhand, que bordea con el Tíbet en el norte del país, ya adoptó una versión local del plan de estudios de Nueva Delhi en 15 000 escuelas públicas. Los estados de Telangana, en el centro, y Jharkhand, en el noreste del país, están creando sus propios programas de estudios basados en el de Nueva Delhi. Y el importante estado norteño de Uttar Pradesh, que tiene 130 000 escuelas primarias públicas —muchas más que las 1 024 de Nueva Delhi—, comenzó a aplicar un programa parecido a nivel experimental en 15 distritos. La idea de que la educación debe ser algo más que la impartición de conocimientos de lenguaje y matemáticas, y que los alumnos deben también aprender a pensar críticamente, interactuar eficientemente y trabajar en forma colaborativa se está expandiendo rápidamente en este país de 1 400 millones de habitantes, que acaba de superar a China como el más poblado del mundo.

La clave es no descuidar el rendimiento académico

Aunque los estudios de Alejandro Adler parecen demostrar que la educación positiva no perjudica el rendimiento académico, el alarmante rezago educativo producido por la pandemia de covid-19 obliga a preguntarnos si las escuelas pueden darse el lujo de dar clases de superación personal cuando decenas de millones de niños han perdido más de un año de estudios. En Estados Unidos, la pandemia borró dos décadas de la curva de progreso académico en matemáticas y lectura entre los alumnos de nueve años, y los hizo retroceder a niveles de principios de siglo, según la Evaluación Nacional de Progreso Educativo. Andrew Ho, profesor de educación de la Universidad de Harvard, dice que la pandemia "aniquiló el progreso de la última década y exacerbó la inequidad".[12]

En América Latina, el rezago académico producido por la pandemia fue aún peor, porque muchos más niños no tuvieron acceso a tabletas o a internet para seguir sus estudios remotamente. Un estudio de la consultora internacional McKinsey & Company reveló que América Latina fue la región más afectada del mundo por la pandemia en materia educativa. Mientras los estudiantes en Estados Unidos y Europa perdieron un promedio de cuatro meses de escuela durante la pandemia, los de América Latina perdieron un promedio de casi 12 meses, o sea, más de un año escolar. Y en México y Ecuador, los niños perdieron aún más, entre 12 y 14 meses de clases, dice el estudio de McKinsey.[13] "La educación puede afectar no sólo los ingresos futuros de los individuos y su bienestar, sino también el crecimiento económico y la vitalidad de los países", afirma el estudio. Para el año 2040, el retraso educativo producido por la pandemia de covid-19 se reflejará en una pérdida económica de 0.8% del producto bruto de Estados Unidos, 0.7% del producto bruto de Europa y 2.2% del producto bruto de América Latina, señala el estudio.

Jaime Saavedra, el director del Departamento de Educación del Banco Mundial, me dijo en una entrevista: "Estamos muy preocupados, porque América Latina ya tenía una crisis educativa antes de la pandemia, que ahora se ha agravado muchísimo más". Según el Banco Mundial y la UNICEF, la pobreza educativa en América Latina, entendida como la incapacidad de leer y entender un texto simple a los 10 años de edad, se disparó de 52% a 79% de la población escolar entre 2019 y 2022. Aunque África subsahariana aún tiene un mayor nivel de pobreza educativa, Latinoamérica sufrió el mayor aumento en términos porcentuales.[14] El declive en el aprendizaje de los niños latinoamericanos se agravó por el hecho de que, especialmente en América del Sur, la pandemia irrumpió al comienzo del año escolar de 2020, y varios países cerraron las escuelas casi todo ese año. En comparación, en Estados Unidos y otras partes del hemisferio norte, la pandemia coincidió con los tres meses de vacaciones de verano, por lo que las escuelas estuvieron cerradas menos tiempo. "Nunca hemos tenido una crisis [educativa] tan grande como la que estamos viviendo con estos cierres tan prolongados de las escuelas", me dijo Saavedra.

¿AUMENTAR LAS HORAS DE CLASE O ACORTAR LAS VACACIONES?

Si América Latina no recupera el tiempo académico perdido, estará condenada a quedarse cada vez más atrás en su desarrollo económico. Estamos en la era de la economía del conocimiento, donde el trabajo mental vale mucho más que el trabajo manual o que las materias primas. Por eso, si América Latina no produce profesionales o trabajadores calificados que puedan crear bienes de mayor valor agregado, sus exportaciones valdrán cada vez menos. ¿Cómo recuperar el tiempo perdido? Aunque a muchos estudiantes y maestros no les va a gustar leer esto, quizás la forma sea aumentar las horas de clase o acortar las vacaciones. En China, los niños van a la escuela desde las 7:30 de la mañana hasta las cinco de la tarde, y muchos de ellos van por la noche a miles de institutos privados para reforzar su rendimiento académico, según lo vi con mis propios ojos cuando visité uno de estos centros de aprendizaje nocturnos en Beijing. En Corea del Sur, el día escolar va de las ocho de la mañana a las cuatro de la tarde.[15] En la mayoría de los países latinoamericanos, los días escolares van de 7:30 de la mañana hasta el mediodía o hasta las dos de la tarde. ¿No es tiempo de recuperar el tiempo perdido durante la pandemia y revertir la catástrofe educativa latinoamericana?

Saavedra, el director del Departamento de Educación del Banco Mundial y exministro de Educación de Perú, dice que América Latina tiene que adoptar "una política de guerra" contra el rezago educativo para recuperar el tiempo perdido. Para lograrlo, es probable que los países tangan que acortar las vacaciones, aumentar las horas de clases una hora por día o hacer que los niños por un tiempo vayan a la escuela los sábados, afirma. Cuando le pregunté si eso debe implicar postergar por el momento la enseñanza de las habilidades socioemocionales —como las clases de felicidad de India—, Saavedra respondió con un categórico "no". Hay que hacer las dos cosas al mismo tiempo, indicó. "Si quieres enseñar a leer, necesitas que ese niño sepa de disciplina, de perseverancia, de poder manejar el éxito y el fracaso." Y eso es especialmente cierto ahora, porque muchos niños perdieron dos años de socialización fundamentales durante las cuarentenas de 2020 y 2021. En suma, de poco servirá aumentar únicamente las horas de aprendizaje de matemáticas si las maestras van a tener ante sí clases de niños incapaces de estudiar en grupo o deprimidos.

La epidemia de depresión juvenil impulsará la educación positiva

Uno de los principales motivos por los que creo que cada vez más países adoptarán programas de educación positiva o "clases de felicidad" es que la pandemia también ha producido un alarmante aumento de la depresión juvenil. El costo social y económico para atender enfermedades mentales de los jóvenes, que ya venía creciendo antes de la pandemia del covid-19, se ha disparado desde entonces. Los gastos de salud por enfermedades mentales ya son muchísimo mayores de lo que tendrían que invertir los gobiernos en cursos de capacitación para maestras en programas de enseñanza de habilidades socioemocionales. Ya en 2019, 13% de los adolescentes de Estados Unidos habían reportado tener por lo menos un episodio importante de depresión, lo que significó un aumento de 60% sobre la cifra de 2007, según los Centros para el Control y la Prevención de Enfermedades de Estados Unidos (CDC).[16] Y el nivel de suicidios entre los jóvenes de entre 10 y 24 años, que había permanecido estable desde el 2000 hasta 2007, se disparó 60% entre 2007 y 2018, según los CDC. "El declive de la salud mental entre los adolescentes venía de antes, pero se intensificó durante la pandemia, y abarca todos los grupos raciales y étnicos, urbanos y rurales de la sociedad", reportaba el *New York Times* en abril de 2022. "En un inusual comunicado público en diciembre de ese año, el cirujano general de Estados Unidos advirtió sobre una crisis 'devastadora' en la salud mental de los adolescentes. Numerosos hospitales y grupos de médicos han pedido declarar una 'emergencia nacional'."[17]

En América Latina, la crisis de depresión juvenil es todavía mayor al promedio mundial, según un estudio de las Naciones Unidas. La UNICEF estima que más de 16% de los adolescentes latinoamericanos y caribeños sufren de trastornos mentales. El 47.7% de los adolescentes de la región ha sufrido ansiedad o depresión, y 26.8% sufre de déficit de atención o hiperactividad, según el estudio de la UNICEF *Estado mundial de la infancia 2021*, con base en datos de la Organización Mundial de la Salud. El costo económico de los trastornos mentales juveniles para los países de América Latina y el Caribe, incluyendo el dinero que los jóvenes dejan de aportar a la economía, es de 30 600 millones de dólares anuales, señala el informe.[18]

Los expertos citan varias causas de la crisis, incluyendo la pobreza, el aislamiento durante la pandemia y la adicción a las redes sociales, que, entre otras cosas, han reducido las horas de sueño y el ejercicio físico de los adolescentes. Todo esto ha disparado los niveles de ansiedad, depresión, comportamientos compulsivos y suicidios entre los adolescentes. En América Latina, los suicidios ya constituyen la tercera causa de mortandad entre los adolescentes de entre 15 y 19 años, detrás de la violencia interpersonal y los accidentes de tráfico, dice el reporte de la UNICEF. Ante esta situación, ¿cómo se explica que nuestras escuelas no dediquen un mínimo de tiempo a enseñarles a los jóvenes a pensar positivamente y a lidiar con los fracasos para combatir la depresión?

La educación del futuro será académica y emocional

Mercedes Mateo Díaz, la directora de Educación del Banco Interamericano de Desarrollo (BID), me dijo que el actual debate entre los dos bandos —quienes abogan por priorizar el aprendizaje de matemáticas y lenguas, y quienes quieren enseñar habilidades socioemocionales—"es un falso dilema". Según me explicó, "necesitamos una visión más holística" de la educación en que quepan ambas prioridades.[19]

"Lo cierto es que en América Latina estamos muy retrasados en educación. No estamos bien. No somos competitivos: el mejor estudiante de América Latina es el peor estudiante de Singapur", me aseguró, citando las pruebas estandarizadas PISA de estudiantes de 15 años en todo el mundo. "No se puede aprender cuando se está sometido al estrés, cuando hay ansiedad, cuando hay depresión, cuando hay problemas de salud mental. Está claro que ningún niño o niña o joven hoy debería salir de la escuela sin entender lo que lee o sin entender los conceptos esenciales de matemáticas. Pero también sabemos que ninguna niña va a tener oportunidad de aprender sin cierta estabilidad emocional, y que ninguno va a tener posibilidades reales de involucrarse de forma efectiva en la vida social y económica si no tiene pensamiento crítico, si no tiene capacidad para comunicarse de forma efectiva y de trabajar en equipo."

Cuando le pregunté cómo se puede recuperar el tiempo académico perdido durante la pandemia, y al mismo tiempo aumentar la enseñanza de las habilidades socioemocionales, Mateo Díaz me respondió que ya hay pruebas piloto del BID en México, Centroamérica y Argentina para resolver este problema mediante tutorías individuales a nivel masivo. "Muchos de los hijos de familias de altos y medianos ingresos hemos tenido acceso a clases particulares cuando éramos niños. Bueno, nosotros creemos que una de las principales intervenciones que deberían estar haciendo los países es dar tutorías a los niños que no tienen acceso a clases particulares. Las tutorías, que se pueden hacer presencialmente o por teléfono, combinan el apoyo en matemáticas, ciencias, lenguaje y otras materias tradicionales con el apoyo socioemocional a los jóvenes." El retraso educativo de los niños de hogares que viven en la pobreza es tal que urge focalizar los programas de resarcimiento educativo en ellos, y las tutorías podrían ser el método más eficaz para lograrlo, agregó.

Tras mi recorrido por varios países entrevistando a expertos mundiales en educación, no me queda duda de que necesitamos modernizar nuestros sistemas educativos. La mayoría de nuestros programas escolares se basan en la educación prusiana del siglo XVIII, que estableció la enseñanza primaria obligatoria y gratuita. Pero el rey de

Prusia no buscaba cuidar la salud mental de los jóvenes, sino producir un ejército de trabajadores obedientes que aprendieran desde muy temprana edad a ir a trabajar diariamente por la mañana y a respetar a las autoridades. Este tipo de educación resultaba ideal en la era de la Revolución Industrial, en la que las fábricas necesitaban convertir a trabajadores rurales en obreros industriales. Pero en la era digital, en la que cualquier joven puede acceder a información a través del buscador de Google, ya no tiene sentido que los maestros se dediquen únicamente a impartir información y a contarles a los niños que Gutenberg inventó la imprenta en 1440 o que Colón llegó a América en 1492. Los niños pueden aprender muchas de estas cosas buscando la información en sus tabletas, recibiendo textos escritos con inteligencia artificial mediante asistentes virtuales como ChatGPT o Bard, o viendo videos interactivos, y muy pronto lo harán con visores de realidad aumentada. Sin perjuicio de que siempre harán falta maestras de carne y hueso para ayudar y orientar a los niños, los maestros deberán dedicar cada vez más tiempo a la enseñanza de habilidades emocionales. Eso es lo principal, y quizás lo único que pueden hacer mucho mejor que los robots.

¿Cuántos casos de depresión entre los adolescentes podrían ser evitados si las escuelas les enseñaran a los niños a pensar positivamente y a tomar con pinzas lo que reciben en sus redes sociales? ¿Y cuántos adultos podríamos habernos ahorrado muchísimos momentos amargos en la vida si nos hubieran enseñado en la escuela que los fracasos son algo natural, que les pasa a todos? Algunos dirán que América Latina, cuyo nivel educativo está entre los más bajos del mundo, según pruebas estandarizadas como el test PISA, no puede darse el lujo de convertir sus escuelas en centros de meditación trascendental y volcarse de lleno a la enseñanza de habilidades socioemocionales. Sin embargo, se pueden hacer las dos cosas simultáneamente. En el peor de los casos, la educación positiva puede ayudar a ponerle freno a la actual epidemia de depresión juvenil, que se traduce en enormes gastos de salud y en un menor rendimiento académico de los estudiantes. Y en el mejor de los casos, la educación positiva y las clases de felicidad lograrán que los niños felices aprendan más.

Capítulo 7

LA FELICIDAD EN LAS EMPRESAS

LAS COMPAÑÍAS QUE PROSPERAN SON LAS QUE BUSCAN EL BIENESTAR DE SU GENTE

MIAMI, Florida.- Lo que más me sorprendió cuando entrevisté al CEO mundial de la encuestadora Gallup, Jon Clifton, fue su respuesta sobre cuál es el principal motivo del aumento mundial de la infelicidad. Como ya hemos mencionado en este libro, Gallup elabora anualmente una encuesta en por lo menos 137 países en la que se le pregunta a la gente cuán feliz es, y el promedio mundial de la infelicidad ha subido enormemente en años recientes. La infelicidad, medida como la ansiedad, estrés, tristeza, enojo, preocupación o dolor físico que la gente sufre a diario, subió de un promedio de 24% a 33% de la población mundial en los últimos 16 años.[1] Y, curiosamente, la primera causa de esta ola de descontento que me mencionó Clifton no es la pobreza, ni la pandemia, ni la adicción a las redes sociales, sino el descontento laboral. Según me explicó, la mayoría de la gente se siente infeliz en su trabajo, entre otras cosas, porque es el lugar donde pasa la mayor cantidad de tiempo.

Las encuestas mundiales de Gallup muestran que sólo 20% de la gente se siente estimulada por su trabajo, mientras que 62% se siente indiferente y 18% se siente miserable.[2] O sea, la mayor parte de la población mundial no disfruta del lugar donde una persona promedio pasa unas 115 704 horas de su vida o el equivalente a 13 años. Y los gobiernos no miden el malestar laboral: miden el desempleo, que es el porcentaje de gente que no tiene trabajo, y que es relativamente pequeño comparado con el porcentaje de gente que trabaja, advirtió Clifton. Junto con el hambre y la soledad, la insatisfacción laboral es lo que más hace subir los niveles de infelicidad mundial, agregó.

¿Qué deberían hacer las empresas para que la gente sea más feliz, aparte de pagarle mejor?, le pregunté al CEO de Gallup. "Hay muchas cosas que pueden hacer sin gastar una tonelada de dinero", respondió. "En primer lugar, es importante que la gente sienta que es tratada con respeto por sus jefes, y que sientan que tienen la oportunidad de hacer mejor lo que están haciendo." Concretamente, Clifton me dijo que las empresas deben tener una comunicación mucho más fluida con sus empleados y hacerles saber exactamente qué es lo que se espera de ellos. "Hay un porcentaje enorme de empleados en todo el mundo que simplemente se sienten ignorados por sus jefes y por sus empresas. No saben exactamente qué es lo que se espera de ellos. Serían mucho más felices si sus jefes articularan claramente qué esperan de sus empleados", me explicó.

"En segundo lugar, las empresas tienen que escuchar más a sus empleados, especialmente en lo que hace a sus exigencias", continuó Clifton. "Cuando les digo esto a los ejecutivos, lo primero que responden es 'Eso nos costaría un dineral'. Pero muchas veces no es así. En una compañía manufacturera con la que trabajamos, los trabajadores nos dijeron que había muchas cosas que necesitaban, pero que la empresa no les daba. Cuando les pedimos un ejemplo, nos respondieron: 'Guantes que nos calcen bien las manos'. O sea, la empresa ya estaba gastando dinero en guantes, y lo único que tenía que hacer era comprar guantes de diferentes medidas que les calzaran mejor a sus trabajadores. El problema se podría haber resuelto simplemente con un mejor diálogo entre empleadores y empleados. Ése es el tipo de detalles que hacen que la gente se sienta mal en su lugar de trabajo. Y la gente tiene razón, porque nadie los está escuchando", me señaló.

Entonces ¿cómo convencer a las empresas de que escuchen más a sus empleados?, pregunté. "Haciéndoles saber que escuchar a los empleados es la mejor manera de aumentar el compromiso de los trabajadores con la empresa, y de hacer que la empresa funcione mejor y gane más dinero", respondió Clifton. El CEO de Gallup me contó una anécdota que me pareció excelente para ilustrar este punto. Un colega suyo había entrado hacía poco en una librería buscando un libro sobre el ranking de las mejores universidades de Estados Unidos. Cuando llegó al mostrador, la empleada estaba en el teléfono, inmersa en una conversación privada que, obviamente, no tenía relación con su trabajo. El cliente le pidió ayuda, pero la empleada le hizo un gesto con la mano pidiendo que esperara un momento. Unos segundos más tarde, el cliente la interrumpió lo más cortésmente que pudo, y le preguntó si tenían aquel libro del ranking de universidades. La empleada interrumpió su llamada brevemente y le dijo: "Perdón, pero no lo tenemos", y siguió su conversación telefónica. Al salir de la librería con las manos vacías, otro empleado le preguntó si necesitaba algo, y el colega de Clifton le dijo que sí, que estaba buscando un libro con el ranking de universidades, pero que aparentemente no lo tenían. El empleado, algo sorprendido, dijo que creía que sí lo tenían, y de paso le preguntó si conocía otros dos libros que trataban el mismo tema. Al final, el colega del CEO de Gallup terminó comprando tres libros por un total de más de 100 dólares. "Los dos empleados tenían una relación emocional totalmente diferente con su empresa. Es lo que llamamos 'compromiso emocional', y es un buen ejemplo del impacto económico que puede tener una buena relación emocional con el trabajo", me señaló Clifton.

La "gran renuncia" que sacudió a Estados Unidos

Hasta la pandemia de covid-19, la felicidad de los trabajadores era un tema bastante marginal para la mayoría de las empresas. Con la excepción de algunas grandes compañías tecnológicas, el consenso en buena parte del mundo corporativo era que, si las empresas ganaban dinero, podrían asegurar puestos de trabajo y pagar salarios decentes, lo que mantendría a sus empleados contentos y ayudaría a aumentar el crecimiento económico de sus países. La clave del progreso de las empresas eran las ganancias. Si había dinero, los demás problemas podían solucionarse. Pero eso cambió radicalmente en 2021, cuando se produjo una ola masiva de renuncias laborales en Estados Unidos que dejó perplejos a los economistas. Más de 47 millones de estadounidenses renunciaron a sus trabajos ese año, muchos de ellos sin tener otro empleo asegurado.[3] La prensa comenzó a referirse a este fenómeno como "la gran renuncia".

¿Qué estaba pasando? El diario favorito de los empresarios, *The Wall Street Journal*, reportó con cierto desconcierto que "muchos estadounidenses están repensando su relación con el trabajo".[4] Durante la pandemia, trabajando desde su casa, muchos —sobre todo mujeres con hijos— habían tenido tiempo para reflexionar sobre sus vidas, y concluyeron que querían ser dueños de su tiempo. Cuando pasó la pandemia y sus empresas les pidieron que regresaran a trabajar a la oficina, muchos decidieron tirar sus empleos por la borda. Y lo mismo ocurrió, en menor escala, en Europa y América Latina, sobre todo entre los empleados más calificados y cuando las madres de niños pequeños descubrieron que podían trabajar por su cuenta desde casa.

Una encuesta de Microsoft reveló que la ola de renuncias podía estar recién empezando. Según ésta, un asombroso 41% de los empleados a nivel mundial estaban considerando renunciar a sus trabajos. Y, entre los jóvenes, el porcentaje era aún mayor: llegaba a 54%. La encuesta, que se aplicó a 30 000 trabajadores de 31 países,[5] estremeció al mundo corporativo, porque auguraba un problema existencial para las empresas: las renuncias masivas podían provocar una escasez de mano de obra, mayores costos de entrenamiento laboral, más inflación y menores ganancias. Y, efectivamente, eso fue lo que pasó en 2022.

La causa de "la gran renuncia": el agotamiento laboral

De la noche a la mañana, las empresas se dieron cuenta de que, si no hacían algo para hacer más felices a sus empleados, no podrían ser competitivas. El CEO de Microsoft, Satya Nadella, dijo, a propósito de la encuesta, que "las expectativas de los empleados están cambiando" y que pronto "tendremos que definir la productividad más ampliamente" para incluir cualidades como el "bienestar" de los trabajadores. Era obvio que los esfuerzos de las empresas en años recientes por aumentar la satisfacción laboral (como la práctica de Google de ofrecer comida gratis a sus empleados o la de Uber de colocar mesas de ping-pong en sus oficinas) ya no bastaban para retener a la gente. Los jóvenes estaban exigiendo algo más: una mayor flexibilidad en sus horarios, más poder de decisión sobre su trabajo, oportunidades de crecimiento, un sentido de pertenencia a la empresa y un sentido

LA FELICIDAD EN LAS EMPRESAS 243

de propósito. El CEO de Microsoft agregó, quizás con un dejo de resignación, que será cada vez más necesario que las empresas tengan "flexibilidad sobre cuándo, dónde y cómo la gente quiere trabajar" para permitirles ser más felices.[6]

Así fue como un creciente número de empresas comenzaron a crear el puesto de *chief happiness officer* ("jefe del departamento de felicidad") o *people officer* ("jefe de personal") para tratar de frenar la deserción de talentos. Simultáneamente, varias universidades, como la Universidad Internacional de Florida, empezaron a dar certificados en "Directores de Felicidad". Y miles de *coaches* o asesores de ejecutivos, que antes se dedicaban a aconsejar a sus clientes sobre cómo escalar posiciones dentro de sus empresas, se reinventaron en asesores de satisfacción de vida. Según señalaba un titular del *New York Times*, "El nuevo consejo de los *coaches* empresariales es 'Olvídense de los ascensos y encuéntrense a sí mismos'". El número de *coaches* empresariales creció 33% entre 2015 y 2019, y se disparó mucho más a partir de la pandemia en 2020, decía el artículo del diario. La pandemia había producido "innumerables casos de crisis de identidad profesional", que requerían cada vez más asesores laborales enfocados en el crecimiento personal, afirmaba.[7]

Algunas empresas, como la consultora Deloitte, ya habían creado el cargo de *chief well-being officer* antes de la pandemia, y lo potenciaron a partir de 2021. Tal como me lo explicó en un almuerzo en Miami la jefa del Departamento de Bienestar de Deloitte, Jennifer Fisher, lo que antes parecía una extravagancia ahora se había convertido en una necesidad para su compañía.[8] Antes de la entrevista, le había anticipado a Fisher por correo electrónico que me interesaba saber qué hacía su Departamento de Bienestar. ¿Regalaba libros de superación personal a sus empleados? ¿Hacía sorteos de viajes a Disneylandia? ¿Ofrecía psicólogos a domicilio? ¿Sesiones de reiki? Ésas fueron mis primeras preguntas cuando llegué a nuestra cita.

La jefa del Departamento de Bienestar de Deloitte

Sentados al aire libre en un restaurante de Brickell Key, en la zona céntrica de Miami, Fisher me dijo que no era casualidad que Deloitte, una empresa de 335 000 empleados en todo el mundo, hubiera creado el puesto de "jefe del Departamento de Bienestar" antes de la pandemia. Por la naturaleza del trabajo de la compañía, sus contadores sufrían altos niveles de estrés al tener que lidiar con constantes fechas de vencimiento de sus auditorías y con llamadas de sus clientes a todas las horas del día. El nivel de presión era tal que la rotación del personal en Estados Unidos ya alcanzaba a 25 000 personas por año antes de la pandemia. Entonces, para frenar la fuga de talentos, el presidente de Deloitte dio el visto bueno en 2015 para crear el cargo de "jefe del Departamento de Bienestar".

Como suele ocurrir en la vida corporativa, la creación del cargo fue una conjunción de la necesidad y las circunstancias. Fisher había trabajado durante seis años como jefa de gabinete del CEO de Deloitte, uno de los cargos más intensos de la empresa. Durante todo ese tiempo, como coordinadora de la agenda de su jefe y encargada de apagar constantes incendios corporativos, había tenido que trabajar de sol a sol y los fines de semana. Llegó un momento en que no daba más. Estaba fundida, física y mentalmente, según me contó. Y pidió regresar al Departamento de Marketing, donde había trabajado antes, en busca de un trabajo más tranquilo. Pero, al poco tiempo, el estrés pudo más que ella. Así que le comunicó a su jefa que iba a renunciar, y ésta le propuso que, antes de tomar una decisión drástica, se tomara unas vacaciones.

"Me tomé una licencia sin goce de sueldo, dormí mucho, y empecé a lidiar con mi salud mental", me contó Fisher. "Fui a terapia y aprendí más sobre el bienestar personal. Y atravesar esa etapa de agotamiento me llevó a repensar qué quería hacer y a decidir dedicarme al tema del bienestar personal." Fisher le presentó su renuncia definitiva a su jefa, la directora de Marketing. "Le dije que quería dedicarme a ser una *coach* de ejecutivos para ayudar a la gente a que no le pasara lo que me pasó a mí", me contó Fisher. Su jefa, pensando en voz alta, le señaló que muy probablemente lo mismo les estaba ocurriendo a otros empleados en Deloitte. Acto seguido, preguntó: "¿Por qué no postergas tu renuncia y escribes una propuesta sobre qué podemos hacer como empresa para reducir el estrés laboral?".

Fisher se puso a trabajar en eso, y a los pocos meses presentó el proyecto de creación del Departamento de Felicidad, que luego sería rebautizado como Departamento de Bienestar. El CEO de Deloitte, que conocía bien a Fisher desde cuando ella era su jefa de gabinete, aceptó la idea. El nuevo puesto estaría al frente de una de varias direcciones del Departamento de Recursos Humanos y tendría su propio presupuesto. Recordando lo que había escrito en su propuesta, Fisher me comentó: "Todos somos humanos, y en algún momento de nuestras vidas vamos a tener algún problema de salud mental. Eso es un hecho: las estadísticas muestran que uno de cada cinco adultos tiene problemas de salud mental en algún momento. Por lo tanto, hay que normalizarlo. Hay que desmitificar y desestigmatizar los desafíos de la salud mental, y hacer que la gente se ayude mutuamente, en lugar de castigarla". Y ahora, seis años después de la creación del nuevo puesto, Fisher seguía al mando del departamento, y —según me aseguró— sus responsabilidades no dejaban de aumentar.

Jennifer Fisher, la jefa de Bienestar de Deloitte. Cortesía: Jennifer Fisher.

¿Qué hace el Departamento de Bienestar de Deloitte?

Al principio, cuando inicié nuestra conversación preguntándole qué hacía su Departamento de Bienestar, Fisher me había dado una larga explicación repleta de términos corporativos que me resultó inentendible. Sin embargo, logré rescatar lo siguiente: la oficina de felicidad de Deloitte ayuda a los gerentes y jefes de equipos de trabajo a mejorar las condiciones laborales de sus empleados ofreciéndoles beneficios como entrenadores físicos, psicólogos, *coaches*, nutricionistas e instructores de meditación. Pero el desafío de la jefa del Departamento de Bienestar no era tanto encontrar las actividades que redujeran el agotamiento laboral —ésa era la parte fácil—, sino ayudarles a los empleados a encontrar el tiempo para ponerlas en práctica, me explicó.

Típicamente, cuando un gerente o empleado está agotado por la sobrecarga de trabajo, sabe perfectamente que tendría que hacer una hora diaria de gimnasio o meditación, pero no tiene el tiempo ni la energía para hacerlo, me señaló. "La gente dice: 'Sí, claro, me parece una idea genial, pero no tengo tiempo'. Entonces, mi trabajo es sentarme con ellos y planear cómo incluir esas actividades en la rutina diaria, sin que se conviertan en una tarea adicional por encima de todas las cosas que tienen que hacer en horas de trabajo", explicó.

¿Qué significa eso en la práctica?, le pregunté. Fisher me dijo que cada equipo de trabajo, con su asesoría, decide al comienzo de cada proyecto laboral o contrato cómo integrar en sus horas de trabajo el tiempo para cuidar su salud física y mental. Por lo general, las empresas consultoras trabajan en equipos que se forman específicamente para un proyecto que dura unos seis u ocho meses, como, por ejemplo, la auditoría de una empresa. Entonces, la jefa del Departamento de Bienestar se reúne con el director de ese proyecto, y a veces con todo el equipo, para convenir horarios de trabajo y horas de ejercicios físicos, yoga o meditación. Algunos equipos pueden ponerse de acuerdo en trabajar de ocho de la mañana a cinco de la tarde; otros, de nueve a seis, o cualquier otra variante, y tomarse tres recreos por día, de 20 minutos cada uno, para hacer ejercicios o meditar. Otros pueden acordar una hora fija por día para llevar a cabo este tipo de actividades, ya sea cada uno individualmente en casa o conjuntamente en la oficina. Lo importante, me aseguró Fisher, es que todo el grupo esté de acuerdo con tomarse un tiempo para su salud física y mental.

"Sabemos por nuestras propias investigaciones, y también por investigaciones externas, que la gente que tiene más impacto en nuestras decisiones sobre temas de salud y bienestar es la gente con la que pasamos la mayor parte del tiempo. De manera que, si pasas mucho tiempo con personas que toman malas decisiones sobre su salud y bienestar, vas a tomar malas decisiones tú también", argumentó Fisher, refiriéndose a los jefes y compañeros de trabajo. "Así pues, nosotros alentamos a nuestros equipos de trabajo a que hablen de estos temas y acuerden cómo distribuir su tiempo y recursos para mejorar el bienestar personal de todos."

Noches y vacaciones sin leer emails de trabajo

Como parte de su combate contra el estrés laboral, la jefa de Bienestar de Deloitte también ayuda a los empleados de la empresa a liberarse de la obligación de contestar emails después de las horas de trabajo. En Bélgica y Portugal ya se aprobaron leyes para prohibir que los jefes contacten a sus empleados por correo electrónico o hagan reuniones por Zoom fuera del horario laboral. Y las empresas consultoras, donde la mayoría de los empleados trabajan día y noche porque sus clientes llaman o envían emails en cualquier momento, están empezando a adoptar la misma regla, me explicó Fisher.

Para permitirles liberarse de sus celulares después de las horas laborales, sin perder clientes, Fisher recomienda a los equipos de su empresa hacer guardias rotativas. Por ejemplo, un contador puede dejar de consultar sus emails todos los miércoles, jueves y viernes después de las seis de la tarde, y delegarlos en un colega suyo esas noches. Lo mismo con las vacaciones: para evitar que los empleados estén pendientes de sus emails, los equipos se organizan para que quienes estén trabajando cubran a quienes se han ido a descansar.

Sobre todo en Estados Unidos, donde mucha gente sigue pendiente de su trabajo durante las vacaciones, es fundamental que la gente pueda desenchufarse, me explicó Fisher. "Nadie es irremplazable. Si hay alguna emergencia mientras tú estás de vacaciones, ¿crees realmente que en una empresa con miles de empleados no hay absolutamente nadie más que tú que pueda resolverla?", preguntó. "El sistema de guardias funciona porque hay un interés recíproco por parte de todos. Si tú cubres a alguien que está de vacaciones, vas a poner todo tu empeño en solucionar una posible emergencia porque sabes que alguien va a hacer lo mismo por ti cuando sea tu turno", me explicó.

El trabajo comunitario y el sentido de propósito de la empresa

Después de la pandemia, Deloitte también aumentó sus programas para incentivar el contacto social y el sentido de propósito de sus empleados. Los gerentes de proyectos tienen ahora un presupuesto ampliado para actividades sociales de su equipo, que van desde cenas periódicas, ir juntos a ver un partido de futbol, excursiones de un día, hasta viajes en conjunto. Fisher, por ejemplo, había llevado a su equipo al Mundo Mágico de Harry Potter, en Orlando, porque todos eran fanáticos de la saga.

Como también lo hacen otras grandes empresas estadounidenses, Deloitte organiza anualmente una semana de "trabajo comunitario", en este caso, a fines de octubre, para que sus empleados la dediquen a obras altruistas. El último día de esa semana —que la compañía denomina "semana de impacto social"—, las oficinas prácticamente cierran para que todos los empleados dediquen el día entero a alguna buena causa. En años recientes, Fisher y su equipo escogieron levantar la basura de una playa de Miami para su día de trabajo voluntario. Otro año, distribuyeron comida en un albergue de gente sin vivienda. En otra oportunidad, ayudaron a jóvenes de familias humildes a redactar sus currículums y cartas de presentación para buscar su primer trabajo. Algunas empresas, como Google, reemplazaron su antiguo hábito de darles regalos navideños a sus empleados por un cheque de 500 dólares para que lo donen a la organización de beneficencia que más les guste.

Todas estas actividades comunitarias y obras de caridad corporativa se ampliaron tras la pandemia de covid-19. "Los empleados están diciendo: 'Yo ya no quiero trabajar para una organización que no está interesada en mí como persona, ni en los demás. Ya no quiero trabajar para una empresa únicamente para ganar un sueldo. Quiero trabajar para una organización a la que le intereso como persona, y que se interesa por las cosas que a mí me interesan'. Y eso es un gran cambio generacional", me dijo Fischer. Agregó: "Las organizaciones que progresarán son las que coloquen el bienestar, la inclusión, la diversidad y el sentido de propósito en el centro de su agenda. Porque ésas son las cosas que está exigiendo la fuerza laboral".

Pero ¿qué sentido de propósito, además de ganar dinero, puede tener una fábrica de tornillos?, pregunté a modo de ejemplo. La jefa del Departamento de Bienestar de Deloitte respondió: "Nuestro propósito oficial es tener un impacto real en nuestra gente, sus familias y en las comunidades en las que operamos. Y eso puede significar muchas cosas". Además de las semanas de impacto social, cada vez más empresas están apoyando abiertamente a grupos comunitarios y a organizaciones no gubernamentales, como las que combaten el cambio climático, me explicó. Aunque siempre hubo empresas con sentido social, lo que alguna vez se llamó "responsabilidad social corporativa" ahora es una herramienta de supervivencia de las empresas, aseguró Fisher.

El Comité de Felicidad de Manpower
ofrece beneficios flexibles

Manpower, la empresa global de contrataciones de personal, que tiene 19 000 empleados, incluyendo unos 3 000 en América Latina, no tiene una directora de bienestar, pero ha creado un Comité de Felicidad dentro de su Departamento de Recursos Humanos. Según me dijeron los directivos de Manpower, el Comité organiza clases de yoga, meditación, nutrición, cursos de cocina y otras actividades instructivas para sus empleados. Además de ayudar a combatir el agotamiento mental, estas actividades generan un mejor vínculo entre los jefes y sus empleados, me dijo Martha Barroso, una de las ejecutivas que lidera el Comité de Felicidad de Manpower. "Que tu jefe haga yoga contigo o tome una clase de cocina contigo te hace ver que tu jefe no es simplemente la persona que está en el trabajo, al que sólo le hablas para resolver algún tema, sino que es un ser humano que tiene los mismos problemas que tú", me dijo la ejecutiva.[9]

El Comité hace una encuesta bianual a todos los empleados, que les permite a los directivos saber cuáles son las aspiraciones y necesidades de cada empleado en particular. Mientras que en el pasado las compañías solían tener beneficios uniformes para todo su personal, ahora tienen beneficios flexibles que cada empleado puede diseñar a su propia medida. "No es lo mismo lo que necesita un empleado de la generación X, que puede tener hoy más de 50 años, que lo que necesita un empleado de la generación *millennial*, que puede tener hoy 30 y pico años", me dijo Barroso. Mientras que el primero puede estar más interesado en mejorar sus aportes jubilatorios, el segundo puede estar más interesado en que la empresa le dé más tiempo para hacer una maestría o viajar. "Antes, las empresas estábamos muy encasilladas en pensar que todo era para todos. Eso lo estamos cambiando." Bajo el Programa Flex de Manpower, cada empleado puede seleccionar sus prioridades. "Por ejemplo, con este programa yo puedo decidir si quiero una mayor cobertura de dentista, o si quiero estudiar y capacitarme, o si quiero ayuda para comprar útiles escolares, o un seguro médico para mi perro", me explicó Barroso.

"Lo más importante es que tu jefe no te haga la vida de cuadritos"

Mónica Flores Barragán, la CEO de Manpower para América Latina, me dijo que lo más importante en materia de bienestar para los empleados, más allá del nombre que se le ponga al departamento de felicidad de cada empresa o de la flexibilidad de sus beneficios, es capacitar a los jefes para que traten bien a sus empleados y crear una cultura de bienestar.[10] Cuando la gente renuncia de una empresa, por lo general no se va por la compañía, sino por el jefe. De poco sirven los cursos de yoga o las fiestas de trabajo si tienes un supervisor que te hace la vida imposible, me explicó. "Claro que es inspiracional tener una posición de jefe del departamento de felicidad, pero, al final de cuentas, el que te hace la vida fácil o de cuadritos es tu jefe. Si no tenemos esa mentalidad y esa cultura de bienestar de la gente, de nada sirve tener un director de felicidad, porque todo se queda en el papel", me dijo Flores Barragán.

¿Y cómo hacen para que los supervisores promuevan una cultura de bienestar?, le pregunté. "Es un tema que requiere mucho trabajo. Pero, de entrada, hay que empezar haciéndoles saber cuánta gente se les está yendo, renunciando, y cuánto le cuesta esa rotación de empleados a la empresa", respondió. "También hay que dejarles ver cómo les va en la evaluación de 'clima laboral' y de *engagement*. O sea, cuánto le está costando a la empresa no tener el talento adecuado, y cuánto le está costando no tener diversidad en su equipo.

Si no cumplen con el objetivo de diversidad, por ejemplo, eso les pega en su bono."

Flores Barragán agregó que una de las estrategias de Manpower para sensibilizar a los supervisores es el *reverse mentoring*, o sea, se les pide a los empleados que les hagan sugerencias a sus jefes. La empresa seleccionó a un grupo de jóvenes con potencial de liderazgo —o los más arrojados—, y, tras darles un breve entrenamiento, tuvieron una o más sesiones con sus supervisores. "Este programa rompió muchas barreras", me señaló la CEO de Manpower. "Te voy a contar mi experiencia. Yo tuve una [empleada] mentora de 26 años, soltera, medio ejecutiva [un puesto entre administrativo y ejecutivo]. La primera sesión fue un fracaso porque ella estaba muy nerviosa. Los organizadores del ejercicio volvieron a hablar con ella y conmigo para preguntarnos separadamente qué había pasado. Ella les dijo que yo la interrumpía, que no la dejaba hablar, y me dijeron que tratara de controlar mi ímpetu de hablar. La segunda sesión fue mucho más productiva. Ella me dijo: 'A ti la gente te ve como muy lejana'. Según yo me veía a mí misma, yo era supercercana a la gente, pero resulta que la gente me veía superlejana. Entonces le pregunté si era por la forma en que me visto, con trajes de ejecutiva, etcétera. Y ella me dijo: 'Empieza a cambiar tu forma, sé más fresca, más divertida. Tus redes sociales son superaburridas. Tu lenguaje es superinstitucional'. La verdad es que el *reverse mentoring* me ayudó muchísimo."

La oficina de recursos humanos: ¿cosa del pasado?

La "gran renuncia" laboral de Estados Unidos durante la pandemia obligó a muchas empresas a no sólo cambiar el nombre de sus departamentos de recursos humanos, sino también su misión. Aunque Fisher y algunos otros "jefes de felicidad" siguen reportando a sus respectivos directores de recursos humanos, puede que pronto se revierta este orden jerárquico. Entre otras cosas, el término de "recursos humanos" resulta cada vez más antipático, porque implica que las personas y sus respectivas emociones son un "recurso" más de las empresas, al igual que los muebles de sus oficinas. El término "recursos humanos" le quita humanidad a dicho departamento. Y el hecho de que la mayoría de las empresas hayan tratado de sensibilizar su lenguaje corporativo (ahora hablan de "líderes" en lugar de jefes, y de "talentos" en lugar de empleados) no cambia el hecho de que los ejecutivos de recursos humanos suelen ser expertos en beneficios y reclutamiento, pero no en procurar el bienestar de los trabajadores.

Steven Noeldner, el director de Salud Integral de Mercer, la gigantesca consultora de recursos humanos con más de 25 000 empleados en 130 países, me dijo en una entrevista que, cada vez más, el *people officer* (o jefe de personal) es el centro de atención dentro de las empresas. Esto se debe no sólo a la creciente necesidad de retener y mantener contentos a los empleados, sino también al hecho de que la tecnología está reemplazando muchas de las tareas que antes hacían los departamentos de recursos humanos.[11]

"Por ejemplo, las oficinas de recursos humanos tenían mucha gente dedicada al reclutamiento de nuevos empleados, pero eso ha sido relegado en buena parte a la inteligencia artificial", me dijo Noeldner. Hay cada vez más plataformas de internet, como ZipRecruiter o Indeed, que ayudan a las empresas y a quienes buscan trabajo a conectarse, lo cual les ahorra a las empresas tener que contar con sus propios equipos de contratación. Indeed, que lleva casi 20 años en el mercado, opera en 60 países y en 28 idiomas, y en América Latina han surgido varias plataformas de internet que hacen lo mismo. Casi todas operan en forma parecida: la gente que busca trabajo ingresa su currículum, la ciudad en que vive y el trabajo que desea encontrar, y las empresas anuncian sus puestos vacantes. Los programas de inteligencia artificial de estas plataformas luego conectan a ambas partes, como si fueran usuarios de Tinder buscando una pareja.

Eso ha liberado a los departamentos de recursos humanos para poder concentrarse más en otras tareas, como cuidar la salud física y mental de su gente. "Los estudios muestran que las empresas han llegado a la conclusión de que la salud, el bienestar personal y la satisfacción laboral no son un beneficio adicional que deben ofrecer, sino un imperativo empresarial", me dijo Noeldner.

Asimismo, las empresas están delegando el bienestar laboral a otras compañías y plataformas que se dedican a mejorar la salud y el bienestar, como Virgin Pulse y Sharecare. Cada vez más empleados, como parte de sus beneficios, reciben suscripciones a este tipo de portales de internet con los que tienen acceso, con total confidencialidad, a tutoriales de *mindfulness* y *wellbeing*, ejercicios mentales para fortalecer la memoria, consejos para reducir la ansiedad y varios otros cursos para mejorar su salud física y mental. "El empleador paga por todo este servicio. Los empleados no pagan nada. Es parte de la personalización de los servicios a los empleados que están ofreciendo las empresas para que éstos sientan que la compañía realmente se preocupa por su salud y satisfacción de vida", me señaló Noeldner.

LAS EMPRESAS QUE PAGAN PARA QUE SUS EMPLEADOS HAGAN EJERCICIO

En su página de internet, Virgin Pulse les pregunta a los empresarios: "¿Están haciendo todo lo posible para retener, atraer y apoyar talentos? Denles todo el apoyo que necesitan y esperan con una enorme variedad de experiencias en nuestra plataforma de salud y bienestar. ¿Los resultados? Empleados más felices, más saludables y más comprometidos". Y también, como para aclarar que no se trata solamente de una misión altruista, Virgin Pulse agrega: "[Dado que los servicios de salud] se han disparado un 50% en la última década para los empleadores y los consumidores, el aumento de los costos son una preocupación para todos. Nosotros apoyamos la salud de su fuerza de trabajo con una plataforma simple de usar". En otras palabras, la plataforma de internet ofrece sustituir al departamento de recursos humanos por una solución mucho menos costosa para los empleadores.

Algunas de estas plataformas, como Betterfly, incluso dan premios a quienes hacen ejercicio, meditan o hacen otras actividades que mejoren su salud física y mental. Tal como me lo relató su cofundador, el chileno Eduardo della Maggiora, Betterfly recompensa a sus usuarios por la cantidad de pasos que caminen por día, o por bailar, nadar o meditar.[12] Como les contaré en detalle más adelante en este libro, Betterfly puede verificar digitalmente el ejercicio que hacemos mediante relojes inteligentes como Fitbit. Si caminas, por ejemplo, 10 000 pasos por día, la plataforma te paga en una moneda virtual llamada BetterCoin, que luego puedes cambiar por alguna donación social que la empresa ofrece, como plantar un árbol o darle de comer a un niño sin recursos. "Estamos usando la tecnología para ayudar a las personas a vivir mejor sus vidas y para que tengan un mayor impacto en otras personas", me dijo Della Maggiora. La empresa, nacida en Chile, ya tiene más de 3 000 empresas suscritas en América Latina y Estados Unidos, que le pagan a Betterfly una cuota mensual para que sus respectivos empleados usen la plataforma gratuitamente. Es otro ejemplo de cómo cada vez más empresas aprovechan las nuevas tecnologías para sustituir parte de lo que antes hacían sus departamentos de recursos humanos.

Las encuestas de felicidad de Google

Google, que fue pionera en las prácticas empresariales para mejorar la satisfacción laboral antes de que algunos recientes escándalos mancharan un tanto su reputación, hace todos los años una encuesta de felicidad llamada "Googlegeist" (algo así como "el alma de Google") a sus 135 000 empleados. Esta práctica nació en 2004, mucho antes de que se crearan los primeros departamentos de felicidad en las grandes empresas, cuando Google tenía apenas unos 2 500 empleados. Larry Page y Sergey Brin, sus fundadores, concluyeron en ese momento que la empresa había crecido demasiado como para seguir evaluando qué tan satisfechos estaban los empleados simplemente hablando con ellos en los pasillos. Había que idear una forma de recolectar datos más completos del sentir de todos los "googlers", como se llaman a sí mismos quienes trabajan en la empresa.[13]

Ese año, Google hizo su primera "encuesta de la felicidad". Pero el experimento no funcionó, porque sólo la mitad de los empleados participaron. Los ingenieros de Google crearon entonces otra encuesta, llamada "Extasis", con preguntas más enfocadas hacia las necesidades específicas de los ingenieros. Estas dos finalmente se unificaron en 2007 en la Googlegeist, un cuestionario anual de casi 100 preguntas. La encuesta se compone de afirmaciones de todo tipo: por ejemplo, que los salarios de la empresa son competitivos, que los jefes tratan bien a su gente o que la compañía desempeña un rol positivo en la construcción de un mundo mejor; y cada empleado debe escoger una de cinco opciones, que van del "estoy totalmente en desacuerdo" hasta el "estoy totalmente de acuerdo". Cada año se modifica 30% de las preguntas para incorporar los nuevos temas que más preocupan o interesan a los empleados.

Laszlo Bock, quien fue el *people officer* de Google entre 2006 y 2016, y el responsable de que Google fuera nombrada varias veces como la mejor empresa para trabajar en Estados Unidos, dijo que la encuesta Googlegeist es el mecanismo más importante para que los empleados ayuden a decidir el destino de la compañía. Según relata Bock en su libro *La nueva fórmula del trabajo: Revelaciones de Google que cambiarán tu forma de vivir y liderar*, la encuesta se hace sin que los empleados revelen sus nombres —aunque es opcional decir en qué departamento trabajan— para lograr una mayor participación. Y casi 90% llena el cuestionario, señaló Bock.

"COMPARTIMOS TODOS LOS RESULTADOS —LOS BUENOS Y LOS MALOS— CON LOS EMPLEADOS"

Sobre el funcionamiento de la encuesta Googlegeist, Bock detalla: "Todos sus resultados, tanto los buenos como los malos, son compartidos con toda la empresa dentro del plazo de un mes, y son la base de los planes anuales liderados por los empleados para el mejoramiento de la cultura y eficacia de Google". Según la filosofía empresarial de Google, la transparencia es clave para mantener la confianza y lealtad de la gente, aunque —en una empresa de 135 000 empleados—eso pueda dar como resultado filtraciones a la prensa que no siempre dejan bien parada a la compañía.

En 2022, los resultados de la encuesta Googlegeist compartidos con los empleados de Google ese año fueron obtenidos por la cadena CNBC, que divulgó la noticia bajo el título: "Los empleados de Google están cada vez más inconformes con los salarios, ascensos y la ejecución de proyectos, según encuesta". El artículo reveló que sólo 53% de los empleados de Google consideraban que sus salarios eran competitivos, una baja de 3% respecto del resultado del año anterior. En la división de Google Cloud, sólo 54% había respondido que el proceso de ascenso era justo, una baja de 2% respecto del año anterior. La buena noticia para Google era que 86% de los empleados decían tener una opinión positiva de Sundar Pichai, el CEO de Alphabet, el conglomerado al que pertenece Google. Y, algo muy importante, la encuesta mostraba un grado de apoyo de 90% a la declaración del propósito de la empresa de "organizar la información del mundo y hacerla universalmente accesible y útil". CNBC resumió: "Los resultados más bajos fueron en las preguntas sobre los salarios y la ejecución.

Los resultados más altos fueron en las preguntas sobre la misión y los valores de Google".[14]

Comida gratis, cuarto para la siesta, masajes y tragos en la oficina

Según me contó una ingeniera de Google, lo que más le sorprendió en su primer día de trabajo en la sede de la empresa en Mountain View, California, fue el bar. Su jefa le dio un recorrido por las oficinas de Google y, entre muchas otras cosas, le mostró el cuartito con las bebidas alcohólicas. Su supervisora le dijo que cuando estuviera muy estresada, o si quería relajarse al final del día, podía ir allí a tomarse una copita. Y luego, con una sonrisa pícara, le agregó: "Pero, obviamente, no quisiéramos verte acá tomando tragos todo el día". Y la oficina también tenía una sala de masajes y comedores gratuitos en la planta baja. La ingeniera me contó que cada tanto, cuando su jefa la veía estresada, le regalaba cupones para un masaje. Y en los cumpleaños (llamados "googleversarios", en lugar de "aniversarios") Google también les regala a los empleados de su sede en California puntos que pueden canjear por un masaje en la oficina.

Éstas fueron algunas de las tantas anécdotas que me sorprendieron cuando visité la sede central de Google hace unos años, además del clima de trabajo que había en las oficinas. Para mi asombro, la mayoría de los empleados trabajaban en bermudas y chancletas, y varios tenían a sus perros con correas atadas a sus escritorios. Después me enteré de que la política de Google de permitir perros en la oficina viene desde los primeros días de la empresa, pero que no se extiende a los gatos. El código de conducta de Google —no es broma— dice: "Nos gustan los gatos, pero somos una compañía amiga de los perros".[15] No vi un solo traje, y mucho menos una corbata, durante toda mi visita, y muchos empleados llegaban a la oficina en autobuses especiales que la compañía les ofrece gratuitamente para ir y volver desde San Francisco.

Aunque el despido de 12000 empleados de Google en 2023 eclipsó bastante la imagen de la empresa como una de las mejores del mundo para sus empleados, Google desde sus inicios ofreció beneficios poco comunes a su gente. Además de salas de masajes, Google ofrece a sus trabajadores servicios más baratos —y en el lugar de trabajo— de peluquería, manicura, tintorería, reparación de bicicletas y lavado de automóviles.

Conferencias de Clinton, Obama y Lady Gaga en la oficina

Ya en 2004, cuando la empresa se hizo pública, sus fundadores advirtieron en su propuesta de venta accionaria: "Proveemos muchos beneficios inusuales a nuestros empleados, incluyendo comidas gratis, servicios médicos en la oficina y lavandería en el lugar de trabajo. Consideramos cuidadosamente los rendimientos a largo plazo de estos beneficios para la compañía. Pueden esperar que aumentemos beneficios, en lugar de reducirlos, en el futuro". En otras palabras, mientras muchas empresas que salen a cotizarse en la bolsa prometen reducir costos para aumentar sus ganancias, Google les decía de entrada a sus potenciales accionistas que haría exactamente lo contrario.

Los comedores gratuitos de Google para sus empleados ofrecen comida gourmet (durante mi visita pude ver un restaurante japonés y otro de comida italiana), y además sirven como puntos de reunión que estimulan el intercambio de ideas y la innovación. Según me explicaron ejecutivos de la empresa, los comedores suelen estar estratégicamente situados entre las oficinas de diferentes divisiones para que los empleados que normalmente no tienen contacto entre ellos se conozcan, se hagan amigos e intercambien ideas. La gente que trabaja en un mismo departamento por lo general piensa igual, por lo que las ideas más innovadoras suelen surgir de los cruces entre personas de diferentes grupos, me explicaron.

Además, los viajes gratuitos en los autobuses de Google están a disposición de los empleados para trasladarse diariamente desde San Francisco a la sede de la empresa en Mountain View, y tienen wifi para que todos puedan trabajar en el trayecto. Y Google suele traer regularmente conferencistas de todo tipo a su sede, incluyendo los pensadores más importantes del mundo, para dar charlas a sus empleados. Entre los oradores han estado Barack Obama y Bill Clinton, Lady Gaga, David Beckham y estrellas del mundo académico. La asistencia a estos foros no es obligatoria, ni siquiera sugerida a los empleados de Google: están todos invitados, y va el que quiere. Y además de los beneficios de salud y jubilación requeridos por la ley, Google les paga tratamientos de fertilidad o congelamiento de óvulos a sus empleadas, que no son nada baratos, y tiene la política de que, cuando un empleado se muere, la empresa le paga 50% de su salario durante los próximos 10 años al cónyuge o pareja del fallecido.

Pero ¿es replicable todo esto en empresas más pequeñas, que no tienen tantos fondos como Google? Algunos de los beneficios que ofrece Google, como las comidas gratis o el pago de medio salario durante 10 años a los cónyuges de los empleados fallecidos, son costosos y —como veremos en las páginas siguientes— han sido discontinuados desde que las grandes compañías tecnológicas empezaron a hacer grandes recortes en 2022. No obstante, la mayoría de los beneficios que ofrece Google no cuestan mucho, y pueden ser ofrecidos por casi cualquier compañía, dice Bock. Según el exjefe de personal de la empresa, en todas partes hay peluquerías, manicuras, tintorerías, talleres de bicicletas y otros pequeños negocios dispuestos a proveer estos servicios a domicilio, y sólo requieren que Google les dé permiso para entrar en sus edificios una vez por semana o todos los días.

En la sede de Mountain View, por ejemplo, la peluquería de Google es un autobús que llega dos veces por semana, se estaciona frente a uno de los edificios, y los empleados se cortan el pelo allí. Al final del día, la peluquería —o sea, el autobús— levanta campamento y se va. El servicio de manicura fue la idea de una empleada, que invitó a un salón de belleza a enviar manicuristas una vez por semana, para que se instalen en una sala de conferencias y les hagan las uñas a quienes quieran. "Todo eso no le cuesta a Google nada más que el café que tome la manicurista. Todo lo que tuvimos que hacer fue proveer una cultura en que los empleados de Google saben que pueden sugerir nuevas ideas", dice Bock.[16]

Una de las claves de Google: el sentido de propósito compartido

Aunque los beneficios inusuales que ofrece Google son importantes, el propio Bock reconoce que la mayoría de los trabajadores talentosos que logra reclutar la empresa no llegan atraídos por la comida gratis o el servicio de peluquería. La clave para atraer gente talentosa es tener una cultura empresarial con un sentido de propósito, transparencia, que les dé a todos sus empleados una voz en las decisiones de importancia, y que además de todo sea divertida.

No es casual que la declaración del propósito de Google —"organizar la información del mundo y hacerla universalmente accesible y útil"— no mencione la meta de ganar más, ni de mejorar el servicio al cliente, como lo hace la mayoría de las empresas. Al contrario, tal como lo decían los fundadores de Google en su mensaje a potenciales inversionistas cuando entraron en la bolsa de Wall Street en 2004: "La gente talentosa se siente atraída a Google porque los empoderamos a cambiar el mundo. Google tiene enormes recursos computacionales que les permiten a los individuos hacer una diferencia... Estamos enfocados en proveer una cultura donde la gente talentosa y trabajadora pueda ser compensada por su contribución a Google y a mejorar el mundo".[17]

Google se ufana también de dejar en manos de sus empleados la decisión de los destinatarios de buena parte de las obras de caridad de la empresa. Hace algunos años, Google les preguntaba a los empleados a cuáles organizaciones sin fines de lucro querían que la empresa contribuyera. En años recientes, a petición de sus empleados, Google los ha dejado escoger una vez por año las instituciones sin fines de lucro a las que más quisieran que la empresa contribuyera, y Google dona unos 400 dólares a nombre de ellos. Y cuando sucede alguna tragedia natural, como un terremoto en Haití, Google ofrece pagar la misma cantidad de dinero que donan sus empleados para las tareas de rescate.

¿Cuál puede ser el sentido de propósito de una fábrica de tornillos?

¿Hasta qué punto se puede trasladar esta filosofía de propósito compartido a compañías manufactureras, como una fábrica de tornillos? Bock dice que hasta las empresas que producen las cosas más triviales pueden contagiar a sus empleados de un sentido de orgullo en lo que hacen. "Todos queremos que el trabajo que hacemos tenga valor. No hay nada que sea tan poderosamente motivador como saber que estás haciendo una diferencia en el mundo", dice Bock.

Bock cita estudios según los cuales los empleados de cualquier empresa trabajan mejor y son más productivos cuando conocen personalmente a los destinatarios de sus bienes o servicios. Eso los hace sentir más necesarios. Los estudiantes que editan textos les dedican 20% más de su tiempo a los trabajos escritos por autores que han conocido personalmente. Los guardavidas en las playas que han leído artículos o libros sobre salvatajes de gente que se estaba ahogando están 21% más atentos a los bañistas. Incluso trabajos tan triviales como cortar pescado en una fábrica de salmón pueden ser provistos de propósito cuando los trabajadores tienen la oportunidad de ver con sus propios ojos la felicidad que están produciendo en otros, señala Bock.

Para fomentar su cultura de propósito compartido, Google recoge constantemente las ideas de sus empleados a través de sus encuestas internas, como la Googlegeist, aunque les hace saber que no siempre las sugerencias más frecuentes serán acatadas por los directivos de la empresa. El objetivo es recoger los mejores argumentos, evaluarlos, y luego explicar la decisión final de la empresa con suficientes elementos como para que nadie pueda decir que es caprichosa o descabellada. Como parte de esta cultura de participación y transparencia, todas las decisiones sobre contrataciones de nuevos empleados —hasta el último en el escalafón— se hacen en equipo. El supervisor puede proponer, pero el equipo dispone, para evitar decisiones arbitrarias y para que todos se sientan parte de la comunidad. Y aunque Google no fue la primera empresa en hacerlo, sí popularizó las reuniones presenciales y virtuales de los empleados con el CEO de la empresa. En esas reuniones con el CEO de Google, se invita a que los empleados pregunten lo que quieran, sobre cualquier tema. "Toda pregunta es válida y toda pregunta merece una respuesta", dice Bock. Por supuesto, hay algunas cosas que el CEO mantiene en secreto, pero son pocas, agrega. La mayoría son compartidas con todos los trabajadores, igual que los resultados de la encuesta interna de la felicidad.

Pero ¿acaso todo este idealismo no es un lujo que sólo pueden darse empresas con enormes ganancias? En absoluto, dice Bock. "El argumento para definir una misión movilizadora y darle a la gente una voz en las decisiones es en buena parte una cuestión de pragmatismo. La comunidad global de profesionales talentosos, móviles, motivados y emprendedores requiere de este tipo de climas empresariales. En las próximas décadas, la gente más talentosa del planeta va a gravitar hacia lugares donde pueda hacer trabajos que tengan un significado y ayudar a forjar el destino de sus organizaciones", afirma el exjefe de personal de Google.[18]

LOS ESCÁNDALOS QUE SACUDIERON A GOOGLE

Parte de la transparencia y frescura que tenía Google en sus inicios se ha ido perdiendo con el tiempo. No es lo mismo hacer reuniones abiertas en que se pueden ventilar todos los temas, sin temor de filtraciones a la prensa, en una empresa de unos cuantos cientos de empleados que en una compañía de 135 000 personas en la mira de los medios mundiales. Y es más difícil aún hacerlo en una era en que cualquier empleado con un teléfono celular puede filmar cualquier videollamada por Zoom desde la comodidad de su casa. En años recientes, después de varias filtraciones de estas reuniones a la prensa, las asambleas con el CEO de Google dejaron de ser totalmente espontáneas. Los empleados tienen que enviar sus preguntas por escrito, y éstas son sometidas luego a votación de todos, de manera que el CEO ya sabe de antemano qué le van a preguntar. No obstante, esto no ha frenado la propagación de algunos escándalos que han erosionado parte del aura de empresa modelo de Google.

En 2018, la credibilidad de Google como un paraíso laboral sufrió un duro golpe cuando salieron a la luz revelaciones de que la empresa había ocultado el caso de acoso sexual contra Andy Rubin, el creador de Android. Según informó el *New York Times*, Google había disfrazado el despido de Rubin en 2014 como un retiro voluntario, y le había dado una compensación de nada menos que 90 millones de dólares. El fundador de Google, Larry Page, incluso había emitido un afectuoso comunicado de despedida, en el que decía: "Le quiero desear a Andy todo lo mejor en lo que venga". Pero, según lo reveló el periódico, Rubin había sido despedido después de que una empleada lo acusó de obligarla a tener sexo oral con él en un cuarto de hotel en 2013. Aunque Rubin adujo que el artículo contenía "numerosas inexactitudes", el diario señaló que había corroborado los hechos con una investigación interna de Google. Asimismo, reveló que Rubin había sido uno de tres ejecutivos a quienes Google había "protegido" durante la última década debido a acusaciones de acoso sexual. Los tres habían recibido generosas liquidaciones, dijo el diario, lo cual generó una ola de críticas desde dentro y fuera de la empresa.[19]

A fines de 2020, se produjo un nuevo revuelo cuando Google despidió a Timnit Gebru, codirectora del equipo de ética en inteligencia artificial de Google. Gebru, una de las pocas africanas en su campo, fue despedida mientras estaba de vacaciones, un día después de haber enviado un email interno a varios colegas criticando las políticas de contratación de minorías de la empresa y la falta de medidas para erradicar lo que ella consideraba que eran prejuicios raciales en los programas de inteligencia artificial de Google. A mediados de 2022, otro escándalo interno de Google se filtró a la prensa: el diario *Washington Post* reveló que Tanuja Gupta, una ejecutiva de Google News, había renunciado tras un altercado con la empresa en el que se sintió censurada. Gupta había invitado a impartir una conferencia a Thenmozhi Soundararajan, una activista por los derechos de los dalit, la clase social más discriminada de la India, antes conocidos como "los intocables". Soundararajan ya había dado su conferencia sobre castas en Microsoft, Airbnb, Netflix, Adobe y otras empresas tecnológicas con gran cantidad de empleados indios, y su invitación a hablar en Google había sido inicialmente aprobada en la empresa. Sin embargo, ante las quejas de más de media docena de empleados indios antes de su presentación, que alegaban que la oradora era una extremista que inflamaría las tensiones raciales, Google canceló la conferencia. Gupta, la ejecutiva que la había invitado, renunció en protesta, lo que provocó una ola de críticas a la decisión de Google en las redes internas de la empresa. Según el *Washington Post*, la renuncia de la ejecutiva "forma parte de un patrón" en Google, en el que "la empresa les pide a las mujeres de color que promuevan el cambio, y luego las castiga por quebrar el *statu quo*".[20] Después de años de un clima de trabajo de casi total libertad, en que los empleados se involucraban en reuniones abiertas en toda la empresa y plataformas en línea, "Google ha empezado a tomar medidas enérgicas contra lo que se dice dentro del trabajo. Muchos empleados de Google han reaccionado con espanto ante las nuevas restricciones, y han argumentado que la compañía ha quebrado su tradición de transparencia y libertad para debatir", señaló *The New York Times*.[21]

Sin embargo, según me dijeron varios empleados de Google, parte de la espontaneidad laboral dentro Google se ha mantenido gracias a Memegen, la plataforma interna donde los empleados suelen postear

LA FELICIDAD EN LAS EMPRESAS   263

sus frustraciones sobre decisiones corporativas, nuevos productos o noticias de la empresa con sarcasmo y humor. "Es lo mejor que tiene Google", me dijo una fuente de Google en Nueva York. "Todo el mundo en Google postea memes allí, y la mayoría son buenísimos. Son el comentario del día de todos en la oficina, porque la gente vota los que más le gustan. Muchas veces son cosas críticas a la empresa, pero la votación refleja el sentir de la gente, y le permite ventilar sus frustraciones, para que los jefes corrijan las cosas que están mal. La empresa monitorea el sitio, pero nunca lo ha cerrado", agregó. Lo que antes se ventilaba en las reuniones semanales con el CEO hoy en día se dice a través de los memes en la plataforma interna Memegen.

NETFLIX OFRECE VACACIONES SIN LÍMITE

Los beneficios de las empresas más generosas varían mucho. En la sede de Netflix en California, la empresa no prohíbe los emails después de horas laborales, pero deja que los empleados escojan sus horas de trabajo y la duración de sus vacaciones. "Nuestra política es 'Tómense unas vacaciones'. No tenemos ninguna regla sobre cuántas semanas por año. Francamente, mezclamos bastante el trabajo con el tiempo privado, enviando algunos emails en horas inusuales o tomándonos libre una tarde durante la semana", dice la página de internet corporativa de Netflix. "Nuestros líderes se aseguran de regresar con ideas frescas y alientan al resto del equipo a que hagan lo mismo", agrega.[22] Suena muy bonito, pero, según escuché decir a algunos en Silicon Valley, en la práctica no funciona muy bien. Para muchos las "vacaciones sin límite" son una oferta tramposa, porque al final de cuentas muchos terminan tomándose menos vacaciones por miedo a quedarse atrás.

Otras empresas tratan de subir la moral de sus trabajadores regalándoles sus productos. La enorme compañía de helados Ben & Jerry's le regala un tarro de más de un kilo de helado por día a cada uno de sus empleados. Por supuesto, la empresa confía en que sus empleados no se coman más de un kilo de helado por día, porque terminarían todos obesos, sino que se lo regalen a sus familiares y amigos. En la filial de Estados Unidos de la editorial Penguin Random House, que publica este libro, los empleados pueden pedir libros gratis de la lista de novedades de la empresa.[23] Y en México, sus empleados gozan de tres "Días Penguin" al año, que son adicionales a las vacaciones y con derecho a pago, en los que pueden hacer trámites personales o usarlos para citas médicas o temas familiares.

Otras empresas prefieren regalarles experiencias, más que cosas, a sus empleados. Hay plataformas como Blueboard donde las compañías compran cenas gratis o viajes de un "menú de experiencias" para recompensar a sus trabajadores. Para las empresas que necesitan retener a sus empleados, por ejemplo, Blueboard ofrece un menú de regalos de experiencias progresivas para cada aniversario. Para su primer aniversario en la empresa, un empleado puede escoger una cena para dos personas en un buen restaurante; para el segundo aniversario, un día libre con una excursión de pesca en un lugar cercano; para el quinto aniversario, un fin de semana con todo pagado en Cancún, etcétera. Para recompensar a los ejecutivos que sobrepasan sus metas, hay viajes para hacer senderismo en el Himalaya o rafting en África."Los estudios muestran que los empleados más jóvenes prefieren experiencias. Si uno quiere atraer a los *millennials*, o a los aún más jóvenes, hay que considerar regalarles experiencias", señala el sitio de Blueboard.

Sin embargo, a pesar de todos estos beneficios, la mayoría de los gerentes de felicidad o de personal con quienes hablé coinciden en que los principales motivos de atracción y retención de empleados son los sueldos, los servicios de salud, los subsidios educativos y —lo que es cada vez más importante— las posibilidades de crecimiento profesional. La gente busca un futuro, además de un sueldo.

DIECIOCHO PAÍSES YA EXPERIMENTAN CON LA SEMANA LABORAL DE CUATRO DÍAS

La creciente flexibilización del trabajo presencial que trajo consigo la pandemia de covid-19 ha hecho que cada vez más empresas y países estudien la posibilidad de adoptar la semana laboral de cuatro días. Algunos modelos proponen comprimir la semana y trabajar 10 horas diarias durante cuatro días. Otros, más audaces, proponen trabajar ocho horas diarias durante cuatro días sin reducir los sueldos. En ambos casos, los empleados tienen más tiempo para recargar sus baterías o estudiar en sus días libres, trabajan más eficientemente y se sienten más felices, argumentan los partidarios del acortamiento de la semana laboral.

En 2023, había 18 países en los que se habían aprobado o se estaban debatiendo normas para adoptar la semana laboral de cuatro días, aunque en la mayoría de los casos son proyectos legislativos que están lejos de concretarse, según la consultora de trabajo remoto Buildremote.[24] Entre los que lo han hecho de manera permanente están Bélgica, Emiratos Árabes Unidos y Lituania. Bélgica aprobó a fines de 2022 una ley que comprime la semana laboral a cuatro días, pero exige que la gente trabaje el mismo número de horas que antes. Los Emiratos Árabes Unidos adoptaron una semana laboral de cuatro días para todos los empleados públicos, sin reducción de sueldo. Lituania, a su vez, aprobó una ley que permite a los empleados públicos con niños pequeños trabajar cuatro días semanales sin reducciones de sueldo. En España se anunció un experimento a nivel nacional, y la ciudad de Valencia lo está haciendo por su cuenta. Otros países, como el Reino Unido e Irlanda, también lo están haciendo de forma experimental.

"Los motivos por los que 2023 podría ser finalmente el año de la semana de cuatro días", titulaba triunfalmente la revista *Time* en 2023, con motivo de la creciente aprobación de este tipo de leyes en cada vez más países, provincias y empresas. "Se acabaron los viernes [laborales]", decía entusiasmado el diario *Business Insider* casi al mismo tiempo.[25] Ambas publicaciones se referían a un nuevo estudio publicado por la organización 4 Day Week Global (4DWG), patrocinada por empresas y grupos académicos que apoyan el acortamiento de la semana laboral, que daba cuenta de los resultados del mayor estudio realizado sobre el impacto de una semana laboral de 32 horas sin ninguna reducción de sueldos. El estudio constó de dos experimentos de seis meses con 33 empresas en Estados Unidos, Irlanda y otros países, y concluyó que el acortamiento de la semana laboral les hace bien a los empleados, a las empresas y al medio ambiente.

"Sabíamos que los resultados serían buenos. La única cosa que nos sorprendió fue que fueran tan buenos", le dijo Charlotte Lockhart, la cofundadora de 4DWG, a la revista *Time*.[26] El estudio, ejecutado por académicos independientes del Boston College, la Universidad Colegio de Dublín y la Universidad de Cambridge, reveló que después de seis meses del experimento, tanto las empresas como los empleados dijeron que querían seguir trabajando cuatro días por semana. Las empresas estaban felices porque podían reducir costos operacionales, aumentar la eficiencia, retener talentos y emplear gente más calificada que venía atraída por la posibilidad de tener fines de semana de tres días. Los empleados, a su vez, decían que les encantaba trabajar más duro durante cuatro días para poder tener más días libres.

En una escala del 0 al 10, de lo más negativo a lo más positivo, la calificación promedio que le dieron las empresas a su experiencia de trabajar cuatro días por semana fue de nueve puntos. Un total de 18 empresas dijeron que iban a mantener su nuevo ritmo de trabajo permanentemente; ocho estaban planeando hacerlo, pero no habían tomado una decisión final; y el resto dijo que no sabía. Pero ninguna dijo que hubiera decidido regresar al ritmo de trabajo anterior. De parte de los empleados, 97% dijo que quería continuar trabajando cuatro días por semana.[27] Además de beneficiar a las empresas, una semana laboral de cuatro días ayudaría a combatir el cambio climático, dice el estudio de 4DWG. El tráfico en las ciudades se reduciría, lo que también ayudaría a mejorar la satisfacción de vida de la gente. Para quienes tienen que lidiar con los embotellamientos diarios de las grandes ciudades, ¿no sería un alivio?

El lado negativo de la semana laboral de cuatro días

Los partidarios de la semana de cuatro días señalan que, debido a los avances tecnológicos, ya no hay mucha relación entre las horas trabajadas y la productividad. Hoy en día, en Holanda, Dinamarca, Noruega y Alemania, algunos de los países con mayor productividad del mundo, se trabaja un promedio de menos de 34 horas por semana.[28] Por el contrario, en Tanzania y Mauritania, algunos de los países más ineficientes, se trabaja un promedio de 54 horas por semana, y en México, 41 horas, según datos de la Organización para la Cooperación y el Desarrollo Económicos (OCDE). En Europa, el país donde la gente trabaja más horas es Grecia, y es el que tiene los peores índices de productividad del continente.[29]

Según la revista británica *The Economist*, un experimento con 3 000 empleados públicos de Islandia, entre 2015 y 2019, fue altamente positivo: la productividad laboral no cayó en la mayoría de las oficinas, y en algunas aumentó.[30] En el departamento de contaduría de la capital islandesa, Reikiavik, por ejemplo, se reportó 6.5% de aumento en el número de recibos procesados durante el ejercicio, comparados con el mismo periodo del año anterior. Desde entonces, 86% de los trabajadores de Islandia han optado por trabajar cuatro días por semana, o se han ganado el derecho a hacerlo, reportó la revista británica. Varias grandes multinacionales, como la filial de Microsoft en Japón y Unilever en Nueva Zelanda, también están probando trabajar cuatro días por semana. "La pandemia cambió permanentemente la manera en que los empleadores y los empleados contemplan sus hábitos de trabajo, y la presión para adoptar una semana de trabajo de cuatro días sólo aumentará", dice Ben Laker, profesor de la Escuela de Negocios de la Universidad de Reading en Gran Bretaña.[31] Sin embargo, la semana laboral de cuatro días no ha sido adoptada oficialmente por la mayoría de las grandes corporaciones. Algunas empresas dicen que la reducción de días laborales en algunos casos produce una mayor presión sobre los empleados para cumplir sus metas, y eso provoca más agotamiento laboral y problemas mentales. En el programa piloto de Nueva Zelanda, el acortamiento de la semana laboral hizo que los empleados tuvieran menos tiempo para tomarse un descanso para tomar un café en horas de trabajo o para socializar con sus compañeros de trabajo en la oficina. Según reportó la revista *Wired*,[32] aunque algunos empleados estaban felices con el experimento, "otros sintieron una mayor presión que les causaba mayores niveles de estrés, por lo que debían usar su día libre adicional para recuperarse de la intensidad con que estaban trabajando". En otras palabras, terminaban fundidos.[33]

El caso de Nueva Zelanda "debe hacer sonar algunas alarmas", porque la reducción en los días de trabajo "no necesariamente produce beneficios en materia de bienestar", señala un estudio del Centro de Investigaciones Digitales del Futuro del Trabajo de Reino Unido. Buena parte de la publicidad sobre el éxito del experimento de Microsoft en Japón "se centró en que la productividad aumentó sustancialmente", pero las empresas "deberían tener cuidado en no promover la productividad por encima del bienestar de los empleados", dijeron los autores del estudio a la revista *Harvard Business Review*.[34] De poco sirve trabajar cuatro días por semana si la gente termina más estresada que antes, concluía el estudio.

¿Se terminará imponiendo la semana laboral de cuatro días? Todo indica que probablemente sí. La actual semana laboral de cinco días es un invento relativamente nuevo. En la antigua Roma, se trabajaba ocho días seguidos. En 1980, un trabajador manufacturero promedio en Estados Unidos trabajaba 100 horas por semana. La semana laboral de 40 horas semanales se adoptó a mediados del siglo XX. Aunque a muchos nos parezca mentira, la tendencia histórica es hacia trabajar menos horas. Y ahora, con los nuevos chatbots operados con inteligencia artificial como ChatGPT y Bard, la tendencia hacia menos horas de trabajo se va a acelerar aún más. Los nuevos asistentes virtuales robóticos van a simplificar o eliminar muchas de las tareas que hacemos a diario en la oficina o en la fábrica. Nos guste o no, aumentará la productividad y hará que los países le den más tiempo libre a la gente.

La guerra de Ucrania disparó el activismo político corporativo

La "gran renuncia" de empleados durante la pandemia no fue el único motivo que forzó a las empresas a escuchar más las opiniones de sus empleados. La guerra de Ucrania también las llevó a asumir un mayor activismo social e incluso político. Tal como lo demostró la sorprendentemente rápida reacción de las principales empresas de Estados Unidos y Europa tras la invasión rusa de Ucrania en 2022, las grandes compañías ya no pueden permitirse el riesgo de dañar su reputación por cruzarse de brazos ante lo que sus empleados y clientes perciben como injusticias imperdonables. Cuando el dictador ruso Vladimir Putin invadió Ucrania en marzo de ese año, las grandes firmas estadounidenses y europeas fueron mucho más allá de lo que les pedían sus gobiernos. Apple, IBM, Netflix, McDonald's, Exxon Mobile, FedEx, UPS, Rolls-Royce, Chanel y docenas más suspendieron todas o la mayor parte de sus operaciones en Rusia a los pocos días de la invasión, sin mediar ninguna orden gubernamental. En un email a todos sus empleados, el CEO de McDonald's, Chris Kempczinski, dijo que había decidido cerrar temporalmente los 850 locales de McDonald's en Rusia: "Nuestros valores significan que no podemos ignorar el inútil sufrimiento que se está causando a Ucrania".

Y otras empresas que no suspendieron de inmediato sus actividades en Rusia tuvieron que hacerlo en las semanas siguientes, cuando el profesor Jeffrey Sonnenfeld y su equipo de investigadores de la Universidad de Yale divulgaron una lista de empresas que seguían presentes en Rusia. La lista de Sonnenfeld recibió una gran cubertura

LA FELICIDAD EN LAS EMPRESAS   269

en los principales periódicos de Estados Unidos, y varias multinacionales incluidas en ella —como Coca-Cola y Starbucks— decidieron suspender sus operaciones en Rusia pocas horas después.[35] La presión también había venido de las redes sociales, y de inversionistas como Thomas DiNapoli, directivo del fondo de pensiones del estado de Nueva York —que invierte en muchas de estas grandes compañías—, quien envió un mensaje a las empresas que todavía estaban operando en Rusia: "Tienen que considerar seriamente si les vale la pena [seguir allí]".[36]

Un mes después de la invasión rusa, Sonnenfeld ya contabilizaba más de 450 multinacionales que habían anunciado su retirada de Rusia, y su lista se había perfeccionado para dividir a todas en varias categorías: las que se habían retirado totalmente de Rusia, las que habían suspendido sus actividades, pero manteniendo personal para reabrirlas en cualquier momento, las que habían reducido sus operaciones y las que no habían hecho nada de lo anterior en forma significativa. Cuando lo entrevistaron, Sonnenfeld mencionó por su nombre a las empresas de la última categoría, como la gigantesca compañía de ingeniería Halliburton, y las tildó de "colaboracionistas" con el régimen ruso. Este tipo de poderosa presión externa sobre las grandes decisiones políticas de las empresas difícilmente desaparecerá en el futuro.

"HOY EN DÍA LES TENEMOS MÁS MIEDO A NUESTROS
EMPLEADOS QUE A NUESTROS GOBIERNOS"

Esto habría sido impensable apenas unos pocos años atrás, cuando las compañías se refugiaban en la premisa de que su principal función era generar empleos. Las principales empresas del mundo se retiraron de Rusia porque no quisieron quedar mal paradas ante sus empleados, clientes e inversores. Pero lo más curioso de este fenómeno fue que la mayor fuente de presión sobre los directivos de estas empresas fueron sus empleados. En medio de la creciente competencia por atraer y retener talentos después de la "gran renuncia", los empleados más capacitados se sintieron más empoderados que nunca, y exigieron que sus empresas se retiraran de Rusia. Tal como me lo comentó en privado un ejecutivo de una multinacional europea: "La mayor presión para que saliéramos de Rusia no vino de nuestros clientes ni de nuestros gobiernos, sino de nuestros empleados. Hoy en día les tenemos más miedo a nuestros empleados que a nuestros gobiernos".

Sonnenfeld, el autor de la famosa lista de empresas que permanecían en Rusia al principio de la invasión, admite que hay muchos problemas de derechos humanos en todo el mundo, y que sería ilógico pedirles a las empresas que se pronuncien sobre cada uno de ellos. Sin embargo, hay casos excepcionales, como fue el caso de la invasión a Ucrania, afirma. "[El argumento de que las empresas no pueden ocuparse de todos los problemas] es una excusa cobarde para no hacer nada… Cuando se bombardean hospitales de niños, se dispara contra refugiados huyendo en medio de un cese de fuego, cuando se mata a civiles inocentes y desarmados, eso es diferente", dice el profesor de Yale. Sonnenfeld agrega que, hoy en día, los temas geopolíticos deben ser parte del contexto de cualquier empresa, "igual que los temas de marketing o los temas financieros".[37]

El contraataque de Elon Musk y los jefes despiadados

Elon Musk, el fundador de Tesla, SpaceX, y en su momento el hombre más rico del mundo, tiró por la borda todos estos esfuerzos por mejorar el bienestar de los empleados y la buena ciudadanía corporativa cuando compró Twitter en 2022 y se comportó como el más despiadado de los empleadores. De entrada, tras comprar la red social por 44 000 millones de dólares y quedar altamente endeudado con sus inversionistas, Musk anunció por Twitter, sin previo aviso, que despediría a la mitad de los 7 500 empleados de la empresa. Muchos se enteraron de que habían sido despedidos cuando descubrieron que no podían ingresar a la red en sus laptops, porque los habían desconectado.

Al mismo tiempo, Musk ordenó que todos los empleados que estaban trabajando a distancia volvieran a sus oficinas inmediatamente, y obligó a todo el personal a firmar una declaración en la que se comprometían a trabajar en condiciones "extremas", bajo amenaza de despido si no estaban dispuestos a entregar "muchas horas de alta intensidad" por día a la empresa. Además, amenazó con cesar a cualquier empleado que criticara a la empresa en redes sociales.

O sea, destruyó en un santiamén toda la tendencia que venía avanzando hacia los esfuerzos corporativos por aumentar la felicidad de los empleados y cuidar la reputación de las empresas. Es como si Musk hubiera leído el libro del exjefe de personal de Google, Laszlo Bock, y hubiera decidido aplicar sus lecciones al revés. Aunque las empresas siempre han despedido empleados en tiempos difíciles, la manera en que procedió el nuevo dueño de Twitter fue brutal. Era como un manual de todo lo que no debía hacer un buen empresario, según las más recientes directrices de los gurús corporativos.

Hubo algunos grandes empresarios que aplaudieron las medidas draconianas de Musk, y las interpretaron como un necesario cambio de rumbo. Reed Hastings, el CEO de Netflix, calificó a Musk, después de los despidos en Twitter, como "la persona más valiente y creativa del planeta". Gavin Baker, un conocido inversionista de riesgo, dijo que Musk era una fuente de "inspiración" para muchos altos ejecutivos. Y varios socios de Andreessen Horowitz, una importante firma de capitales de riesgo, alabaron el cruel estilo gerencial de Musk. El nuevo dueño de Twitter estaba diciendo en voz alta lo que muchos otros CEO sólo se animaban a decir en privado, afirmaron.[38]

Según esta teoría, lo que estaba haciendo Musk era una corrección necesaria. Los "departamentos de felicidad" y las presiones de los empleados para que sus empresas asumieran posturas políticas contrarias a los intereses económicos de sus compañías, como ocurrió tras la invasión rusa a Ucrania, habían sido distorsiones que hacían peligrar el futuro de las empresas, afirmaban los defensores de Musk. El empeño por hacer felices a los empleados había sido explicable durante los años del *boom* tecnológico y las bajas tasas de interés, en que los jóvenes ingenieros tenían la sartén por el mango porque les sobraban oportunidades de trabajo. Pero ya no funcionaba ahora que las empresas tecnológicas estaban entrando en una recesión y la subida de las tasas de interés no les permitían seguir pidiendo dinero prestado como antes para aumentar su personal, argumentaban.

La contraofensiva de los jefes despiadados pasó a ser conocida en 2023, en Estados Unidos, como el regreso del *bossism* o "caciquismo". Tras el despido de unos 3 700 empleados de Twitter, los 12 000 de Google y los anuncios de Microsoft y Amazon de que despedirían a 10 000 y 18 000 empleados en todo el mundo, respectivamente, la exdirectora de bienestar de la plataforma de mensajería Slack, Nadia

Rawlinson, concluyó que estas cesantías eran un síntoma de "una nueva era de 'caciquismo'". Según Rawlinson: "Después de dos décadas de estar compitiendo por talentos, los CEO están usando este momento para corregir años de indulgencia gerencial que los había dejado con una generación de trabajadores demasiado empoderados".[39] El fin del dinero barato tras el aumento de las tasas de interés hará que el regreso del "caciquismo" no sea un fenómeno pasajero, porque los accionistas de las empresas exigirán retornos sobre sus inversiones, y eso significará recortes financieros, argumentaba Rawlinson.

Sin embargo, no creo que volvamos a la era de los jefes despiadados, ni que Musk se convierta en el pionero de un regreso al capitalismo salvaje. Desde el primer momento en que Musk comenzó a maltratar a los empleados de Twitter, el tiro le salió por la culata. Su exigencia de que todos los empleados de Twitter firmaran una declaración comprometiéndose a trabajar en condiciones "extremas" dio como resultado que muchos de los mejores ingenieros de Twitter se sintieran insultados —porque ya trabajaban noche y día— y renunciaran de inmediato. El ultimátum de Musk para que todos volvieran a trabajar en la oficina duró poco, porque muchos ingenieros le dijeron que si ése era el caso, renunciaban. A los pocos días Musk dio marcha atrás, y envió un correo electrónico interno diciendo que quienes tenían razones personales para querer seguir trabajando remotamente podían hacerlo si tenían el consentimiento de sus jefes.

La salida de la mitad de su fuerza laboral, incluidos los gerentes de control de contenidos, pronto se hizo notar en Twitter, que al poco tiempo se llenó de mensajes racistas y noticias falsas. Eso llevó a que varios de sus grandes anunciantes, como la farmacéutica Merck y la compañía de cereales Kellogg's, suspendieran temporalmente sus anuncios en Twitter, a la espera de ver si la red social limpiaba sus contenidos. En el momento en que estoy escribiendo estas líneas todavía no está claro si Musk logrará reposicionar a Twitter como la red social más importante del mundo político y económico, o si su compra de la empresa pasará a la historia como un fiasco monumental. A juzgar por lo caótica que se ha vuelto la red social, me inclino a pensar esto último. El empoderamiento de los empleados difícilmente desaparecerá, porque la revolución laboral que se avecina con los chatbots como ChatGPT y Bard, así como con el metaverso, a la vez que eliminará muchos trabajos creará miles de nuevos empleos para

LA FELICIDAD EN LAS EMPRESAS 273

los ingenieros cesados. Lo más probable es que las empresas tecnológicas deberán seguir compitiendo por talentos, y por lo tanto deberán esforzarse por tener empleados felices que quieran trabajar en ellas. Eso no va a dar mucho espacio para los jefes despiadados.

El movimiento del "capitalismo consciente"

Curioso por saber si el activismo político de las empresas tras la invasión de Rusia a Ucrania era un fenómeno aislado, o parte de una tendencia imparable, contacté a Raj Sisodia, profesor del Babson College, cofundador del movimiento de "capitalismo consciente" y director del Centro de Capitalismo Consciente del Instituto Tecnológico de Monterrey. Había conocido a Sisodia en la Cumbre de la Felicidad en Miami, y me interesaba su perspectiva porque pocos como él habían investigado la viabilidad del propósito ulterior de las empresas y, como profesor visitante en México durante varios meses al año, tenían una buena perspectiva del mundo empresarial tanto en Estados Unidos como en América Latina.

Sisodia, nacido en India y doctorado en la Universidad de Columbia en Nueva York, me dijo que lo que él llama "capitalismo consciente" arrancó en el año 1989, con la caída del Muro de Berlín y el nacimiento del internet. Ahora, continuó, esta tendencia está creciendo a pasos agigantados porque cada vez más empresas se están dando cuenta de que hacer el bien les conviene económicamente. El hecho de que más de 450 multinacionales se retiraran de Rusia tras la invasión a Ucrania es "prueba de que las empresas se dieron cuenta de que tienen que estar más en sintonía que antes con el sentir de sus *stakeholders*, o sus partes interesadas, como lo son sus empleados, clientes e inversionistas", me dijo.[40] Pero, fuera de casos excepcionales como la invasión rusa a Ucrania, que con justa razón horrorizó al mundo democrático, ¿cuál es el interés a largo plazo de las empresas en tomar decisiones éticas que en muchos casos les hacen perder dinero?, le pregunté. Sisodia me citó los casos de empresas como la cadena de supermercados Whole Foods, Starbucks o la empresa de ropa de montaña Patagonia, que tratan bien a sus empleados o apoyan causas ecologistas. "Cuando las empresas tienen el propósito ulterior de hacer el bien, reducen enormemente sus gastos de publicidad, marketing o campañas de descuentos, porque la buena imagen de la empresa corre de boca en boca y habla por sí sola", me señaló. "En segundo lugar, las empresas que hacen el bien reducen enormemente sus gastos de retención de talento y entrenamiento de personal, porque tienen mucho menos rotación de personal que otras. Y en tercer lugar, las empresas que hacen el bien tienen menos costos operacionales, porque sus empleados están más motivados, más involucrados con la empresa, y son más productivos, más innovadores, más creativos."

Sisodia había estudiado años atrás a 28 compañías que eran sumamente populares con sus empleados, clientes e inversionistas para averiguar qué hacían para tener tan buena reputación, y publicó sus conclusiones en 2007 en un libro titulado *Firms of Endearment: How World Class Companies Profit from Passion and Purpose*. En él decía que cuando hay un propósito y valores compartidos, entonces todas las partes —empleados, clientes e inversionistas— tienen un interés en la prosperidad de la empresa. En cambio, cuando hay un sistema en que todas las partes quieren extraer algo de la empresa (los inversionistas sólo piensan en aumentar sus ganancias y pagar menos, los empleados sólo piensan en aumentar sus sueldos trabajando lo menos posible y los clientes sólo piensan en comprar más barato), las compañías a la larga tienden a fracasar, explicó. Y, a partir de esa investigación, Sisodia desarrolló su movimiento de "capitalismo consciente".

¿Cuál es la diferencia entre el capitalismo consciente y la responsabilidad social corporativa?, le pregunté. Desde hace varias décadas, las empresas donan dinero a causas benéficas, generalmente asociadas a sus industrias, o a mejorar las condiciones de las comunidades en que están asentadas. Pero, según Sisodia, se trata de dos conceptos muy diferentes. "La responsabilidad social corporativa suele ser una estrategia de las empresas para aliviar el impacto negativo de lo que producen. O sea, si eres una empresa petrolera, donas dinero a causas que ayudan a combatir el calentamiento global. El capitalismo consciente, en cambio, parte de la premisa de que tu empresa no debe tener un impacto negativo, y que si lo tiene debe dejar de tenerlo. El énfasis está en que tu empresa debe tener un impacto positivo de entrada, y en que lo que donas a causas nobles es algo suplementario. El capitalismo consciente no consiste en cuánto dinero das, sino en cómo haces tu dinero", me explicó.

"No contratamos a gente para producir brownies, sino que producimos brownies para contratar gente"

Uno puede entender el propósito superior de una compañía que produce comida orgánica o autos eléctricos, pero ¿cómo encontrarles un propósito superior a empresas que producen cosas más mundanas?, le pregunté a Sisodia. El profesor me dio el ejemplo de la panadería industrial Greyston Bakery en Yonkers, Nueva York, que produce brownies de chocolate con ingredientes naturales y sin usar productos químicos. El lema de la empresa es "Nosotros no contratamos a gente para producir brownies, sino que producimos brownies para contratar gente". A diferencia de la mayoría de otras fábricas de pan, Greystone contrata a muchos expresidiarios que suelen tener dificultad para entrar en el mercado laboral. Su página de internet dice: "El empleo es un primer paso crítico para que alguien pueda salir de la pobreza... Nuestra política de contratación abierta significa que no hay entrevistas, ni búsquedas de antecedentes, ni les pedimos su currículum a quienes buscan trabajo con nosotros".

Otro ejemplo es Whole Foods Market, la gigantesca cadena de supermercados de comida natural que llegó a tener más de 400 locales en Estados Unidos y Canadá cuando fue vendido a Amazon por 13 700 millones de dólares en 2017. La empresa había sido cofundada por John Mackey, quien, tras leer los libros de Sisodia, se convirtió en un gran simpatizante del movimiento del "capitalismo consciente", y escribió un libro con él. La cadena de supermercados les daba opciones de compra preferencial de acciones no sólo a sus ejecutivos, sino también a todos sus empleados, lo que en la práctica les significaba una participación en la empresa. Además, Whole Foods Market tiene la política de donar por lo menos 5% de sus ganancias anuales a causas benéficas, y empezó a usar energías verdes desde muy temprano. Muchos de los supermercados de la cadena se caracterizan visualmente por tener enormes paneles solares en sus techos. Y a principios de 2018, Whole Foods Market se convirtió en la primera cadena de supermercados en comprometerse a eliminar las bolsitas de plástico en todos sus supermercados para reducir el calentamiento global y la destrucción de la vida marina. Muchas de estas cosas eran inicialmente costosas para la empresa, pero generaban una lealtad de empleados, clientes e inversionistas que redituaba con creces, me dijo Sisodia.

Las Empresas B: las mejores para el mundo

Hay varios movimientos mundiales que buscan impulsar un mejor comportamiento de las empresas. Uno de los más conocidos es el del bangladesí Muhammad Yunus, que, desde hace varias décadas, lidera una cruzada para crear "empresas sociales" que tengan como objetivo resolver problemas comunes, como la falta de agua o el analfabetismo. Yunus, que ganó el Premio Nobel de la Paz en 2006 por su labor como creador de microcréditos y del ahora famoso Grameen Bank para los pobres, me dijo en una entrevista que "el capitalismo se fue por el mal camino" al anteponer el lucro a todo lo demás y desentenderse del propósito social. Según me explicó Yunus cuando lo entrevisté por primera vez en 2007, las empresas sociales funcionan como cualquier empresa, pero las ganancias se reinvierten en la compañía. Los accionistas no cobran dividendos, sino que sólo aspiran a recuperar su inversión original. Eso les permite dedicarse a resolver problemas sociales y tener más ingresos disponibles para tratar mejor a sus empleados. Cuando le pregunté cuál era el incentivo para que los emprendedores iniciaran este tipo de empresas sociales, el ganador del Nobel me respondió: "El incentivo es tu logro, el que hayas hecho algo que todo el mundo aplaude".[41]

Entrevista del autor con el Premio Nobel de Economía Muhammad Yunus, para *Oppenheimer Presenta*, el 23 de Noviembre de 2017. CNN en Español.

Una organización internacional más reciente, llamada Movimiento B, conocida en Estados Unidos y Europa como B Lab, encontró una fórmula interesante para promover el buen comportamiento corporativo: otorga certificados de "buena conducta" —llamados certificados de Empresas B— a las compañías que mejor tratan a sus empleados, clientes y comunidades, y que más cuidan el medio ambiente. El Movimiento B, que se fundó en Estados Unidos en 2006 y se extendió a América Latina en 2012 bajo el nombre de Sistema B, es una organización sin fines de lucro. Según dice, ya ha certificado a más de 6 300 empresas en más de 89 países, y el movimiento recibe unas 6 000 solicitudes anuales de certificación en todo el mundo.[42]

"Las Empresas B son empresas que buscan ser las mejores para el mundo, y no sólo las mejores del mundo", dicen los promotores de la certificación. A diferencia del ranking anual de la revista *Fortune* de "las mejores 100 compañías para trabajar", y otros índices parecidos, el Movimiento B exige cambios estructurales en las empresas. Según me explicó Pedro Tarak, uno de los cofundadores de Sistema B, se trata de una propuesta novedosa porque "eleva el propósito de las empresas" al hacerles incorporar en sus estatutos la intención de resolver problemas sociales y cuidar el bienestar de su gente. Para lograr la certificación de Empresa B que otorga B Lab, la evaluadora independiente con sede en Estados Unidos, las empresas tienen que contestar un cuestionario de 200 preguntas. Y las compañías que responden satisfactoriamente por lo menos 80 preguntas son aprobadas. O sea, no hay exigencias específicas que las empresas deban cumplir, sino una masa crítica de buenas conductas que deben seguir.

El Movimiento B ya ha logrado certificar como Empresas B a grandes corporaciones como la compañía de productos lácteos Danone North America, la firma de cafés en cápsulas Nespresso, la plataforma educativa Coursera y la cadena de ropa de montaña Patagonia. Y en América Latina, ya hay ciudades como Mendoza, Argentina, que han adoptado sistemas de compras públicas que privilegian a los proveedores que tengan un impacto social certificado. Las Empresas B constituyen "una solución a los problemas desde el mercado, y no desde la política. O sea, estamos haciendo los cambios nosotros, en las empresas, en lugar de esperar la legislación", me explicó Tarak.

En varios países de América Latina, el Sistema B recién está arrancando. En México, hay apenas 48 firmas mexicanas con certificación de Empresas B, pero ninguna de ellas es parte de la lista de las 500 empresas más grandes del país de la revista de negocios *Expansión*, según una columna del consultor Julio Madrazo. "Es decir, son compañías medianas o chicas, muchas de diseño e industrias creativas, finanzas digitales, cooperativas o incluso chefs como Enrique Olvera", pero "sería muy importante que también las grandes empresas asumieran el compromiso" de solicitar estas certificaciones, señala Madrazo.[43]

En efecto, las Empresas B son una iniciativa potencialmente transformadora que debería extenderse cada vez más. Si estas empresas logran que los consumidores tengan en cuenta estas certificaciones a la hora de decidir qué productos compran, serán un factor importante para aumentar la felicidad y mejorar la sociedad.

Seligman: "hay que compensar a los jefes por la felicidad de sus empleados"

Martin Seligman, el padre de la psicología positiva, tiene una visión un poco más escéptica sobre muchas de las soluciones en boga para aumentar la satisfacción laboral. A Seligman le parece fantástico que muchas empresas tengan un departamento de felicidad, promuevan un sentido de propósito, estimulen el voluntariado o reciban certificaciones de buenas prácticas con sus empleados y con el medio ambiente. Pero, al final de cuentas, según Seligman, lo más importante es hacer que los ejecutivos sean responsables de la satisfacción laboral de la gente que supervisan. ¿Y cómo se logra eso? Pagándoles no sólo en función de sus metas de rentabilidad, sino también en función de la felicidad de sus empleados, dice.

"Lo que mejor funciona es decirles a los jefes: vamos a medir la satisfacción de vida de la gente que trabaja para ti, y lo vamos a hacer mediante cuestionarios y análisis de datos, y luego te vamos a hacer responsable por mejorar la satisfacción de vida dentro de tu división", dice Seligman. "Y te vamos a pagar y promover en la compañía en la medida en que puedas hacer que la gente que trabaja para ti sea más feliz."[44]

¿Y qué pasos deben seguir los ejecutivos para que sus colaboradores sean más felices? Según Seligman, las empresas deben dejar eso a criterio de cada uno de sus gerentes. Nadie sabe mejor que los jefes lo que más quieren sus empleados, porque están en contacto directo con ellos. "Una vez que comienzas a medir la satisfacción de vida de los empleados con cuestionarios periódicos, y que haces a los jefes responsables de mejorarla, ellos van a inventar la manera de mejorar la satisfacción de vida de su gente", dice Seligman. "Tenemos que empezar a medir la felicidad, en momentos diferentes del año, y luego implementar estrategias localizadas para aumentarla".[45]

Sin embargo, muchas empresas son escépticas sobre la idea de pagarles a los ejecutivos en función de la satisfacción laboral de sus empleados. Eso no funciona, dicen. La idea de Seligman estuvo de moda hace dos o tres décadas, y muchas empresas la pusieron en práctica, pero tuvieron que dejarla de lado porque se prestaba a muchos abusos: los jefes les daban aumentos de sueldo, vacaciones extras o sesiones de motivación a sus empleados justo antes de las encuestas internas de satisfacción laboral para asegurarse una evaluación positiva que redundara en un bono significativo para ellos mismos. Aunque suena bien en teoría, la propuesta de Seligman termina corrompiendo el sistema de evaluaciones, argumentan muchos. La solución, como suele ocurrir, probablemente esté en el medio: usar los pasos concretos para aumentar el bienestar de los empleados, algo que se puede medir objetivamente, como uno de los criterios para evaluar y compensar a los jefes.

La empresa tecnológica alemana SAP, por ejemplo, hace encuestas bianuales en las que les pregunta a sus empleados cuánta confianza tienen en sus jefes, en una escala del 1 al 100. Las encuestas son totalmente anónimas y hechas en una plataforma en la nube, de manera que los jefes sólo ven los resultados totales de sus departamentos. Claudio Muruzábal, presidente de la división de servicios en la nube a nivel global, me respondió que, aunque no hay una relación directa entre los bonos de los gerentes y la felicidad de sus empleados, "ambas cosas están conectadas". Aseguró: "Nos tomamos muy en serio el resultado de estas encuestas internas. Es un tema que aparece en todas las reuniones de evaluación con nuestros gerentes". O sea, indirectamente incide en la evaluación de desempeño de los jefes, agregó.

Nuevos estudios: las empresas "no felices" pagan un alto costo

Además del estudio hecho en la empresa de telecomunicaciones británica BT que mencionamos en el capítulo 4, según el cual los empleados felices son 13% más productivos que otros, hay varios otros reportes recientes que indican que el bienestar de los empleados se traduce en una mayor eficiencia de las empresas. Uno de los estudios más interesantes es el dirigido por George Ward, investigador del Instituto Tecnológico de Massachusetts (MIT), que se basó en usuarios que buscaban trabajo en la plataforma de contrataciones Indeed. Ward estudió los datos de una encuesta en línea de Indeed a 6.5 millones de personas, donde se les preguntaba cuán felices se sentían en su actual empresa, en una escala ascendente del 1 al 5. Con base en esas millones de respuestas en Estados Unidos, Canadá y Gran Bretaña, Indeed calificó los niveles de satisfacción de los empleados en cientos de empresas. Así, por ejemplo, determinó que el nivel de felicidad de los empleados de Google es de 78%; el de SAP, 76%; el del *New York Times*, 74%; el de CNN, 67%; el de Deloitte, 66%; el de Tesla, 59%; y el de Amazon, 57%. El nivel promedio de satisfacción de los empleados en Estados Unidos es de 62%, decía el estudio.

Ward dice que, analizando las respuestas más a fondo, pudo determinar que cuando el nivel de felicidad en una empresa está por debajo de 60%, la compañía recibe 3% menos de solicitudes de empleo. Cuando una empresa tiene un nivel de felicidad mayor a 80%, la cantidad de solicitudes aumenta 2%, determinó Ward. La gente que busca trabajo revisa los comentarios en línea de los empleados de las empresas, y usa esa información para decidir en qué compañía postularse. "Hay una penalidad para las compañías con trabajadores infelices en el mercado laboral: en Estados Unidos, la gente dice que aceptaría un recorte de sueldo de 12% con tal de trabajar en una empresa con alto nivel de felicidad", señaló Ward.[46]

La felicidad de las empresas ya no es un lujo, sino una necesidad

Mi conclusión después de haber entrevistado a docenas de gurús corporativos y empresarios es que no hay una receta única, ni aplicable a todas las empresas. Sin embargo, hay algunas verdades que están respaldadas por estudios académicos, y que vale la pena resaltar. La más importante es que la satisfacción de vida y el nivel de compromiso de los empleados con sus compañías son una prioridad cada vez mayor para las empresas, que repercute en su rentabilidad. Ningún empresario puede permitirse olvidar el dato de Gallup, según el cual 62% de los trabajadores a nivel global no siente un vínculo emocional con su empresa, y 18% se siente "miserable" en su trabajo.[47] Eso repercute en la productividad de las compañías y en su capacidad de atraer y retener talentos. Los estudios coinciden en que los empleados infelices tienen menos energía y creatividad. El ejemplo que me contó Clifton, el CEO de Gallup, sobre su colega que salió de una librería comprando tres libros gracias a un buen empleado que lo atajó en la puerta cuando salía con las manos vacías, habla por sí mismo. La diferencia entre tener empleados motivados y no motivados es crucial para las empresas. Si se olvidan de esto, están fritas.

Asimismo, la medición de la felicidad es un elemento indispensable para el buen manejo de cualquier empresa. Esta medición debe hacerse regularmente, y se puede llevar a cabo de una manera fácil y poco costosa mediante cuestionarios anónimos, administrados por empresas externas, en que se pregunta a los trabajadores qué tan felices están en su trabajo y en su vida privada, en una escala del 1 al 10. Eso también les permite a las empresas medir si sus gerentes están tratando bien a sus empleados o creando un clima de optimismo y pujanza. Las empresas igualmente tienen que darles un sentido de propósito compartido a sus colaboradores, proveedores y clientes. Por más que jefes despiadados como Musk quieran retroceder hacia tácticas gerenciales medievales, la incipiente revolución de la inteligencia artificial hará que el empoderamiento de los empleados no se detenga. Y por más que muchas empresas después de la pandemia quieran que sus empleados regresen a la oficina cinco días por semana, eso difícilmente va a ocurrir. La flexibilidad laboral, el trabajo híbrido y quizás la semana laboral de cuatro días, o alguna variante parecida, serán tendencias imparables. Y ojalá también lo sea el movimiento hacia las empresas sociales o Empresas B, a medida que más gente se entere de su existencia y más firmas aspiren a recibir sus certificados de buena conducta. Como lo demuestran, entre otros, los estudios de BT y la encuesta a millones de usuarios de Indeed, la felicidad y los buenos propósitos de las empresas ya no son un lujo, sino una necesidad.

Capítulo 8

AMÉRICA LATINA: EL CONTINENTE PESIMISTA

Los latinoamericanos tenemos fama de ser alegres, amigueros, parranderos y felices, pero cuando los encuestadores nos preguntan sobre el pasado y el futuro de nuestros países, estamos entre los más pesimistas del mundo. Una encuesta hecha por el Centro de Investigaciones Pew a 43 000 personas de 38 países sobre si su país ha mejorado o empeorado en los últimos 50 años reveló que 88% de los vietnamitas, 69% de los indios y 68% de los surcoreanos piensan que la vida en sus países ha mejorado. En América Latina, por el contrario, los porcentajes fueron mucho más bajos. Sólo 27% de los colombianos, 23% de los argentinos, 13% de los mexicanos y apenas 10% de los venezolanos indicaron que la vida en sus países ha mejorado.[1]

Y mirando hacia el futuro, las encuestas muestran un pesimismo semejante en América Latina. Un sondeo de Latinobarómetro, entre más de 20 000 personas en 17 países de la región, mostró que la desesperanza es cada vez mayor. Mientras que 38% de los latinoamericanos pensaban en 1995 que sus países estaban progresando, la curva de optimismo ha caído gradualmente hasta llegar a 19% en nuestros días. Leyeron bien: sólo 19% de los latinoamericanos piensan que sus países están avanzando.[2] Y esa visión pesimista, por más anclada en la realidad que esté, tiene un efecto paralizante. Es difícil para una persona deprimida empezar el día llena de esperanza y energía creativa. Lo mismo pasa con los países.

Nuestras canciones más famosas son para llorar

La desesperanza latinoamericana no es cosa nueva. Está presente en nuestro folklore, en nuestras canciones más famosas y nuestros dichos más populares. Basta escuchar las letras de los tangos argentinos para deprimirse. El célebre tango "Cambalache", escrito por Enrique Santos Discépolo, e inmortalizado por Carlos Gardel alrededor de 1935, comienza diciendo que "el mundo fue y será una porquería". Y ese tango fue escrito cuando Argentina vivía su época de oro y se perfilaba como uno de los países con más futuro del mundo. Vale la pena recordar cómo seguía la letra, que los argentinos siguen cantando con una sonrisa resignada hasta el día de hoy:

El mundo fue y será una porquería, ya lo sé.
En el quinientos seis y en el dos mil también.
Hoy resulta que es lo mismo ser derecho que traidor,
ignorante, sabio, chorro, generoso, estafador.
Todo es igual, nada es mejor.
Lo mismo un burro que un gran profesor.

En México, una de las rancheras más famosas del siglo XX, que cantaba el legendario José Alfredo Jiménez, comienza con la contundente aseveración de que "la vida no vale nada". Es difícil explicarle a un estadounidense o a un europeo por qué los mexicanos sonríen cuando cantan esa ranchera, y acompañan el ritmo de la canción moviendo las manos de un lado a otro con una copa de cerveza. Sin embargo, la letra de "Camino de Guanajuato" se sigue cantando hoy en México con el mismo entusiasmo que cuando fue estrenada en 1953. Recordemos sus primeras estrofas para apreciar el catastrofismo latinoamericano en todas sus dimensiones:

No vale nada la vida.
La vida no vale nada.
Comienza siempre llorando,
y así llorando se acaba.
Por eso es que, en este mundo,
la vida no vale nada.

Incluso Brasil, el país del carnaval y la bossa nova, tiene entre sus canciones emblemáticas un himno a la desesperanza: la canción de Vinicius de Moraes y Antônio Carlos Jobim, curiosamente titulada "La felicidad". Ésta, inmortalizada en la película francesa *Orfeo negro*, que ganó el Óscar a la mejor película extranjera en 1960, habla sobre lo efímero de los momentos felices de la vida. Dice así:

Tristeza não tem fim;	*La tristeza no tiene fin.*
Felicidade sim.	*La felicidad sí.*
A felicidade é como a pluma	*La felicidad es como la pluma*
que o vento vai levando pelo ar.	*que el viento lleva por el aire.*
Voa tão leve,	*Vuela tan ligero,*
mas tem a vida breve.	*pero tiene una vida corta.*
Precisa que haja vento sem parar.	*Precisa de un viento sin parar.*

El humor negro latinoamericano

El humor negro con el que los latinoamericanos afrontamos las malas noticias de todos los días no se queda atrás. En Brasil, el chiste político más conocido —y repetido cada vez que algún experto hace un pronóstico optimista sobre el país— es que "Brasil es el país del futuro, y siempre lo será". En Argentina, hay pocas frases más escuchadas que "Este país no tiene remedio" o "La única salida que tiene este país es [el aeropuerto internacional de] Ezeiza". La versión más optimista del humor negro argentino, en aquellas raras ocasiones en que la economía crece, es que "Este país avanza de noche, cuando los políticos duermen". El pesimismo congénito se manifiesta hasta en el futbol: cuando las selecciones nacionales de Chile, Perú o Ecuador pierden las clasificatorias para un mundial, a pesar de haber hecho un gran partido, un titular común de los tabloides suele ser "¡Jugamos como nunca, y perdimos como siempre!".

Los presidentes latinoamericanos muchas veces no pueden evitar hacerse eco del pesimismo genético de la región, y matizan sus discursos optimistas con advertencias sobre el historial de fracasos del continente. El presidente mexicano Porfirio Díaz, que gobernó entre 1876 y 1911, dijo —o se le atribuye haber dicho— la célebre frase: "Pobre México, tan cerca de Dios, y tan cerca de Estados Unidos".

Lo que debería ser una bendición para México —ser vecino y poder exportar sus productos al mayor mercado del mundo— es visto por muchos mexicanos, hasta el día de hoy, como una desgracia. El presidente chileno Sebastián Piñera, al tiempo que decía que los latinoamericanos tenían una oportunidad como pocas de ingresar en el mundo desarrollado, advertía en 2015: "América Latina ha sido el continente de la esperanza, y el continente de la frustración". En 2022, el expresidente del Banco Interamericano de Desarrollo (BID) Luis Alberto Moreno, quien durante 15 años había dirigido la principal institución financiera regional, me hizo una reflexión similar en una entrevista. Hablando sobre las oportunidades que se abrían para Latinoamérica con el alza mundial de los precios de las materias primas tras la invasión rusa a Ucrania, Moreno balanceó su optimismo diciendo que no estaba seguro de que la región le pudiera sacar provecho a esta nueva coyuntura, porque "los latinoamericanos somos los campeones mundiales de las oportunidades perdidas".[3]

Pesimistas desde la era de la Conquista

El pesimismo latinoamericano viene desde la era de la Independencia. Ya Simón Bolívar, el héroe en la Independencia e impulsor de la integración latinoamericana, decía hacia el final de su vida, en su carta del 9 de noviembre de 1830, al flamante presidente de Ecuador, Juan José Flores, que lo mejor que podían hacer los latinoamericanos era emigrar. En esta carta, remitida desde Barranquilla un mes antes de su muerte, Bolívar decía que tras 20 años de lucha por la independencia había llegado a las siguientes conclusiones:

1. La América es ingobernable para nosotros.
2. El que sirve una revolución ara en el mar.
3. La única cosa que se puede hacer en América es emigrar.
4. Este país caerá infaliblemente en manos de la multitud desenfrenada, para después pasar a tiranuelos casi imperceptibles...[4]

¿Cómo explicar el pesimismo ancestral de los latinoamericanos? En su libro *Las raíces torcidas de América Latina*, el intelectual cubano Carlos Alberto Montaner dice que la región nació con "un estado de insatisfacción de todos". Según Montaner, la Conquista dejó a todos inconformes, incluyendo a los propios colonizadores. "Los aborígenes no eran los únicos en sentirse agraviados por el nuevo orden que comenzaba a instalarse en América: paradójicamente, los colonizadores también resentían el trato dispensado por la Corona. En efecto, la deslegitimación del Estado era a tres bandas: los españoles, los indios y, cuando los hubo en cantidad apreciable, los mestizos".[5]

Es fácil entender por qué los indígenas, y en menor medida los mestizos, estaban bravos: habían pasado a ser ciudadanos de segunda, maltratados y humillados en su propio territorio. Pero ¿por qué los españoles? Porque había una fundamental discrepancia entre los intereses de los conquistadores y los de la Corona. Los conquistadores, por lo general, no pertenecían a la nobleza española, y habían venido al Nuevo Mundo en busca de gloria y riquezas. Pero estaban disconformes porque la Corona no les había dado los títulos de nobleza ni las recompensas económicas que creían merecer. "El común denominador de los conquistadores era la falta de solidez económica en su lugar de origen. Cruzaban el Atlántico para enriquecerse y, de ser posible, regresar a la Península con una generosa cantidad de dinero. Generalmente, se trataba de segundones de algo menos de treinta años, mejor educados que la media nacional, que no heredarían fortuna alguna. Los verdaderos ricos o los grandes nobles rara vez se trasladaron al Nuevo Mundo", escribió Montaner. Como era de esperarse, los conquistadores y la Corona no tardaron en enfrentarse. El propio Cristóbal Colón acabó, de regreso a España, preso bajo acusaciones de corrupción en una trama de intrigas políticas. Y Francisco de Pizarro, el conquistador de Perú, describió su frustración con la Corona así: "En tiempos en que estuve conquistando la tierra y anduve con la mochila a cuestas, nunca se me dio ayuda, y ahora que la tengo conquistada y ganada, me envían padrastros".[6]

Los españoles que se habían mudado al Nuevo Mundo estaban frustrados porque "habían sido los protagonistas de una increíble aventura, habían derrochado valor e imaginación como pocos conquistadores de la historia conocida, habían soportado peligros y adversidades sin cuento... pero no lograban convertirse en los dueños del destino político y económico de los territorios ganados. La hazaña era de ellos. La gloria y la parte del león se las quedaban los monarcas", señalaba Montaner.[7]

En Estados Unidos cantan "what a wonderful world!"

Por el contrario, Estados Unidos se caracterizó, desde sus inicios, por el optimismo —a menudo rayando en la ingenuidad— de su gente. Aunque en los últimos años la visión esperanzada de los estadounidenses se ha ido agriando por las recesiones económicas y el peligro a la democracia que significó el intento de golpe de Estado del expresidente Donald Trump, el 6 de enero de 2021, lo cierto es que Estados Unidos nació con la idea del "sueño americano": la creencia de que, con el esfuerzo individual y el trabajo, se puede llegar a la felicidad. La Declaración de Independencia del 4 de julio de 1766 ya contenía el concepto de que la felicidad era un bien alcanzable. El documento proclamaba: "Los hombres son creados iguales [y] son dotados por su Creador con ciertos derechos inalienables, incluyendo el de la vida, la libertad y la búsqueda de la felicidad". Era un ideal un tanto hipócrita en una sociedad en que el propio redactor de esa oración, Thomas Jefferson, era dueño de esclavos. Sin embargo, al margen de sus evidentes contradicciones, era un documento revelador del optimismo que animaba a los fundadores de la nueva nación.

Alexis de Tocqueville, el cronista francés que recorrió Estados Unidos a principios del siglo XIX y escribió el famoso libro *La democracia en América*, ya había quedado deslumbrado en la década de 1830 por el optimismo de los estadounidenses. De Tocqueville escribió que, a diferencia de los europeos, los americanos "consideran que la sociedad es un organismo que mejora constantemente". Más de un siglo después, en 1960, el presidente John F. Kennedy diría: "El americano es, por naturaleza, optimista".[8] Y tenía razón. Charles Handy, el filósofo irlandés que repitió el recorrido de De Tocqueville en 2001, señaló: "Cualquier visitante de Europa a Estados Unidos no puede dejar de quedar impresionado por la energía, el entusiasmo y la confianza en el futuro del país que uno encuentra en el americano promedio. Es un bienvenido contraste al cinismo universal que uno ve en gran parte de Europa. La mayoría de los americanos parecen creer que el futuro puede ser mejor, y que tienen la responsabilidad de hacer lo más que puedan para lograrlo".[9]

No es casualidad que las películas de Hollywood suelan tener un final feliz, en que el héroe finaliza su hazaña, se despide de aquellos a quienes ha salvado de terribles tragedias, y cabalga hacia el horizonte. Mientras las películas europeas tienden a ser dramas existenciales, las de Hollywood son mucho más sencillas: hay un héroe, un villano, y, tras una vertiginosa persecución automovilística, gana el bueno. Las letras de los éxitos musicales estadounidenses, asimismo, se caracterizan por un inusual optimismo. ¿Cómo explicar que el extraordinario trompetista negro Louis Armstrong inmortalizara en 1968, en lo alto del conflicto racial de Estados Unidos, la canción "What a Wonderful World" ("Qué mundo tan maravilloso")? ¿O que algunas de las canciones más famosas de Frank Sinatra sigan siendo "New York, New York", una oda a la ciudad de los rascacielos (y de las ratas), y "That's Life" ("Es la vida"), cuyas estrofas centrales celebran el hecho de que, cuando uno se cae, se levanta? Sería muy difícil imaginar a Sinatra o a cualquier otro cantante emblemático de Estados Unidos cantando "el mundo fue y será una porquería", como Gardel, o "la vida no vale nada", como Jiménez.

Y no es casualidad que los estadounidenses estén inventando constantemente cosas nuevas, desde el teléfono y la lamparita eléctrica hasta el internet y, actualmente, los chatbots como ChatGPT y Bard. El espíritu innovador de los estadounidenses, la creencia de que todo es factible, los ha caracterizado desde la era de Graham Bell y Thomas Alva Edison hasta nuestros días, en que billonarios como Elon Musk y Jeff Bezos están compitiendo por ser los primeros en colonizar otros planetas.

"LOS AMERICANOS CAMBIAN DE ESPOSA, TRABAJO, CASA...
Y HASTA DE NOMBRE"

Una de las mejores descripciones que leí sobre el espíritu emprendedor de los estadounidenses fue escrita en 1977 por el gran periodista italiano Luigi Barzini Jr., que rememoró en su libro *O America!* sus años de estudiante en Estados Unidos. Barzini cuenta allí que, antes de que sus padres lo llevaran a vivir de Italia a Nueva York, su madre le había contado historias apasionantes sobre los estadounidenses.

Los americanos, nos dijo ella, nunca zurcen los agujeros de sus medias. Aunque estén buenas y sirvan para varios años, no tienen escrúpulos en tirarlas a la basura, y se compran nuevas. Como todas las mujeres europeas, ella colocaba un huevo de madera dentro de nuestras vetustas calcetas y pacientemente cosía los agujeros con gran delicadeza. Ella nos explicaba que los americanos decían que hacían esto para mantener activa la producción y las fábricas en funcionamiento. En realidad, era sólo porque eran ricos, consentidos e impacientes. [...]

Los americanos, nos decía ella, no sólo incansablemente cambiaban mucho más que los europeos sus esposas, partidos políticos, casas, trabajos y hasta a veces sus nombres, sino que también adoptaban fanáticamente nuevas religiones, cultos, utopías políticas, dietas milagrosas, curaciones rejuvenecedoras, medicinas o cosméticos revolucionarios y formas de ejercicios físicos, y trataban de convertir a todos sus amigos a sus nuevas creencias. Esto formaba parte de su eterna búsqueda de mejoras en todos los campos, e incidentalmente también había llenado al país de inventores. Todos los días se anunciaba la aparición de nuevas máquinas, aparatos, artilugios y descubrimientos científicos que transformarían el mundo para el confort y deleite de la humanidad. ¿En qué otra parte podría haber nacido el famoso King C. Gillette, que salvó a los hombres de tener que vivir con mejillas perpetuamente cortadas por cada vez que se afeitaban? ¿Dónde más podría haber florecido Thomas Alva Edison, que le dio al mundo el teletipo, el dinamo, la lámpara eléctrica, el cine, el gramófono, y que estaba tratando de comunicarse con las almas de los muertos? ¿Quién en Europa hubiera pensado en la cama que desaparece, que es una cama durante la noche, y un elegante armario durante el día? ¿En qué otro lugar se podría haber inventado la silla mecedora, en que un hombre puede moverse y quedarse quieto al mismo tiempo? [...]

[...] De hecho, los Americanos incluso inventaban soluciones para muchas necesidades que la gente ni sabía que tenía.[10]

Yo me fui a estudiar a Estados Unidos en 1976, un año antes de que Barzini publicara su libro, y cuando lo leí poco tiempo después no pude dejar de sonreír y asentir con la cabeza en cada página. El veterano periodista italiano describía muchas de las cosas que yo mismo, un argentino recién llegado, estaba descubriendo a diario con una mezcla de asombro, admiración y sorna. Yo también había visto en los supermercados los utensilios más curiosos, como el sacacorchos automático o los sombreros para perros, y me había preguntado a quién se le había ocurrido inventar semejantes cosas. Sin embargo, lo que más me llamó la atención del libro de Barzini había sido su comentario sobre el hábito de los estadounidenses de cambiar de cónyuges, empleos, partidos políticos e incluso de nombre, y la aceptación social que tenían estas mutaciones.

El risueño optimismo de los estadounidenses

Recuerdo que en mi primer año en Estados Unidos, como becario del World Press Institute, un programa para jóvenes periodistas con sede en Minesota, había conocido a un funcionario de Philip Morris que había venido a darnos la visión de la empresa sobre las crecientes críticas en los medios contra las compañías tabacaleras. A pesar de que yo no compartía su apasionada defensa del cigarrillo, trabé cierta amistad con el hombre, quizás porque no tenía muchos amigos estadounidenses a quienes preguntarles muchas cosas que me intrigaban del país. Después de unos meses, cuando me mudé a Nueva York para hacer una maestría en periodismo en la Universidad de Columbia, lo perdí de vista. Grande fue mi sorpresa cuando, años después, hablando con un excompañero de la beca de Minesota, me enteré de que el hombre había renunciado a Philip Morris, se había ido a estudiar otra carrera a California, se había cambiado de nombre y, si mal no recuerdo, también de sexo u orientación sexual. Hoy en día, una decisión como ésa es respetada por cualquier persona medianamente inteligente en el mundo occidental, pero, también en la década de 1970, los estadounidenses aceptaban estos cambios con una naturalidad que resultaba sorprendente para muchos recién llegados. Aunque hasta el día de hoy sigue existiendo la intolerancia racial en buena parte del interior de Estados Unidos, en las grandes ciudades hay una aceptación de la diversidad como en pocas partes del mundo.

Algo parecido me pasó en 1977 cuando, ya en la Universidad de Columbia, fui a cenar con unos amigos estadounidenses a un restaurante de Columbus Circle, cerca de la Ópera Metropolitana. Para nuestra sorpresa, mis amigos americanos conocían a nuestra mesera de una visita anterior al restaurante, y la saludaron afectuosamente. Después de que tomara nuestros pedidos y se dirigiera a la cocina, mis amigos me comentaron que era una actriz muy talentosa. Yo, como buen argentino escéptico, les dije: "Bueno, en realidad es una mesera que quiere ser actriz", razonando que, si realmente fuera una actriz talentosa, no estaría trabajando allí. Pero mis amigos americanos me miraron con perplejidad, y me dijeron: "No, es una actriz muy talentosa. Vas a ver que en cualquier momento va a estar en una gran película". Mientras que la primera reacción de un latinoamericano recién llegado había sido poner en duda el talento actoral de nuestra mesera, mis amigos estadounidenses, quizás ingenuamente, creían en su palabra. Con los años aprendí que hay muchas cosas criticables de los estadounidenses (su excesivo materialismo, su exagerado culto al trabajo, su falta de interés en el resto del mundo, etcétera), pero una de sus grandes virtudes es que les suelen dar el beneficio de la duda a los demás hasta que prueben que no lo merecen. En Estados Unidos uno firma declaraciones juradas para todo tipo de trámites, pero, a diferencia de otros países, no lo hace ante un escribano público que ha estudiado varios años y recibido una licencia oficial, sino en cualquier farmacia, ante un notario público que hizo un curso de tres horas por internet para recibir su sello y dar fe de la autenticidad de documentos.

A pesar de la devaluación de la palabra, y de los valores, que significó la irrupción de Trump en la vida política estadounidense (el expresidente dijo nada menos que 30 573 mentiras durante sus cuatro años en el poder, según contabilizó el *Washington Post*),[11] todavía existe una cierta confianza en el valor de la palabra en el país. ¿En qué otra nación se les pide a los extranjeros que llegan como turistas llenar un formulario en que se les pregunta, entre otras cosas, si han participado en actos de espionaje, actividades terroristas, genocidios o torturas, o si intentan derrocar al gobierno de Estados Unidos? ¿Acaso algún peligroso terrorista, cansado tras un largo vuelo, alguna vez contestó el formulario diciendo que "sí"? Obviamente, se debe tratar de un artilugio legal para poder agregar cargos contra terroristas extranjeros si son aprehendidos en el país. Pero estas preguntas, que siguen presentes en el formulario DS-160 del servicio de inmigración para quienes solicitan una visa de entrada al país, al igual que muchas otras declaraciones juradas que son parte de la vida cotidiana, son resabios del optimismo ingenuo que arrastran los estadounidenses desde la época de la Independencia.

¿LOS LATINOAMERICANOS SOMOS PESIMISTAS O REALISTAS?

Cualquier latinoamericano que haya leído las páginas anteriores debe estar pensando lo mismo: "¿Cómo no vamos a ser pesimistas con lo mal que les va a nuestros países?". En rigor, y aunque como veremos en las páginas siguientes hay motivos de optimismo, hay muchas razones valederas para la desesperanza de la región. América Latina es, desde hace varios años, la región de menor crecimiento económico del mundo. Según el Fondo Monetario Internacional (FMI), el Banco Mundial, las Naciones Unidas y varias otras instituciones internacionales, hasta los países del África subsahariana, que tienen varios conflictos armados, crecen más que los latinoamericanos. Según las proyecciones del FMI, la economía latinoamericana crecerá 1.8% en 2023 y 2.1% en 2024, muy por debajo del crecimiento de alrededor de 6.1% de India, 5.2% de China y 3.8% del África subsahariana.[12] Hablando sobre el 2023, el secretario ejecutivo de la Comisión Económica para América Latina y el Caribe de las Naciones Unidas (CEPAL), José Manuel Salazar-Xirinachs, me dijo con pesar: "Desafortunadamente, vamos a crecer menos que el promedio de los países en desarrollo". Era lo mismo que me había dicho su predecesora, Alicia Bárcena, y varios otros antes de ella: palabras más, palabras menos, que somos los campeones mundiales del estancamiento económico.

En materia de comercio, América Latina, que tiene 8% de la población mundial, representa apenas 5% del comercio mundial. Y ese porcentaje ha venido cayendo progresivamente desde hace más de medio siglo.[13] Mientras los países asiáticos se han insertado cada vez más en la economía mundial, atrayendo fábricas de las grandes multinacionales estadounidenses y europeas, y exportando sus productos a los mercados más grandes del mundo, los países latinoamericanos nos quedamos cada vez más aislados. Los países asiáticos tienen una visión periférica, y están siempre mirando hacia afuera en búsqueda de oportunidades para aumentar sus exportaciones. Los latinoamericanos, mientras tanto, en la mayoría de los casos estamos encerrados en nuestros países, mirándonos el ombligo.

América Latina ni siquiera ha aumentado su comercio interregional, que continúa siendo uno de los más bajos del mundo. El comercio entre los países latinoamericanos representaba 14% del comercio total de la región en 2019, una caída de 19.2% respecto a cinco años antes, según datos de la CEPAL. Comparativamente, el comercio interregional entre los miembros de la Unión Europea representa 65% del comercio total del bloque comercial europeo. A pesar de los miles de encendidos discursos bolivarianos sobre la "patria grande" y la integración latinoamericana, muchas veces es más fácil exportar varios productos de Latinoamérica a China que de un país latinoamericano a otro.

América Latina tiene una sopa de letras de organismos de integración regional, incluyendo el Caricom, Mercosur, ALADI, SICA, Alba, Unasur, Prosur, AP, CELAC, OLADE, Gafilat y SELA, varios de ellos con su propia burocracia y presupuesto pagado por los contribuyentes de la región. "Si la firma de tratados y otros documentos oficiales pudiera resolver las cosas, habríamos solucionado este problema hace mucho tiempo. Los países de América Latina y el Caribe han firmado al menos 76 acuerdos comerciales preferenciales, de los cuales casi la mitad abordan el comercio en el interior de la región", me dijo Moreno, el expresidente del Banco Interamericano de Desarrollo.

Y cada tanto surge un nuevo presidente latinoamericano que promete que, esta vez sí, se va a materializar la tan ansiada integración latinoamericana, para que después de una nueva andanada de discursos grandilocuentes todo quede igual o peor. "Ha nacido un gigante", decía el difunto demagogo populista venezolano Hugo Chávez sobre la creación de la CELAC en 2011, asegurando que se trataba del acontecimiento más importante de América Latina en los últimos 100 años. Pero, por supuesto, la institución terminó siendo otro sello de goma, reflotado —como ahora— cada tantos años.

Estamos haciendo la integración al revés

Lo cierto es que los latinoamericanos queremos hacer la integración al revés: nuestros presidentes firman con bombos y platillos grandes acuerdos de unión regional, pero sin compromisos concretos y sujetos a reglas supranacionales de resolución de disputas para permitir el libre comercio de ningún producto en particular. En Europa, la actual Unión Europea —el mercado común de 27 países europeos— nació desde abajo hacia arriba. Inicialmente fue un acuerdo entre seis países, en 1951, para crear la Comunidad Europea del Carbón y del Acero, que reducía las tarifas aduaneras sobre esos dos productos y establecía mecanismos supranacionales para resolver potenciales conflictos. Después se fueron incorporando otros productos, uno por uno, hasta que se formó la Comunidad Económica Europea en 1957, y, posteriormente, la actual Unión Europea. Mientras los europeos fueron construyendo acuerdos específicos con mecanismos de resolución de disputas, en América Latina se han firmado grandes convenios de integración total, pero sin instituciones para resolver problemas comerciales. Por lo tanto, pocos se animan a exportar de un país a otro, y nos quedamos en la poesía integracionista, y cada vez más aislados entre nosotros y del resto del mundo.

En materia de infraestructura, América Latina ha venido dejando caer su inversión en caminos, puentes, puertos y otras obras públicas de 2.4% de su producto bruto en 2009 a 1.4% en el 2020, según el BID. Eso hace que no haya suficientes caminos en buenas condiciones o puertos para exportar. El mal estado de las rutas hace que a los agricultores del norte de Argentina les cueste más mandar sus camiones con cereales por tierra hasta el puerto de Rosario, en el centro del país, que desde Rosario por barco hasta los puertos de Qingdao o Nanjing, en China. Algo parecido les pasa a los agricultores brasileños, que deben llevar sus cosechas por caminos llenos de baches hasta el puerto de Santos, el cual está tan congestionado que los camiones deben esperar varios días para poder descargar sus productos.

La inversión extranjera en América Latina ha caído 35% en la última década, según el Banco Mundial. No sólo cayó en términos absolutos, sino también como porcentaje de las inversiones extranjeras totales en el mundo emergente: mientras que en la década de 1990 un 43% de todas las inversiones mundiales a los mercados emergentes iba a Latinoamérica, hoy en día esa cifra ha caído a 15 por ciento.[14]

La educación en América Latina: "catastrófica"

En materia de educación, América Latina está pasando por una situación "catastrófica", según un estudio conjunto del Banco Mundial, la

UNESCO y la UNICEF.[15] Al igual que otros informes, el estudio concluyó que la pandemia de covid-19 hizo que los estudiantes latinoamericanos perdieran más días de clase que en ninguna otra parte del mundo. Como resultado, 80% de los alumnos de entre 11 y 12 años de la región no son capaces de leer e interpretar un texto básico para niños de su edad, dice el estudio. Aunque hay muchos científicos y académicos latinoamericanos que triunfan en el mundo, no hay una sola universidad de América Latina entre las 100 mejores del mundo, según el ranking mundial de universidades de la revista *Times Higher Education* del Reino Unido.[16] El ranking anual de más de 1 600 universidades de todo el mundo, que es el más reconocido estudio comparativo de instituciones de estudios superiores, dice que la mejor universidad latinoamericana es la Universidad de São Paulo, Brasil, que coloca en el rango general del puesto 200 hasta el 250; seguida, entre otras, por la Universidad Católica de Chile, que está entre los puestos 401 y 500, y el Instituto Tecnológico de Monterrey, de México, al que coloca entre el puesto 601 y el 800.[17]*

AMÉRICA LATINA PRODUCE APENAS 1.6%
DE LAS PATENTES MUNDIALES

Otro dato devastador, e importantísimo en la economía actual, es el patético número de patentes de nuevos inventos que registran los países latinoamericanos. Según la Organización Mundial de la Propiedad Intelectual de las Naciones Unidas (OMPI), América Latina produce apenas 1.6% de las patentes mundiales. Y lo que es peor, el porcentaje latinoamericano de las patentes registradas en el mundo ha venido cayendo de 2.8% en 2010 al 1.6% actual. Comparativamente, los países asiáticos —principalmente China, Japón y Corea del Sur— representan 66.6% de las patentes registradas anualmente; América del Norte, 19.3%; y Europa, 10.9%, según la OMPI.[18] Para poner estos datos en perspectiva: mientras que Corea del Sur registra unas 17 000 patentes

---

* Hay varios rankings anuales de las mejores universidades del mundo, y sus resultados no siempre son iguales, ni están exentos de críticas, por lo que hay que tomarlos con cierta cautela. Sin embargo, ninguna universidad latinoamericana figura entre las 50 mejores en ninguno de los más importantes.

por año ante la OMPI, todos los países de América Latina y el Caribe juntos registran solamente 550.

¿Por qué es importante este dato? Porque en una economía global basada en el conocimiento ésa es una receta para el atraso. Hoy en día, los países más prósperos del mundo son los que producen programas de computación, servicios de internet, medicinas y productos de alta tecnología, mientras que algunos de los más pobres son los que exportan manufacturas o materias primas básicas, incluyendo el petróleo, como Venezuela o Nigeria. No es casual que muchas de las empresas más grandes del mundo, como Microsoft, Alphabet (Google,) Amazon y Meta (Facebook), no produzcan nada que se pueda tocar con las manos. Venden productos que son fruto del conocimiento, lo cual depende a su vez del nivel educativo de los países. Los países latinoamericanos que se quedan exportando manufacturas básicas o materias primas pierden cada vez más terreno. Mientras Corea del Sur hace 50 años era tanto o más pobre que los países latinoamericanos, hoy en día tiene un producto bruto per cápita casi cuatro veces mayor que el de México o Argentina, en buena parte por haberle apostado a la educación de calidad, a la ciencia, a la tecnología y a las exportaciones de alto valor agregado.

Hay países que captan capitales y países que los espantan

Se han gastado toneladas de tinta en analizar los motivos del retraso latinoamericano, pero la principal razón es relativamente sencilla: no atraen inversiones ni siquiera de sus propios habitantes. Tal como me lo sintetizó una vez el expresidente de Brasil Fernando Henrique Cardoso en una entrevista: "Sin inversión no hay crecimiento, y sin crecimiento no hay reducción de la pobreza". En realidad, los presidentes latinoamericanos —independientemente de si tienen doctorados en economía o apenas terminaron la escuela secundaria— no tendrían más que memorizar esa frase y tenerla siempre presente para poder timonear exitosamente sus países. Y, sin embargo, en lugar de captar capitales, la mayoría de ellos los ahuyentan.

Los países emergentes más exitosos —desde los comunistas como China y Vietnam hasta los ultracapitalistas como Corea del Sur,

Taiwán y Singapur— han crecido y reducido la pobreza en las últimas cuatro décadas atrayendo compañías extranjeras para exportar bienes y servicios a los mercados más grandes del mundo. En cambio, en América Latina muchos de nuestros presidentes espantan las inversiones. "¡Exprópiese!", ordenaba Chávez, caminando por las calles de Caracas y señalando con el dedo las empresas que nacionalizaba, ante el aplauso de sus seguidores. Y varios años después, como si el desplome económico de Venezuela y su enorme aumento de la pobreza no hubiera dejado ninguna enseñanza, los presidentes populistas de México, Argentina y Colombia seguían con el discurso retroprogresista y antiempresario de los años setenta. "Declaramos formalmente desde Palacio Nacional el fin de la política neoliberal... Quedan abolidas las dos cosas: el modelo neoliberal y su política económica de pillaje, antipopular y entreguista", anunciaba con orgullo el presidente mexicano Andrés Manuel López Obrador al principio de su mandato en 2019.[19] Cuatro años después, la economía de México era una de las de menor crecimiento en América Latina, y la pobreza había aumentado de 41.9% de la población a 43.9%, según el Consejo Nacional de Evaluación de la Política de Desarrollo Social (Coneval) del propio gobierno mexicano.[20]

Para colmo de males, el discurso victimista popularizado por Fidel Castro en la década de 1960, según el cual el atraso de América Latina es culpa de "los de afuera", ya se trate de los estadounidenses, los españoles, el Fondo Monetario Internacional o las multinacionales, sigue siendo engullido por una asombrosa cantidad de los latinoamericanos como si fuera verdad. Aunque parezca mentira, sólo 54% de los latinoamericanos creen que la inversión extranjera es beneficiosa para sus países, según un estudio del Banco Interamericano de Desarrollo. Aunque sólo 15% cree que es perjudicial, resulta asombroso que casi la mitad de los latinoamericanos no estén al tanto de que la inversión extranjera ha sido uno de los principales motores de la generación de empleo y la reducción de la pobreza desde China hasta Chile.[21] ¿Cómo creer que los países dejarán de elegir a presidentes espanta-capitales si una buena parte de los propios pueblos creen en mitos autodestructivos?, se preguntan muchos.

El otro factor que ahuyenta las inversiones: la corrupción

El experimento de las billeteras dejadas en la calle (descrito en el capítulo 1), en que varios países latinoamericanos salieron al final de la lista, es revelador de otro gran problema que frena las inversiones: la corrupción. El Índice de Percepción de la Corrupción, de Transparencia Internacional, un grupo no gubernamental con sede en Berlín que lucha contra la corrupción, coloca a varios países latinoamericanos entre los más corruptos del mundo. El ranking, que va en orden descendiente, de los países menos a los más corruptos, señala que Dinamarca, Finlandia y Nueva Zelanda, en ese orden, son los países más honestos del mundo. Más abajo en la lista están Estados Unidos, en el puesto 24, y Chile, en el puesto 27. Y bastante más al fondo están Argentina y Brasil, empatados en el puesto 94; Perú, en el 101; México y Bolivia, en el 126; Guatemala, en el 150; Honduras, en el 157; y Venezuela, en el 177.[22]

"Lamentablemente, casi todos los países de América Latina están estancados o retrocediendo en nuestro ranking, en comparación con el anterior", me dijo Luciana Torchiaro, especialista en América Latina de Transparencia Internacional.[23] Argentina es el país latinoamericano que más había caído en el ranking, agregó. Un estudio titulado *El Índice de Capacidad para Combatir la Corrupción (CCC): Evaluando la capacidad de América Latina para detectar, castigar y prevenir la corrupción*, publicado en 2021 por Americas Society y Control Risks, concluía que "la lucha contra la corrupción en América Latina sufrió una nueva ola de retrocesos". Los países que recibieron las calificaciones más bajas por sus esfuerzos para combatir la corrupción en el ranking del Índice CCC fueron Venezuela, Bolivia, Guatemala, Paraguay y México.[24]

Paradójicamente, López Obrador se vanagloriaba de que la corrupción en México era cosa del pasado y culpa de los gobiernos neoliberales que lo habían antecedido. "Ya puedo decir que no hay corrupción", dijo sin empacho López Obrador en una de sus conferencias de prensa matutinas. "Ya se acabó, porque el presidente no es corrupto y no tolera a los corruptos." Al margen de este tipo de aseveraciones cuestionables, la promesa de campaña de López

Obrador y otros presidentes populistas de acabar con la corrupción tiene una falla de origen: la idea falsa de que un presidente puede luchar por sí solo contra la corrupción. "En América Latina estamos muy acostumbrados a los presidencialismos, a depositar todas las fichas en una persona, pero la lucha contra la corrupción exige institucionalidad", me dijo Torchiaro. "Es un esfuerzo colectivo." Efectivamente, más que hombres fuertes, América Latina necesita instituciones fuertes.

Después de la experiencia de Venezuela, donde Chávez ganó sus primeras elecciones prometiendo eliminar la corrupción, y terminó convirtiendo a la nación en una de las más corruptas del mundo, los países deberían desconfiar más que nunca de los demagogos que prometen terminar con la corrupción por el simple hecho de querer hacerlo. En cambio, los votantes deberían apostar por quienes respetan la separación de poderes y prometen reforzar a las agencias independientes que investigan la corrupción para que puedan hacer su trabajo. No es coincidencia que Dinamarca y otros países del norte de Europa, que salen en los rankings como los más honestos del mundo, sean democracias vibrantes, con una gran independencia de los poderes legislativos y judiciales, y con organismos de control independientes. Y tampoco es casualidad que casi todos los países más corruptos de América Latina, como Venezuela y Nicaragua, sean dictaduras donde el líder supremo lo controla todo. La clave para mantener honestos a los gobiernos, sea donde sea, es evitar la concentración de poderes. Nada de esto es nuevo, pero muchos siguen sin entenderlo.

"Para sobrevivir acá hace falta FE: Familia en el Exterior"

Ante tantos motivos de pesimismo, no es de extrañar que muchos latinoamericanos ahorren en dólares o saquen su dinero de sus países. Desde Argentina hasta Cuba, el ahorro en dólares estadounidenses es el salvavidas de la gente, desde los más ricos hasta los más pobres, e independientemente de su color político. Cuando algún funcionario kirchnerista en Argentina o morenista en México es pillado con dinero ilegal en efectivo, nunca se trata de billetes chinos, ni rusos, ni mucho menos monedas cubanas o venezolanas. Son dólares estadounidenses.

Por otro lado, cada vez más latinoamericanos, especialmente en Cuba y Venezuela, viven de los dólares que reciben de sus familiares en Estados Unidos y Europa. Recuerdo una broma que escuché en Cuba en los años noventa, que todavía sigue vigente en la isla: un joven me dijo que para sobrevivir en Cuba hacía falta "mucha FE". Sorprendido por este alarde de religiosidad en un país que se autoproclamaba marxista, le pregunté: "¿Mucha fe?". "Sí, hace falta mucha Familia en el Exterior", me respondió, soltando una risotada.

Así como muchos de los trabajadores peor pagados ahorran en dólares, los más ricos muchas veces no ven otra salida que mandar sus ahorros a Miami o a Madrid para evitar que se los confisquen. La fuga de capitales de América Latina alcanzó los 128 000 millones de dólares en 2021, un récord en los últimos años, según el Instituto de Finanzas Internacionales.[25] Todo esto ha contribuido al clima de desesperanza generalizada que ha caracterizado la historia reciente de Latinoamérica.

Los motivos de optimismo

Con tantos datos deprimentes, ¿acaso no se justifica el pesimismo latinoamericano?, se estarán preguntando muchos. Bueno, a pesar de todas estas estadísticas desalentadoras, creo que también hay motivos de optimismo. En primer lugar, no hay países que estén condenados biológicamente al fracaso. Algunos de los países que actualmente son los más exitosos del mundo, como Singapur y Corea del Sur, eran más pobres que los latinoamericanos hace apenas siete décadas, que no es nada en la historia del mundo. Por más extraño que nos parezca hoy, en 1950 Venezuela —por entonces uno de los países más ricos del mundo— tenía un ingreso per cápita de 7 424 dólares anuales, ocho veces mayor que el de Corea del Sur, cuyo PBI per cápita era de 876 dólares por año.[26] Hoy en día, Corea del Sur tiene un ingreso per cápita de 35 000 dólares anuales, mientras que el ingreso per cápita de Venezuela es de 1 800 dólares anuales. Las naciones, como las personas, pueden florecer mucho más rápido de lo que muchos piensan.

La buena noticia es que las recetas para el progreso de los países ya no son ningún misterio. No hay que tener un doctorado en economía para saber por qué algunos países crecen más que otros. Es muy sencillo: los países que más crecen —de todos los colores políticos, desde Singapur, con gobiernos de derecha, hasta la China comunista— son los que se insertan en la economía global, atraen inversiones, le dan una educación de calidad a su gente, diversifican y aumentan sus exportaciones y ahorran en tiempos de abundancia para poder mantener subsidios sociales en épocas de vacas flacas. Los países que han seguido esos pasos nos han sobrepasado como aviones en las últimas décadas.

Asimismo, los países asiáticos que han crecido y reducido la pobreza miran para delante, mientras que muchos de nuestros países viven mirando hacia atrás. En uno de mis libros anteriores, *¡Basta de historias!*, escribí extensamente sobre la obsesión latinoamericana con la historia, y señalaba cómo en mis viajes a China, Japón, Singapur, Corea del Sur e India me había llamado la atención el creciente interés de estos países en los temas del futuro, como la innovación y los trabajos del mañana. Entre muchas otras cosas, me sorprendió ver que, mientras que muchos de los billetes en los países latinoamericanos llevan el rostro de próceres de la Independencia, en Singapur los billetes de dos dólares —los de más circulación, porque no hay billetes de un dólar— llevan la imagen de un profesor dando clase a sus alumnos, con una universidad en el fondo. Y en la parte de abajo del billete, debajo de esa imagen, se puede leer una palabra: "Educación". Mientras nosotros miramos para atrás, ellos miran para delante. Mi conclusión tras viajar por varios países asiáticos, tal como lo comenté en ese momento, fue que, mientras que los asiáticos están obsesionados con el futuro y viven guiados por el pragmatismo, en América Latina vivimos obsesionados con el pasado y guiados por la ideología. Y, a juzgar por mis más recientes viajes a Asia y Latinoamérica, eso no ha dejado de ser cierto.

Las grandes oportunidades de América Latina

La nueva coyuntura mundial, por más raro que parezca, es muy propicia para América Latina. En primer lugar, ante las crecientes tensiones entre Estados Unidos y China, hay cada vez más compañías multinacionales que quieren diversificar sus fuentes de suministros para no depender tanto de China. Las grandes corporaciones buscan mudar parte de sus fábricas de China a otros lugares del planeta, lo más cerca posible del mercado estadounidense. Desde que China se abrió al mundo a fines de la década de 1970, el gigante asiático se convirtió en la fábrica del mundo. Pero, debido a las crecientes tensiones comerciales entre Estados Unidos y China en 2018, la pandemia del covid-19 en 2020 y la invasión rusa a Ucrania en 2022, las grandes multinacionales están repensando sus estrategias de producción para protegerse de posibles nuevas interrupciones en sus cadenas de suministros. La tendencia se disparó durante la pandemia, cuando Estados Unidos y Europa se dieron cuenta de que no tenían suficientes cubrebocas porque todos eran importados de China, y el gobierno chino los estaba reservando para su población. Ahora, los economistas estadounidenses y europeos hablan cada vez menos de la "globalización", y cada vez más de una posible "regionalización" de la economía mundial. Dicen que hacen falta fuentes de suministros más seguras y, en lo posible, más cerca de casa.

La salida parcial de las multinacionales de China se intensificó tras la invasión rusa a Ucrania a principios de 2022, y los crecientes temores de una invasión de China a Taiwán. Tras la invasión rusa a Ucrania, 141 países de todo el mundo condenaron a Rusia en las Naciones Unidas, pero China se abstuvo. La interpretación en Washington, Berlín, Londres y Tokio fue de que China no condenaba a Rusia porque estaba planeando su propia invasión a Taiwán. Y, si eso ocurría, era lógico pensar que Washington impondría durísimas sanciones comerciales a China, que podrían paralizar el comercio entre las dos potencias. Cada vez más, los tomadores de decisiones en Washington se convencieron de que debían diversificar las importaciones de Estados Unidos hacia países "amigos". En los círculos empresariales y diplomáticos de Estados Unidos que antes defendían el *offshoring* —o sea, la importación de suministros de China u otros lugares del mundo para abaratar los costos laborales— y después habían apoyado la idea del *nearshoring*, —producir más cerca de casa—, se pasó a hablar del *friendshoring*, o sea, traer las fábricas a países cercanos que sean "amigos".

"Estamos ante el mayor realineamiento de las cadenas de suministros globales de nuestras vidas", me dijo exultante de optimismo el entonces presidente del BID, Mauricio Claver-Carone, en 2022. "Esto brinda una oportunidad de oro para que los países de América Latina sean los mayores beneficiarios de este nuevo fenómeno de la economía mundial", agregó.[27] Lo suyo no era una expresión de deseos, sino un dato concreto. Según un estudio del BID, América Latina podría ganar 78 000 millones de dólares adicionales al año en exportaciones de bienes y servicios gracias al *nearshoring* si tan sólo lograra reemplazar 10% de las exportaciones de China a Estados Unidos.[28]

Pero ¿América Latina tiene la capacidad de reemplazar los suministros que Estados Unidos está importando de China?, le pregunté con cierto escepticismo a Claver-Carone. "Podríamos hacerlo ya mismo, porque hay muchos productos que exporta China que ya se están produciendo y exportando de América Latina al mercado estadounidense", como los repuestos automotrices de México a Estados Unidos, productos electrónicos, textiles, farmacéuticos y de energías renovables, me señaló. Según el BID, México sería por mucho el mayor beneficiario del *nearshoring*, ya que podría recibir inversiones de 35 000 millones de dólares anuales; seguido de Brasil, que podría recibir 7 800 millones anuales; Argentina, 3 900 millones; y Colombia, 2 500 millones.[29]

Esta coyuntura internacional favorable para América Latina no será un fenómeno pasajero. China está pasando por un mal momento económico: su tasa de crecimiento cayó de 10% anual hace dos décadas a 3% en 2022, y 5.2% en 2023, según el Fondo Monetario Internacional.[30] Además, tiene un serio problema demográfico a largo plazo. Su tasa de crecimiento poblacional cayó por primera vez en seis décadas en 2022, y todo apunta a que seguirá reduciéndose, entre otras cosas, porque las mujeres chinas no quieren tener hijos por falta de seguridad económica y seguros de salud. La caída de la población laboral china va a significar que el país tendrá cada vez menos trabajadores para pagar las jubilaciones de su creciente población de ancianos, y que el consumo ya no será el de antes. A todo esto hay que agregarle un creciente malestar social en China. Hacia el final de la pandemia del covid-19 se habían producido manifestaciones callejeras antigubernamentales en varias ciudades chinas por las estrictas medidas de confinamiento. Aunque relativamente pequeñas, fueron las mayores protestas desde los disturbios de la plaza de Tiananmén en 1989.

Asimismo, el 20.° Congreso del Partido Comunista de China, a fines de 2022, que otorgó poderes aún mayores a Xi Jinping, fortaleció a los burócratas del partido gobernante a expensas de los tecnócratas, lo que podría resultar en mayores controles estatales sobre la economía y una caída en la innovación y la productividad. Finalmente, lo que no es un dato menor, los costos laborales de China se han más que triplicado durante la última década. Un trabajador manufacturero en China ganaba unos seis dólares por hora en 2020, lo que ya era un salario promedio mayor al de un trabajador en México, según un informe de Bank of America.[31] Todo esto hace pensar que la tendencia de las multinacionales a buscar nuevos países donde colocar sus fábricas no se detendrá.

Los presidentes latinoamericanos se quedaron dormidos

Tras ver con creciente frustración la falta de respuesta de América Latina ante esta oportunidad de oro que estaba ofreciendo la creciente tendencia de las multinacionales a buscar otros países fuera de China donde instalar sus fábricas, escribí una columna en el diario *Miami Herald* que empezaba así: "Los presidentes de los tres países más grandes de América Latina —México, Brasil y Argentina— merecen la medalla de oro a la incompetencia: están perdiendo la mayor oportunidad en generaciones para aumentar el crecimiento económico y reducir la pobreza". Apenas unas semanas antes de su publicación, Apple había anunciado que iba a trasladar la fabricación de su iPhone 14 fuera de China. Pero, lamentablemente para América Latina, Apple había decidido trasladar esa operación a India y Vietnam.

Peor aún, la mayoría de los presidentes latinoamericanos ni siquiera estaban tratado de cabildear ante las multinacionales para que trajeran sus fábricas de China hacia la región. En la reunión anual del Foro Económico Mundial de Davos de 2023, que era una excelente oportunidad para buscar inversiones de los más de 600 líderes empresariales allí presentes, sólo había tres presidentes latinoamericanos entre los 52 jefes de Estado participantes. Mientras que los presidentes de Europa, Asia y África se reunían en privado con los CEO de las multinacionales más grandes del mundo, y con varios de los 56 ministros de finanzas, 30 ministros de comercio y 19 presidentes de bancos centrales allí reunidos, el presidente de México —el país mejor posicionado para competir con China— se quedó plácidamente en su casa y no mandó a ningún alto funcionario en su lugar. Lo mismo ocurrió con

Argentina. Los únicos presidentes que acudieron a la reunión fueron los de Ecuador, Costa Rica y Colombia.[32] Tal como lo escribí en ese momento, algunos empresarios malévolos en la reunión recordaron el viejo chiste según el cual "América Latina nunca se pierde una oportunidad de perder una oportunidad".

La ventana de oportunidad seguirá abierta

Tras su renuncia forzada del BID por acusaciones de favoritismo hacia una empleada con quien tenía una relación sentimental, le pedí al expresidente del BID Claver-Carone una nueva entrevista para ahondar en el tema. Quería que me contara, sinceramente, ahora que ya no tenía que cuidarse de no ofender a los gobiernos, qué le decían los funcionarios mexicanos, argentinos y de otros países cuando él trataba de convencerlos de que intentaran atraer a las multinacionales que, como Apple, estaban mudando parte de su producción fuera de China.

Claver-Carone me respondió que "a México, Brasil y Argentina no les importaba un rábano". Según me aseguró, él se había pasado gran parte de sus casi dos años al frente del BID tratando de lograr que los países aprovecharan la ventana de oportunidad del *nearshoring*, pero estaba predicando en el desierto. "Siempre argumentaban que el *nearshoring* no promueve el desarrollo. Lo único que les importaba era conseguir más dinero cuanto antes para financiar sus prioridades políticas." En otras palabras, buscaban dinero para pagar sus próximas campañas o subsidios clientelares. De hecho, América Latina tuvo una oportunidad única en la Cumbre de las Américas celebrada en Los Ángeles en 2022 para presentar un plan regional y atraer a empresas multinacionales deseosas de salir de China. Pero el presidente de México boicoteó la cumbre. La razón que dio fue que Cuba no estaba invitada, ya que el presidente Biden había decidido —correctamente— no invitar a dictaduras. Los presidentes de Argentina y otros países fueron a la cumbre, pero dedicaron la mayor parte de su tiempo a quejarse de la exclusión de la dictadura cubana. Era la ocasión perfecta para atraer inversiones, porque la Cumbre de las Américas se lleva a cabo sólo una vez cada tres o cuatro años, y es la única ocasión en que todos los presidentes latinoamericanos pueden sentarse con sus pares de Estados Unidos y Canadá para tratar temas regionales. Y en lugar de aprovecharlo, se dedicaron a hacer discursos para la tribuna defendiendo a una dictadura cavernaria que desde hace seis décadas no permite elecciones libres.

Sin embargo, la ventana de oportunidad para América Latina seguirá abierta durante un buen tiempo. Las tensiones entre Washington y Beijing no desaparecerán; el miedo de que una nueva pandemia pueda paralizar las fábricas chinas no dejará de existir; la mano de obra china no volverá a ser tan barata como antes, y los problemas económicos de China no disminuirán en un futuro próximo. Aunque otros países como India y Vietnam ya les están sacando la tajada a los crecientes problemas de China, los países latinoamericanos todavía tienen tiempo para atraer inversiones productivas y convertirse en fábricas de productos cada vez más sofisticados para el resto del mundo.

El "bono demográfico" de América Latina

América Latina tiene otra gran ventaja sobre China: una población mucho más joven, que le permitirá ofrecer una fuerza laboral mucho más competitiva que la de China. Mientras que la población de China va hacia la baja, la de América Latina seguirá creciendo hasta el año 2058, según estimados de la CEPAL.[33] Eso significa que América Latina tendrá una ventana de oportunidad —o un "bono demográfico"— de casi tres décadas para atraer inversiones internacionales y acelerar su desarrollo.

Y las ventajas de América Latina no están pasando desapercibidas en las grandes capitales occidentales. El influyente periódico británico *Financial Times* publicó recientemente un extenso artículo sobre López Obrador, cuyo título corroboraba, con cierto asombro, que México "está desperdiciando su oportunidad de lucrar con el desacoplamiento estadounidense de China".[34] El periódico reconocía que México podría ser el mayor beneficiario del mundo de la nueva coyuntura internacional, y decía que el país estaba tirando la oportunidad por la borda. Sin embargo, el artículo terminaba diciendo que, más allá del desastroso gobierno de López Obrador, la tendencia al traslado de fábricas de China a México, y en menor medida al resto de América Latina, podría ser imparable.

Citando datos de la consultora Kearney, el periódico señalaba que entre 2018 y 2021, la proporción de productos manufacturados importados por Estados Unidos desde México apenas había variado, mientras que Vietnam, Taiwán, Corea del Sur y otros países asiáticos fuera de China habían aumentado su cuota de mercado de las importaciones de Estados Unidos de 12.6% a 17.4%. En otras palabras, mientras varios países asiáticos se estaban haciendo una fiesta con la salida de las multinacionales de China, López Obrador estaba papando moscas.

"Gran parte de la culpa del mediocre rendimiento de la economía mexicana cae en los hombros del presidente Andrés Manuel López Obrador. Líderes empresariales, diplomáticos e inversionistas dicen que ha sido hostil hacia algunas compañías extranjeras, y se quejan de que sus decisiones son frutos del capricho", decía el *Financial Times*. El diario citaba, entre varios ejemplos, la absurda decisión de López Obrador de cerrar ProMéxico, la agencia gubernamental de promoción de exportaciones mexicanas que tenía 51 oficinas en todo el mundo, mientras despilfarraba 18 000 millones de dólares en construir una nueva refinería de petróleo en su estado natal de Tabasco, en momentos en que hasta Arabia Saudita está tratando de salirse del petróleo por considerar que las energías fósiles no tienen mucho futuro. A pesar de todo esto, el estudio de Kearney terminaba diciendo que "hay razones para ser optimistas (sobre México) a la luz de los recientes cambios geopolíticos mundiales". Omar Troncoso, especialista en México de Kearney, señalaba que los precios de fletes de contenedores desde China se habían disparado desde la pandemia de covid-19, y que "ahora es más barato producir en México" para exportar a Estados Unidos. Troncoso agregó que, hacia 2025 o 2026, habrá un gran aumento de las exportaciones mexicanas a Estados Unidos, porque "si buscas un espacio (para una fábrica) en algunas ciudades fronterizas, los agentes de bienes raíces te van a decir que tienes que esperar hasta 2025 porque ya todo está vendido".[35]

"La geografía es la madre de la historia"

Este último toque de optimismo me recordó una frase que me dijo una vez, en una entrevista en su casa, el ganador del Premio Nobel de Literatura mexicano Octavio Paz. En 1993, en medio de las negociaciones entre México y Estados Unidos para firmar el Tratado de Libre Comercio de América del Norte (TLCAN), le pregunté a Paz si creía que México iba a aceptar firmar el acuerdo. En ese momento, López Obrador, la izquierda y buena parte de la intelectualidad mexicana estaban en contra del tratado porque creían —o por lo menos decían— que atentaría contra la soberanía de México. Pero el Premio Nobel me dijo que oponerse al tratado de libre comercio era una tontería, porque "la geografía es la madre de la historia". O sea, la cercanía a Estados Unidos, el mayor mercado del mundo, era la mayor ventaja competitiva de México sobre el resto del mundo, y sería absurdo no aprovecharla. Tarde o temprano, México aceptaría esa realidad. Paz tenía razón: México terminó firmando el acuerdo, y, tras la entrada en vigor del TLCAN en 1994, las exportaciones de México crecieron de manera impresionante, al punto de que el propio López Obrador y otros que se habían opuesto al tratado cambiaron su postura y apoyaron el acuerdo. Después de dos décadas de vigencia, fue Estados Unidos —no México— el país que pidió revisar el tratado, por considerar que estaba saliendo perjudicado.

El litio y las energías verdes: un salvavidas (temporal) para la región

Aunque las materias primas no serán la salvación de América Latina en la actual economía global del conocimiento, los fabulosos depósitos de litio en Sudamérica podrían ayudar a detener el estancamiento económico de la región a corto plazo. Nuevamente, estamos ante una coyuntura internacional ideal para América Latina, porque el creciente uso de autos eléctricos en Estados Unidos y Europa está creando una creciente demanda mundial de litio, un componente clave en la fabricación de baterías para este tipo de vehículos. El 58% de los depósitos mundiales de litio están concentrados en Argentina, Chile y Bolivia —el llamado "Triángulo del Litio"—, y en menor medida en Perú, México y otros países de la región, según estimados del BID.

El interés en el litio se disparó en 2021 debido a la orden ejecutiva del presidente Biden de que 50% de todos los vehículos nuevos que se vendan en Estados Unidos para 2030 sean eléctricos, y la decisión de la Unión Europea de prohibir las ventas de automóviles que usen gasolina a partir de 2035. Esto constituye una oportunidad extraordinaria para América Latina, porque las ventas de vehículos eléctricos aumentarán 28 veces para 2040, según el estudio *Bloomberg's Battery Metals Outlook*.[36] Sin embargo, a pesar de tener los depósitos más grandes, los países latinoamericanos apenas están produciendo un tercio del litio del mundo, según el BID. Y en materia de baterías de litio, América Latina casi ni aparece en el mapa. China es, por mucho, el mayor productor mundial de baterías de litio. Para convertirse en la mayor fuente mundial de litio, los países latinoamericanos tendrán que cambiar sus regulaciones —imposibles de cumplir actualmente— y atraer inversionistas. El gran desafío de América Latina, más que la extracción del mineral, será producir las baterías de los autos eléctricos y exportarlas directamente a Estados Unidos y Europa.

Así y todo, la fiesta de los productores de litio podría no durar mucho, porque éste podría ser reemplazado por otras fuentes de energía más limpias. Aunque los autos eléctricos son la norma del futuro, todavía no se ha resuelto el tema de cómo disponer de las baterías de los autos eléctricos sin dañar el medio ambiente. Tarde o temprano, se va a encontrar una alternativa al litio que resuelva ese problema. Mientras tanto, los países industrializados probablemente explotarán el litio en sus propios territorios. Patricia I. Vásquez, experta en energía del Wilson Center en Washington, me dijo que la ventana de oportunidad del litio para América Latina podría cerrarse en alrededor de una década. "No tengo ninguna duda de que, en los próximos 10 años, Estados Unidos va a reducir su dependencia de importaciones de litio, y lo producirá dentro del país", me dijo la experta.[37]

La buena noticia es que, además del litio, América Latina tiene un enorme potencial en energías verdes, como la geotérmica, la eólica y la solar. "Esta abundancia de energía verde y confiable puede ser una ventaja comparativa importante en la producción de nuevos vectores energéticos —como el hidrógeno verde y los combustibles sintéticos— y de otros productos en la cadena de producción, como amoniaco y otros fertilizantes y químicos verdes", señala el Banco Mundial.[38]

Latinoamérica: la región con mayor crecimiento de STARTUPS

A pesar de la caída en la calidad educativa latinoamericana y de que la región apenas registra 1.6% de las patentes mundiales de nuevos inventos, hay un dato sumamente esperanzador: Latinoamérica es la región del mundo donde más está creciendo la inversión en *startups* o empresas incipientes. Cuando leí este dato, mi primera reacción fue de incredulidad. Pero, según Crunchbase, una empresa líder en información sobre *startups*, los fondos de capital de riesgo invirtieron un récord de 19 500 millones de dólares en *startups* latinoamericanas en 2021, el triple de lo recaudado el año anterior. América Latina todavía representa una cifra minúscula del total del capital invertido en *startups* a nivel mundial, pero fue "la región de más rápido crecimiento en el mundo" en 2021 y "los inversores son optimistas de que las cifras seguirán creciendo", agregaba el reporte de Crunchbase.[39]

¿Se trataba de un accidente estadístico? Parece que no, porque las inversiones en empresas incipientes latinoamericanas venían creciendo —desde muy abajo, es cierto— desde hacía varios años. Pero los nuevos datos de Crunchbase superaron todas las expectativas. "Aunque el capital de riesgo en América Latina ha venido creciendo gradualmente desde hace una década, las inversiones se aceleraron dramáticamente en 2021", informaba Crunchbase. En 2021 hubo más inversiones de capital de riesgo en compañías tecnológicas de la región de lo que habíamos visto en los últimos 10 años juntos, según el BID.[40]

La mayor parte de estas inversiones fueron a las empresas incipientes más grandes, que ya venían operando en varios países latinoamericanos. En 2022 había casi 30 "unicornios" (empresas cuyo valor de mercado supera los 1 000 millones de dólares) latinoamericanos, como el banco en línea Nubank, de Brasil, la plataforma de compras Mercado Libre, las empresas de servicios en línea Globant y OLX, la compañía de servicios de entrega a domicilio Rappi de Colombia, la agencia de viajes Despegar.com y la productora de hamburguesas a base de plantas NotCo.

Sin embargo, en este reporte también había numerosas *startups* mucho más pequeñas que también estaban recibiendo inversiones de riesgo para expandirse. Pude constatar personalmente el crecimiento de las *startups* latinoamericanas, y maravillarme de la creatividad de sus fundadores, desde mucho antes de leer el artículo de Crunchbase. Tras escribir *¡Crear o morir!*, sobre los secretos de la innovación en el mundo y en Latinoamérica, en 2014, empecé un segmento titulado "El innovador de la semana", auspiciado por las tiendas Falabella, en mi programa *Oppenheimer presenta* en CNN en Español en 2021. Y hablando todas las semanas con los innovadores más exitosos de la región, no pude menos que quedarme boquiabierto ante la creatividad y el empuje de la mayoría de ellos. Varios eran emprendedores veinteañeros o treintañeros que habían creado sus empresas en Chile, Argentina, Colombia o México, y ya estaban dedicados de lleno a conquistar el mercado mundial. Muchas de sus empresas ya tienen un valor de mercado de más de 1 000 millones de dólares y se están expandiendo en todo el mundo. La mayoría no sólo son ejemplos de las grandes oportunidades de América Latina, sino también motivos de orgullo nacional e impulsores de la autoestima —un componente importante de la felicidad— de sus países.

Betterfly, Nilus, Pachama y las empresas sociales latinoamericanas

Uno de los emprendedores que más me impresionó entre los que entrevisté en *Oppenheimer presenta* por CNN fue Eduardo della Maggiora, el chileno que junto con su hermano fundó Betterfly, la compañía que te paga por hacer ejercicio. Tal como lo anticipé en el capítulo 7, Betterfly es parte de la tendencia a la tercerización del trabajo de los departamentos de recursos humanos de las empresas. Fundada en Chile en 2019, Betterfly hace donaciones sociales en tu nombre o te paga un seguro de vida a cambio de las calorías que quemes caminando, corriendo o andando en bicicleta, o del tiempo que pases meditando o haciendo cualquier otro ejercicio que mejore tu salud física o mental. Por ejemplo, cada vez que caminas 10 000 pasos, la plataforma te asigna cierta cantidad de puntos que puedes canjear por un seguro de salud o una donación para darle comida a un niño necesitado, entregar agua potable o plantar un árbol. ¿De dónde sale el dinero para recompensar a la gente por hacer ejercicio? De empresas que le pagan a Betterfly para que sus empleados quemen calorías o mediten.

¿Cómo se aseguran de que una persona caminó 10 000 pasos en un día y no está mintiendo?, le pregunté a Della Maggiora. "Muy fácil, usamos la tecnología", respondió. "Si queremos saber cuántos pasos caminaste, nos integramos con cualquier Apple Watch, Apple Store o Google Android, y tú no tienes que hacer nada. Simplemente te conectas con Betterfly, te pones el teléfono en el bolsillo, caminas 10 000 pasos por día y la aplicación te rastrea." Cuando lo entrevisté, su emprendimiento ya tenía unas 3 000 empresas que le pagaban un promedio de cuatro dólares mensuales por empleado para cuidar la salud de su gente y, de paso, ahorrar dinero en gastos hospitalarios. Betterfly reportaba ser la empresa social más grande de América Latina, con una valuación de más de 1 000 millones de dólares, con presencia en Chile, Brasil y México, y estaba abriendo filiales en Colombia, Perú, Centroamérica, Estados Unidos, España

Eduardo della Maggiora, el chileno cofundador de Betterfly, en los metros finales del Ironman World Championship en Hawái, 2018. Cortesía: Eduardo della Maggiora.

y Portugal. Y Della Maggiora, un deportista que representó a Chile en varios campeonatos mundiales de triatlón de natación, ciclismo y carrera Ironman, está feliz haciendo que más gente haga más ejercicio y se sienta mejor.

Otro gran emprendedor que me dejó muy impresionado fue Ady Beitler, el uruguayo radicado en Argentina que fundó Nilus: una compañía social mucho más pequeña que los unicornios, pero igualmente admirable, que se dedica a venderle comida a precios más reducidos, pero de buena calidad, a gente de pocos recursos. ¿Cómo lo hace? Muy fácil: comprando las verduras y frutas que están en perfecto estado, pero que los agricultores tiran porque no tienen el color o la forma requerida por los supermercados. Un tercio de toda la comida producida en el mundo se tira o se pierde todos los años, en parte por razones estéticas, según las Naciones Unidas.[41] Y los agricultores donan muy poca de la comida que desechan, porque eso les trae demasiados dolores de cabeza legales, además de los costos de recolección y transporte.

Tras recibirse de abogado en Uruguay, hacer una maestría en la Universidad de Harvard y trabajar varios años en Estados Unidos, Beitler se radicó en Argentina y creó su empresa para comprarles a los agricultores la comida que desechaban y venderla en comedores populares a precios económicos. "Imagínate: un tercio de toda la comida que se produce en el mundo se tira, y hay 2 000 millones de personas que no tienen los recursos para comer un plato de comida sana todos los días. Eso fue lo que nos llamó a querer fundar una organización que se dedicara a atar esas puntas: entre toda la cantidad de alimentos sanos que se desperdician innecesariamente y el enorme número de personas que no tienen para comer un plato de comida sana todos los días", me dijo. Poco después de cofundar Nilus en 2018, Beitler ya había recaudado siete millones de dólares de inversionistas como Google, Facebook y Marriott, y la empresa operaba en Argentina y México, y estaba abriendo otra sucursal en Guatemala.

Cuando le pregunté por qué creó una empresa y no una compañía sin fines de lucro o una fundación, Beitler me explicó que, aunque Nilus es una empresa social, para ser exitosa tiene que mantenerse en el tiempo —o sea, no depender de la generosidad de uno o varios donantes—, y que para tener un verdadero impacto social debe poder crecer económicamente y poder comprar cada vez más comida. Al mismo tiempo, es difícil pedirle a un voluntario que vaya a entregar comida a un comedor a las tres de la madrugada de un sábado. "No puedes decirle a una señora de un comedor comunitario que está esperando que llegue la comida con 60 chicos haciendo cola que no sabes si vas a poder hacer la entrega del alimento porque no sabes si vas a encontrar un voluntario que la lleve. Sin embargo, cuando tienes una organización con empleados, que tiene colaboradores, que paga salarios, que tiene contratos, sí puedes hacer predecible para esos comedores y para esas comunidades la llegada de los alimentos", señaló.

Probablemente Beitler no llegue a ganar tanto dinero como los fundadores de los "unicornios" latinoamericanos que suelen aparecer en las portadas de los periódicos, pero me encantó su dedicación y sentido de propósito en la vida. Cuando le pregunté qué consejo les daría a los jóvenes que quieren ser emprendedores, Beitler respondió que les recomendaría "prepararse a vivir con poco, y amar lo que hacen por sobre todas las cosas. Creo que los casos de éxito y casos de fracaso siempre han tendido a poner adelante el éxito de las métricas, en lugar del disfrute que uno mismo tiene de la actividad de emprender. Yo amo esto, por lo que representa, porque hoy hay miles de personas a quienes les estamos bajando los costos de la comida en un 30 o 40%, y cada persona vale un mundo para nosotros". Y continuó: "No sé en dónde va a terminar todo esto, pero lo que sí puedo decir es que cada una de las 65 personas que conformamos hoy Nilus amamos estar acá todos los días. Y ojalá todos los que estén pensando en emprender primero se enfoquen en lo que aman, en lo que de verdad les importa, y estén dispuestos a pagar cualquier consecuencia que haya que pagar a cambio de tener la libertad y el orgullo de tener consistencia entre lo que uno piensa y lo que uno hace con su tiempo".

Otro joven innovador latinoamericano cuya empresa está tratando de mejorar el mundo es Diego Sáez, un argentino radicado en Silicon Valley que fundó una compañía llamada Pachama, que lucha contra el calentamiento global. Pachama ofrece "créditos de carbono" a empresas que ayuden a preservar los bosques en peligro de deforestación. Cuando lo entrevisté, Sáez ya había recibido inversiones por 25 millones de dólares, y la empresa estaba contribuyendo a proteger bosques en 15 países, incluyendo Brasil, Argentina, Colombia, Perú, Kenia e Indonesia. Lo que hace Pachama parece complejo, pero no lo es tanto: las empresas están bajo creciente presión de sus gobiernos, accionistas y empleados, además de las organizaciones ambientalistas, para que reduzcan sus emisiones de gases tóxicos. Entonces, les permite a las empresas compensar su daño ambiental pagando por la reforestación de bosques que se están destruyendo, como el del Amazonas.

"Todas las empresas contaminan y emiten carbono a la atmósfera", me explicó Sáez. "Cada vez que generamos electricidad, que manejamos un auto, que volamos un avión, estamos poniendo carbono en la atmósfera y eso está causando un calentamiento global. Por otro lado, los bosques, los árboles, cuando crecen, capturan carbono y lo convierten en biomasa y en oxígeno. Entonces, obviamente, necesitamos dejar de emitir carbono y reemplazar las energías fósiles por energías renovables, pero también debemos empezar a compensar el carbono que hemos puesto en la atmósfera por medio de la protección y reforestación de los bosques del mundo. Lo que hace Pachama es conectar a las empresas que quieren compensar su huella de carbono con proyectos de reforestación o protección de bosques a través de una plataforma online y en la cual usamos imágenes satelitales e inteligencia artificial para validar que esos bosques están siendo protegidos y reforestados."

La innovadora mexicana que vende "colchones inteligentes" en Estados Unidos

Hay varios otros innovadores latinoamericanos que, aunque no estén dedicados de lleno a salvar al mundo, merecen aplausos por haber creado productos muy originales y exitosos. Alexandra Zatarain, una emprendedora mexicana, fundó junto con su marido, en Nueva York, una empresa de "colchones inteligentes" para ayudar a la gente a dormir mejor. ¿Colchones inteligentes?, le pregunté a Alexandra, intrigado. Efectivamente, los colchones y cubrecamas de su empresa, Eight Sleep, tienen sensores que miden la temperatura del cuerpo, y se enfrían o calientan según lo que cada uno necesite para dormir mejor. Cuando la entrevisté, Eight Sleep acababa de recibir una inversión de 83 millones de dólares y reportaba un valor de mercado de más de 500 millones de dólares.

Alexandra me contó que su marido, Mateo, tenía cada vez más problemas para dormir. "Y ahí él descubrió que había una gran oportunidad de realmente innovar para resolver los problemas del sueño más allá de los farmacéuticos, más allá de los *wearables* que te proporcionan información digital o de un colchón cómodo", me dijo. Así nació la idea de crear un colchón y cubrecamas que personalizan la temperatura de cada uno, y que se calientan o enfrían automáticamente entre 55 y 110 °F (13 y 43 °C).

—¿Qué pasa si yo duermo mejor con un colchón más frío y mi mujer con uno más caliente? ¿Tenemos que dormir separados? —le pregunté.

—No, para nada —me tranquilizó la empresaria—. Los colchones y cubrecamas pueden tener temperaturas diferentes en ambos lados de la cama.

—¿Y qué consejo me puedes dar para que nadie despierte al otro al levantarse? Porque mi mujer se queja de que me levanto a las seis y media de la mañana y la despierto.

Alexandra me respondió que lo mejor es mantener una rutina de sueño similar como pareja, acostándose y levantándose a las mismas horas. Pero su empresa creó otros trucos suplementarios: "Una de las innovaciones que nosotros creamos para ayudar a las parejas que tienen rutinas diferentes es una alarma silenciosa. Nuestra alarma silenciosa no tiene un ruido. Lo que hace es que vibra individualmente en cada lado de la cama para despertar a la persona que necesita despertarse más temprano, sin crear ningún disturbio en la otra persona que necesita dormir".

La inventiva latinoamericana parece no tener límites. Otros de los innovadores que invité a mi programa de televisión fueron Francisco Cornejo y Daniela Vega, una pareja de ecuatorianos que, tras su propia experiencia con la difícil tarea de hacer dormir a sus bebés, lanzaron una aplicación que cuenta cuentos de cuna y les enseña a los padres a hacerles simultáneamente masajes a los niños para que se duerman más rápido. Según me contaron, 85% de los niños tienen problemas para dormir. La aplicación que inventaron, Storybook, cuenta audiocuentos mientras instruye visualmente a los padres para que les hagan masajes relajantes a sus bebés. Cuando los entrevisté, ya tenían dos millones de familias suscritas en 155 países, y la estaban lanzando en varios otros idiomas además del español, portugués e inglés.

LOS INNOVADORES LATINOAMERICANOS: OBLIGADOS A CRECER

Los grandes innovadores latinoamericanos tienen algo en común, y muy esperanzador para el futuro: necesitan crecer, porque vienen de mercados relativamente pequeños. Casi todos los emprendedores que entrevisté me dijeron que sus países tienen mercados tan limitados que estuvieron obligados a salir a buscar oportunidades. O sea, los innovadores latinoamericanos —a diferencia de los de Estados Unidos o Europa— están geográficamente urgidos a pensar globalmente y soñar con expandirse desde el primer momento.

Martín Migoya, el argentino radicado en Uruguay que cofundó Globant, la empresa de servicios tecnológicos y software que tiene 25 000 empleados en 18 países, me dijo que tomó con naturalidad la noticia de Crunchbase de que las *startups* latinoamericanas son las de mayor crecimiento del mundo. "La verdad es que ese dato no me sorprende", me dijo Migoya, que empezó su empresa en Argentina. "Básicamente, América Latina ha tenido una muy fuerte inversión debido a que hemos creado un ecosistema emprendedor muy fuerte. Y en general creo que funcionó precisamente por la limitación que vemos en el mercado local de cada uno de nuestros países. Automáticamente y de forma constante estamos buscando cómo apuntar hacia los mercados globales. Entonces, esa limitación del mercado local, que al principio parece una amenaza, termina transformándose en una ventaja para los emprendedores. Decimos: 'El mercado local no me alcanza, necesito salir a conquistar otros mercados'."

Migoya me contó que, como miembro del directorio de la Fundación Endeavor, que se dedica a impulsar a emprendedores de alto impacto en toda la región, ve constantemente el surgimiento de *startups* muy prometedoras en toda América Latina. "Vemos emprendedores que apenas están empezando, pero los ves soñar muy en grande. Y eso es algo único. Es algo que tiene muchísima trascendencia, porque creo que el principio de todo es un emprendedor soñando en grande. La ejecución, la inversión, todo eso viene después. Pero si el emprendedor no está haciendo las cosas en grande, es prácticamente imposible hacer cosas que sean sustentables y sostenibles".

AMÉRICA LATINA PUEDE SOBRESALIR EN LAS INDUSTRIAS CREATIVAS Y EN EXPORTACIONES DE SERVICIOS EN LÍNEA

Las oportunidades de innovación para América Latina van mucho más allá de las empresas tecnológicas. Hay un enorme potencial de las industrias creativas, que incluyen la música, las películas, las series de televisión, los servicios de diseño gráfico, la publicidad, los libros, los videojuegos, las artesanías, el teatro, los espectáculos de danza, los museos, los festivales y muchas otras actividades que los economistas han bautizado como la "economía naranja". Según datos de las Naciones Unidas, las industrias creativas ya representan alrededor de 5% de la economía mundial, y es probable que generen un porcentaje similar de empleos. En América Latina, el peso de las industrias creativas en la economía regional es menor, de 2.2%, pero tiene un enorme potencial de crecimiento.[42] En Estados Unidos, donde vivo, Netflix me ofrece cada vez más series de televisión latinoamericanas, mezcladas con las estadounidenses, británicas o francesas. Gracias a la pandemia, las películas y series latinoamericanas, que antes apenas se veían principalmente en sus países de origen, de la noche a la mañana tuvieron una audiencia global. ¿Y en qué parte del mundo la gente no ha cantado "Despacito", al son de Luis Fonsi, o ha bailado al ritmo de Gloria Estefan, Shakira, Maluma, Juanes o Maná?

América Latina tiene un potencial espectacular en exportaciones de servicios de escritores, editores, videógrafos, diseñadores, publicistas, especialistas en marketing digital y todo tipo de trabajos en línea. En el nuevo mundo de la economía digital, cualquier comercio, por pequeño que sea, ya se trate de un restaurante o de un consultorio dental, necesita una buena historia que contar en su página de internet para atraer clientes. Y va a ser difícil que ChatGPT pueda hacer eso sin ayuda, porque requerirá una investigación personal y un toque humano. Se requerirá escritores, videógrafos, administradores de redes sociales y vendedores, que ya pueden ser contratados en cualquier país a través de plataformas de trabajo independiente mundiales como Freelancer, Upwork, y otras especializadas en América

Latina, como Workana y Seeds. Todas estas contrataciones a nivel internacional se dispararon durante la pandemia de covid-19, cuando las empresas le perdieron el miedo al trabajo remoto. Y la explosión de las exportaciones individuales de servicios en línea no ha parado de crecer desde entonces.

"Nosotros en América Latina tenemos una ventaja enorme que no tiene el resto del planeta, y es que estamos en la misma zona horaria que Estados Unidos", me dijo Eliana Bracciaforte, la cofundadora de Workana, una plataforma para trabajadores *freelance* de Latinoamérica que reporta tener unas 30 000 ofertas de trabajo remoto mensuales de empresas de todo el mundo. "Para las empresas estadounidenses es muy complicado contratar a alguien que trabaja durante tu noche, en India o en Europa del Este. En América Latina, tenemos prácticamente la misma hora, cada vez más gente habla inglés, y cada vez más personas trabajan en la economía del conocimiento".[43]

Es cierto que la mayoría de los países latinoamericanos todavía tienen leyes anticuadas que requieren una gran cantidad de trámites engorrosos para poder exportar servicios individuales. Pero la tendencia es imparable, y los gobiernos que no lo entiendan se van a quedar cada vez más fuera de juego, me dijo Bracciaforte. "La pandemia produjo un empoderamiento gigante de las personas. Antes, para exportar servicios tenías que hacerlo a través de una empresa. Hoy cualquier persona desde su casa puede hacerlo. La gente se está dando cuenta de eso, y es un fenómeno que no va a haber quien lo pare", me señaló. Tarde o temprano, los gobiernos latinoamericanos van a darse cuenta de que las exportaciones de servicios individuales, si son liberadas, promocionadas e integradas a la economía formal, pueden ser una enorme fuente de ingresos para sus países.

El turismo en Sudamérica recién está despegando

Otra noticia esperanzadora para América Latina es que el turismo, que mueve buena parte de la economía de países desarrollados como Italia y España, tiene un potencial mucho mayor del que muchos piensan en la región, especialmente en Sudamérica. No sólo tenemos la cordillera de los Andes, la cuenca del Amazonas, las cataratas de Iguazú, las islas Galápagos, las pirámides de México y varias otras maravillas naturales, sino que, en el momento en que escribo estas líneas, el dólar fuerte hace que los destinos latinoamericanos sean sumamente baratos para los turistas estadounidenses, europeos y asiáticos.

Los países latinoamericanos y caribeños reciben anualmente unos 201 millones de turistas internacionales, lo que representa 8% del turismo global.[44] Pero esa cifra es una migaja comparada con el número de turistas que visitan Europa. Además, oculta el hecho de que un solo país latinoamericano —México— representa casi la mitad de todos los turistas internacionales que visitan la región, con 97 millones de visitantes anuales. "En América del Sur, el turismo internacional aún está en pañales", me dijo Gloria Guevara, exdirectora del Consejo Mundial de Viajes y Turismo (WTTC). "El potencial es inmenso."[45] Además de ser una atracción por sus bellezas naturales, la región podría convertirse en el principal destino mundial para el turismo de aventura, los recorridos ecológicos, el montañismo, el rafting y las experiencias musicales y culinarias.

Un informe reciente del WTTC proyecta que los ingresos mundiales por turismo crecerán en promedio 5.8% anual entre 2022 y 2032, lo que superará el crecimiento anual proyectado de 2.7% de la economía mundial. El WTTC estima que se crearán casi 126 millones de nuevos puestos de trabajo en el sector en la próxima década. De ésos, unos 16 millones estarán en América Latina y el Caribe, indica el informe. Podrían ser muchos millones más.[46]

Obviamente, el problema de la seguridad afecta el turismo, pero no debería ser una excusa para no fomentarlo: hay maravillas turísticas en lugares seguros en todos nuestros países. Y si 97 millones de turistas viajan a México, a pesar de sus estadísticas de violencia en algunas zonas, significa que los visitantes pueden evitar los lugares peligrosos. Cuando le pregunté qué debería hacer América Latina para atraer a más turistas internacionales, Guevara me dijo que una de las primeras prioridades debería ser mejorar las conexiones aéreas entre los países. Muchas veces la gente tiene que tomar un vuelo a Miami o a Panamá para hacer una conexión de un país latinoamericano a otro, me explicó. Además, con la excepción de México y los países del Caribe, pocos países latinoamericanos cuentan con estrategias a largo plazo para promover el turismo internacional. "El problema es que cada nuevo gobierno cambia lo que hizo el anterior", lamentó.

Y es ridículo que, con todos los discursos sobre la integración regional que hacen nuestros presidentes, los países latinoamericanos no tengan una visa común para visitantes asiáticos o estadounidenses, para que aquéllos no tengan que tramitar una visa por cada país. Y también es absurdo que las naciones no cooperen más entre sí para ofrecer rutas turísticas conectadas. No hay muchos lugares en el mundo que puedan ofrecer tantas bellezas naturales, tesoros culturales y gente afectuosa como América Latina, y, además de todo eso, cenas exquisitas a precios bajísimos para quienes pagan en monedas fuertes. En muchos países latinoamericanos, el turismo es una mina de oro, pero apenas está siendo explotada.

La "riqueza relacional" de América Latina

América Latina tiene una gran ventaja que no suele ser tomada suficientemente en cuenta por los rankings mundiales que miden la felicidad: el calor humano. El propio *Reporte mundial de la felicidad*, cuyo ranking anual clasifica a Dinamarca, Finlandia y otros países escandinavos como los más felices del mundo, reconoció en su informe de 2018 que la gente en América Latina es más feliz de lo que uno podría deducir por los niveles de pobreza, corrupción e inseguridad debido a "la naturaleza y abundancia de relaciones interpersonales cercanas y cálidas". Y los propios coautores del reporte me dijeron que habían encomendado un estudio sobre América Latina porque siempre les había intrigado "el fenómeno latinoamericano" (algunos de ellos lo describieron como "la magia latinoamericana" o la "riqueza relacional"), según el cual los habitantes de la región son más felices de lo que sugieren sus indicadores económicos.

Según el estudio sobre América Latina del *Reporte mundial de la felicidad*, escrito por el economista costarricense, radicado en México, Mariano Rojas, una buena parte de la explicación del fenómeno tiene que ver con que la familia es una institución central de la vida latinoamericana, y una fuente clave del sentido de propósito y la felicidad de la gente. Todos lo sabemos intuitivamente, pero los estudios demuestran que los latinoamericanos les damos a la familia y a los amigos mucha más importancia que, por ejemplo, los estadounidenses o los europeos. Una de las principales razones por las que los latinoamericanos somos más "familieros" es que vivimos más tiempo en casa de nuestros padres o abuelos. El 47% de los habitantes de República Dominicana, 40% de los guatemaltecos, 39% de los mexicanos, 34% de los colombianos y 28% de los argentinos vive con sus padres. Comparativamente, sólo 12% de los finlandeses, 11% de los australianos, 10% de los estadounidenses y 7% de los suizos vive con sus padres.[47]

"La calidez humana, el trato, el abrazo, el tomarse el tiempo para conversar con los amigos, todo eso genera relaciones gratificantes, a diferencia de las relaciones instrumentales como las que la gente establece cuando necesita algo de otros. Eso es una gran riqueza de América Latina", me dijo Rojas, el economista experto en felicidad que escribió el artículo en el *Reporte mundial de la felicidad*.[48] Rojas me señaló que estudió las encuestas sobre la vida familiar en América Latina y Estados Unidos, y encontró que, mientras que 40% de los latinoamericanos dicen haber visto a alguno de sus abuelos en el último mes, el porcentaje en Estados Unidos es de 22%.[49] De igual forma, las encuestas muestran que ante la pregunta de si la responsabilidad de cuidar a los ancianos es de los gobiernos o de las familias, 77% de los latinoamericanos responden que es de las familias, mientras que sólo 36% de los europeos responden de esa forma.[50] Para la mayoría de los europeos, cuidar a los ancianos es una responsabilidad del Estado y de instituciones privadas. El hecho de que tantos jóvenes latinoamericanos vivan con sus padres y que tantos ancianos vivan con sus hijos adultos da como resultado "una abundancia de relaciones cercanas" que contribuye significativamente a una vida más feliz, de acuerdo con Rojas.

John Helliwell, el autor principal del *Reporte mundial de la felicidad*, coincide con el análisis de Rojas. "Cuando tratamos de explicar los niveles de bienestar de todos los países del mundo nos encontramos con que la gente en los países latinoamericanos evalúa su vida más positivamente de lo que predicen sus circunstancias materiales. Entonces, hay lo que llamamos la 'magia latinoamericana'. La vida en América Latina es mejor de lo que uno pensaría con base en las circunstancias materiales", me dijo Helliwell. "Hay muchos especialistas que están buscando ese factor mágico. Y, por lo que he visto y escuchado en las calles de América Latina, hay una conexión mayor, hay más gente sonriendo, y eso termina siendo un factor de cohesión social que es muy valioso para los individuos y para la sociedad, y que se refleja en las encuestas de la felicidad."[51]

Lo cierto es que, ya sea por el factor humano o por razones más mundanas (como la enorme economía subterránea que no aparece en las estadísticas oficiales), los latinoamericanos estamos mejor que América Latina. Pero la región podría estar entre las más prósperas y felices del mundo si, además de crecer más y reducir la pobreza, aprovechara mejor su "magia relacional". Los gobiernos y la sociedad civil en Latinoamérica deberían impulsar las actividades sociales que vayan más allá de la familia y los amigos, como lo hacen los países escandinavos. Eso ayudaría a contrarrestar nuestro pesimismo crónico reflejado en los versos de nuestras canciones más populares, como "la vida fue y será una porquería" o "la vida no vale nada", y a convertir a la región en la más feliz del mundo.

Capítulo 9

DIEZ RECETAS PARA SALIR DEL POZO

¿Qué conclusiones saqué de lo que vi en mis viajes alrededor del mundo y lo que escuché en mis entrevistas con los máximos gurús de la nueva ciencia de la felicidad? A lo largo de este libro, les he contado algunas de las cosas que vi en países como Dinamarca, Finlandia, Reino Unido, India, Bután, Israel, Japón, Nueva Zelanda, Estados Unidos y otros que están haciendo cosas interesantes para aumentar la satisfacción de vida. Pero en este capítulo final quisiera compartir algunas recetas prácticas que aprendí durante mi investigación. Algunas podrían ser muy útiles para nuestros países y para nuestra vida personal. Aquí van:

Primera receta: hacer crecer la economía

A nivel nacional, el crecimiento económico es un factor indispensable —aunque no sea el único— del aumento de la felicidad. Sin crecimiento económico no hay reducción de la pobreza, y sin reducción de la pobreza no se puede hacer feliz a un pueblo. Los países más felices del mundo en el ranking del *Reporte mundial de la felicidad*, como Finlandia, Dinamarca e Islandia, tienen ingresos per cápita que están entre los más altos del mundo. Por otro lado, los países menos felices del mundo son, por lo general, los más pobres, como Botsuana o Afganistán. Como decíamos en las primeras páginas de este libro, de poco sirve tener familias unidas o buenos amigos si uno tiene hambre, no tiene un techo, carece de un buen trabajo o no tiene un seguro de salud.

Muchos líderes populistas han tratado de minimizar la importancia del crecimiento económico recientemente para disfrazar sus fracasos. El presidente de México, Andrés Manuel López Obrador, quien durante su campaña electoral había prometido aumentar el crecimiento económico a tasas de 4% anual, decía después de incumplir su meta, en su segundo año de gobierno: "Hay que cambiar los parámetros y no estar pensando en el producto interno bruto ni en el crecimiento, sino que hay que estar pensando en el bienestar y en la felicidad del pueblo".[1] Al año siguiente, después de que la economía mexicana se había desplomado aún más en 2021, López Obrador decía que estaba trabajando para crear un "índice alternativo al llamado producto bruto interno", que no mediría sólo el crecimiento económico, sino "la felicidad del pueblo".[2] En 2022, en su cuarto año en el poder, cuando la economía mexicana seguía estancada, López Obrador insistía en que "el fin último de un Estado es crear las condiciones para que la gente pueda vivir feliz y libre de miserias y temores".[3] Pero lo que estaba haciendo era disfrazar el hecho de que el país no crecía y la pobreza seguía aumentando.

En Argentina, el presidente Alberto Fernández no se quedaba atrás. En medio de la crisis económica que su propio gobierno había contribuido a empeorar, Fernández decía: "El único índice que debemos mirar [es] el de la felicidad de la gente".[4] En Venezuela, el dictador Nicolás Maduro ya había tratado de justificar el descalabro económico de su país en 2013, anunciando con bombos y platillos la creación de un "Viceministerio para la Suprema Felicidad Social del Pueblo". Con tono solemne, vistiendo una chaqueta deportiva con los colores patrios, Maduro proclamó: "He decidido crear el despacho de viceministro, y lo he llamado así en honor a nuestro comandante [Hugo] Chávez y a nuestro Bolívar, para la suprema felicidad social del pueblo venezolano".[5] Los comentarios jocosos en Twitter no se hicieron esperar: en Venezuela, los supermercados estaban vacíos, la gente se moría de hambre, pero Maduro estaba creando una nueva burocracia para administrar la felicidad.

En Ecuador, el expresidente populista Rafael Correa copió la ocurrencia de Maduro y creó una "Secretaría del Buen Vivir". La nueva secretaría estaba integrada por 28 funcionarios a tiempo completo, que incluían a sociólogos, antropólogos y "analistas" que ganaban hasta 5 510 dólares al mes, según informaron los medios del país. Según la prensa local, los funcionarios de la secretaría pasaban buena parte de su tiempo durmiendo la siesta. El diario *El Comercio* reportó que se tomaban dos "pausas activas" al día: una de ellas para hacer ejercicios y comer frutas, y la segunda para meditar. La nueva secretaría era una jauja. Obviamente, lo que estaban haciendo los presidentes populistas de México, Argentina y otros países era tratar de minimizar la importancia del crecimiento económico. Lo cierto es que la gente en los países escandinavos es más feliz que en Venezuela o Haití, en buena parte, porque no está angustiada por llegar a fin de mes.

Bután, por más que me maravilló por su idealismo y espiritualidad, no ha logrado la fórmula perfecta con su decisión de guiarse por el producto bruto de la felicidad. Algunos meses después de mi regreso del reino budista, un artículo del semanario *The Bhutanese* planteaba nuevos interrogantes sobre el modelo butanés. El artículo, titulado "Los edificios de apartamentos están empezando a vaciarse en Timbu", dice que el éxodo de jóvenes butaneses a otros países está causando una caída del mercado inmobiliario en la capital. "Por primera vez, los edificios en Timbu están teniendo departamentos vacíos, y se cree que esto se debe a la fuga hacia Australia" de los jóvenes que no encuentran oportunidades de trabajo en el país, señala.[6] Los butaneses han hecho un enorme aporte al mundo con su producto bruto de la felicidad y sus políticas ambientales, pero no le han prestado suficiente atención al crecimiento económico.

"Definitivamente, no creo en reemplazar el producto interno bruto por ninguna otra medición. Me parece una idea muy tonta", me dijo Carol Graham, la investigadora de la Brookings Institution y cofundadora del Movimiento Mundial del Bienestar, recientemente creado en Oxford. "Hemos venido usando el PIB por un tiempo, y lo necesitamos. Dicho esto, en la misma forma en que usamos el PIB para medir la salud de nuestra economía, necesitamos las mediciones del bienestar para entender cómo está la gente más allá de sus ingresos. Eso les permite a los gobiernos identificar algunas cosas que están mal, como el estrés, la ansiedad y la depresión, y tomar medidas acordes."[7] Me pareció una explicación muy buena. La medición de la felicidad debe ser un complemento, no una alternativa al crecimiento económico.

Las recetas para lograr el crecimiento económico, como hemos dicho antes, no son ningún misterio: hay que promover la inversión ofreciendo seguridad jurídica, mejorar la educación para poder exportar bienes de mayor valor agregado, insertarse en el mercado global, crear una cultura de veneración a los innovadores, ahorrar en los años buenos para poder mantener subsidios sociales en los años malos y hacer una distribución lo más equitativa posible de los ingresos. Los países que han hecho estas cosas, cualquiera que sea su color político, han logrado expandir sus economías y reducir la pobreza. Los que han tratado de buscar atajos con soluciones populistas, en cambio, a lo sumo han alcanzado momentos efímeros de prosperidad artificial, para luego caer en grandes crisis.

¿Es iluso pensar que los gobiernos encontrarán un equilibrio entre la búsqueda del crecimiento y la felicidad? No lo creo. Hay indicios de que la idea está ganando terrreno. En los momentos en que estoy terminando este libro, el secretario general de las Naciones Unidas, António Guterres, acaba de escribir un artículo señalando que medir la prosperidad de los países únicamente con base en su producto bruto interno (PIB) es "un anacronismo dañino". Según señaló Guterres, "nuestros modelos económicos y mediciones no contemplan varios aspectos que sostienen la vida y contribuyen al bienestar humano", por lo que "es fundamental ir más allá del PIB para construir un sistema económico que le dé valor a lo que cuenta: el bienestar humano, presente y futuro, para todos". Guterres concluye que lo que hay que hacer "no es reemplazar el PIB, sino planear una hoja de ruta para desarrollar mediciones complementarias".[8]

Segunda receta: vivir en democracia

Los países más felices del mundo, como Finlandia, Dinamarca y los que los siguen en los primeros lugares del *Reporte mundial de la felicidad*, tienen otra cosa en común, además de sus altos niveles de ingresos: son democracias. Si uno compara el ranking del *Reporte mundial de la felicidad* con los rankings de los países más democráticos del mundo que hacen anualmente Freedom House o *The Economist*, salta a la vista que los países más felices del mundo son democráticos, mientras que muchos de los más infelices son dictaduras. China figura en el puesto 64 del ranking de la felicidad en el mundo; Rusia, en el 70; Venezuela, en el 88, y Afganistán —donde el régimen talibán no permite libertades políticas ni derechos esenciales a las mujeres— sale en el último lugar de la lista de 137 países.[9] Cuba ni aparece en los rankings de felicidad porque su gobierno no permite que Gallup y otras encuestadoras hagan preguntas sobre la felicidad en la isla, tal como me lo confesó el propio CEO de Gallup, Jon Clifton.

Por otro lado, parece haber una relación entre el retroceso de la democracia en el mundo y el aumento de la desesperanza reflejado en la encuesta mundial de Gallup que citamos en el prólogo de este libro. La organización Freedom House, que viene midiendo la calidad de la democracia en 190 países desde 1973, reportó en su informe anual de 2022 que hay "un declive de 16 años consecutivos en las libertades globales". Continúa diciendo que "un total de 60 países sufrieron declives (en la democracia) el año pasado, contra sólo 25 que vieron una mejora".[10]

Ronald Inglehart, politólogo de la Universidad de Míchigan y exdirector de la Encuesta Mundial de Valores, ya había escrito a principios de los años 2000 que la percepción de la gente de poder elegir libremente su futuro aumenta sus niveles de felicidad. Inglehart estudió encuestas hechas en 52 países y encontró que la felicidad había aumentado en el mundo inmediatamente después de la caída del bloque comunista. "Desde 1981, el desarrollo económico, la democratización y el aumento de la tolerancia social han hecho crecer el nivel de percepción de la gente de que tiene libertad de elegir su futuro, lo que a su vez ha hecho aumentar los niveles de felicidad en el mundo", señalaba el experto.[11] Asimismo, la creciente tolerancia social hacia la comunidad gay y otras minorías había sido un factor clave en el aumento de la felicidad, agregaba. La tolerancia sexual es un indicador que "tiene un impacto significativo sobre la satisfacción de vida" y ayuda a explicar por qué países como Catar, Arabia Saudita e Irán, que penalizan la homosexualidad y limitan los derechos de las mujeres, no están entre los más felices, a pesar de sus altos ingresos per cápita, observaba Inglehart.

Desde la muerte de Inglehart en 2021, otros expertos han corroborado la relación existente entre la democracia y la satisfacción de vida. Un estudio de 28 países encabezado por el profesor de economía David Dorn, de la Universidad de Zúrich, mostró que incluso teniendo en cuenta factores económicos y culturales, "hay una significativa relación positiva entre la democracia y la felicidad". El estudio encontró mucho mayores niveles de felicidad en los países del ex bloque soviético, como Hungría y República Checa, que en

Rusia.[12] En rigor, no hace falta ver las encuestas ni leer sesudos estudios académicos para constatar que los países democráticos son más felices: basta mirar de qué países huye la gente. Más de siete millones de personas han huido de Venezuela durante la dictadura de Maduro, según datos de las Naciones Unidas.[13] Y muy pocos de ellos se han ido a Rusia, China o Corea del Norte.

Hoy en día, la democracia —y, por ende, la felicidad— vuelve a estar en peligro en muchas partes del mundo. En Estados Unidos, el expresidente Donald Trump desconoció su derrota electoral en 2020, y sus seguidores intentaron un golpe de Estado tomando violentamente el Capitolio en 2021. La amenaza de Trump y otros políticos populistas al Estado de derecho en el país no ha desaparecido. En América Latina, las amenazas son iguales o mayores. Cuba, Venezuela y Nicaragua ya dejaron de ser democracias hace años. Otros países de la región son democracias híbridas, que están a un paso del autoritarismo. Y, a medida que desaparecen las generaciones que vivieron las dictaduras militares de los años setenta, se está perdiendo la memoria histórica de las arbitrariedades de las que son capaces los gobiernos totalitarios. Según la encuesta regional de Latinobarómetro, el porcentaje de latinoamericanos que apoya el actual modelo de la democracia en su país cayó de 63% en 2010 a 49% en nuestros días.[14] Ésa es una mala señal. El creciente descreimiento en la democracia y en sus instituciones es un peligroso caldo de cultivo para el populismo, el autoritarismo y un mayor aumento de la infelicidad.

Lamentablemente, la ola de homicidios y delincuencia callejera que está sacudiendo a Latinoamérica contribuye al pesimismo sobre la democracia. Mucha gente, equivocadamente, piensa que "acá hace falta un Pinochet". Durante una reciente conferencia que di en Chile, me llamó la atención que un señor del público se me acercó una vez finalizado el evento (no se atrevió a hacer la pregunta delante de todos) y me preguntó qué pensaba del presidente de El Salvador, Nayib Bukele. Cuando le respondí que no me gusta la tendencia autoritaria de Bukele, me agradeció con cara de decepcionado. Después me enteré de que muchos chilenos, hartos de la ola de criminalidad en su país, admiran a Bukele por haber aplicado una política de "mano dura" contra las pandillas salvadoreñas que ha llevado al arresto de más de 50 000 jóvenes. Algunos de los que ya no se animan a decir "Necesitamos un Pinochet" ahora dicen "Necesitamos un Bukele".

Sin embargo, ese deseo es una quimera. El populismo autoritario y las dictaduras sin controles, tarde o temprano, generan contrarreacciones a sus excesos, que muchas veces conducen a la violencia guerrillera o guerras civiles. Cuando menos, los regímenes autoritarios terminan creando más polarización, y más inestabilidad, lo que ahuyenta las inversiones y empobrece a los países. El propio Bukele, que se autodefinió como "el dictador más *cool* del mundo", decidió —contra el consejo de los principales economistas de su país— comprar masivamente bitcoins con fondos del Estado en 2021, cuando esa criptomoneda llegaba a los 60 000 dólares por bitcoin. Dos años después, en momentos de escribir estas líneas, el bitcoin ha perdido casi 70% de su valor. Los salvadoreños de a pie perdieron millones de dólares por el capricho de su "dictador *cool*". Hay que repetirlo hasta el cansancio: la receta no es tener hombres fuertes, sino instituciones fuertes. Sin libertades individuales, es difícil controlar a quienes ostentan el poder y tener pueblos felices.

Tercera receta: combatir la corrupción

En Nigeria, uno de los países más corruptos del mundo, están empezando a usar una fórmula novedosa para combatir la corrupción, impulsar el crecimiento económico y aumentar la felicidad. Hacen algo que deberíamos emular en todos nuestros países: les enseñan a los niños en la escuela a combatir las prácticas deshonestas. Y lo hacen mediante historias instructivas. Me enteré de lo que están haciendo en Nigeria durante una entrevista con Delia Ferreira Rubio, la presidenta de Transparencia Internacional, la organización de lucha contra la corrupción con sede en Berlín. Hablábamos sobre la corrupción en América Latina, y Ferreira Rubio me mostró una tabla comparativa del ranking de países más honestos del mundo de Transparencia Internacional y el ranking de los países más felices del mundo del *Reporte mundial de la felicidad*. Las dos tablas eran asombrosamente parecidas. Los países más felices del mundo, como Finlandia, Dinamarca y los que les siguen, son también los más honestos o los menos corruptos. "Es lógico que así sea, porque la inexistencia de corrupción y la vigencia efectiva de la democracia contribuyen a una mejor calidad de vida, y eso conduce a la felicidad", me dijo Ferreira Rubio.[15]

Cuando le pregunté a Ferreira Rubio cuál sería la mejor receta para combatir la corrupción en Latinoamérica, no lo dudó un instante: la primera prioridad debería ser enseñarles a los niños desde muy pequeños los estragos que causan los sobornos, el favoritismo y el robo de recursos públicos. Y eso hay que hacerlo en las escuelas, mediante el relato y la discusión de historias instructivas. Eso es mucho más fácil de lo que mucha gente piensa, agregó, porque hay formas muy entretenidas de inculcarles a los niños la importancia de la lucha contra la corrupción. Por ejemplo, se les puede contar a los alumnos historias hipotéticas como la siguiente: en una escuela, hay un partido de futbol entre los alumnos del primer grado "A" y el primer grado "B", en que el árbitro es el padre de uno de los niños que juegan en el primer equipo. ¿Puede ser justo un partido con ese árbitro? ¿Les gustaría a los niños del primer grado "B" jugar en esas condiciones? "Evidentemente, ese señor, el árbitro, aunque todavía no haya empezado el partido, tiene un conflicto de interés, porque no es absolutamente neutral. Cualquier cosa que suceda durante el partido, como cobrar un penal o no cobrarlo, va a ser percibido como que quiso favorecer al equipo de su hijo. Esto lo entienden los niños. Los temas como el conflicto de intereses no son tan complicados de explicar como parecen, porque se trata de valores esenciales", me dijo Ferreira Rubio. Mediante discusiones en clase sobre casos hipotéticos como éste, se puede enseñar a los niños conceptos como el favoritismo, el tráfico de influencias, los sobornos y el daño social que causan. Y luego se pueden discutir en clase posibles soluciones a cada uno de estos casos.

Otro ejemplo: los maestros pueden contar la historia hipotética de una maestra que tiene a su hijo entre los alumnos de su clase. Eso es algo que no sucede a menudo en las grandes ciudades, pero es muy frecuente en las escuelas rurales. ¿Está bien que la maestra tenga a su hijo entre sus alumnos? ¿Va a tener una ventaja el hijo de la maestra a la hora de las clasificaciones? ¿Qué se puede hacer al respecto? Todas estas preguntas son formuladas en clase, y los niños deben escribir ensayos sobre experiencias suyas que muestren potenciales conflictos de interés y cómo habría que evitarlos. "He probado contar estas historias con niños reales, y no fallan nunca. Las entienden de inmediato", me señaló Ferreira Rubio. La presidenta de Transparencia Internacional me recomendó hablar con los directivos de la organización no gubernamental nigeriana Step Up Nigeria, que, según me contó, está haciendo el trabajo más innovador y efectivo en materia de enseñanza de la lucha contra la corrupción.

Onyinye Ough, la directora de la fundación Step Up Nigeria (o "Avanza Nigeria"), me describió lo que está haciendo su organización, y me pareció fantástico. Nacida en 2016 y financiada con donaciones de la Fundación MacArthur, Step Up Nigeria ya ha dado clases a más de 50 000 alumnos de escuelas privadas en Nigeria, y está en conversaciones con el gobierno nigeriano para impartir sus cursos en escuelas públicas. "Usamos una técnica basada en relatar historias de cuatro libros que hemos escrito para niños de la escuela primaria. Cada uno de estos libros y sus respectivos videos cuentan una historia diferente de lucha contra la corrupción, mostrando diferentes tipos de comportamientos corruptos, las consecuencias que producen en la sociedad y cómo se pueden evitar", me dijo Ough.

El primero de estos libros, para niños de 7 a 10 años, se titula *El dinero de Emeka*. Cuenta la historia de un hombre lleno de buenas intenciones que trata de ayudar a sus familiares y amigos, pero lo hace a costa de la sociedad. Emeka es un asesor del gobernador del estado, y el libro muestra varias acciones suyas que los alumnos deben evaluar. Una de ellas cuenta cómo Emeka le ayuda a un primo a conseguir un contrato para construir una carretera mediante un soborno al gobernador. La carretera es construida con materiales baratos y fallas de ingeniería que acaban causando un terrible accidente. El libro infantil termina en que, tras varios incidentes como éste, Emeka se da cuenta de que ayudar a los familiares y amigos a veces trae terribles consecuencias, y decide luchar contra la corrupción.

El segundo de estos libros escolares, titulado *El voto de Halima*, cuenta la historia de una mujer común y corriente de una aldea nigeriana que se cansa de los políticos que compran sus votos, pero nunca cumplen con sus promesas de suministrar agua potable, electricidad y servicios públicos. Al final del libro, Halima convence a sus amigas y al resto del pueblo de que deben hacer algo. En las siguientes elecciones, las vecinas confrontan a un político que pretende comprar sus votos y le dicen que no quieren su dinero, sino que cumpla con sus promesas. "La idea de esta historia es que el liderazgo puede venir de cualquier persona, por más humilde que sea, y que no hace falta ser un político o una persona rica para cambiar las cosas", me explicó

Ough. "Se trata de enseñar la importancia de la integridad electoral, y de exigir que los políticos cumplan sus promesas."[16]

El tercer libro infantil, titulado *El artículo de Tosin*, trata sobre la corrupción en el periodismo. Tosin es una joven periodista de investigación empeñada en escribir artículos que ayuden a los pobres. Cuando se derrumba un edificio en el vecindario y varias personas mueren en la tragedia, Tosin investiga qué pasó, porque quiere evitar que se caigan más edificios. Y la joven reportera averigua que el constructor le había pagado un soborno al inspector del edificio caído. Sin embargo, cuando trata de publicar el artículo en su periódico, el director del diario se lo censura, porque —tal como lo descubre Tosin poco después— él también había recibido dinero del constructor. Enojada por todo esto, Tosin renuncia al periódico, logra publicar su artículo en otro medio, y se convierte en una especie de heroína que pronto es invitada a varias conferencias internacionales para contar su proeza.

El cuarto de esta serie de libros infantiles, titulado *El discurso de Ansa*, cuenta la historia de una niña que debe dar un discurso ante un político con motivo del décimo aniversario de la fundación de su escuela, pero el día anterior es víctima de varios intentos de extorsión. Por la mañana de ese día, Ansa es testigo de cómo un empleado de la empresa de electricidad le exige un soborno a su madre para restablecer la línea eléctrica en su casa. Luego, cuando acompaña a su madre a llevar a su hermanita al hospital, un policía las detiene en el camino para pedirles dinero. Luego, al llegar al hospital, la recepcionista les pide otro soborno para darles una cita con el médico. Al día siguiente, Ansa decide tirar el discurso que tenía preparado y contar ante el político visitante todos los casos de corrupción que había sufrido en las últimas 24 horas. El libro infantil termina mostrando cómo el político y el jefe de policía del pueblo, avergonzados, prometen hacer algo para acabar con la corrupción. Todas estas historias concluyen con un mensaje positivo, con el propósito de instalar en los niños la idea de que es posible luchar exitosamente contra la corrupción.

¿Cómo saber si estos relatos aleccionadores en las escuelas sirven para combatir la corrupción?, le pregunté a Ough. La directora de Step Up Nigeria me respondió que, como es cada vez más usual entre las instituciones que viven de donaciones, su fundación lleva a cabo anualmente evaluaciones de impacto basadas en la evidencia. Gracias a modelos de evaluación como los diseñados por los ganadores del Premio Nobel de Economía de 2019, Abhijit Banerjee, Esther Duflo y Michael Kremer, su fundación mide la eficiencia de los cursos escolares contra la corrupción comparando a dos grupos de niños de la misma edad y características parecidas, que respectivamente han tomado el curso y no lo han hecho. Al primer grupo, llamado grupo de control, se le da un libro infantil con un contenido cualquiera no relacionado con la lucha contra la corrupción, y al segundo grupo se le da uno de los cuatro libros infantiles contra la corrupción de Step Up Nigeria. Luego, se les aplica un examen de matemáticas bastante difícil a los dos grupos, por separado, y se les pide a los alumnos que sean honestos y no se copien de los resultados que tienen al final de una hoja separada con instrucciones para la prueba. A los dos grupos se les dan las mismas instrucciones para el examen. "La idea es evaluar si los alumnos que leyeron el libro contra la corrupción se copiaron menos que los otros. Y lo que descubrimos es que el grupo que leyó el libro tuvo 20% menos alumnos que se copiaron que el otro grupo", afirmó Ough. "Estas evaluaciones son uno de los métodos más eficaces para medir la efectividad de lo que hacemos", agregó. Tras hablar con Ough, no pude dejar de pensar cuánto podrían beneficiarse nuestros países simplemente integrando estos libros contra la corrupción en los programas escolares. Obviamente, no erradicarían la corrupción de inmediato, pero, con el correr de los años, producirían nuevas generaciones mucho más conscientes de los daños sociales causados por la corrupción, y empezarían a tener sociedades más honestas, prósperas y felices.

Cuarta receta: dar "clases de felicidad" en las escuelas

No sé si las escuelas latinoamericanas tendrían que empezar a dar "clases de felicidad" de 40 minutos diarios como se está haciendo en Nueva Delhi y en cada vez más estados de la India, pero hacerlo por lo menos gradualmente sería importantísimo. Gran parte de las herramientas que tenemos para defendernos en la vida, y para ser más felices, son las que aprendemos en la escuela. Y las clases de felicidad, de educación positiva o de habilidades socioemocionales, o como queramos llamarlas, son probablemente la mejor forma de enseñarles a las nuevas generaciones a tolerar los fracasos, elevar la autoestima, ser más optimistas, darle rienda suelta a la creatividad, encontrar un propósito en la vida y construir relaciones más valiosas. Como lo han señalado Martin Seligman, el padre de la psicología positiva, y su discípulo especializado en la educación, Tal Ben-Shahar, la felicidad se puede enseñar, y mucho más fácilmente de lo que muchos creen.

Yo, que nunca he logrado aprender a meditar, me quedé impresionado con lo que vi en las escuelas de India y Bután: cómo los niños empiezan su día escolar cerrando los ojos y practicando durante varios minutos *mindfulness* o conciencia plena, guiados por su maestra. A diferencia de mis anteriores fracasos cuando había intentado hacerlo a solas, el haber sido guiado en un breve ejercicio de *mindfulness* y respiración por una maestra de clases de felicidad en Nueva Delhi me ayudó a entender la importancia de estas prácticas. No me cabe duda de que, si me hubieran enseñado diariamente en la escuela a concentrarme plenamente y respirar con profundidad, me habría beneficiado enormemente. ¿Por qué no empezar, cuando menos, enseñando ejercicios de concentración y respiración en las escuelas? Tal como me lo señaló Vibeke Jenny Koushede, la decana del Departamento de Psicología de la Universidad de Copenhague, es ridículo que nuestras escuelas occidentales tengan clases de educación física, pero no tengan clases de educación mental. Habría que enseñarles a los niños desde pequeños la importancia no sólo de hacer

Libros de entrenamiento docente de las escuelas de la felicidad de Nueva Delhi, India. Foto del autor.

ejercicios físicos, sino también de meditar, dormir ocho horas, pedir ayuda cuando están deprimidos, cultivar amistades y aprender que la vida tiene altos y bajos. Aunque suene algo cómico a primera vista, las clases de felicidad son hoy en día más importantes que nunca.

Las otras técnicas de las clases de felicidad, como los relatos ejemplares sobre gente famosa en las escuelas, y su discusión en clase, también son modelos para emular en nuestros países. Estos relatos, contados a diario o varias veces por semana en el aula, permiten transmitir desde muy temprano a los niños la idea de que no hay grandes éxitos que no sean el corolario de una larga cadena de fracasos. Las clases de felicidad ayudarían a la gente a tener presentes historias como la de los 32 penales que Lionel Messi erró o le atajaron durante su carrera antes de ganar la Copa Mundial,[17] o la de los 9 000 tiros a la canasta errados por el basquetbolista Michael Jordan durante su trayectoria profesional, o la de los 163 intentos fallidos de levantar el vuelo de los pioneros de la aviación Orville y Wilbur Wright. ¿Cuántas horas de amargura y sesiones con el psicólogo nos habríamos ahorrado muchos adultos si nos hubieran enseñado desde niños a no dramatizar el fracaso?

Como lo hemos visto en este libro, el trabajo en equipo y el pensamiento positivo son otras habilidades que se pueden enseñar en las escuelas mediante relatos ejemplares de gente famosa. Así como los maestros cuentan la historia de Edison, el creador de la lámpara eléctrica, para mostrar cómo un invento famoso suele ser el corolario de muchos fracasos anteriores, Edison puede ser usado como ejemplo de la importancia del trabajo en equipo. Edison no inventó la lámpara eléctrica solo, sino con un equipo de 30 colaboradores. Lo mismo ocurre en el mundo del deporte, donde muchos triunfos son el resultado del trabajo en equipo. Los maestros positivos suelen citar el caso del equipo de basquetbol de los Golden State Warriors, que ganó el campeonato de la NBA en 2017, sin tener ninguna de las grandes estrellas de sus rivales. El partido final de los Golden State Warriors contra los Cleveland Cavaliers fue un duelo entre un equipo caracterizado por el trabajo en equipo y otro famoso por tener a Lebron James, la estrella que había llevado a sus equipos a siete finales. Sin embargo, ganaron los Warriors. Lo mismo pasó en 2004, cuando —contra todos los pronósticos— los Detroit Pistons ganaron el campeonato de la NBA derrotando a los Lakers de Los Ángeles, a pesar de que estos últimos tenían nada menos que a las superestrellas Kobe Bryant, Shaquille O'Neil y Karl Malone. La victoria de los Pistons fue, por mucho, un triunfo del trabajo en conjunto por encima de las grandes figuras.[18]

Los planes de estudios de la felicidad contienen también buenísimos ejercicios diarios de optimismo, como los relatos de gente optimista y pesimista (el "desanimado Greg" y la "esperanzada Holly"), y tareas de gratitud que hacen que todos se sientan mejor. Pedirles a los alumnos que escriban cuáles son las cosas que más disfrutaron en las últimas 24 horas, o aquellas por las que están más agradecidos, por más triviales que sean, ayuda a entrenar sus mentes a pensar positivamente. Cuando la mente se acostumbra a pensar positivamente, uno aprende a ver el vaso medio lleno y a enfrentar la vida con más optimismo. Si aprendemos desde pequeños a diferenciar las malas noticias permanentes de las temporales, no nos agobiaremos tanto. Todo eso se puede enseñar en las escuelas, con un guion preestablecido como el de Nueva Delhi o el de Bután.

"La educación actual fue diseñada para hacer a la gente más productiva, no para hacerla más feliz", me dijo Mariano Rojas, el economista de la felicidad costarricense que escribió el artículo sobre la importancia de las conexiones sociales en América Latina en el *Reporte mundial de la felicidad*. "Pero los niños pequeños son mucho más que la fuerza laboral del futuro. Son personas. Las escuelas y las políticas públicas deberían estar dirigidas no sólo a capacitarlos para que generen ingresos en el futuro, sino también para que puedan lograr su bienestar. Cuando los niños se conviertan en adultos, serán mucho más que generadores de ingresos: serán padres, parejas, vecinos y ciudadanos. El sistema escolar debería capacitarlos para ser todas esas cosas."

Muchas escuelas ya lo hacen, aunque no sistemáticamente. Habría que extender mucho más las clases de felicidad o de *soft skills*, sobre todo para hacerle frente a la ola de depresión juvenil que recorre el mundo. Hay también un motivo práctico para enseñar estas habilidades en las escuelas: con la nueva generación de asistentes virtuales con inteligencia artificial, cada vez más trabajos rutinarios serán automatizados. Los que sobrevivan requerirán habilidades socioemocionales, como la capacidad de resolver problemas, ser creativos o tener buen trato humano. En la era de los nuevos chatbots, como ChatGPT y Bard, cada día tiene menos sentido que las maestras les llenen la cabeza con datos a los niños en la escuela. Cualquier estudiante puede encontrar los datos que quiera en los buscadores de Google o ChatGPT, o verlos en un video animado en YouTube, con ilustraciones, música y efectos especiales, mucho mejor de lo que lo puede enseñarle una maestra con una tiza frente a un pizarrón.

Como lo señalé en mi libro anterior, ¡*Sálvese quien pueda!*, el rol de los maestros como transmisores de conocimientos irá disminuyendo paulatinamente, y será reemplazado por los asistentes virtuales y los robots, que ya pueden personalizar los contenidos educativos según las preferencias de cada niño. Los docentes de carne y hueso se tendrán que reinventar y convertirse en motivadores personales, consejeros académicos, guías espirituales y asesores de salud mental. Por eso deben empezar cuanto antes a enseñar *soft skills*. La enseñanza académica no tiene por qué ser excluyente con el aprendizaje de habilidades socioemocionales. Cuanto más rápido se adapten las escuelas a este nuevo universo educativo, mejor para los niños y para el bienestar del mundo.

Quinta receta: medir la felicidad

La medición de la felicidad es fundamental para tener un diagnóstico que nos permita mejorar la satisfacción de vida. Hasta ahora, los gobiernos y las organizaciones internacionales se han dedicado a medir principalmente el crecimiento económico, algo que obviamente deben seguir haciendo, y que debe seguir siendo prioritario. Sin embargo, con el aumento de la desesperanza, las enfermedades mentales y la depresión juvenil en el mundo, es urgente medir también la infelicidad, y actuar en consecuencia.

Con el aumento de la inflación, mucha gente de las clases medias que antes gozaba de cierta tranquilidad económica vive angustiada por no poder pagar el alquiler de su vivienda o la cuota de su automóvil. Los estimados más recientes de la Organización Mundial de la Salud muestran que más de 970 millones de personas en el mundo sufrían de trastornos mentales ya antes de la pandemia, y que la depresión aumentó 28% desde entonces.[19] Una de las principales máximas enseñadas en las escuelas de negocios sobre el manejo de las empresas es que "no se puede administrar lo que no está medido". Lo mismo ocurre con los países. Si queremos tener países más felices, tenemos que empezar por medir la satisfacción de vida y obtener la mayor cantidad de datos posible para poder focalizar las políticas públicas en los lugares que más las necesiten.

No hay que inventar la rueda: varios países, como el Reino Unido, llevan varios años midiendo la felicidad, y les preguntan a sus ciudadanos, en sus censos anuales, las cuatro preguntas que adoptó hace ya más de una década la Organización para la Cooperación y el Desarrollo Económicos (OCDE). Estas preguntas, como lo hemos reseñado a lo largo de este libro, les piden a los encuestados responder, en una escala del 0 al 10, qué tan satisfechos están con sus vidas actualmente, qué tan felices se sintieron ayer, qué tan ansiosos se sintieron ayer y hasta qué punto sienten que lo que hacen en su vida cotidiana vale la pena.

En Reino Unido, medir la felicidad permite detectar zonas con altos niveles de infelicidad que no aparecen en las estadísticas económicas, como, por ejemplo, vecindarios con muchos problemas de depresión juvenil o de soledad de los ancianos. Así se pueden concentrar los gastos estatales en lugares específicos, en lugar de derrochar dinero en planes nacionales que incluyen zonas geográficas que no los necesitan. Desde que el Reino Unido empezó a incluir en su censo las preguntas sobre la felicidad en 2011, estas mediciones se han convertido en un diagnóstico imprescindible para los sucesivos gobiernos británicos.

Los nuevos datos sobre la felicidad permitieron, por ejemplo, que la exministra de la Soledad del Reino Unido, la baronesa Diana Barran, descubriera que había un problema de soledad mucho mayor del que se pensaba entre los jóvenes de 16 a 24 años. Sin las mediciones sobre la felicidad, este dato nunca habría sido conocido ni tomado en cuenta. Según me aseguró la exministra, tener datos estadísticos le permitió ir al ministerio de finanzas y abogar, con fundamentos, por un mayor presupuesto para áreas específicas, en este caso, para financiar programas deportivos y actividades sociales para los jóvenes en las zonas más afectadas.

Recientemente, alertados sobre el problema de la depresión juvenil, la ciudad de Mánchester y la Universidad de Mánchester lanzaron la plataforma BeWell, enfocada específicamente en los jóvenes. Ésta lleva a cabo una encuesta masiva sobre la felicidad entre 40 000 adolescentes de la ciudad, con preguntas sugeridas por 150 jóvenes, para que respondan anónimamente sobre los problemas que más los agobian. El propósito es hilar más fino y descubrir exactamente quiénes, entre los jóvenes, son los más deprimidos, para hacer intervenciones específicas. Los primeros resultados de la encuesta de Be Well, dados a conocer en 2022, revelaron, entre otras cosas, que las niñas son menos felices que los varones. Las niñas suelen tener menos autoestima, en muchos casos por la presión que sufren por su aspecto físico. Asimismo, el estudio encontró que las niñas hacen menos deporte que los varones.[20] A nivel nacional, la Oficina Nacional de Estadística del Reino Unido realiza encuestas de felicidad cada dos semanas. Así, los funcionarios públicos pueden saber exactamente a qué vecindarios de cada ciudad enviar asistentes sociales o dónde organizar campeonatos de futbol, cursos de ajedrez o clases gratuitas de cocina.

Nueva Zelanda, Australia, Canadá, Dinamarca, Israel y varios otros países, además de Bután, también miden la satisfacción de vida, y usan esos datos para diseñar sus políticas públicas. En Canadá, las encuestas de bienestar revelaron que una de las principales causas de malestar social en la ciudad de Vancouver era el tráfico. El promedio de tiempo que la gente pasaba yendo a su trabajo era de 44 minutos para quienes viajaban en autobuses o trenes, y de 26 minutos para quienes manejaban su propio auto (ya sé, muchos de nosotro pagaríamos por tener que soportar el tráfico canadiense). Cuando las encuestas de bienestar detectaron el creciente descontento por el tráfico, la ciudad puso en marcha un plan para reducir el tiempo de viaje a un promedio de 15 minutos. Entre otras cosas, Vancouver ofreció incentivos a los empleados públicos que se fueran a trabajar caminando, en bicicleta, monopatín o compartiendo sus vehículos, así como el servicio de mantenimiento y reparación gratuito de bicicletas.

¿Por qué no medimos la felicidad en muchos de nuestros países? Probablemente por ignorancia. O porque nuestros gobernantes tienen miedo de que estas mediciones revelen una caída de la felicidad durante sus mandatos. Parece haber una relación entre la felicidad y la manera de votar, que no siempre favorece a los gobernantes de turno. Cuando las cosas van mal, la gente suele votar por la oposición, y viceversa. Un estudio de las elecciones que tuvieron lugar en 15 países de la Unión Europea desde 1973 mostró que la felicidad o infelicidad de la gente fue un factor fundamental en el triunfo de los partidos en el poder.[21]

En otro estudio, la economista Federica Liberini, de la Universidad Queen Mary de Londres, comparó los datos de satisfacción de vida de 4 882 individuos en Gran Bretaña entre 1996 y 2008 con sus votos a favor del partido gobernante, y encontró el mismo fenómeno: la gente más feliz tiende a votar más por el candidato oficial.[22*]

Si nuestros gobiernos actuales no se animan a medir la felicidad, por lo menos deberían aprobar leyes para que el censo de sus países comience a hacerlo después de sus mandatos. Las encuestas de felicidad les pueden ayudar a prever estallidos sociales como los que vimos en Chile, Perú, Ecuador y Túnez en años recientes. El malestar social no fue detectado a tiempo en estos países precisamente porque estaban creciendo económicamente, y sus gobiernos fijaban toda su atención en las estadísticas macroeconómicas, sin tener ningún panorama de la satisfacción de vida. La economía es fundamental, pero debe ir de la mano de la felicidad.

Sexta receta: tener un propósito

Hay países como los del norte de Europa, Bután o Israel que, por diferentes motivos, tienen un propósito más definido que otros. En Finlandia, Dinamarca y Suecia, hay un consenso social de ser países altruistas. En Bután, hay un mandato constitucional de incrementar la felicidad nacional bruta. En Israel, por lo menos hasta sus recientes tensiones internas, siempre ha habido un sentido de cohesión social, en parte producido por las amenazas externas. Israel fue la gran sorpresa del ranking del *Reporte mundial de la felicidad* de 2023, al ser clasificado como el cuarto país más feliz del mundo. En el momento en que escribo estas líneas, hay que tomar los datos sobre la felicidad en Israel con pinzas, porque la encuesta del ranking de la felicidad fue realizada antes de las amenazas del gobierno de derecha del primer

---

[*] Por otro lado, algunos estudios muestran que hay una relación causal entre la ola de desesperanza mundial y el aumento del populismo y el autoritarismo. El triunfo de Donald Trump y el auge de partidos populistas en Italia, Francia, Hungría, Grecia, Polonia y gran parte de América Latina son parte de este fenómeno. Una encuesta a 17 000 votantes franceses en las elecciones presidenciales de 2017 mostró que las personas que se definían como más felices votaban menos por la candidata de ultraderecha Marine Le Pen, sin importar sus niveles de ingresos. El factor común de los dispares votantes de Le Pen era su bajo nivel de percepción de bienestar y un sentimiento general de pesimismo sobre el futuro.

ministro Benjamin Netanyahu contra la Corte Suprema de Israel a principios de 2023, que llevaron al país a un enfrentamiento interno sin precedentes en su historia. Sin embargo, la presencia de Israel entre los 10 países más felices del mundo en 2022 y 2023 genera reflexiones importantes sobre la importancia del sentido comunitario y un propósito compartido en el bienestar de los países.

Cuando les pregunté sobre Israel a algunos de los principales gurús de la felicidad, me dijeron que, en primer lugar, Israel es un país muy pequeño, de apenas nueve millones de habitantes, donde casi todo el mundo se conoce. No hay persona que esté a más de cuatro llamadas telefónicas de distancia de otra. Los israelíes, como los latinoamericanos, gozan de un gran apoyo de familiares y amigos, y eso definitivamente incide en su satisfacción de vida. Pero lo que es igualmente importante, según me dijeron varios de mis entrevistados, es que, aunque han existido judíos en el territorio actual de Israel desde tiempos bíblicos, el Estado fue creado poco después de la Segunda Guerra Mundial en buena parte por sobrevivientes de los campos de concentración nazis en Europa. Los israelíes tienen muy fresca en la memoria la muerte de seis millones de judíos. La defensa de su país como un refugio contra futuras persecuciones les da un sentido de propósito en la vida, me dijeron.**

Durante una visita a Tel Aviv, hace algunos años, tuve una experiencia que me quedó viva en la memoria, y que ilustra el sentido de propósito del país. Una mañana, había ido a cortarme el pelo a una barbería a pocas cuadras de mi hotel, en Neve Tzedek, un antiguo barrio bohemio convertido en un centro de artesanos, boutiques y cafés. El peluquero que me atendió, un joven inmigrante de Francia, estaba en plena tarea de cortarme los cada vez menos pelos que me quedan en la cabeza cuando, de repente, sonó una alarma en el vecindario. El joven inmediatamente dejó las tijeras en su estante de trabajo, se cuadró en firme, con la mirada hacia el vacío, y guardó silencio. Su compañero de trabajo, que estaba a menos de dos metros de distancia, hizo lo mismo. Una clienta que estaba sentada al lado mío también

---

** Hay que tener en cuenta que las encuestas del *Reporte mundial de la felicidad* en Israel incluyeron a los palestinos que viven en Israel, pero no a los que viven en las áreas que el *Reporte* describe como los "territorios palestinos". Los habitantes de los territorios palestinos fueron encuestados como un país separado, y ocuparon el puesto número 122 en el ranking, casi al final de la lista.

se paró y se quedó quieta. Los automóviles que veía por la ventana se frenaron, y sus conductores salieron de ellos y se pararon en la calle, mirando en la misma dirección, guardando dos minutos de silencio mientras seguían sonando las sirenas. Yo no entendía nada, y decidí quedarme sentado en silencio, inmóvil, por miedo a interrumpirlos, esperando a ver qué pasaba a continuación.

Cuando dejaron de sonar las alarmas, todo el mundo volvió a lo que estaba haciendo. El joven francés me explicó que era Yom Hazikaron, el día en que los israelíes conmemoran a las víctimas del holocausto. Todos los años, ese mismo día, a las 10 de la mañana, suenan las sirenas durante dos minutos y el país se paraliza. Todo se detiene, y los israelíes guardan dos minutos de silencio, sea lo que sea que estén haciendo, me explicó. La escena me impresionó porque, aunque muchas veces había visto despliegues de patriotismo en estadios deportivos o actos políticos en otras partes, nunca había visto a un país entero detenerse para homenajear a sus antepasados asesinados. La memoria del holocausto, y la determinación de no permitir nunca más semejante tragedia, les da a los israelíes una cohesión social y sentido de propósito que ayuda a explicar por qué Israel está entre los países más felices del mundo.

Algo parecido, aunque por diferentes motivos, pasa en las naciones escandinavas que ocupan los primeros lugares del ranking del *Reporte mundial de la felicidad*. Los países nórdicos están entre los que más dinero destinan en ayuda externa en relación con el tamaño de sus economías, lo que les da un gran sentido de propósito. Aunque en cifras totales Estados Unidos es, por mucho, el mayor país donante del mundo, Noruega, Sucia y Dinamarca son, junto con Luxemburgo, los más generosos en el monto de su ayuda externa como porcentaje de su producto bruto. Noruega destina 1.02% de su PIB a ayudar a países más pobres; Suecia, 0.99%; y Dinamarca, 0.77%; mientras que Estados Unidos sólo destina 0.2% a ese fin, según la OCDE.[23]

El sentido de propósito es importante no sólo para los países, sino para las empresas, y para las personas. Como lo hemos visto, el descontento laboral es una de las principales causas de infelicidad en el mundo. Pasamos una gran cantidad de nuestras vidas (un promedio de 115 704 horas) trabajando, y en muchos casos tenemos jefes que nos vuelven locos o nos fuerzan a hacer tareas aburridas. Sólo 20% de la gente a nivel mundial se siente estimulada por su trabajo, mientras que el resto se siente indiferente o miserable.[24] Sin embargo, hay buenas noticias. Cada vez más empresas se dan cuenta de que les conviene tener empleados felices, porque se ha comprobado que la gente optimista es más feliz, y que la gente feliz es más productiva.

Uno de los experimentos más reveladores sobre la satisfacción laboral que mencionamos en este libro fue el hecho por BT, la compañía de telecomunicaciones británica, y el Centro de Investigaciones del Bienestar de Oxford. El estudio aplicó encuestas semanales durante seis meses a los empleados de los centros de atención al cliente de BT, y concluyó que los empleados felices son 13% más productivos, en el sentido de que atienden más llamadas telefónicas por hora y las convierten en más ventas efectivas que los no felices. Además de ser más productivos, los trabajadores felices son más creativos, y menos dados a sufrir de agotamiento laboral y ausentarse del trabajo, dice Sonja Lyubomirsky, la profesora de la Universidad de California en Riverside cuyos estudios mostraron que la felicidad suele conducir al éxito, y no al revés.

Las recetas más usuales para aumentar la felicidad en las empresas, además de mejorar los salarios y prestaciones sociales, incluyen permitir horarios flexibles, ofrecer oportunidades de estudio o entrenamiento profesional, y promover una cultura de optimismo mediante premios y reconocimientos de todo tipo a los trabajadores. Ya hay evidencias sólidas de que, a pesar de los intentos de Elon Musk y otros empresarios despiadados de regresar a los hábitos laborales del pasado, la pandemia ha cambiado el mundo del trabajo de manera permanente. Según datos del Departamento del Trabajo de Estados Unidos, el número de gente que trabaja *part-time* en el país de manera voluntaria —o sea, no porque sus empleadores les hayan reducido sus horas de trabajo o porque no hayan encontrado un trabajo de tiempo completo— llegó a una cifra récord de 21.1 millones en 2023. Mientras que a principios de la pandemia sólo 50% de quienes trabajaban *part-time* lo hacían de manera voluntaria, ahora el porcentaje es de 85%.[25] "El trabajo *part-time* se está disparando", reportó el diario *The Wall Street Journal*. "La pandemia condujo al agotamiento laboral de algunos trabajadores, y llevó a muchos otros a reconsiderar sus carreras. Y con el alza de la inflación y los precios de los alimentos, la vivienda y otras necesidades, otros trabajadores que ya se habían retirado o habían renunciado a sus trabajos están tomando trabajos a tiempo parcial para suplementar su ingreso familiar", decía el diario. Dudo mucho que veamos una marcha atrás en esta tendencia.

Tampoco creo que haya una vuelta al pasado en materia de las compañías que están permitiendo por lo menos un día por semana de trabajo remoto. La nueva norma será el trabajo híbrido, en parte presencial y en parte remoto, y eso debería ser un gran avance en la lucha contra el descontento laboral. Bélgica, Emiratos Árabes Unidos y Lituania ya han aprobado de manera permanente la semana laboral de cuatro días sin reducciones de sueldos, y otros 15 países lo están haciendo de manera experimental a nivel nacional o provincial. En 2023, un experimento con 61 compañías británicas que adoptaron la semana laboral de cuatro días, presentado como el más grande del mundo de su tipo, reveló que 56 empresas —92%— optaron por continuar con la nueva modalidad del trabajo, de las cuales 18 decidieron hacerlo de manera permanente. El estudio, hecho por el centro de estudios británico Autonomy y el grupo neozelandés 4 Day Week Global, contempló a 2 900 trabajadores. Los partidarios de la semana laboral de cuatro días argumentan que en Holanda, Dinamarca, Noruega y Alemania ya se trabaja un promedio de 34 horas por semana. Quizás la revista *Time* se apresuró un poco al anunciar en un titular que "el 2023 podría ser finalmente el año de la semana de cuatro días", pero la tendencia al acortamiento de los días laborales parece clara.

De la misma manera, no creo que haya una marcha atrás en los esfuerzos de las empresas por motivar y mantener contentos a sus empleados. En mi experiencia personal, las compañías que más motivan a la gente son aquellas que más estimulan la iniciativa personal. Recuerdo que, después de iniciarme como periodista en Argentina y empezar a trabajar en Estados Unidos, me motivó enormemente el grado de responsabilidad que me dieron, a pesar de mi juventud y mi falta de experiencia. En Argentina, trabajaba para una revista semanal llamada *Análisis*, que era muy seria, y luego para otra revista bastante más frívola, llamada *Siete Días*, que me permitía viajar por el país, y luego por el mundo. En ambos casos, todos los lunes teníamos una reunión con el secretario de redacción, que nos daba a cada uno de los periodistas —en esa época nos llamaban "redactores"— las asignaturas de la semana, o sea, los temas sobre los que cada uno tenía que escribir.

Después de continuar mis estudios en la Universidad de Columbia en Nueva York y trabajar en la agencia de noticias Associated Press, conseguí un trabajo de reportero en la sección de economía de *The Miami Herald*. Lo que más me impresionó fue que la forma del trabajo era exactamente a la inversa. Todos los lunes teníamos una reunión con el jefe, y cada reportero tenía que proponer tres ideas de artículos que quería escribir durante la semana. El jefe, o la jefa, por lo general, sólo intervenía para sugerir un orden de prioridades. Recuerdo que salía de esas reuniones sintiéndome poco menos que el dueño del periódico, a pesar de que no había sido yo quien había hecho la decisión final sobre cuál artículo escribir primero, y que a veces mi idea era reemplazada por alguna propuesta mejor que aparecía en la reunión. Hoy en día, varias décadas después, el delegar funciones se ha hecho mucho más usual en las empresas, pero el principio sigue siendo el mismo: cuanto más se empodera a los trabajadores, más motivados y compenetrados van a estar con su trabajo.

Pero ¿se puede encontrar motivación si uno tiene un trabajo monótono y aburrido?, me preguntan muchos. Los motivadores profesionales recomiendan encontrarle un propósito a lo que uno hace, no importa cuán trivial sea el trabajo. Una recepcionista de un hospital puede encontrar su trabajo aburridísimo; otro empleado que haga las mismas tareas, pero que piense que está ayudando a los pacientes, puede hacerlo con mucho más entusiasmo. Tal Ben-Shahar, el gurú de la psicología positiva que dictó el curso más popular sobre la felicidad en Harvard, suele decir que hay tres formas de percibir un trabajo. La primera es verlo como una forma de ganarse la vida. Uno lo hace y espera ansiosamente el momento de irse a su casa o, más aún, el fin de semana. La segunda es verlo como parte de una carrera. Uno lo hace para poder acceder a un trabajo mejor más adelante, ya sea dentro o fuera de su empresa. Y la tercera es verlo como una vocación, algo que uno hace con un sentido de propósito, para ayudar a otros y sentirse bien.

"Todos tenemos días en que nuestro trabajo es un empleo, otros días en que es una carrera, y otros días en que es una vocación. El tema es encontrar la tendencia dominante", dice Ben-Shahar. "Pero hagamos lo que hagamos, casi sin excepciones, siempre podemos encontrar un sentido de propósito en lo que hacemos." Ben-Shahar cita un estudio hecho con personal de limpieza de hospitales, que reveló que algunos veían su trabajo de limpiar baños y cambiar sábanas como una mera obligación; otros lo veían como una carrera, porque percibían que podían usarlo para progresar; y un tercer grupo —probablemente menor— lo veía como un servicio que ayudaba a los médicos, a las enfermeras y, en última instancia, a los pacientes. "Todos tenemos esa habilidad de encontrar un sentido de propósito. Porque, recuerden, la realidad no es únicamente lo que hacemos, sino cómo interpretamos lo que hacemos."[26]

Hay una receta obvia y tan vieja como la humanidad para convertir el trabajo en algo placentero, pero que poquísimas empresas usan: el humor. La revista *Harvard Business Review*, una especie de biblia para los ejecutivos estadounidenses, publicó un artículo titulado "Los beneficios de reírse en la oficina", que dice que la risa, aunque sea forzada, e incluso programada, es una gran herramienta contra el agotamiento laboral. La risa reduce la ansiedad, mejora la salud y produce más felicidad, afirma.[27] Además, por ser contagiosa, puede convertir un ambiente de trabajo lúgubre en uno más festivo, creativo y productivo. Según otro estudio de la Clínica Mayo, uno de los centros hospitalarios más prestigiosos de Estados Unidos, "la risa aumenta nuestra aspiración de oxígeno, estimula el corazón, los pulmones y los músculos, y aumenta las endorfinas que dispara el cerebro".[28]

La risa no es sólo un remedio que dura unos instantes, sino que tiene efectos a largo plazo: hace que el cerebro produzca neuropéptidos que ayudan a reducir el agotamiento y fortalece el sistema inmunológico, reduce dolores físicos y aumenta la satisfacción de vida, afirma la Clínica Mayo. El centro hospitalario recomienda "practicar reírse, aunque parezca forzado al principio, porque le hace bien al cuerpo".[29] Entre otras cosas, las empresas pueden invitar a sus empleados a "practicar" la risa uniéndose a grupos de "yoga de la risa", en que los participantes practican reírse en grupo, o simplemente haciendo, espontáneamente, el ejercicio de reírse más a menudo de las situaciones diarias de la vida. "Según investigaciones de instituciones tan serias como Wharton, el Massachusetts Institute of Technology y la London Business School, cada risa o carcajada produce una serie de beneficios", señaló la editora del *Harvard Business Review*, Alison Beard. "La risa disminuye el estrés y el aburrimiento, aumenta el compromiso con el trabajo y el bienestar, y genera no sólo creatividad, sino también precisión analítica y productividad."[30]

Finlandia, Dinamarca y los demás países que están en los primeros lugares del ranking de felicidad también tienen un gran secreto para reducir el descontento laboral: un alto porcentaje de personas que hacen trabajo voluntario o donan dinero a causas benéficas, lo que les permite estar más satisfechas con sus vidas. El trabajo voluntario ayuda no sólo a quien lo recibe, sino también a quien lo brinda. Donar el tiempo de uno, gratuitamente, a una causa benéfica es una de las formas más efectivas de adquirir un propósito en la vida, y este último es uno de los pilares claves de la felicidad.

Yo nunca había sido muy consciente del potencial benéfico del trabajo voluntario hasta que vi la satisfacción que le da a mucha gente que conocí en mis viajes para escribir este libro. Los jubilados que donan su tiempo trabajando como meseros en el café Sonja, a quienes conocí en Copenhague, que forman parte de una organización benéfica que ayuda a revitalizar vecindarios pobres, son sólo un ejemplo del desarrollo de voluntariado que encontré en los países escandinavos. Ya antes de la pandemia de covid-19, el voluntariado venía creciendo en el mundo. Un 23% de los encuestados en más de 100 países del mundo reportaron haber hecho trabajo voluntario en 2021, lo que representa un aumento de 5% sobre la cifra de 2009, según la encuesta mundial de Gallup.[31]

Lamentablemente, en América Latina no existe una cultura tan extendida del trabajo voluntario, según datos que me proporcionó el CEO mundial de Gallup, Jon Clifton, en forma exclusiva para este libro. Mientras que el porcentaje de gente que ha donado su tiempo para trabajo voluntario el año pasado es de 51% en Kenia y Liberia, 35% en Nueva Zelanda, 33% en Estados Unidos, y el promedio mundial es de 24%, en América Latina los números son mucho más bajos. El porcentaje de gente que dice haber hecho trabajo voluntario el año pasado es de 18% en Argentina, 16% en México y 14% en Chile y Colombia, según la encuesta mundial de Gallup.[32]

¿Por qué no existe una mayor cultura del trabajo voluntario en América Latina y los países latinos en general? Quizás por la creencia generalizada de que todas las soluciones tienen que venir del Estado o por la falta de confianza en las organizaciones filantrópicas, propia de la aprensión general con todo aquello que esté fuera del control de uno. Sin embargo, prácticamente todos los gurús del bienestar que entrevisté coincidieron en que el voluntariado es una de las claves de la felicidad. Sorprendentemente, según me dijeron varios de ellos, el voluntariado no sólo produce satisfacción entre quienes lo dan y quienes lo reciben, sino que también es una fórmula de crecimiento personal, porque se traduce en aprendizaje laboral, adquisición de experiencia profesional y una vía para relacionarse con posibles empleadores para los jóvenes.

Vala Afshar, el embajador digital de la empresa de software para empresas Salesforce, considera que podemos crear una cultura del trabajo voluntario en nuestros países, en las escuelas y en nuestros propios hogares. Su fórmula personal para inculcarles a sus hijos la importancia del trabajo voluntario es preguntarles todos los días: "¿A quién has ayudado hoy?", en lugar de hacerles la clásica pregunta de "¿Cómo te fue en la escuela?". Según Afshar, "[Mi hijo] ahora empieza contando historias como 'Le dejé la puerta abierta a otro chico', o 'Le ayudé a un amigo con un problema de matemáticas', o 'Invité a un chico nuevo a sentarse a comer conmigo y mis amigos.' Empezó a compartir proactivamente cómo ha ayudado a otros en la escuela."[33] Sencillo, pero muy meritorio.

Una de las recetas más sencillas que podrían adoptar todos los gobiernos es crear portales de internet como el de "Oportunidades de voluntariado" del Reino Unido.[34] Allí, cualquier persona puede encontrar un trabajo voluntario a su medida y cerca de su casa. Lo que es más, si uno no sabe qué tipo de trabajo voluntario quiere hacer, el portal nos refiere a la página Do IT, que se ocupa de guiarnos hacia la tarea voluntaria ideal para nosotros.[35] "Encuentra tu próximo rol de voluntario", dice el encabezado de la página de internet, ofreciendo ejemplos de posibles trabajos, como tareas en comedores populares o sociedades de protección de los animales. Luego, los interesados deben poner el código postal de la ciudad donde viven y llenar dos casilleros que piden su documento de identidad, experiencia laboral y estudios. Tras estos dos pasos, que toman unos pocos segundos, el portal arroja el siguiente mensaje: "Te conectaremos con el rol perfecto para ti basado en tus habilidades, tu disponibilidad y las causas que más te importan". Según Do IT, gracias a la tecnología, ya ha logrado conectar a 10 millones de personas con trabajos voluntarios. Si se adoptara esta receta en todos nuestros países, aumentaría enormemente la cantidad de voluntarios, y millones de personas tendrían un mayor sentido de propósito, que aumentaría su satisfacción de vida.

Las donaciones personales y la ayuda internacional de los países también son parte de la receta escandinava para la felicidad, y un rubro en el que América Latina sale bastante mal parada. Los latinoamericanos estamos entre los menos generosos del mundo, según los resultados de la encuesta que me proporcionó el CEO de Gallup. Mientras en el Reino Unido el porcentaje de gente que dice haber donado dinero durante el año pasado es 64%; en Holanda, 62%; en Gambia, 59%; y el promedio mundial es de 32%, en Latinoamérica los porcentajes son mucho menores. Sólo 24% de los chilenos, 19% de los mexicanos, 14% de los colombianos y 13% de los argentinos hicieron una donación en el último año, dice la encuesta mundial de Gallup.[36]

A nivel mundial, las donaciones han aumentado significativamente en años recientes. Esto se ha debido en parte al movimiento llamado "altruismo efectivo", que se ha hecho popular en varios países industrializados. El altruismo efectivo no es una organización, sino una "comunidad" de organizaciones independientes que trabajan en diferentes proyectos, pero con un objetivo común: hacer el bien de la manera más efectiva. Lo integran entidades que van desde la organización mundial GiveWell, que cataloga a las instituciones benéficas según su eficacia en producir resultados por cada dólar que reciben, hasta el grupo Giving What We Can, que se describe como una comunidad de "donantes eficientes" que se comprometen a dar 10% de sus ingresos a causas filantrópicas.

Este último grupo fue fundado por el profesor de filosofía William MacAskill y el investigador Toby Ord, de la Universidad de Oxford, quienes instaban a sus alumnos más idealistas a seguir carreras altamente remuneradas en el mundo de las finanzas para poder donar un 10% de sus ingresos anualmente. Es la mejor forma de mejorar el mundo, decían. Desde su creación en 2009, Giving What We Can ha logrado reclutar a 7 800 miembros activos, que han asumido el compromiso de donar 10% de sus ingresos, incluyendo a varios jóvenes banqueros que se hicieron multimillonarios. Muchos de éstos se convirtieron en entusiastas promotores de la organización, a la que ven como la manera más efectiva de ayudar a los pobres. La revista *The Economist* señaló que "no es difícil ver por qué" los críticos de Giving What We Can ven a esta organización "como una especie de culto".

El director de investigación de Giving What We Can, Sjir Hoeijmakers, me dijo en una entrevista: "Estamos creciendo vertiginosamente todos los años, y desde que empezamos hemos logrado que nuestros miembros hagan donaciones por más de 250 millones de dólares".[37] Además de hacer firmar la promesa de donar 10% de sus ingresos a sus miembros activos, la organización hace estudios sobre las organizaciones benéficas que logran tener el mayor impacto social por cada dólar que reciben, y les recomienda a sus miembros a cuáles de ellas donar su dinero, según el área de interés de cada uno. "Estudiamos a fondo cuánto impacto tiene cada dólar que reciben las instituciones filantrópicas, y recomendamos a nuestros miembros las más eficientes y las que salvan más vidas. Luego, ellos pueden hacer sus donaciones a través de nuestra plataforma o privadamente", me explicó.

Durante mi viaje al Reino Unido, hablé también con Laura González, una de las coordinadoras del movimiento de altruismo efectivo en países de habla hispana, y le pregunté qué ofrece de nuevo esta corriente de activismo. ¿Acaso las religiones no vienen exigiendo desde hace miles de años que demos un porcentaje de nuestros ingresos a casas de oración o causas benéficas? González, una española que se había unido al movimiento siendo estudiante en Oxford, me respondió: "Lo que hay de nuevo no es la parte del altruismo, sino la parte de lo efectivo. Desde hace mucho tiempo el altruismo ha sido considerado como algo eminentemente emocional. Y eso está muy bien, pero ahora se le ha agregado la parte de no quedarte únicamente en ayudar a otros, sino de ver si realmente estás ayudando. Lo nuevo son las evaluaciones de impacto basadas en evidencia, que se han perfeccionado enormemente en los últimos años".

Efectivamente, la técnica de los ganadores del Premio Nobel de Economía de 2019, Banerjee, Duflo y Kremer, de aplicar métodos científicos con placebos o grupos de control para evaluar la eficiencia de las instituciones filantrópicas, está revolucionando y revitalizando los programas para combatir la pobreza. Hoy en día, los grandes donantes —desde las fundaciones internacionales hasta las empresas privadas— exigen evaluaciones de impacto basadas en la evidencia antes de desembolsar su dinero para causas benéficas. Por ejemplo, hasta hace pocas décadas se daba por sentado de que si uno les regalaba libros de texto a los niños pobres, ayudaría a mejorar su rendimiento académico. La lógica y la experiencia así lo indicaban. Pero los tres economistas ganadores del Nobel desafiaron la lógica imperante, y señalaron que no se podía concluir *a priori* que las donaciones de libros fueran efectivas. Tras estudiar el caso de 100 escuelas en Kenia que habían mejorado su rendimiento académico, concluyeron que dicho avance podría haberse debido a varios otros factores que no tenían que ver con las donaciones de libros, sino a un aumento en los ingresos familiares u otros programas de ayuda escolar. Para su estudio, midieron la eficiencia de los programas de entrega de libros gratuitos usando el mismo método que usan los investigadores científicos para probar la eficiencia de algún nuevo fármaco o terapia: conduciendo experimentos paralelos con grupos aleatorios. De manera que los ganadores del Nobel compararon a grupos que habían recibido los libros de texto donados con otros grupos de las mismas características que no los habían recibido. La evidencia mostró que la forma ideal de mejorar el rendimiento académico de los niños pobres no era regalándoles libros, sino haciendo otras cosas, como darles pastillas contra los parásitos intestinales para que no faltaran a la escuela frecuentemente por dolores de estómago.

Gracias a estas nuevas técnicas de evaluaciones de impacto basadas en la evidencia, cada vez más gente está donando su tiempo y dinero a entidades benéficas, porque pueden constatar sus resultados concretos, y no sólo guiarse por el marketing. El voluntariado es y será cada vez más importante como una actividad clave para aumentar nuestra satisfacción de vida, y es hora de que nuestros países tomen conciencia de ello.

Séptima receta: aumentar las actividades comunitarias

Como muchos de ustedes, yo siempre supuse que los escandinavos eran gente mucho más solitaria y menos sociable que los españoles, italianos o latinoamericanos. Sin embargo, cuando visité sus países para ver cómo se vivía en la región que suele encabezar los rankings de la felicidad del mundo, me encontré con que ese estereotipo es cuestionable. Los escandinavos tienen una vida comunitaria mucho más intensa de lo que me imaginaba, sólo que diferente. Socializan menos con sus familias, pero más con grupos comunitarios con los que comparten afinidades. Eso les permite tener altos niveles de satisfacción de vida, a pesar del clima frío en que viven, de la falta de sol durante muchos meses y de no convivir con sus familiares tan regularmente como, por ejemplo, los latinoamericanos. En Dinamarca, la mayoría de las personas que conocí tienen actividades sociales casi todos los días. Al principio, me costó creerlo, hasta que descubrí con asombro que Dinamarca tiene casi tres veces más grupos de filatelistas que México, cuya población es 21 veces más grande. El propio gobierno de Dinamarca señala en su página oficial de internet, en un artículo titulado "¿Por qué son felices los daneses?",[38] que el "espíritu comunitario" es uno de los principales motivos por los que el país sale en los primeros puestos de los rankings de las naciones más felices del mundo. El gobierno danés calcula que hay más de 101 000 asociaciones activas en el país, lo que —como ya mencionábamos al principio de este libro— es más que en prácticamente cualquier otro país en relación con su población. Cada adulto danés pertenece a por lo menos tres grupos sociales o deportivos, según un artículo de *Mandag Morgen*.[39]

La "ley de actividades ociosas" de Dinamarca, por la cual las municipalidades tienen la obligación de prestar sus instalaciones en forma prácticamente gratuita a cualquier grupo autorizado, es una excelente idea. El Estado financia estos clubes sociales y deportivos para que puedan pagar sus gastos de limpieza y administrativos, porque estos grupos unen a la gente y le dan un sentido de identidad que aumenta la felicidad, según me explicó Bjarne Ibsen, el director del Centro de Estudios de Deportes, Salud y Sociedad Civil de la Universidad del Sur de Dinamarca.

Otra receta, incluso más original, para impulsar a más gente a participar de actividades comunitarias es el uso de "recetadores sociales" como los del Servicio Nacional de Salud (NHS) del Reino Unido. Los médicos británicos derivan a sus pacientes que sufren de soledad o depresión a unos 3 500 recetadores sociales del NHS, que los conectan con unas 10 000 organizaciones comunitarias. Tal como lo señala la Academia Nacional de Recetadores Sociales, 20% de la gente que va al médico no requiere una receta médica, sino una receta social.

La ventaja de los recetadores sociales está en el seguimiento de los casos, porque no basta que el médico le recomiende a un paciente que participe de una actividad comunitaria. Muchas veces los pacientes no lo hacen, me explicaron los directivos de la Academia Nacional de Recetadores Sociales. El recetador social, pues, no sólo vincula a los pacientes con clubes sociales y deportivos, sino que se asegura de que sean bien recibidos y sigan concurriendo. ¡Qué buena idea para reducir el uso de antidepresivos y disminuir el gasto público en hospitalizaciones y tratamientos clínicos, y ayudar a la gente a ser más feliz!

El cirujano general de Estados Unidos, Vivek H. Murthy, también incluyó en su reciente informe *Nuestra epidemia de soledad y aislamiento* varias recomendaciones de lo que podemos hacer cada uno de nosotros, como individuos, para aumentar nuestra conexión social. Algunas de las recetas prácticas incluidas en el informe gubernamental son las siguientes:[40]

"Invierte tiempo en alimentar tus relaciones personales a través de interacciones diarias consistentes, frecuentes y de alta calidad. Tómate un tiempo todos los días para contactar a un amigo o familiar." Murthy dice que, para quienes no lo hacen naturalmente, hay que ponerse como regla dedicarle por lo menos 15 minutos diarios a llamar o escribir a un amigo o un familiar.

"Minimiza las distracciones para poder aumentar la calidad del tiempo que pasas con otros. Por ejemplo, no consultes tu celular durante comidas con amigos, conversaciones importantes o tiempo con tu familia." Murthy agrega que cuando interactúas con otra persona, tienes que prestarle toda tu atención. Estar plenamente presente "puede hacer que cinco minutos parezcan 50", afirma.

"Participa en actividades sociales y comunitarias como los grupos de ejercicios físicos, religiosos, de hobbies, profesionales y servicios de voluntarios que fomenten un sentido de pertenencia, significado y propósito."

"Busca oportunidades para ayudar a otros, ya sea asistiendo a tu familia, compañeros de trabajo, amigos o extraños, o participando en servicios comunitarios." Según Murthy, ayudar a otros "nos reafirma a nosotros mismos que tenemos algo que aportar al mundo".

"Sé positivo, solidario, y practica la gratitud. A medida que pongamos en práctica estos comportamientos, otros van a tender a actuar recíprocamente, lo que fortalecerá nuestras conexiones sociales, aumentará la satisfacción que nos dan nuestras relaciones y nos ayudará a construir capital social."

Octava receta: más espacios verdes

Cuando el economista George MacKerron, de la Universidad de Sussex, anunció los resultados del experimento sobre la felicidad conducido a través de su aplicación Mappiness y que involucró a 65 000 usuarios, revelando que la gente alcanza sus mayores niveles de felicidad cuando está en espacios verdes, la reacción general fue que estaba diciendo lo obvio. ¿Acaso no lo sabíamos de antemano? Efectivamente, MacKerron no descubrió el agua tibia. Sin embargo, su experimento se sumó a un creciente cúmulo de evidencias de que los espacios verdes y los paseos en la naturaleza estimulan nuestra mente y nos hacen más felices. Un estudio publicado por la revista *Neuroscience News* en 2023 concluyó que la gente que hace excursiones a 15 millas o más de distancia de su casa es más feliz y goza de mejor salud.[41] El estudio de 3 014 personas en Gran Bretaña señaló que mucha más gente debería hacerse una escapadita semanal o mensual al campo, y recomendó que los gobiernos les den pasajes de metro o autobús gratis a los adultos mayores no sólo para moverse dentro de sus ciudades, sino también para hacer excursiones más lejos de casa. Mucho antes, en 2003, el jefe del Departamento de Psicología de la Universidad de Cornell, Thomas Gilovich, había documentado que hacer un viaje de aunque sea unas pocas horas produce más felicidad que comprar algo: "Cuando las ciudades crean más parques, vías para bicicletas o sendas de caminatas para facilitarle a la gente tener experiencias, aumenta la felicidad de la población".[42]

"Para aumentar la felicidad, concibe tu fin de semana como si fueran unas vacaciones", dice un reciente titular del diario *Washington Post*. El artículo señala que el tiempo libre es importante para reponer energías y recalibrar nuestras vidas, y que no estamos sacándoles todo el provecho que deberíamos a nuestros fines de semana. Las investigaciones de la Escuela de Administración Anderson de la Universidad de California en Los Ángeles concluyen que la gente que se mentaliza a estar de vacaciones durante el fin de semana vuelve mucho más feliz al trabajo los lunes. En un estudio de 441 empleados, en que se les pidió a la mitad de ellos que pasaran su fin de semana como cualquier otro, y a la otra mitad que lo tomaran como si fueran unas vacaciones, el segundo grupo regresó al trabajo más feliz, con menor negatividad y mayor satisfacción.

¿Cómo hace uno para imaginarse que está de vacaciones? Haciendo excursiones y desconectándonos totalmente del trabajo. "Para replicar en tu vida los resultados de estos estudios, simplemente usa este recordatorio de apenas seis palabras al comienzo de tu fin de semana: 'Trátalo como si fuera una vacación'", reiteró el periódico.[43] Por supuesto, este consejo es tan viejo como la humanidad. Una de las primeras cosas que nos dice la Biblia en el libro del Génesis es que Dios reposó en el día séptimo después de su creación, y en el libro del Éxodo: "Seis días trabajarás, pero el séptimo día dejarás (de trabajar), para que descansen tu buey y tu asno, y para que el hijo de tu sierva, así como el extranjero, renueven sus fuerzas". Quizás sea el consejo más antiguo y sabio del mundo, pero ¿cuántos de nosotros lo seguimos hoy en día?

Las ventajas de las actividades al aire libre y —aún más— de los deportes han sido reseñadas en muchas investigaciones que han comparado el "ocio activo" con el "ocio pasivo". Un paseo en el parque, un día en la playa, practicar un deporte u otras actividades de "ocio activo" hacen que nuestro cerebro dispare endorfinas, que son neurotransmisores que producen un efecto placentero en el cuerpo y nos levantan el ánimo. El "ocio activo" también hace circular la sangre al cerebro, nos hace sentir más vivos y aumentar la autoestima cuando logramos la meta de haber caminado un cierto número de pasos o ganado un partido de futbol. Por el contrario, el "ocio pasivo", como sentarse a ver televisión o leer las redes sociales durante muchas horas, puede resultar placentero durante la primera, pero tiene un efecto neutro o negativo después de eso.

La revista *Psychosomatic Medicine* hizo un experimento con tres grupos parecidos de pacientes con depresión, y los trató de diferente forma para ver cuál tratamiento era el más eficiente. Al primer grupo se le dio antidepresivos; al segundo grupo se le pidió hacer ejercicios físicos por 45 minutos, tres veces por semana; y el tercer grupo siguió ambos regímenes. Cuando los tres tratamientos terminaron al cabo de cuatro meses, todos los grupos afirmaron sentirse más felices, o sea que quienes sólo hicieron ejercicios se sintieron tan bien como quienes habían tomado los medicamentos. Sin embargo, cuando los mismos pacientes fueron revisados nuevamente a los seis meses para ver cuántos de ellos habían sufrido recaídas, resultó que el grupo que había hecho ejercicios físicos fue el que estaba en mejor estado. Mientras que 38% de los que habían tomado antidepresivos durante cuatro meses habían recaído en depresión, el nivel de recaídas entre quienes habían hecho ejercicios físicos era de sólo 9%. El "ocio activo" no sólo es tan curativo como los medicamentos, sino que tiene un efecto más duradero, concluyó el estudio.[44]

¿Qué pueden hacer los países, y las ciudades, para crear más espacios verdes y promover los paseos y los deportes? La solución más obvia es convertir los terrenos baldíos o los techos de los edificios públicos o aparcamientos municipales en jardines o canchas de futbol. Los espacios verdes, especialmente cuando tienen árboles y plantas, no sólo ayudan a la gente a sentirse mejor, sino que reducen la contaminación ambiental y el ruido de las ciudades. Las ciudades también pueden crear más jardines verticales, cubriendo las fachadas y paredes laterales de edificios con plantas. Nueva York ya ha cubierto buena parte de su paseo peatonal High Line, construido sobre una vía de ferrocarril elevada abandonada, con jardines verticales llenos de vegetación. París ha hecho lo mismo con su *mur des canaux*; Singapur tiene Gardens by the Bay; y Bogotá tiene, entre otros, el Edificio Santalaia. Sin embargo, como lo puede ver cualquier viajero que mire por su ventanilla de avión al llegar a la Ciudad de México, la mayoría de nuestras ciudades siguen siendo junglas de cemento. ¿Por qué no ponernos como meta hacer que todo nuevo edificio sea un jardín vertical usando las nuevas tecnologías de aprovechamiento de agua, y, más tarde, que todas nuestras ciudades estén cubiertas de vegetación? Nos sentiríamos todos mucho mejor.

NOVENA RECETA: ESTAR MENOS OBSESIONADOS CON EL ESTATUS

Hay una cosa interesante que tienen en común Dinamarca, Finlandia y otras naciones escandinavas que aparecen en los primeros puestos del *Reporte mundial de la felicidad* con Costa Rica, el país que suele salir en ese listado como el más feliz de América Latina: en todos ellos hay una menor obsesión colectiva por el estatus social. Tanto en Dinamarca y Finlandia como en Costa Rica, que son países con enormes diferencias culturales y económicas, no existe el grado de ostentación de marcas de automóviles, relojes o carteras de lujo que hay en muchos otros países.

En el capítulo 3 de este libro les contaba sobre el desdén de los finlandeses por los artículos de lujo y la ostentación, y que los analistas sociales escandinavos me señalaron que ostentar una casa imponente, un auto de lujo o un reloj costoso es algo mal visto en sus países. Los escandinavos hacen un culto de la modestia, y eso se ve hasta en la elegante sencillez de la ropa y los muebles que fabrican. Como me lo dijo el filósofo de la felicidad finlandés Frank Martela, en los países nórdicos hay una especie de apatía sobre el estatus social de los otros. Quizás porque todo el mundo tiene sus necesidades económicas básicas resueltas, los escandinavos valoran más la riqueza de experiencias que la riqueza de cosas. Saben que las experiencias, desde el sauna hasta los viajes, producen una satisfacción más duradera que la adquisición de bienes, y que la felicidad de las compras nuevas dura "tanto como el olor de auto nuevo".

Curiosamente, algo parecido ocurre en Costa Rica, el país latinoamericano más feliz de acuerdo con el *Reporte mundial de la felicidad*. Según me explicó Mariano Rojas, el economista costarricense especializado en la felicidad, en Costa Rica "hay menos preocupación por las máscaras del estatus". Efectivamente, la frase que uno escucha todo el tiempo en Costa Rica, que sirve como saludo y despedida, y como el eslogan turístico del país, es "Pura Vida", que muchos traducen como "vida simple" o "vida relajada". Tal como me lo explicó Rojas, "en todo el mundo hay gente corriendo detrás de la ropa cara o los autos de lujo, pero en Costa Rica hay menos de eso, porque la gente vale no tanto por lo que tiene, sino por su trayectoria de vida", y tiende a gozar más de la naturaleza y las relaciones personales.

¿Y cómo se explica que los costarricenses estén menos obsesionados por comprarse un reloj o una cartera de lujo?, le pregunté a Rojas. Su respuesta es que probablemente tenga que ver con el hecho de que Costa Rica es un país pequeño, de sólo 5.1 millones de habitantes, donde —aunque a escala mucho menor que en los países escandinavos— hay un buen sistema de salud y educación gratuita, y donde casi todo el mundo se conoce. "La gente sabe quién es cada uno, y uno no puede aparentar tanto lo que todo el mundo sabe que no es", me dijo Rojas. "La carrera por el estatus se da cuando una sociedad se despersonaliza y la gente recurre a signos de estatus para mostrar quién es. En sociedades donde la donde gente se mueve mucho de ciudades, y hoy estás en Seattle y el mes que viene te mueven a Houston, estás descolocado, nadie sabe quién eres. Lo que saben es lo que observan, como el auto y el reloj. Eso genera una 'carrera de ratas', donde hay más necesidad de ostentar. En Costa Rica, las relaciones cercanas te permiten conocer a la persona de cerca. No tienes que andar poniéndote esas máscaras de estatus."

¿Cómo reducir la obsesión por el estatus social que produce tanto estrés en tanta gente? Quizás tendríamos que darles mayor difusión a estudios como el del profesor de economía del comportamiento de la Universidad de Warwick, Andrew Oswald, sobre el ridículo apogeo del mercado de relojes de lujo para hombres. Como detallamos al principio de este libro, Oswald estudió la página de internet de la empresa Watches of Switzerland, que vende relojes de lujo en aeropuertos y tiendas exclusivas en todo el mundo, y encontró que las ventas de la empresa se dispararon durante la pandemia a pesar de la crisis económica mundial. Oswald cuenta, entre divertido y horrorizado, que en ese portal encontró que el reloj más caro valía 550 000 dólares, y tenía tantos medidores que era casi imposible ver la hora. Lo mismo para los siguientes 10 relojes más caros: tenían tantos círculos y tantas agujas que giraban midiendo quién sabe qué cosas que terminaban no cumpliendo con su misión fundamental, que es decirnos la hora. A pesar de no tener ninguna utilidad práctica, varios de esos relojes valían lo mismo que un apartamento. Ésa es una conducta social que podría y debería ser ridiculizada con campañas mediáticas. ¿Cuánta gente sabe que una cartera de 4 000 dólares tiene un costo de producción de entre 40 y 80 dólares?[45] La "carrera de ratas" por el estatus social a la que se refiere Rojas no se puede prohibir en una sociedad libre, pero se puede ridiculizar, y eso ayudaría a quitarle una enorme presión de encima a muchísima gente.

Décima receta: mirar para delante

Si me preguntan qué fue lo principal que aprendí en los seis años en que me dediqué a entrevistar a varios de los principales gurús de la felicidad del mundo para escribir este libro, diría que es el principio fundamental de la psicología positiva: hay que aprender a ver el vaso medio lleno. Tanto a nivel personal como a escala nacional, enfrentar los desafíos con una actitud optimista nos da más energía y nos hace más creativos y productivos. El pesimismo nos desanima, nos paraliza y nos hunde cada vez más en nuestros infortunios. Esto no significa ser ilusos y pensar que podamos ignorar nuestros problemas o esconderlos bajo la alfombra. Podemos entrenar nuestra mente —y nuestro pensamiento colectivo— para pensar positivamente, diferenciar los problemas permanentes de los temporales, y enfrentar la vida con mayor optimismo.

Yo, como muchos, aprendí a ser más feliz por las malas. Como le pasa a mucha gente cuando tiene un infarto, le diagnostican un cáncer o sufre algún otro susto mayúsculo de salud, a mí la vida me dio un sacudón que me cambió la forma de ver las cosas cuando estuve al borde de la muerte debido a una ruptura del esófago en 2008. Me encontraba en México, para hacerle una entrevista al entonces presidente Felipe Calderón. Recuerdo como si fuera hoy que aquel día me levanté de la cama del hotel sintiéndome algo mareado. De todos modos, me tomé una aspirina, fui en taxi a la residencia presidencial de Los Pinos y realicé la entrevista. Al salir, noté que seguía con náuseas. (Tiempo después, viendo mi rostro en la entrevista televisada, pude ver que estaba pálido como un papel). Regresé al hotel, me tiré a dormir en el cuarto, y traté de cancelar una cena que tenía esa noche con el entonces secretario general de la Universidad Nacional Autónoma de México (UNAM), Sergio M. Alcocer. Le dije que me perdonara, pero que no me sentía muy bien. Alcocer se ofreció a venir a mi hotel y tomar una sopa juntos. Accedí, pensando que quizás me sentiría mejor por la noche. Sin embargo, esa noche, estando con él y el jefe de prensa de la UNAM en el restaurante del hotel, me desmayé.

Cuando me desperté, estaba en una ambulancia rumbo al hospital. Me operaron del esófago a la mañana siguiente, y permanecí en terapia intensiva durante más de dos semanas. Tiempo después, haciendo una búsqueda de Google sobre la operación que me habían hecho, descubrí que el porcentaje de gente que sobrevive a una ruptura de esófago era de sólo 50%, y que la gente que no es diagnosticada correctamente dentro de las primeras 24 horas se muere de una infección interna. Me había salvado por un pelo.

Después de esa experiencia, ya de regreso a casa, en Miami, noté un cambio rarísimo: me sentía sorprendentemente feliz. Tiempo después descubrí que lo mío no era nada extraño: mucha gente que sobrevive un percance de salud empieza a ver los tropiezos de la vida con menos tremendismo y más optimismo. En mi caso, tuve durante muchos meses un dolor agudo, como una punzada persistente debajo de mis costillas izquierdas. Los médicos decían que era un dolor diferido, de mi operación. Pero, cosa muy extraña, era un dolor que me producía alegría: me recordaba constantemente que estaba vivo. Esa experiencia marcó un parteaguas en mi vida, y me infundió un optimismo que no desapareció después de que el dolor se fue. Muchos meses después, me levantaba a la mañana, hacía un recorrido mental de mi cuerpo, me daba cuenta de que no me dolía nada, y sentía un placer enorme. Pasé de ser una persona moderadamente satisfecha a una mucho más feliz.

Los estudios de la neurociencia prueban que no hace falta pasar por un susto de salud para aprender a pensar positivamente. Podemos hacer ejercicios para reforzar los pensamientos optimistas, así como lo hacemos para fortalecer los músculos del cuerpo. En el siglo pasado, muchos creían que estábamos genéticamente condenados a ser optimistas o pesimistas, y decíamos cosas como "soy pesimista por naturaleza". Nuestro primer instinto ante cualquier desafío tiende a llevarnos hacia pensamientos negativos, porque tenemos un gen catastrófico que probablemente viene de cuando vivíamos en las cavernas y debíamos estar siempre alertas de que no nos atacara y devorara alguna bestia salvaje.

Sin embargo, como lo ha confirmado la neurociencia con pruebas de resonancia magnética (MRI) en el cerebro, podemos cambiar nuestra estructura mental. Un estudio del cerebro de los conductores de taxi en Londres —no es chiste— publicado por la Academia Nacional de Ciencias de Estados Unidos muestra que los taxistas londinenses tienen el hipocampo del cerebro más desarrollado que el común de la gente. O sea, se les desarrolló más esa parte del cerebro por usarla a diario. El hipocampo opera la memoria y el sentido de navegación: es algo así como nuestro GPS mental. Y cuanto más se usa, más se desarrolla.[46]

Algo parecido pasó cuando se estudió el cerebro de la gente que perdió la vista por algún accidente y aprendió, siendo adulta, a leer con el sistema braille. Cuando les pinchaban el dedo de la mano que no usaban para leer braille y se miraban las resonancias magnéticas, no se veía nada inusual. Pero cuando se les pinchaba el dedo que sí usaban para leer braille, la resonancia magnética mostraba una enorme área de la masa cortical encendida.[47] "Los cambios cerebrales, que antes parecían imposibles son ahora un hecho comprobado. Y las implicaciones de eso son enormes", dice Shawn Achor, el discípulo del gurú de la psicología positiva Tal Ben-Shahar, en su libro *La ventaja de la felicidad*. "Podemos recablear nuestro cerebro para ser más positivos, creativos, persistentes y productivos, y poder ver más posibilidades en todos lados".[48] En otras palabras, si le enseñamos a nuestra mente a pensar positivamente, como cuando los taxistas de Londres aprenden las calles de la ciudad, podemos cambiar nuestra estructura mental y superar nuestro catastrofismo ancestral.

Achor cuenta una anécdota graciosa sobre la tendencia tradicional de los psicólogos, médicos y maestros a enfocarse en las cosas negativas. El autor había sido invitado a hablar en la "semana del bienestar" de una escuela muy exclusiva del noreste de Estados Unidos. Grande fue su sorpresa cuando leyó el programa y se encontró con una agenda que decía más o menos así: "Lunes: trastornos alimentarios; martes: depresión; miércoles: drogas y violencia; jueves: prácticas sexuales peligrosas; viernes: trastornos mentales causados por las redes sociales". "Ésa no era una semana del bienestar, sino una semana de la enfermedad", concluyó Achor. Como sociedad, estamos demasiado concentrados en tratar de disminuir el malestar, y demasiado poco dedicados a tratar de aumentar el bienestar.

Mucho de esto puede sonar a cháchara de la industria de la motivación personal, pero hay muchos estudios científicos que demuestran que el pensamiento positivo aumenta nuestra capacidad mental y física. Los deportistas profesionales tienen todo esto más internalizado que el resto de nosotros, porque sus entrenadores se lo vienen metiendo en la cabeza desde muy pequeños. En el Mundial de Futbol de 2022 de Catar, cuando Argentina perdió contra Arabia Saudita por 2 a 1 en su primer partido del campeonato, Lionel Messi dio un clásico ejemplo de pensamiento positivo en su conferencia de prensa posterior a la debacle deportiva que acababa de sufrir. La derrota del equipo argentino había sido devastadora. Todo el mundo daba por sentado que Argentina debía ganar por goleada, no sólo porque Arabia Saudita era un equipo menor, sino porque el seleccionado argentino había llegado al mundial sin haber perdido ninguno de sus 36 últimos partidos. Sin embargo, tras reconocer que había sido un golpe muy duro, porque nadie se lo esperaba, Messi dijo: "Tenemos que seguir confiando, y que la gente confíe, porque este grupo no los va a dejar tirados". Cuando los periodistas le insistieron sobre la derrota que acababa de sufrir, Messi declaró: "Es un momento de estar unidos, de pasar la página, de no pensar más en esto que pasó [y de] sacar lo positivo, mejorar lo que hicimos mal y pensar en [el próximo partido con] México".[49] Argentina superó a México en el partido siguiente, y terminó ganando la Copa Mundial. En su peor momento, cuando la prensa estaba despedazando a la selección argentina por la derrota en su primer partido, Messi hizo lo que probablemente le recomendó su director técnico, y lo que sugieren todos los psicólogos positivos: aprender de los errores, pasar la página y encarar el próximo desafío con optimismo.

El pensamiento positivo mejora nuestro rendimiento incluso en el campo académico. Un experimento conducido por la investigadora Margaret Shih, de la Universidad de Harvard, les dio dos exámenes de matemáticas de igual nivel de dificultad a un grupo de estudiantes asiáticas. Antes del primer examen, las estudiantes recibieron una charla introductoria en la que se las indujo a recordar el hecho de que eran mujeres; que, según el estereotipo imperante en los medios académicos estadounidenses, son peores que los hombres en matemáticas. En el segundo examen, las estudiantes recibieron una charla introductoria en que se las indujo a recordar el hecho de que eran asiáticas, lo que, según el estereotipo imperante, era una gran ventaja porque los estudiantes asiáticos en Harvard sacan mejores calificaciones en matemáticas que el resto. El estudio comprobó que a las estudiantes asiáticas del segundo grupo les había ido mucho mejor en el examen. El pensamiento positivo les había dado más confianza en sí mismas y las había ayudado.[50] El estudio sugería, por lo tanto, que la felicidad se puede inducir y se traduce en un mejor desempeño.

Ya vimos también, en el capítulo 1, que el pensamiento positivo es bueno para la salud: hay varios estudios que muestran que la gente optimista vive entre 6 y 10 años más que la pesimista. Y el impacto del optimismo en la salud quedó igualmente demostrado en experimentos como el hecho con las limpiadoras de cuartos de hoteles a las que se les había dicho que su trabajo diario era un excelente ejercicio físico. A diferencia de sus colegas a las que no se les había dicho nada, las empleadas inducidas a pensar positivamente bajaron de peso, mejoraron su presión arterial y sus niveles de colesterol.[51]

Las recetas de la psicología positiva, como las de las clases de felicidad de India y Bután, suelen incluir ejercicios diarios, bastante fáciles de hacer, para acostumbrarnos a ser más optimistas. Podemos fortalecer nuestro optimismo haciendo ejercicios de gratitud internos y externos. Los ejercicios internos consisten, por ejemplo, en escribir una lista todas las noches con tres cosas buenas que nos hayan pasado durante el día, para recordarlas y eclipsar los pensamientos negativos con los positivos. Estas anotaciones pueden tratarse de eventos importantes o triviales, y pueden ir desde un mensaje de felicitación que recibimos de nuestro jefe hasta un instante divertido pasado con amigos o un momento de paz al aire libre.

Los ejercicios de gratitud externos, en cambio, consisten, por ejemplo, en escribir emails de agradecimiento a terceras personas, o darles las gracias personalmente o a través de un mensaje de texto, como se les pide hacer a los alumnos en Nueva Delhi. Una investigación de Amit Kumar, de la Escuela de Negocios de la Universidad de Chicago, les pidió a 107 estudiantes que le enviaran un mensaje de agradecimiento a otra persona, aunque no hubiera un motivo específico para hacerlo, y admitiendo que se trataba de una tarea para una clase. El estudio encontró que estos mensajes hicieron sentir mejor tanto a quienes los mandaban como a quienes los recibían y que su impacto había sido mucho mayor al que suponían los remitentes.[52]

Todo esto parece muy básico, pero, como tantas otras verdades obvias, es algo que pocos hacemos sistemáticamente. Robert Emmons, uno de los investigadores de la gratitud más conocidos del mundo y editor de la revista *Journals of Positive Psychology*, señala que los ejercicios de gratitud magnifican las emociones positivas, y eso es muy importante porque el placer que producen los acontecimientos positivos suele ser mucho más efímero que el impacto de los hechos negativos. "A nuestro sistema emocional le gustan las novedades, los cambios. Nos adaptamos rápidamente a las circunstancias positivas de la vida, nos acostumbramos pronto al auto nuevo, a la nueva pareja o a la nueva casa, de manera que muy pronto ya no nos parecen tan nuevos y excitantes como antes", dice Emmons.[53] En otras palabras, las emociones positivas duran tan poco como el "olor de auto nuevo", mientras que las negativas se nos quedan pegadas por un buen rato. Por eso hay que tratar de fortalecer los sentimientos positivos, para que no se apoderen de nosotros los negativos.

Los ejercicios mentales pueden parecer algo ridículos al principio, pero —al igual que los físicos— se convierten en una rutina diaria a la que uno se acostumbra y que pronto podemos hacer automáticamente. Así como ocurre con otras costumbres rutinarias —lavarnos los dientes antes de ir a dormir, por ejemplo—, los rituales de gratitud se deben convertir en una disciplina diaria, dicen los expertos. La clave está en recordar que, al igual que con los ejercicios físicos, lo principal no es ser conscientes de que hay que hacerlos, sino hacerlos.

¿Se pueden trasladar estas fórmulas de pensamiento positivo a los países? ¿Cómo se puede crear una cultura de optimismo en países desesperanzados? Hay varias formas de hacerlo. La primera, por supuesto, es impartirles clases de felicidad a los niños en las escuelas para enseñarles a ser más resistentes ante los fracasos e instalar en el pensamiento colectivo la idea de que la mayoría de los obstáculos son superables. Como sociedades, tendríamos que identificar las dificultades permanentes y diferenciarlas de aquellas que son temporales y, por lo tanto, solucionables. Tal como decía Seligman, el padre de la psicología positiva: "La idea de que los problemas son 'permanentes' nos tumba el ánimo y nos lleva a abandonar sin ni siquiera intentar las cosas. Contrariamente, si pensamos que la situación es temporal y cambiable, entonces nos sentimos con energía y buscamos el modo de mejorar las cosas".[54]

Al igual de lo que hacen los maestros de educación positiva con los niños, tendríamos que planear el futuro de nuestras naciones dibujando un pastel cortado en varias partes, para poder identificar opciones de progreso realistas y no dejarnos llevar por la idea de que "esto no tiene remedio". Recordemos que cuando a un estudiante le ha ido mal en un examen de matemáticas, los maestros positivos le piden que dibuje el pastel y escriba en cada porción un motivo que podría haber causado la mala calificación. Así, el alumno que pensaba automáticamente "Soy malo en matemáticas" puede darse cuenta de que hay otras posibilidades, como "No estudié todo lo que tenía que estudiar", "No les pedí a mis padres que me explicaran las cosas" o "No me anoté para la clase de ayuda después de horas". Tendríamos que hacer el mismo ejercicio con nuestros países, para convertir los pensamientos catastróficos en un pastel de varias partes, varias de las cuales puedan ser catalogables como temporales y reversibles. Así como lo hizo Messi en el mundial de Catar.

Una receta concreta para crear una cultura de optimismo en los países es fomentar una admiración colectiva por los innovadores y los emprendedores. La innovación productiva, además de generar ingresos para los países, aumenta el orgullo nacional y crea confianza en el futuro. Y la forma más obvia de fomentar una cultura de la innovación es con fondos para la investigación y desarrollo de nuevos productos. Asimismo, los premios a la innovación son un buen incentivo.

Cuando los grandes empresarios se unen para ofrecer grandes premios a quienes encuentren soluciones prácticas a grandes problemas —como el X-Prize de Estados Unidos, que recompensa con 10 millones de dólares a los ganadores de concursos para resolver problemas tecnológicos o científicos— aumenta significativamente la innovación, la creatividad y el espíritu emprendedor. Y si estos concursos son acompañados de una gran cobertura mediática, tienen un efecto multiplicador aún mayor. Con más premios a la innovación y más cobertura mediática de éstos, estaríamos contribuyendo a crear una cultura de veneración a los innovadores, y de admiración por el estudio y el trabajo, que son algunos de los pilares de cualquier sociedad pujante.

Los premios para incentivar el progreso no son nada nuevo. La aviación comercial, tal como la conocemos hoy, fue el producto de un premio de 25 000 dólares al primer aviador que lograra volar de Nueva York a París sin escalas.

Charles A. Lindbergh lo ganó en 1927. El premio había sido creado en 1919 por Raymond Orteig, un hotelero francés que vivía en Estados Unidos, y despertó un frenesí de actividad en el incipiente mundillo de la aeronáutica. Hasta ese momento, nadie había hecho un vuelo trasatlántico, y la mayor distancia que se había recorrido era el equivalente a la mitad del vuelo de Nueva York a París. El premio se extendió por varios años, y algunos aviadores murieron en el intento, hasta que Lindbergh logró su hazaña. El premio de Orteig fue lo que inició, entonces, la era de la aviación comercial en el mundo.

Mucho antes, en 1795, Napoleón I había ofrecido un premio de 12 000 francos a quien encontrara un sistema para preservar alimentos, porque uno de sus principales problemas para ganar la guerra con Rusia era que su ejército no podía abastecerse de comida. Durante varios años, varios chefs franceses trataron de ganar el premio, pero fracasaron, hasta que en 1810 el chef parisino Nicolás Appert encontró la fórmula: los envases sellados herméticamente, que seguimos usando hasta el día de hoy para conservar sopas, vegetales y otros alimentos. Obviamente, los premios no son un sustituto para la investigación científica de los países, pero son una excelente herramienta para acelerar la innovación y el progreso.

En América Latina, quizás la mayor asignatura pendiente para aumentar la innovación y el crecimiento es fomentar una cultura familiar de obsesión por la educación. No es casual que los estudiantes chinos y de otros países asiáticos salgan en los primeros lugares de las pruebas internacionales de matemáticas y ciencias. Mientras que en China y otros países de Asia las familias invierten buena parte de su tiempo y dinero en la educación de sus hijos, las familias latinoamericanas no suelen hacer eso. Las encuestas muestran que, a diferencia de lo que ocurre en Asia, no existe en América Latina una conciencia extendida de que la educación de calidad es el mejor trampolín para la prosperidad individual y colectiva. Según una encuesta regional de Latinobarómetro, hecha en 18 países latinoamericanos, sólo 2% de los mexicanos, colombianos, ecuatorianos y venezolanos creen que la educación es un problema mayúsculo de su país. En Argentina, el porcentaje es de 3%, y el promedio regional es de 4%.[55] Y la falta de una cultura familiar de obsesión por la educación se refleja en el mal desempeño de los estudiantes latinoamericanos en las pruebas estandarizadas como el test PISA, en que los jóvenes de China y Singapur suelen salir en los primeros lugares.

¿Cómo se puede crear una cultura de obsesión familiar por la educación en nuestros países? Entre otras cosas, mediante campañas mediáticas impulsadas por la sociedad civil que glorifiquen a los estudiantes exitosos. Así como nuestros países actualmente glorifican a los deportistas exitosos, hay que hacerlo con los científicos, profesionales y empresarios exitosos. Cuando un equipo de fútbol gana un campeonato, nuestros presidentes lo reciben, las empresas lo patrocinan, y los periódicos lo ponen en sus primeras planas. Lo mismo tendría que ocurrir con los estudiantes que ganan una olimpiada de matemáticas, o con los científicos o profesionales que ganan un concurso internacional. Las grandes empresas suelen ofrecer abultadas sumas de dinero a los tenistas que ganan un torneo. ¿Por qué no hacer lo mismo con los estudiantes o profesores que ganan concursos académicos, en lugar de darles premios simbólicos, para convertirlos en celebridades? Las organizaciones de la sociedad civil tienen que adoptar un rol mucho más activo en la creación de una cultura de obsesión por la educación, porque los gobiernos piensan en plazos electorales de cuatro o seis años, y la inversión en la formación de maestras y directores de escuela suele rendir frutos en 10 o 15 años. Sin una presión social constante de la sociedad civil sobre los gobiernos, será difícil que los presidentes tomen medidas cuyos resultados se vean a largo plazo.

Para salir adelante, no hay que confundir el "optimismo realista" con la complacencia, ni mucho menos con la fantasía de que estamos mejor de lo que estamos. Si nos engañamos a nosotros mismos creyendo que estamos bien en educación o en innovación, a pesar de que América Latina sale muy abajo en rankings académicos internacionales y representa un pequeño porcentaje de la innovación mundial, no vamos a poder corregir los problemas del presente. Por eso hay que encarar los desafíos del futuro con algo que me gusta llamar una "paranoia constructiva", o sea, un entendimiento muy claro de que estamos mal, y queremos —y podemos— superarnos. Los países más competitivos del mundo suelen ser los más paranoicos y optimistas al mismo tiempo.

Cuando le pregunté a Bill Gates la primera vez que lo entrevisté, en 2008, qué tendrían que hacer los países latinoamericanos para mejorar sus niveles educativos y ser más competitivos en la economía mundial, su respuesta fue ésta: "La mejor manera de empezar es sintiéndose mal, con humildad". Gates me dijo que tanto Estados Unidos como China e India suelen compararse con otros, y sentir que se están quedando atrás es lo que los impulsa constantemente a mejorarse. A fines de la década de 1950, después de que la Unión Soviética lanzó al espacio el satélite Sputnik, Estados Unidos estaba convencido de que se había quedado atrás de su principal rival geopolítico. En la década de 1980, cuando Japón empezó a exportar productos electrónicos a todo el mundo, Estados Unidos pensó que Japón lo desplazaría como primera potencia mundial. En el nuevo milenio, los estadounidenses se volvieron paranoicos de nuevo al creer que China superaría pronto a su país. Refiriéndose a la década de 1980, cuando nació el internet como un proyecto académico financiado por el Departamento de Defensa de Estados Unidos, Gates me dijo: "Lo mejor que le pudo haber pasado a Estados Unidos fue que pensáramos que Japón nos haría trizas. La gente decía: '¡Dios mío!, los japoneses tienen un mejor sistema educativo, trabajan más, piensan a largo plazo'. Las grandes empresas norteamericanas decían: '¡Uyyy!, los japoneses van a arrasar con nosotros'. La humildad fue un factor que ayudó mucho".[56] Así como la desesperanza nos puede llevar a la depresión y la parálisis, el optimismo irrealista nos puede llevar a la complacencia y a la inercia. La receta tiene que ser encarar el futuro con realismo, espíritu positivo y una dosis de sana paranoia.

Finalmente, la felicidad de los países es una meta demasiado importante como para ser dejada exclusivamente en manos de los gobiernos. Aunque las autoridades tienen la última palabra en la asignación de recursos para entrenar maestras que puedan dar clases de felicidad en las escuelas, o para contratar recetadores sociales en los hospitales, o para expandir los espacios verdes en las ciudades, los gobernantes difícilmente van a tomar estas medidas a menos que sientan una fuerte presión de la sociedad para hacerlo. Las recetas para la felicidad suelen empezar a rendir frutos en 5, 10 o 15 años, como en el caso del entrenamiento de maestros. Por eso es necesaria una labor conjunta de los medios, las asociaciones profesionales, las universidades y otros grupos cívicos para colocar la felicidad, junto con el crecimiento económico, en el centro de la agenda política de nuestros países.

Para eso es necesario también que nuestros países dejen de hablar tanto sobre el pasado y se concentren más en el futuro. Desde que Hugo Chávez se proclamó el sucesor de Bolívar a fines del siglo pasado, gran parte de América Latina ha sido gobernada por presidentes que se presentan como herederos de héroes históricos y viven hablando del pasado. El caso más patético, fuera de Cuba, Nicaragua y Venezuela, es el de López Obrador en México, que no pasa un día sin hablar de los difuntos presidentes Benito Juárez (1806-1872), Francisco I. Madero (1873-1913) o Lázaro Cárdenas (1895-1970). En sus conferencias de prensa matutinas, habla parado frente a una pancarta con las imágenes de sus héroes históricos favoritos. El problema es que Juárez murió antes de la invención del teléfono, Madero dejó de existir antes del primer vuelo trasatlántico y Cárdenas vivió mucho antes del internet. Pudieron haber tenido grandes méritos en su época, pero vivían en otro mundo. No hay que dejar de enseñar historia, pero la obsesión de muchos presidentes con el pasado es peligrosa, porque desvía la atención de sus países de los temas del futuro, como la innovación y los avances tecnológicos.

López Obrador en una de sus conferencias mañaneras, con el retrato de los próceres mexicanos de fondo. Fuente: Página web oficial del Gobierno de México, gob.mx.

En mis viajes a China, Japón, Corea del Sur, Singapur y otras naciones asiáticas que han crecido y reducido la pobreza, y que tienen historias milenarias, vi una mucho mayor obsesión por el futuro que por el pasado. En China, aparte del retrato de Mao Tse Tung en la plaza de Tiananmén, prácticamente no vi ninguna otra imagen del fundador de la actual República Popular de China. En Singapur, los billetes de dos dólares no llevan la imagen de ningún prócer histórico, como en muchos de nuestros países, sino el retrato de una universidad con estudiantes, o sea, un símbolo del futuro. Como lo he señalado muchas veces, mientras los latinoamericanos hablamos constantemente del pasado, los asiáticos hablan constantemente del futuro.

Hay quienes argumentan que sólo las dictaduras como China pueden pensar en el futuro y trazar planes a largo plazo, pero no es así. Chile logró un crecimiento económico envidiable durante 30 años, y redujo la pobreza de 36% de la población en el año 2000 a 10% en 2020, gracias a políticas de apertura económica de largo plazo puestas en marcha por gobiernos de centroizquierda y centroderecha. Es cierto que gran parte del éxito chileno durante esas tres décadas se debió a la fatiga política. La experiencia de la dictadura de Augusto Pinochet fue tan traumática, y produjo tantas rupturas familiares, exilios y muertes, que los chilenos ansiaban pragmatismo y estabilidad. Desde el comienzo de la democracia en 1990, Chile empezó a firmar acuerdos comerciales con países latinoamericanos, Europa, Estados Unidos y Asia, que hoy día suman 35 acuerdos de libre comercio con 68 países, y que fueron mantenidos por todos los sucesivos gobiernos del país. "No se pueden reinventar, en cada gobierno, los objetivos estratégicos del país", me dijo hace varios años la entonces canciller chilena Soledad Alvear, después de que Chile firmara su acuerdo de libre comercio con Estados Unidos. "Hay un consenso en la sociedad respecto de la necesidad de tener políticas económicas serias, responsabilidad fiscal, y no se ponen en duda las bondades de una política de apertura económica", agregó.[57]

Otros países democráticos, como Noruega, lograron implementar políticas de largo plazo estableciendo un fondo soberano para administrar los superávits de sus exportaciones de materias primas. Noruega creó su fondo petrolero en 1990, y actualmente es uno de los más grandes del mundo, lo que le ha permitido ahorrar en años de vacas gordas para poder mantener intactos sus beneficios sociales en los de vacas flacas.

Tenemos que mirar hacia delante con optimismo realista. Hay que recordar en todo momento que no hay países biológicamente condenados al fracaso. Singapur y Corea del Sur eran, hasta no hace muchas décadas, países mucho más pobres e igualmente corruptos que los de América Latina. Los países, como las personas, pueden superarse. No hay que sentarse a esperar a un líder iluminado, porque éstos suelen empeorar las cosas: fomentan la polarización política como estrategia para acaparar más poderes, y, a la larga, terminan hundiendo a sus países en dictaduras que generan contrarreacciones violentas y mayor inestabilidad.

Está en nosotros superar la ola de desesperanza que recorre el mundo, empezar a pensar positivamente y poner en práctica estas recetas que acabo de enumerar. A pesar del deprimente cuadro político en muchos de nuestros países, hay grandes oportunidades, como la ventana que se está abriendo para un potencial alud de inversiones hacia América Latina con la decisión de las grandes empresas multinacionales estadounidenses y europeas de mudar sus fábricas de China a otras partes del mundo. Hay que convertir los desafíos en oportunidades. Tenemos que pensar como ese vendedor de zapatos que llegó a África a principios del siglo pasado en busca de oportunidades de negocios, y que —mientras su competidor pesimista regresaba a casa deprimido porque todos andaban descalzos— le mandó un telegrama a su supervisor diciendo: "¡Buenísimas noticias, acá todavía no usan zapatos!". Ambos habían visto lo mismo, pero uno había visto el vaso medio vacío, y el otro había visto el vaso medio lleno. La nueva ciencia de la felicidad, o del bienestar, está produciendo soluciones prácticas a muchos problemas que antes se pensaban insuperables. Debemos acoplar el crecimiento económico con la búsqueda de la felicidad, aprendiendo de los aciertos y los errores de los países que están a la vanguardia en este nuevo movimiento. ¡Sólo con más crecimiento económico y medidas concretas que aumenten la felicidad podremos salir del pozo!

FIN

NOTAS

PRÓLOGO
[1] Gallup, *Global Emotions Report*, Washington D. C., Gallup Inc., 2022, p. 1, https://www.gallup.com/analytics/349280/gallup-global-emotions-report.aspx.
[2] Jennifer Liu, "Roughly 47 Million People Quit Their Jobs Last Year", CNBC, 1 de febrero de 2022, https://www.cnbc.com/2022/02/01/roughly-47-million-people-quit-their-job-last-year.html.
[3] CNN en español, 14 de mayo de 2020.
[4] Entrevista del autor con Bill Gates, 8 de febrero de 2021.
[5] John F. Helliwell *et al.* (eds.), *World Happiness Report 2023*, Nueva York, Sustainable Development Solutions Network, 2023, https://happiness-report.s3.amazonaws.com/2023/WHR+23.pdf.

CAPÍTULO 1
[1] David R. Topor, "If You Are Happy and You Know It, You May Live Longer", *Harvard Health Blog*, 16 de octubre de 2019, https://www.health.harvard.edu/blog/if-you-are-happy-and-you-know-it-you-may-live-longer-2019101618020.
[2] Deborah D. Danner, David A. Snowdon y Wallace V. Friesen, "Positive Emotions in Early Life and Longevity: Findings from the Nun Study", *Journal of Personality and Social Psychology*, vol. 80, núm. 5, 2001, pp. 804-813, https://www.apa.org/pubs/journals/releases/psp805804.pdf; Manuel Kraus, "Benefits of Happiness -The Nun Study", Highbrow, https://gohighbrow.com/benefits-of-happiness-the-nun-study/; Martin Seligman, *Authentic Happiness*, Nueva York, The Free Press, 2002, p. 4.
[3] Shawn Achor, *The Happiness Advantage: How a Positive Brain Fuels Success in Work and Life*, Nueva York, Currency, 2010, p. 11.
[4] "Martin Seligman and Positive Psychology: Theory and Practice", Pursuit of Happiness, https://www.pursuit-of-happiness.org/history-of-happiness/martin-seligman-psychology/.
[5] David Marchese, "Yale's Happiness Professor Says Anxiety Is Destroying Her Students", *The New York Times Magazine*, 18 de febrero de 2022, https://www.nytimes.com/interactive/2022/02/21/magazine/laurie-santos-interview.html.
[6] Lindsay Ellis, "Harvard Wants M.B.A.s to Learn How to Be Happy at Work", *The Wall Street Journal*, 14 de febrero de 2022, https://www.wsj.com/articles/harvard-wants-m-b-a-s-to-learn-how-to-be-happy-at-work-11644836400.
[7] "The Science of Happiness at Work", Greater Good Science Center, Universidad de Berkeley, https://ggsc.berkeley.edu/what_we_do/online_courses_tools/the_science_of_happiness_at_work.
[8] Entrevista del autor con Tal Ben-Shahar en Miami, 18 de marzo de 2022.
[9] Tal Ben-Shahar, *Happiness Studies*, Nueva York, Palgrave Macmillan, 2021.
[10] *Idem*.
[11] Michael Jordan, cita recuperada de Forbes Quotes, https://www.forbes.com/quotes/11194/.
[12] Lisa C. Walsh, Julia K. Boehm y Sonja Lyubomirsky, "Does Happiness Promote Career Success?", *Journal of Career Assessment*, vol. 26, núm. 2, 2018, pp. 199-219, https://journals.sagepub.com/doi/abs/10.1177/1069072717751441?journalCode=jcaa.

[13] Andrew J. Oswald, Eugenio Proto y Daniel Sgroi, "Happiness and Productivity", *Journal of Labor Economics*, vol. 33, núm. 4, 2015, pp. 789-822, https://wrap.warwick.ac.uk/63228/7/WRAP_Oswald_681096.pdf.
[14] Alia J. Crum y Ellen J. Langer, "Mind-Set Matters: Exercise and the Placebo Effect", *Psychological Science*, vol. 18, núm. 2, 2007, pp. 165-171, https://journals.sagepub.com/doi/10.1111/j.1467-9280.2007.01867.x.
[15] Justin Fox, "The Economics of Well-Being", *Harvard Business Review*, enero-febrero de 2012, https://hbr.org/2012/01/the-economics-of-well-being.
[16] CNN en español, 11 de octubre de 2017.
[17] GDP per capita (current US$) - Bhutan, World Bank Open Data, https://data.worldbank.org/indicator/NY.GDP.PCAP.CD?locations=BT.
[18] "Happier Together", *Kuensel*, 21 de marzo de 2023, https://kuenselonline.com/happier-together/.
[19] "Number of Suicides in Japan Increased 8 000 Due to Pandemic, Study Finds", *The Japan Times*, 17 de agosto de 2022, https://www.japantimes.co.jp/news/2022/08/17/national/social-issues/pandemic-suicides-increase/.
[20] *Our Epidemic of Loneliness and Isolation*, Office of the U.S. Surgeon General, 2023, https://www.hhs.gov/sites/default/files/surgeon-gemeral-social-connection-advisory.pdf.
[21] "New Surgeon General Advisory Raises Alarm about the Devastating Impact of the Epidemic of Loneliness and Isolation in the United States", Departamento de Salud y Servicios Humanos, Gobierno de Estados Unidos, 3 de mayo de 2023, https://www.hhs.gov/about/news/2023/05/03/new-surgeon-general-advisory-raises-alarm-about-devastating-impact-epidemic-loneliness-isolation-united-states.html.
[22] *Our Epidemic...*, *op. cit.*, p. 4.
[23] Vivek H. Murthy, "Surgeon General: We Have Become a Lonely Nation. It's Time to Fix That", *The New York Times*, 30 de abril de 2023, https://www.nytimes.com/2023/04/30/opinion/loneliness-epidemic-america.html.
[24] "Wellbeing Economy Governments (WEGo) Policy Labs: First Minister's Speech", 1 de mayo de 2019, sitio web del gobierno de Escocia, https://www.gov.scot/publications/wellbeing-economy-governments-wego-policy-labs/.
[25] "The First Minister's TED Talk", 29 de julio de 2019, sitio web del gobierno de Escocia, https://www.gov.scot/news/the-first-ministers-ted-talk/.
[26] Nicola Sturgeon, "Why Governments Should Prioritize Well-Being", TED Summit, 2019, https://www.ted.com/talks/nicola_sturgeon_why_governments_should_prioritize_well_being.
[27] Helliwell *et al.* (eds.), *op. cit.*
[28] Entrevista del autor con Daniel Kahneman en Miami, 14 de noviembre de 2014.
[29] "Andrew Oswald on Status Seeking in Modern Society", Warwick Economics Summit, 11 de abril de 2021, https://www.youtube.com/watch?v=RRV1JahKP3M.
[30] Corruption Perceptions Index, Transparency International, 2020, https://www.transparency.org/en/cpi/2020.
[31] Alain Cohn *et al.*, "Civic Honesty around the World", *Science*, vol. 365, núm. 6449, 2019, pp. 70-73, https://www.science.org/doi/10.1126/science.aau8712.
[32] Entrevista por Zoom del autor con Alain Cohn, profesor de la Universidad de Míchigan y autor principal de "La honestidad en el mundo", 30 de enero de 2020.
[33] Anahad O'Connor, "The Secrets to a Happy Life, from a Harvard Study", *The New York Times*, 23 de marzo de 2016, https://archive.nytimes.com/well.blogs.nytimes.com/2016/03/23/the-secrets-to-a-happy-life-from-a-harvard-study/.
[34] Elizabeth Hooper, "Want to Be Happier? Try Volunteering, Study Says", *The Washington Post*, 29 de julio de 2020, https://www.washingtonpost.com/lifestyle/2020/07/29/volunteer-happy-mental-health/.
[35] George MacKerron y Christian Krekel, "Chapter 5: How Environmental Quality Affects Our Happiness", en John F. Helliwell *et al.* (eds.), *Reporte mundial de la felicidad*, Nueva York, Sustainable Development Solutions Network, 2020, https://worldhappiness.report/ed/2020/how-environmental-quality-affects-our-happiness/.
[36] Entrevista del autor con George MacKerron en Londres, 10 de octubre de 2022.

CAPÍTULO 2
[1] Hours Worked, OECD Data, https://data.oecd.org/emp/hours-worked.htm.

2 "Alcohol, Recorded per Capita (+15) Consumption (in Liters of Pure Alcohol)", World Health Organization, https://www.who.int/data/gho/data/indicators/indicator-details/GHO/alcohol-recorded-per-capita-(15-)-consumption-(in-litres-of-pure-alcohol).
3 "Consumption of Antidepressants in Selected Countries in 2021", Statista/OECD, 2022, https://www.statista.com/statistics/283072/antidepressant-consumption-in-selected-countries/.
4 Thomas Colson, "An Expert Reveals the Secret to Why Denmark Is the Happiest Country in the World", *Business Insider*, 15 de septiembre de 2016, https://www.businessinsider.com/happiness-expert-meik-wiking-on-hygge-and-hugs-denmark-happiest-country-2016-9?r=MX&IR=T.
5 Gert Tinggaard Svendsen, *Trust*, Aarhus, Aarhus University Press, 2018, p. 7.
6 Andrés Oppenheimer, "If U. S. Had Fought Covid like Denmark Did, Hundreds of Thousands of Americans Would Be Alive", *The Miami Herald*, 1 de septiembre de 2021, https://www.miamiherald.com/news/local/news-columns-blogs/andres-oppenheimer/article253925093.html.
7 Michael Birkjær y Micah Kaats, Long and Happy Lives: The Future of Wellbeing in an Aging Society, Copenhague, The Happiness Research Institute, 2021, https://6e3636b7-ad2f-4292-b910-faa23b9c20aa.filesusr.com/ugd/928487_86c12c375d3a468c89efedd3cbf56bb8.pdf.
8 Entrevista por Zoom del autor con Alejandro C. Rubio, 2 de agosto de 2021.
9 Michael Booth, *The Almost Nearly Perfect People: Behind the Myth of the Scandinavian Utopia*, Nueva York, Picador, 2016, p. 35.
10 *Idem.*
11 "Why Are Danish People So Happy?", sitio web del gobierno de Dinamarca, https://denmark.dk/people-and-culture/happiness.
12 Mary Holland, "The Danish Trick To "Shock" Your Body into Happiness", BBC, 2 de marzo de 2020, https://www.bbc.com/worklife/article/20200228-the-danish-trick-to-shock-your-body-into-happiness.
13 *Idem.*
14 *Idem.*
15 Klubber, Denmarks Filatelist Forbund, https://danfil.dk/klubber-list/.
16 Federación Mexicana de Filatelia S. A., http://federacionmexicanadefilatelia.com/.
17 Better Life Index, OECD, oecdbetterlifeindex.org.
18 Booth, *op. cit.*, p. 7.
19 Entrevista telefónica del autor con Michael Booth, 11 de agosto de 2021.
20 Merete Nordentoft y Annette Erlangsen, "Suicide - Turning the Tide", *Science*, vol. 365, núm. 6455, 2019, p. 725. https://www.science.org/doi/10.1126/science.aaz1568.
21 Suicide Rate by Country, World Population Review 2023, https://worldpopulationreview.com/country-rankings/suicide-rate-by-country.
22 "One in Twelve Adults in the EU Consumes Alcohol Every Day", Eurostat, 6 de agosto de 2021, https://ec.europa.eu/eurostat/web/products-eurostat-news/-/edn-20210806-1.
23 *Idem.*
24 Jo Inchley *et al.* (eds.), *Spotlight on Adolescent Health and Well-Being*, Copenhague, WHO Regional Office for Europe, 2020, https://apps.who.int/iris/bitstream/handle/10665/332091/9789289055000-eng.pdf?sequence=1&isAllowed=y.

CAPÍTULO 3

1 M. H., "Why is Finland so Happy?", *The Economist*, 26 de marzo de 2018, https://www.economist.com/the-economist-explains/2018/03/26/why-is-finland-so-happy.
2 Citado en Booth, *op. cit.*, p. 223.
3 Entrevista por teléfono del autor con Teivo Teivainen, 20 de septiembre de 2021.
4 Risto Penttilä, "If Finland Is the Best Europe Can Do We Should Be Worried", *Financial Times*, 23 de junio de 2014, https://www.ft.com/content/03bafa4c-fae3-11e3-8959-00144feab7de.
5 Frank Martela, *A Wonderful Life: Insights on Finding a Meaningful Existence*, Nueva York, Harper Design, 2020, p. 41.
6 Entrevista del autor con Frank Martela, 28 de septiembre de 2021.
7 *Idem.*
8 Andrés Oppenheimer, *¡Basta de historias!*, México, Debate, 2010, p. 66.
9 "Too Many Well-Educated Finns Are Missing Out on University", *The Economist*, 22 de

abril de 2021, https://www.economist.com/europe/2021/04/22/too-many-well-educated-finns-are-missing-out-on-university.
[10] Oppenheimer, ¡Basta de historias!, op. cit., p. 64.
[11] Entrevista por teléfono del autor con Heikki Aittokoski, 4 de octubre de 2021.
[12] "Finland's New Prime Minister Is the World's Youngest", *The Economist*, 11 de diciembre de 2019, https://www.economist.com/graphic-detail/2019/12/11/finlands-new-prime-minister-is-the-worlds-youngest.
[13] Sheena McKenzie, "From Cashier to World's Youngest pm. Finland's New Leader Breaks the Mold", CNN, 23 de diciembre de 2019, https://edition.cnn.com/2019/12/22/europe/finnish-prime-minister-sanna-marin-profile-intl/index.html.
[14] Laurel Wamsley, "Finland's Women-Led Government Has Equalized Family Leave: 7 Months For Each Parent", NPR, 5 de febrero de 2020, https://www.npr.org/2020/02/05/803051237/finlands-women-led-government-has-equalized-family-leave-7-months-for-each-paren.
[15] Entrevista por Zoom del autor con Manuel Velasco Luna, 26 de octubre de 2021.
[16] Corruption Perceptions Index, Transparency International, 2021, https://www.transparency.org/en/cpi/2021/index/fin.
[17] Mark Bosworth, "Why Finland Loves Saunas", BBC, 1 de octubre de 2013, https://www.bbc.com/news/magazine-24328773.
[18] Ana Alfageme, "Finlandia, la fórmula de la felicidad", *El País*, 2020, https://elpais.com/especiales/2020/finlandia-y-la-formula-de-la-felicidad/.
[19] ACyV, "Los secretos de Finlandia para ser el país más feliz del mundo por cuarto año consecutivo", *El Confidencial*, 29 de marzo de 2021, https://www.elconfidencial.com/alma-corazon-vida/2021-03-29/secretos-de-finlandia-para-ser-el-pais-mas-feliz_3007123/.
[20] "Being Black in the EU", European Union Agency for Fundamental Rights, 2019, https://fra.europa.eu/sites/default/files/fra_uploads/fra-2019-being-black-in-the-eu-summary_en.pdf.
[21] Rosanna Kataja, "The Happiest and the Most Racist: Institutional Racism in Nordic Countries", *Harvard Political Review*, 18 de mayo de 2023, https://harvardpolitics.com/nordic-racism/.
[22] Idem.
[23] Booth, op. cit., p. 190.
[24] Landon Thomas Jr., "Thriving Norway Provides an Economic Lesson", *The New York Times*, 13 de marzo de 2009, https://www.nytimes.com/2009/05/14/business/global/14frugal.html.
[25] Jon Henley, "Sweden's Gun Violence Rate Has Soared Due to Gangs, Report Says", *The Guardian*, 26 de mayo de 2021, https://www.theguardian.com/world/2021/may/26/fatal-shootings-have-risen-in-sweden-despite-fall-across-europe-report-finds.
[26] Stephen Bates, "Sweden Pays for Grim Past", *The Guardian*, 6 de marzo de 1999, https://www.theguardian.com/world/1999/mar/06/stephenbates#:~:text=After%20years%20of%20denial%2C%20Sweden,of%20the%201934%2D76%20programme.
[27] "Social Purpose", *U.S. News*, https://www.usnews.com/news/best-countries/rankings/social-purpose.
[28] Linda Givetash y Vladimir Banic, "Sweden's Environmental Education Is Building a Generation of Greta Thunbergs", NBC, 10 de junio de 2020, https://www.nbcnews.com/news/world/sweden-s-environmental-education-building-generation-greta-thunbergs-n1106876.
[29] Entrevista del autor con Simon Anholt, 1 de mayo de 2022.

CAPÍTULO 4

[1] "Evidence on Social Prescribing", National Academy for Social Prescribing, https://socialprescribingacademy.org.uk/read-the-evidence/.
[2] "Most People with Anti-Depressants Don't Need Them", *The Economist*, 19 de octubre de 2022, https://www.economist.com/leaders/2022/10/19/most-people-on-antidepressants-dont-need-them.
[3] Joanna Moncrieff et al., "The Serotonin Theory of Depression: A Systematic Umbrella Review of the Evidence", *Molecular Psychiatry*, Nature Publishing Group, 20 de julio de 2022, https://www.nature.com/articles/s41380-022-01661-0.

NOTAS

[4] "Our Dementia Choir – Social Prescribing in Action", "National Academy for Social Prescribing, 18 de octubre de 2022, https://www.youtube.com/watch?v=wXlsVobGA50.
[5] Matt Hancock, "The Power of the Arts and Social Activities to Improve the Nation's Health", Department of Health and Social Care, 6 de noviembre de 2018, https://www.gov.uk/government/speeches/the-power-of-the-arts-and-social-activities-to-improve-the-nations-health.
[6] *Idem*.
[7] "Social Prescribing: Arts, Heritage, and Culture", National Academy for Social Prescribing, https://socialprescribingacademy.org.uk/media/dxslxrxu/nasp-briefing-arts-culture-heritage.pdf.
[8] "The WFA Guide to Playing Walking Football", Walking Football Association, https://thewfa.co.uk/wp-content/uploads/2019/07/The-WFA-Guide-To-Walking-Football.pdf.
[9] Charities Aid Foundation, *World Giving Index 10th Edition*, Londres, CAF, 2019.
[10] Entrevista por Zoom del autor con la baronesa Diana Barran, ministra de la Soledad de Reino Unido, 11 de agosto de 2021.
[11] *Idem*.
[12] "PM Speech on Wellbeing", Prime Minister's Office/Cabinet Office, 25 de noviembre de 2010, https://www.gov.uk/government/speeches/pm-speech-on-wellbeing.
[13] Entrevista por Zoom del autor con sir Anthony Seldon, 11 de octubre de 2022.
[14] Discurso de Gus O'Donnell en la Conferencia Mundial del Bienestar de la Universidad de Oxford, 8 de julio de 2022.
[15] Elizabeth Landau, "Study: Experiences Make Us Happier than Possessions", CNN, 10 de febrero de 2009, https://edition.cnn.com/2009/HEALTH/02/10/happiness.possessions/.
[16] *Idem*.
[17] "Happy Workers Are 13% More Productive", Universidad de Oxford, 24 de octubre de 2019, https://www.ox.ac.uk/news/2019-10-24-happy-workers-are-13-more-productive.

CAPÍTULO 5

[1] "Bhutan: Country Profile", Freedom House, 2023, https://freedomhouse.org/country/bhutan.
[2] Centre for Bhutan and GNH Research, *A Compass towards a Just and Harmonious Society: 2015 GNH Survey Report,* Timbu, CBS, 2016, https://www.bhutanstudies.org.bt/publicationFiles/2015-Survey-Results.pdf.
[3] *Ibid.*, p. 30.
[4] KP Sharma, "Youth Unemployment Inreases in 2022", *Kuensel*, 20 de febrero de 2023, https://kuenselonline.com/youth-unemployment-increases-in-2022/.
[5] Achyut Bhandari (carta de lector), "Quest for better fortune", *Kuensel*, 21 de marzo de 2023, https://kuenselonline.com/quest-for-better-fortune/.
[6] Pema Choki, "Are We in an Undeclared Recession?", *The Bhutanese*, 18 de marzo de 2023, https://thebhutanese.bt/are-we-in-an-undeclared-recession/.
[7] Bhutan, Coronavirus (COVID-19) Dashboard, World Health Organization, https://covid19.who.int/region/searo/country/bt.
[8] Discurso de Lotay Tshering, primer ministro de Bután, ante las Naciones Unidas, 25 de septiembre de 2021.
[9] Thukten Zangpo, "Is Bhutan Heading for Trouble?", *Kuensel*, 13 de mayo de 2023, https://kuenselonline.com/is-bhutan-heading-for-trouble/
[10] Centre for Bhutan Studies and GNH Research, *op. cit.*, p. 29.

CAPÍTULO 6

[1] Andrés Oppenheimer, *¡Crear o morir!*, México, Debate, 2014, p. 60.
[2] Martin Seligman, *The Optimistic Child*, Boston, Houghton Mifflin, 1995, p. 170.
[3] *Ibid.*, p. 52.
[4] *Ibid.*, p. 120.
[5] Robert Fulghum, *All I Really Need to Know I Learned in Kindergarten*, Toronto/Nueva York, Ballantine Books, 2003, p. 6.
[6] Entrevista por Zoom del autor con Alejandro Adler, 27 de mayo de 2022.
[7] Entrevista del autor con la ministra Atishi Singh en Nueva Delhi, 29 de marzo de 2023.
[8] *Impact of the Happiness Curriculum: An Evaluative Study*, Ministerio de Educación de Nueva Delhi, 2 de marzo de 2022.

⁹ Mallica Joshi, "Over 30% Class 9 and 11 Govt Schools Students Fail; Officers Look for Solutions", *The Indian Express*, 7 de abril de 2023, https://indianexpress.com/article/cities/delhi/offline-exams-learning-losses-show-up-in-results-of-class-ix-xi-students-8538779/.
¹⁰ Devi Khanna y Amelia Peterson, *State-led Education Reform in Delhi India: A Case Study of the Happiness Curriculum*, Brookings Institution, 10 de febrero de 2023, https://www.brookings.edu/research/state-led-education-reform-in-delhi-india/.
¹¹ Seema Bansal, Shoikat Roy, et al., *School Education Reforms in Delhi 2015-2020. An Independent Report*, Boston Consulting Group, 2020.
¹² Sarah Mervosh, "The Pandemic Erased Two Decades of Progress in Math and Reading", *The New York Times*, 1 de septiembre de 2022, https://www.nytimes.com/2022/09/01/us/national-test-scores-math-reading-pandemic.html.
¹³ Jake Bryant et al., "How COVID-19 Caused a Global Learning Crisis", McKinsey & Company, 4 de abril de 2022, https://www.mckinsey.com/industries/education/our-insights/how-covid-19-caused-a-global-learning-crisis#/.
¹⁴ The World Bank, UNESCO, UNICEF, FCDO, USAID y Bill & Melinda Gates Foundation, *The State of Global Learning Poverty: 2022 Update*, Washington D. C., 2022, p. 31.
¹⁵ Mark Hughes y Logan Chamberlain, "School Years around the World", Infoplease, 10 de agosto de 2021, https://www.infoplease.com/world/social-statistics/school-years-around-world.
¹⁶ Matt Richtel, "'It's Life or Death': The Mental Health Crisis Among U.S. Teens", *The New York Times*, 23 de abril de 2022, https://www.nytimes.com/2022/04/23/health/mental-health-crisis-teens.html.
¹⁷ *Idem*.
¹⁸ UNICEF, *The State of the World's Children 2021: On My Mind–Promoting, Protecting and Caring for Children's Mental Health*, Nueva York, 2021.
¹⁹ Entrevista del autor con Mercedes Mateo Ruiz, 13 de septiembre de 2022.

CAPÍTULO 7
¹ Gallup, *op. cit.*, p. 1.
² Jon Clifton, *Blind Spot: The Global Rise of Unhappiness and How Leaders Missed It*, Washington D. C., Gallup Press, 2022, p. 98.
³ Liu, *op. cit.*
⁴ Roy A. Smith, "American Workers Are Burned Out, and Bosses Are Struggling to Respond", *The Wall Street Journal*, 21 de diciembre de 2021, https://www.wsj.com/articles/worker-burnout-resignations-pandemic-stress--11640099198.
⁵ Sean Fleming, "Survey: 40% of Employees Are Thinking of Quitting Their Jobs", World Economic Forum, 2 de junio de 2021, https://www.weforum.org/agenda/2021/06/remote-workers-burnout-covid-microsoft-survey/.
⁶ *Idem*.
⁷ Lauren Mechling, "Career Coaching Today: Forget the Corporate Ladder and Find Yourself", *The New York Times*, 20 de noviembre de 2021, https://www.nytimes.com/2021/11/20/business/career-spiritual-coaching-pandemic.html.
⁸ Entrevista del autor con Jennifer Fisher en Miami, 22 de noviembre de 2021.
⁹ Entrevista por Zoom del autor con Martha Barroso, 22 de marzo de 2022.
¹⁰ Entrevista por Zoom del autor con Mónica Flores Barragán, 22 de marzo de 2022.
¹¹ Entrevista por Zoom del autor con Steven Noeldner, 3 de febrero de 2022.
¹² Entrevista por Skype del autor con Eduardo della Maggiora, 15 de febrero de 2022.
¹³ Laszlo Bock, *Work Rules! Insides from Inside Google that Will Transform How You Live and Lead*, Nueva York, Twelve Books, 2015, p. 238.
¹⁴ Jennifer Elias, "Google Employees Are Becoming Unhappy with Pay, Promotions and Execution, Survey Results Show", CNBC, 14 de marzo de 2022, https://www.cnbc.com/2022/03/14/google-employees-growing-unhappy-with-pay-and-promotions-survey-shows.html.
¹⁵ Google Code of Conduct, Alphabet, https://abc.xyz/investor/other/google-code-of-conduct/.
¹⁶ Bock, *op. cit.*, p. 262.
¹⁷ *Ibid.*, p. 22.
¹⁸ *Ibid.*, p. 53.

NOTAS

19. Daisuke Wakabayashi y Katie Benner, "How Google Protected Andy Rubin, the 'Father of Android'", *The New York Times*, 25 de octubre de 2018, https://www.nytimes.com/2018/10/25/technology/google-sexual-harassment-andy-rubin.html.
20. Nitasha Tiku, "Google's Plan to Talk about Caste Bias Led to 'Division and Rancor'", *The Washington Post*, 2 de junio de 2022, https://www.washingtonpost.com/technology/2022/06/02/google-caste-equality-labs-tanuja-gupta/.
21. Cade Metz y Daisuke Wakabayashi, "Google Researcher Says She Was Fired over Paper Highlighting Bias in A.I.", *The New York Times*, 3 de diciembre de 2020, https://www.nytimes.com/2020/12/03/technology/google-researcher-timnit-gebru.html.
22. Netflix Culture — Seeking Excellence, https://jobs.netflix.com/culture.
23. Katharine Paljug, "16 Cool Job Perks that Keep Employees Happy", *Business News Daily*, 21 de diciembre de 2021, https://www.businessnewsdaily.com/5134-cool-job-benefits.html.
24. "Systematically Build a Profitable Remote Country", Buildremote, https://buildremote.co/remote-company-consulting/.
25. Molly Lipson, "No More Fridays", *Business Insider*, 17 de enero de 2023, https://www.businessinsider.com/4-day-workweek-successful-trial-evidence-productivity-retention-revenue-2023-1?r=MX&IR=T.
26. Lisa Abend, "Why 2023 Could Finally Be the Year of the 4-Day Workweek", *Time*, 19 de enero de 2023, https://time.com/6248369/4-day-work-week-2023/.
27. Juliet B. Schor *et al.*, *The Four Day Week: Assessing Global Trials of Reduced Work Time with No Reduction in Pay*, Auckland, 4 Day Week Global Foundation, 2022, https://www.4dayweek.com/us-ireland-results.
28. Average Workweek by Country, World Population Review, 2023, https://worldpopulationreview.com/country-rankings/average-work-week-by-country.
29. *Idem.*
30. "Could a Four-Day Working Week Become the Norm?", *The Economist*, 8 de julio de 2021, https://www.economist.com/the-economist-explains/2021/07/08/could-a-four-day-working-week-become-the-norm.
31. Ben Laker, "What Does the Four-Day Workweek Mean for the Future of Work?", *MIT Sloan Management Review*, 16 de mayo de 2022, https://sloanreview.mit.edu/article/what-does-the-four-day-workweek-mean-for-the-future-of-work/.
32. Caitlin Harrington, "The 4-Day Week Is Flawed. Workers Still Want It", *Wired*, 3 de febrero de 2022, https://www.wired.com/story/four-day-week-burnout/.
33. Emma Russell, Caroline Murphy y Esme Tery, "What Leaders Need to Know Before Trying a 4-Day Work Week", *Harvard Business Review*, 27 de mayo de 2022, https://hbr.org/2022/05/what-leaders-need-to-know-before-trying-a-4-day-work-week.
34. *Idem.*
35. Bryan Pietsch, "A List of Companies Still Doing Business in Russia Circulated. McDonald's, Coca-Cola and Starbucks Soon Pulled Out", *The Washington Post*, 8 de marzo de 2022, https://www.washingtonpost.com/business/2022/03/08/russia-company-boycott-yale-list/.
36. Dee-Ann Durbin, "McDonald's, Starbucks, Coke, Pepsi Join Exodus out of Russia", AP, 8 de marzo de 2022, https://apnews.com/article/russia-ukraine-business-europe-lifestyle-restaurants-1cb12b1112a4542dde48c962762be3cc.
37. Entrevista a Jeffrey Sonnenfeld, PBS News Hour, 11 de marzo de 2022.
38. Kevin Roose, "Elon Musk, Management Guru?", *The New York Times*, 16 de diciembre de 2022, https://www.nytimes.com/2022/12/16/technology/elon-musk-management-style.html.
39. Nadia Rowlinson, "The Era of Happy Tech Workers Is Over", *The New York Times*, 19 de junio de 2023, https://www.nytimes.com/2023/01/19/opinion/tech-layoffs-meta-amazon-silicon-valley.html.
40. Entrevista del autor con Raj Sisodia, 25 de marzo de 2022.
41. Oppenheimer, *¡Crear o morir!, op. cit.*, p. 262.
42. Sistema B, https://www.sistemab.org/sobre/.
43. Julio Madrazo, "¿Y las B-Corps de México?", *El Economista*, 26 de octubre de 2022, https://www.eleconomista.com.mx/opinion/Y-las-B-Corps-de-Mexico-20221025-0140.html.
44. "Positive Psychology with Martin Seligman", Action for Happiness, 13 de mayo de 2016, https://www.youtube.com/watch?v=HH0sssQzQGg&t=834s.
45. *Idem.*

[46] George Ward, Wellbeing Research & Policy Conference, 7 de julio de 2022, https://www.youtube.com/watch?v=-lWnv__cfl8.
[47] Clifton, *op. cit.*, p. 228.

Capítulo 8

[1] Jacob Poushter, "Worldwide, People Divided on Whether Life Today Is Better Than in the Past", Pew Research Center, 5 de diciembre de 2017, https://www.pewresearch.org/global/2017/12/05/worldwide-people-divided-on-whether-life-today-is-better-than-in-the-past/.
[2] Datos de 1995-2020 proporcionados por la directora de Latinobarómetro, Marta Lagos, www.latinobarometro.org.
[3] Entrevista por Skype del autor con Alberto Moreno, 22 de junio de 2022.
[4] Carlos Malamud, *El sueño de Bolívar y la manipulación bolivariana*, Madrid, Alianza Editorial, 2021, p. 12; y Carlos Rangel, *The Latin Americans: Their Love-Hate Relationship with the United States*, Nueva York, Harcourt Brace Jovanovich, 1977, p. 6.
[5] Alberto Montaner, *Las raíces torcidas de América Latina*, Barcelona, Plaza y Janés, 2001, p. 37.
[6] *Ibid.*, p. 41.
[7] *Ibid.*, p. 44.
[8] "John F. Kennedy Quotes", https://todayinsci.com/K/Kennedy_John/KennedyJohn-Quotations.htm.
[9] Jared Keller, "What Makes Americans So Optimistic", *The Atlantic*, 25 de marzo de 2015, https://www.theatlantic.com/politics/archive/2015/03/the-american-ethic-and-the-spirit-of-optimism/388538/.
[10] Luigi Barzini, *O America! When You and I Were Young*, Nueva York, 1977, pp. 57-59.
[11] Glenn Kessler, Salvador Rizzo y Meg Kelly, "Trump's False or Misleading Claims Total 30 573 over 4 Years", *The Washington Post*, 24 de enero de 2021, https://www.washingtonpost.com/politics/2021/01/24/trumps-false-or-misleading-claims-total-30573-over-four-years/.
[12] World Economic Forum, "Inflation Peaking amid Low Growth: World Economic Outlook Update", enero de 2023, https://www.imf.org/en/Publications/WEO/Issues/2023/01/31/world-economic-outlook-update-january-2023#:~:text=Global%20growth%20is%20projected%20to,19)%20average%20of%203.8%20percent.
[13] Luis Alberto Moreno, *¡Vamos! Siete ideas audaces para una América Latina más próspera, justa y feliz*, México, Debate, 2022.
[14] William F. Maloney et al., *The Promise of Integration: Opportunities in a Changing Global Economy*, Washington D. C., The World Bank, 2023, https://openknowledge.worldbank.org/server/api/core/bitstreams/93458243-ca0a-4e48-b16c-8be2ea53e4c4/content.
[15] The World Bank, UNICEF y UNESCO, *Two Years After: Saving a Generation*, Washington D. C., 2022.
[16] World University Rankings 2022, *Times Higher Education*, https://www.timeshighereducation.com/world-university-rankings/2022#!/page/0/length/-1/sort_by/rank/sort_order/asc/cols/stat.
[17] *Idem.*
[18] World Intellectual Property Organization, *World Intellectual Property Indicators 2021*, Ginebra, 2021, https://www.wipo.int/edocs/pubdocs/en/wipo_pub_941_2021.pdf.
[19] "Presidente López Obrador declara formalmente fin del modelo neoliberal y su política económica", Gobierno de México, 17 de marzo de 2019, https://www.gob.mx/presidencia/prensa/presidente-lopez-obrador-declara-formalmente-fin-del-modelo-neoliberal-y-su-politica-economica-lo-que-hagamos-sera-inspiracion-para-otros-pueblos.
[20] "AMLO no acepta datos del Coneval y dice que más pobres son por pandemia", *Expansión*, 6 de agosto de 2021, https://politica.expansion.mx/presidencia/2021/08/06/amlo-no-acepta-datos-del-coneval-y-dice-que-mas-pobres-son-por-pandemia.
[21] "Más de dos tercios de los latinoamericanos apoyan la integración, pese a la pandemia", Banco Interamericano de Desarrollo, 18 de febrero de 2022, https://www.iadb.org/es/noticias/mas-de-dos-tercios-de-los-latinoamericanos-apoyan-la-integracion-pese-la-pandemia.
[22] Corruption Perceptions Index, Transparency International, 2020, https://www.transparency.org/en/cpi/2020.

NOTAS

[23] Entrevista del autor con Luciana Torchiaro, 26 de enero de 2022, y Andrés Oppenheimer, "Corruption Keeps Growing in Latin America, but Most Countries Are Fighting It the Wrong Way", *The Miami Herald,* 29 de enero de 2022, https://t.co/LyaIOHEECw.

[24] Andrés Oppenheimer, "Los falsos remedios contra la corrupción", *El Nuevo Herald,* 31 de enero de 2022, https://www.elnuevoherald.com/opinion-es/opin-col-blogs/andres-oppenheimer-es/article257824468.html.

[25] Entrevista del autor con Martín Castellano, director de investigaciones de América Latina del Instituto de Finanzas Internacionales, diciembre de 2021, y Andrés Oppenheimer, "There's a New Wave of Capital Flight from Latin America — and Miami Is Reaping a Windfall", *The Miami Herald,* 17 de diciembre de 2021, https://www.miamiherald.com/news/local/news-columns-blogs/andres-oppenheimer/article256695162.html.

[26] GDP Per Capita in 1950: Countries Compared, NationMaster, https://www.nationmaster.com/country-info/stats/Economy/GDP-per-capita-in-1950.

[27] Entrevista del autor a Mauricio Claver-Carone, 22 de marzo de 2022.

[28] "Nearshoring Can Add Annual $78 Bln in Exports from Latin America and Caribbean", Inter-American Development Bank, 7 de junio de 2022, https://www.iadb.org/en/news/nearshoring-can-add-annual-78-bln-exports-latin-america-and-caribbean.

[29] *Idem.*

[30] Krishna Srinivasan y Alasdair Scott, "Asia Likely to See Dynamic Economic Growth, but With Policy Challenges", IMFBlog, 13 de abril de 2023, https://www.imf.org/en/Blogs/Articles/2023/04/13/asia-likely-to-see-dynamic-economic-growth-but-with-policy-challenges.

[31] Michelle Cheng, "As China's Wages Rise, Mexico Beckons Manufacturers", *Quartz,* 2 de noviembre de 2022, https://qz.com/as-chinas-wages-rise-mexico-beckons-manufacturers-1849705904.

[32] Andrés Oppenheimer, "Latinoamérica, casi ausente en el Foro de Davos", *El Nuevo Herald,* 19 de enero de 2023, https://www.elnuevoherald.com/opinion-es/article271343962.html.

[33] "América Latina y el Caribe alcanzará sus niveles máximos de población hacia 2058", CEPAL, 11 de julio de 2019, https://www.cepal.org/es/comunicados/america-latina-caribe-alcanzara-sus-niveles-maximos-poblacion-2058.

[34] Michael Scott y Christine Murray, "Why Mexico Is Missing Its Chance to Profit from US-China Decoupling", *Financial Times,* 2 de julio de 2022, https://www.ft.com/content/7fc2adf0-0577-4e13-b9a3-218dda2ddd5b.

[35] *Idem.*

[36] "Introduction: Changing with the Times", *Battery Metals Outlook,* Bloomberg Special Report, https://spotlight.bloomberg.com/story/battery-metals-outlook/page/1.

[37] Entrevista del autor con Patricia I. Vásquez, 9 de agosto de 2021, y Andrés Oppenheimer, "¿Salvará el litio a América Latina?", *El Nuevo Herald,* 11 de agosto de 2021, https://www.elnuevoherald.com/opinion-es/opin-col-blogs/andres-oppenheimer-es/article253424784.html.

[38] Maloney, *op. cit.,* p. 53.

[39] Joanna Glasner, "Here's What's Driving Latin America's Rank as the World's Fastest-Growing Region for Venture Funding", *Crunchbase News,* 21 de enero de 2022, https://news.crunchbase.com/startups/latin-america-venture-growth-startups-2021-monthly-recap/.

[40] *Idem.*

[41] Jenny Gustavsson *et al., Global Food Losses and Food Waste: Extent, Causes and Prevention,* Roma, Food and Agriculture Organization, 2011, https://www.fao.org/3/mb060e/mb060e.pdf.

[42] Olaf J. de Groot, *Economía creativa en la revolución digital,* Santiago, CEPAL, 2022, https://repositorio.cepal.org/bitstream/handle/11362/45529/1/S2000218_es.pdf.

[43] Entrevista del autor con Eliana Bracciaforte, cofundadora de Workana, 18 de julio de 2022.

[44] International Tourism, Number of Arrivals – Latin America & Caribbean, World Bank Open Data, https://data.worldbank.org/indicator/ST.INT.ARVL?locations=ZJ.

[45] Entrevista del autor con Gloria Guevara, 18 de octubre de 2022.

[46] *Travel & Tourism Economic Impact Global Trends 2022,* World Travel & Tourism Council, 2022, pp. 9 y 15, https://wttc.org/Portals/0/Documents/Reports/2022/EIR2022-Global%20Trends.pdf.

[47] Mariano Rojas, "Happiness in Latin America Has Social Foundations", en John F. Helliwell et al., *Reporte mundial de la felicidad*, Nueva York, Sustainable Development Solutions Network, 2018, figura 6.10 "Percentage of People Who Report Living with Parents. Adult People in the World Value Survey", https://s3.amazonaws.com/happiness-report/2018/WHR_web.pdf.
[48] Entrevista por teléfono del autor con Mariano Rojas, 27 de septiembre de 2022.
[49] Mariano Rojas, *Well-Being in Latin America*, Filadelfia/Blacksburg, Springer Nature, 2020, p. 123.
[50] Rojas, *op. cit.*, figura 6.12 "Provider of Domestic Help for Elderly People: Percentage Who Say It Is for Family Members to Take Care of Domestic Help for Family People".
[51] Entrevista del autor con John Helliwell, autor principal del *Reporte mundial de la felicidad*, 28 de abril de 2015.

Capítulo 9
[1] CNN en Español, 14 de mayo de 2020.
[2] "AMLO trabaja en nuevo índice que mida 'felicidad del pueblo'", *Forbes México*, 21 de mayo de 2020, https://www.forbes.com.mx/politica-amlo-trabaja-en-nuevo-indice-que-mida-felicidad-del-pueblo/.
[3] Martha Martínez y Claudia Guerrero, "Acuña AMLO 'humanismo mexicano' a su movimiento", *Reforma*, 28 de noviembre de 2022, https://www.reforma.com/aplicacioneslibre/preacceso/articulo/default.aspx?__rval=1&urlredirect=/acuna-amlo-humanismo-mexicano-a-su-movimiento/ar2511655.
[4] "Alberto Fernández. Video: 'el único índice que debemos mirar es el de la felicidad de la gente'", *Clarín*, 7 de julio de 2020, https://www.clarin.com/politica/alberto-fernandez-video-unico-indice-debemos-mirar-felicidad-gente_3_Awovfv8r_.html.
[5] Discurso de Nicolás Maduro, https://www.youtube.com/watch?v=qIsLBcs9DPk.
[6] Pema Choki, "Apartments Start to Go Empty in Thimphu", *The Bhutanese*, 15 de abril de 2023, https://thebhutanese.bt/apartments-start-to-go-empty-in-thimphu/.
[7] Entrevista del autor con Carol Graham, investigadora de la Brookings Institution, 22 de julio de 2022.
[8] Antonio Guterres, "Valuing What Counts: United Nations System-wide Contribution on Beyond Gross Domestic Product", UN System Chief Executives Board for Coordination, 5 de junio de 2023, https://unsceb.org/valuing-what-counts-united-nations-system-wide-contribution-beyond-gross-domestic-product-gdp.
[9] Helliwell et al., *Reporte mundial de la felicidad 2023, op. cit.*
[10] Sarah Repucci y Amy Slipowitz, *Freedom in the World 2022: The Global Expansion of Authoritarian Rule*, Washington D. C., Freedom House, 2022, https://freedomhouse.org/report/freedom-world/2022/global-expansion-authoritarian-rule.
[11] Ronald Inglehart et al., "Development, Freedom and Rising Happiness, a Global Perspective", *Perspectives on Psychological Science*, vol. 3, núm. 4, 2008, pp. 264-285, https://www.jstor.org/stable/40212250.
[12] Matthew Willis, "Happiness Is a Warm Democracy", *Jstor Daily*, 2 de agosto de 2022, https://daily.jstor.org/happiness-is-a-warm-democracy/.
[13] "Llamamiento de emergencia: Situación de Venezuela", ACNUR, enero de 2023, https://www.acnur.org/emergencias/situacion-de-venezuela.
[14] Latinobarómetro, *Informe 2021: Adiós a Macondo*, Santiago, 2021, https://www.latinobarometro.org/latContents.jsp.
[15] Entrevista por Zoom del autor con Delia Ferreira Rubio, presidenta de Transparencia Internacional, 3 de febrero de 2023.
[16] Entrevista por teléfono del autor con Onyinye Ough, directora de Step Up Nigeria, 4 de febrero de 2023.
[17] "Messi y los penales: cuántos erró y le atajaron en su carrera", *Página 12*, 5 de diciembre de 2022, https://www.pagina12.com.ar/503304-cuantos-penales-erro-messi-en-su-carrera.
[18] "Top Moments: Pistons Shock NBA World, Win Championship in 2004", NBA, 14 de septiembre de 2021, https://www.nba.com/news/history-top-moments-pistons-shock-nba-world-win-championship-in-2004.
[19] "Mental Disorders: Key Facts", World Health Organization, 8 de junio de 2022, https://www.who.int/news-room/fact-sheets/detail/mental-disorders.

NOTAS   385

[20] Branwen Jeffreys, "Girls Face More Pressure to Be a Perfect Teenager", BBC, 18 de marzo de 2022, https://www.bbc.com/news/education-60785871.
[21] George Ward, "Happiness and Voting Behavior", en John F. Helliwell et al., Reporte mundial de la felicidad 2019, Nueva York, Sustainable Development Solutions Network, 2019, p. 51, https://s3.amazonaws.com/happiness-report/2019/WHR19.pdf.
[22] Ibid., p. 54.
[23] OECD, Aid by DAC Members Increases in 2019 with More Aid to the Poorest Countries, París, 2020, https://www.oecd.org/dac/financing-sustainable-development/developmentfinance-data/ODA-2019-detailed-summary.pdf.
[24] Clifton, op. cit., p. 98.
[25] Lauren Weber, "Burnt Out, More Americans Are Turning to Part-Time Jobs", The Wall Street Journal, 25 de febrero de 2025, https://www.wsj.com/articles/burned-out-more-americans-are-turning-to-part-time-jobs-e7ff4883.
[26] Tal Ben-Shahar, "How to Pursue Fulfilling Work and Find Your 'Calling'", ep. 132, Optimize Yourself, 1 de diciembre de 2020, https://optimizeyourself.me/pursue-fulfilling-work-find-your-calling-tal-ben-shahar/.
[27] Betty-Ann Heggie, "The Benefts of Laughing in the Office", Harvard Business Review, 16 de noviembre de 2018, https://hbr.org/2018/11/the-benefits-of-laughing-in-the-office.
[28] "Stress Relief from Laughter? It's No Joke", Mayo Clinic, 29 de julio de 2021, https://www.mayoclinic.org/healthy-lifestyle/stress-management/in-depth/stress-relief/art-20044456.
[29] Idem.
[30] Heggie, op. cit.
[31] Charities Aid Foundation, World Giving Index 2022, Londres, 2022, cuadro 1.1, https://www.cafonline.org/docs/default-source/about-us-research/caf_world_giving_index_2022_210922-final.pdf.
[32] Datos de 2019 de la encuesta mundial de Gallup, proporcionados por el CEO, John Clifton.
[33] Twitter de Vala Afshar, @ValaAfshar, 12 de febrero de 2023, https://twitter.com/ValaAfshar/status/1651914937315344386.
[34] Volunteering Opportunities, Rights and Expenses, https://www.gov.uk/volunteering.
[35] Volunteer by Do IT, https://doit.life/volunteer.
[36] Datos de 2019 de la encuesta mundial de Gallup, proporcionados por el CEO, John Clifton.
[37] Entrevista por Zoom del autor Sjir Hoeijmakers, 22 de septiembre de 2022.
[38] https://denmark.dk/people-and-culture/happiness.
[39] Birgitte Raben, "Reinventing Denmark's Unions and Societies", Mandag Morgen, 2 de octubre de 2009, https://www.mm.dk/artikel/reinventing-denmarks-unions-and-societies.
[40] Our Epidemic..., op. cit., p. 66, y Leana S. Wen, "The Checkup With Dr. Wen: 8 Ideas from the Surgeon General to Address Loneliness", The Washington Post, 9 de marzo de 2023, https://www.washingtonpost.com/opinions/2023/03/09/surgeon-general-advice-loneliness-isolation/.
[41] Chris Lane, "Traveling Farther Away from Home Linked to Better Health", Neuroscience News, 4 de enero de 2023, https://neurosciencenews.com/traveling-health-22168/.
[42] Landau, op. cit.
[43] Tara Parker-Poke, "To Boost Happiness, Treat Your Weekend Like a Vacation", The Washington Post, 23 de febrero de 2023, https://www.washingtonpost.com/wellness/2023/02/23/weekends-happiness-vacation/.
[44] Babyak Michael, "Exercise Treatment for Major Depression", citado en Achor, op. cit., p. 54.
[45] "What Would a Luxury Handbag Cost without the Markup?", CBS News, 3 de junio de 2016, https://www.cbsnews.com/news/what-would-a-luxury-handbag-cost-without-the-markup/.
[46] Estudio en Proceedings of the National Academy of Sciences, citado en Achor, op. cit., p. 28.
[47] Achor, op. cit., p. 29.
[48] Ibid., p. 30.
[49] Juan Castro, "Leo Messi habla de la debacle de Argentina: 'El grupo está muerto'", Marca, 21 de noviembre de 2022, https://us.marca.com/soccer/mundial/2022/11/22/637cede646163ff66d8b45b1.html.

[50] Margaret Shih *et al.*, "Stereotype Susceptibility", citado en Achor, *op. cit.*, p. 74.
[51] Crum y Langer, *op. cit.*
[52] Amit Kumar y Nicholas Epley, "Undervaluing Gratitude: Expressers Misunderstand the Consequences of Showing Appreciation", *Psychological Science*, vol. 29, núm. 9, 2018, https://journals.sagepub.com/doi/10.1177/0956797618772506.
[53] Robert Emmons, "Why Gratitude Is Good", *Greater Good Magazine*, 16 de noviembre de 2010, https://greatergood.berkeley.edu/article/item/why_gratitude_is_good.
[54] Seligman, *The Optimistic Child*, *op. cit.*, p. 170.
[55] Andrés Oppenheimer, "Latin America Will Never Truly Prosper Unless Its People Start to Care about Education", *The Miami Herald*, 8 de octubre de 2021, https://www.miamiherald.com/news/local/news-columns-blogs/andres-oppenheimer/article254875927.html.
[56] Entrevista del autor con Bill Gates, Miami, 4 de abril de 2008.
[57] Entrevista del autor con Soledad Alvear, Miami, 6 de junio de 2003.

AGRADECIMIENTOS

Empezando por la carátula de este libro, quiero agradecer al internacionalmente famoso artista Romero Britto. Nadie mejor que él para diseñar la ilustración de la portada de un libro sobre la felicidad: Britto, nacido en Brasil y radicado en Miami desde hace muchos años, es el fundador del Movimiento del Arte Feliz. Sus coloridas esculturas alegran la vida de quienes pasan por el aeropuerto de Nueva York, el Hyde Park de Londres y otros lugares emblemáticos de las principales ciudades del mundo. Cuando le pedí que diseñara una portada para este libro sobre la búsqueda de la felicidad, aceptó sin dudarlo un instante. "Ya tengo una idea!", me dijo de inmediato. Así nació la imagen de un agujero de cerradura por donde se ven varios símbolos de la felicidad. Es un honor que Romero Britto haya diseñado una obra especialmente para la portada de este libro.

Entre los varios académicos y expertos en la nueva ciencia de la felicidad a quienes quisiera agradecer por su ayuda está Karen Guggenheim, la fundadora de la Cumbre Mundial de la Felicidad, que me invitó a sus conferencias anuales y me facilitó excelentes contactos para mi investigación. Carol Graham, la directora del programa de Estudios Económicos de la Brookings Institution de Washington D. C. y autora de varios libros sobre el bienestar, tuvo la paciencia de explicarme los nuevos descubrimientos en los estudios de la felicidad y guiarme en los inicios de esta investigación. Tal Ben-Shahar, el gurú de la felicidad y discípulo del padre de la psicología positiva, Martin Seligman, tuvo la paciencia para ayudarme a entender las nuevas corrientes de la educación positiva y me dio excelentes contactos y sugerencias. Alejandro Adler, quien hizo su tesis de doctorado con un experimento masivo de clases de bienestar en escuelas de México, Perú y Bután bajo la tutela de Seligman, me dio sabios consejos para mi viaje a Bután y me ayudó a concretar importantes entrevistas allí.

Roberto Banchik, director general de Penguin Random House en México, me alentó desde el primer momento cuando le propuse este ambicioso proyecto, y me permitió escribirlo a mi ritmo y excederme en el plazo de entrega cuando, por la pandemia, tuve que retrasar más de un año algunos de mis viajes para entrevistar a figuras clave de la nueva ciencia de la felicidad. Mi agente literaria, Kris Dahl de la agencia ICM en Nueva York, me representó con gran profesionalismo, como lo ha estado haciendo desde hace varias décadas.

Mi mayor agradecimiento es a quienes me ayudaron en la labor diaria de hacer posible este libro. Mi editor Enrique Calderón, director literario de la editorial Penguin Random House en México, siguió paso a paso el proceso de escritura de este libro durante varios años y me dio excelentes ideas. Juan Boido, director editorial de Penguin Random House en Argentina, fue uno de los primeros con quien compartí la idea de este libro y me hizo excelentes recomendaciones. Juan Camilo Gómez, el productor periodístico de *Oppenheimer Presenta* por CNN, es un periodista excepcional que me ayudó a concertar decenas de entrevistas. Angelina Peralta en México y Annamaría Muchnik en Argentina, quienes organizan mis conferencias, también me ayudaron a conectar a varios de mis entrevistados. Mi gran amigo Ezequiel Stolar leyó el manuscrito y me dio valiosas sugerencias para hacerlo más claro y entretenido. Y mi esposa Sandra, doctora en Biología y prestigiosa investigadora en el Departamento de Neurología de la Universidad de Miami, leyó el borrador con rigor científico y me hizo recomendaciones que mejoraron mucho el resultado final (además de ser una compañera que me ha hecho muy feliz). A todos ellos, y a otros que por razones de espacio no puedo agregar en esta lista, mi enorme agradecimiento.

¡Cómo salir del pozo! de Andrés Oppenheimer
se terminó de imprimir en septiembre de 2023
en los talleres de
Litográfica Ingramex, S.A. de C.V.
Centeno 162-1, Col. Granjas Esmeralda, C.P. 09810
Ciudad de México.